HISTOIRE
DU
TRIBUNAL RÉVOLUTIONNAIRE
DE PARIS

949. — PARIS, IMPRIMERIE A. LAHURE
9, rue de Fleurus, 9

HISTOIRE

DU

TRIBUNAL RÉVOLUTIONNAIRE

DE PARIS

AVEC LE JOURNAL DE SES ACTES

PAR H. WALLON

Membre de l'Institut

TOME CINQUIÈME

PARIS
LIBRAIRIE HACHETTE ET Cie
79, BOULEVARD SAINT-GERMAIN, 79
1881
Droits de propriété et de traduction réservés

LE TRIBUNAL RÉVOLUTIONNAIRE DE PARIS

CHAPITRE XLVI

MESSIDOR
(TROISIÈME DÉCADE)

I

Robespierre aux Jacobins le 21 messidor.

Le massacre judiciaire des principaux détenus du Luxembourg, commencé à la fin de la deuxième décade de messidor, s'était achevé au commencement de la troisième. Au milieu de ces sanglantes journées, Robespierre trouva une occasion de s'associer ouvertement à l'œuvre du tribunal et de déclarer qu'après cela rien ne serait fini encore.

Le 18 messidor, trois révolutionnaires lyonnais, poursuivis pour abus de pouvoir, avaient été acquittés Le 21, l'un d'eux, Benoist Pignon, ancien commis des représentants du peuple, vint à la séance des

Jacobins ; il prit texte de son acquittement pour accuser les aristocrates, c'est-à-dire ceux qui avaient voulu réprimer ses excès, et pour exalter le tribunal contre lequel s'élevaient aussi les calomnies des ennemis publics : un tribunal dont les juges, « inflexibles envers le crime, sont les amis zélés, de l'innocence et du patriotisme » où « tout juré est le défenseur officieux de tout homme de bien[1], etc. »

Après la réponse du président Barère, toute à la gloire de l'innocence vengée de ses calomniateurs, Robespierre, montant à la tribune, reprit l'affaire des conspirations qui était la question du moment, afin de montrer qu'elles s'étendaient jusque parmi les patriotes, pour les diviser et ruiner le gouvernement révolutionnaire. Élevant la terreur à la hauteur de la loi morale de la Révolution :

> De tous les décrets, dit-il, qui ont sauvé la République, le plus sublime, le seul qui l'ait arraché à la corruption et qui ait affranchi les peuples de la tyrannie, est celui qui met la probité et la vertu à l'ordre du jour. Mais les hommes qui n'ont que le masque de la vertu mettent les plus grandes entraves à l'exécution des lois de la vertu même.
>
> Tous les scélérats ont abusé de la loi qui a sauvé la liberté et le peuple français. Ils ont feint d'ignorer que c'était la justice suprême que la Convention avait mise à l'ordre du jour, c'est-à-dire le devoir de confondre les hypocrites, de soulager les malheureux et les opprimés, et de combattre les tyrans.
>
> Qu'on ne lui parle donc pas de la vertu de Roland, de la probité de Necker. C'est sous ce masque trompeur qu'on a persécuté les patriotes, emprisonné quelques ivrognes et laissé les contre-révolutionnaires en liberté.

---

[1]. *Moniteur* du 25 messidor (13 juillet 1794).

Il importe de revenir à une plus saine application de la loi, et la loi c'est la guerre à tous ceux qui ne sont pas avec le gouvernement, qui ne le suivent pas jusqu'au bout dans la voie sanglante où il s'est engagé :

Quiconque veut cabaler contre le gouvernement est un traître... On veut calomnier le gouvernement révolutionnaire pour le dissoudre. On veut flétrir le tribunal révolutionnaire, pour que les conspirateurs respirent en paix.

La bataille de Fleurus, qui dissipait toute crainte du dehors, pouvait faire incliner à l'indulgence : Robespierre constate cette disposition des esprits pour en montrer les périls :

Il est naturel de s'endormir après la victoire. Nos ennemis, qui le savent bien, ne manquent pas de faire des efforts pour détourner notre attention de dessus leurs crimes. La véritable victoire est celle que les amis de la liberté remportent sur les factions : c'est cette victoire qui appelle chez les peuples la paix, la justice et le bonheur.

Il faut donc en revenir à la lutte, c'est-à-dire à l'extermination :

Nous ne pouvons atteindre ce but que par des institutions qui ne peuvent être fondées que sur la ruine des ennemis incorrigibles de la liberté. Il faut une excessive légèreté pour s'endormir sur les conjurations et pour perdre un instant ce courage ardent qui nous porte à dénoncer les conspirateurs.

Mais où sont les conspirateurs? Il y en a eu dans la Convention; n'y en a-t-il pas encore? et, de peur d'être atteints, n'arriveront-ils pas à persuader à l'Assemblée, comme on l'avait vu durant la discussion de la loi du 22 prairial, que nul n'est en sûreté si l'on n'ôte pas au Comité cette arme redoutable? Robespierre savait trop qu'il en était ainsi pour ne pas aller à l'encontre de ce sentiment :

On veut, dit-il, avilir et anéantir la Convention par un système de terreur. Il existe des rassemblements qui ont pour but de répandre ces funestes idées; on cherche à persuader à chaque membre que le comité du salut public l'a proscrit.

Ce complot existe, mais puisqu'on le connaît, tous les bons citoyens doivent se rallier pour l'étouffer.

Les Jacobins, eux, n'ont rien à craindre : qu'ils sortent enfin de ce qu'il appelle « leur sommeil léthargique » :

On veut donc, ajoute-t-il, forcer la Convention à trembler, on veut la prévenir contre le tribunal révolutionnaire et rétablir le système des Danton, des Camille Desmoulins. On a semé partout les germes de division ; on a substitué la défiance à la franchise.

Et faisant un supplément à la loi des suspects :

Il est un sentiment gravé dans le cœur de tous les patriotes, et qui est la pierre de touche pour reconnaître leurs amis : quand un homme se tait au moment où il faut parler, il est suspect; quand il s'enveloppe de ténèbres ou qu'il montre pendant quelques instants une énergie qui disparaît aussitôt; quand il se borne à de vaines tirades contre les tyrans sans s'occuper des mœurs publiques et du bonheur de tous ses concitoyens, il est suspect

Quand on voit des hommes ne sacrifier des aristocrates que pour la forme, il faut porter un examen sévère sur leurs personnes.

Quand on entend citer des lieux communs contre Pitt et les ennemis du genre humain, et que l'on voit les mêmes hommes attaquer sourdement le gouvernement révolutionnaire; quand on voit des hommes tantôt modérés, tantôt hors de toute mesure déclamant toujours et toujours s'opposant aux moyens utiles qu'on propose, il est temps de se mettre en garde contre les complots.

Après ce requisitoire où Barère qui présidait pouvait se demander s'il n'avait pas été visé lui-même :

Concluons de là, dit-il, que le gouvernement républicain n'est pas encore bien assis, et qu'il y a des factions qui contrarient ses effets. Le gouvernement révolutionnaire a deux objets : la protection du patriotisme et l'anéantissement de l'aristocratie. Jamais il ne pourra arriver à ce but tant qu'il sera combattu par les factions. Assurer la liberté sur des bases inébranlables sera pour lui une chose impossible tant que chaque individu pourra se dire : Si aujourd'hui l'aristocratie triomphe, je suis perdu. Mais les scélérats ne triompheront pas, car il est impossible que les hommes qui ont épousé le système profond de la justice et de la liberté consentent jamais à laisser à de si vils ennemis un triomphe qui serait à la fois la honte et la perte de l'humanité entière. Il faut que ces lâches conspirateurs ou renoncent à leurs complots infâmes, ou qu'ils nous arrachent la vie. Je sais qu'ils le tenteront, ils le tentent même tous les jours, mais le génie de la patrie veille sur les patriotes.

J'aurais voulu, continue-t-il, donner plus d'ordre et de précision à ces réflexions, mais j'ai suivi le sentiment de mon âme. Je cherche à étouffer les germes de la division et à empêcher qu'il ne se forme deux partis dans la Convention...

Le moyen est connu:

J'invite tous les membres à se mettre en garde contre les insinuations perfides de certains personnages qui, craignant pour eux-mêmes, veulent faire partager leurs craintes. Tant que la terreur durera parmi les représentants, ils seront incapables de remplir leur mission glorieuse. Qu'ils se rallient à la justice éternelle, qu'ils déjouent les complots par leur surveillance, que le fruit de nos victoires soit la liberté, la paix, le bonheur et la vertu, et que nos frères, après avoir versé leur sang pour nous assurer tant d'avantages, soient eux-mêmes assurés que leurs familles jouiront du fruit immortel que doit leur procurer leur généreux dévouement[1].

Extermination des aristocrates comme fondement de la paix publique, proscription de tous ceux qui, en voulant les épargner, se rendraient suspects de favoriser leurs desseins ; telle était donc la conclusion de ce discours : c'est le signal du redoublement des massacres pour les premiers, mais aussi pour les autres un avertissement d'où sortira la réaction du 9 thermidor.

II

21 (9 juillet). Cris de misère, défi public : Charles Voillemier.— 22 (10 juillet). Cultivateurs, officiers, hommes de loi.

Il semble que la conspiration des prisons offrait un cadre assez large pour y comprendre tous les prévenus, et qu'on pouvait désormais se passer du menu des accusations ordinaires. Mais qu'aurait fait l'autre section du tribunal tandis que la première en était saisie? Il lui fallait sa pâture ordinaire, et on sut bien faire en sorte qu'elle n'en manquât point.

Nous avons donné au 19 messidor ceux qui, de l'autre salle, furent envoyés avec les soixante de la première fournée du Luxembourg à l'échafaud. Le 21 (9 juillet 1794) les quarante-huit de la seconde fournée eurent pour compagnons douze condamnés de la salle voisine, la plupart ouvriers ou hommes du peuple, et toujours pour propos contre-révolutionnaires[2] : car ils avaient

1. Séance des Jacobins (21 messidor), *Moniteur* du 30 (18 juillet 1794).
2. Archives, W 410, dossier 942.

beau couper la tête, on parlait toujours ; et la misère, l'oppression arrachait des cris qu'on ne savait plus contenir, dût-on y perdre la vie. Ce n'étaient pas seulement les femmes, lasses de faire queue à la porte des boulangers ; c'étaient les boulangers aussi : témoin Louis FRÉMONT, boulanger de Sèvres, accusé d'avoir résisté aux commissaires envoyés chez lui pour veiller à la distribution du pain. Il avait refusé d'ouvrir, disant, dans son irritation contre ces nécessités cruelles dont il était la première victime, « qu'il se f... de la commune et que la commune n'avait qu'à prendre tout à son compte[1]. »

Il existait au dossier un certificat constatant qu'il avait été traité autrefois pour aliénation mentale à l'Hôtel-Dieu et une attestation pareille du juge de paix sur son état présent[2]. — Malgré tout cela, sa femme écrivit en vain à Fouquier-Tinville, l'implorant pour elle et pour ses neuf enfants[3].

Mais en voici un autre dont il est dit :

Noël DROUIN, marchand fripier à Orléans, paroît aussi, après une dénonciation verbale faite contre lui, avoir tenu différents propos attentatoires à la souveraineté du peuple, Comme la nature de ces propos ne se trouve pas caractérisée, le débat seul peut en donner la preuve[4].

Et sur cette vague imputation il était renvoyé au tribunal, ce qui était pour la plupart, et ce qui fut pour lui, un envoi au supplice.

L'accusation avait plus de prise sur un jeune homme de 18 ans, qui avait écrit au comité révolutionnaire de Chaumont la lettre suivante :

1. Archives, W 410, dossier 942, 2ᵉ partie, pièce 98.
2. *Ibid.*, pièces 101 et 102.
3. *Ibid.*, pièce 100. — 4. *Ibid.*, 1ʳᵉ partie, pièces 43 et 47.

Chaumont, ce 7 uin 1794, l'an cinquième du brigandage.

Citoyens,

Il est du devoir d'un bon citoyen de faire connoître les ennemis de la chose publique : ainsi je vous dénonce Charles Voillemier comme un aristocrate prononcé, qui ne désire rien tant que le rétablissement de la royauté, la ruine de la République, la mort de tous les scélérats de la Convention. J'espère que vous ferez une prompte justice. J'ai l'honneur d'être votre concitoyen.

Charles Voillemier.

Vive Louis XVII, vive le Roi [1].

Le conseil général du district ne se demanda pas ce qui avait pu inspirer à ce jeune malheureux cette provocation insensée. Il l'adressa au tribunal révolutionnaire qui n'y regarda pas davantage ; et Charles Voillemier fut envoyé avec les autres à l'échafaud.

Le 22 (10 juillet), avec les trente-huit de la troisième fournée du Luxembourg, six condamnés sur neuf accusés :

Parmi eux un cultivateur, Joseph Fougerat, accusé d'avoir foulé aux pieds des mandats de réquisition de blé [2].

D. Pourquoi il les jeta dans la boue?
R. Que c'étoit parce qu'il ne vouloit pas donner de blé.

On lui reprochait aussi d'avoir dit :

Que l'arbre de la liberté étoit plutôt celui de la gêne que de la liberté.

R. Sans le dénier, qu'il ne sait pas pourquoi il l'a dit, mais répond qu'il y a bien longtemps qu'il n'est pas libre [3].

---

1. Archives, W 410, dossier 942, 2ᵉ partie, pièce 93.
2. Archives, W 411, dossier 944.
3. *Ibid.*, pièce 48 ; cf. un autre interrogatoire du lendemain devant le juge du tribunal du district. (*Ibid.*, pièce 49.)

Il parlait ainsi dans l'interrogatoire qu'il subit à Confolans le 1ᵉʳ germinal ; dans son interrogatoire à Paris (6 prairial), il chercha d'autres explications :

Qu'il a dit que, lorsqu'on avoit planté l'arbre de la liberté, il se trouvait bien gêné¹.

Jean-Jacques Chopplet (trente-deux ans), lieutenant colonel, commandant le 5ᵉ bataillon de Paris, accusé d'avoir plus veillé sur ses intérêts que sur ceux de son bataillon ; laissé piller les subsistances, signé un billet d'hôpital pour un soldat qui n'était pas malade, et, ce qui dominait toute cette accusation, fait constamment sa cour à Dumouriez².

Jacques-Claude-Martin Marivaux, homme de loi, prétendu complice du 10 août. Il était ce jour-là posté à la chapelle du roi, et il affirmait qu'il avait ôté sa baïonnette pour fraterniser avec les Marseillais. Il avait été mis à l'Abbaye pourtant, et il racontait par quelle rencontre. Il y était le 2 septembre et aurait bien pu être compris parmi les victimes, mais il en était sorti avec une attestation de civisme³. Ce n'est pas le seul exemple d'échappés du 2 septembre qui viennent finir au tribunal révolutionnaire.

Parmi les trois acquittés il en est un, J.-B. Chevalier, dont le jugement nous donne une nouvelle preuve des irrégularités qui abondent dans les pièces officielles. Il devait être compris dans la fournée du 14 messidor. Son nom se trouve dans l'acte d'accusation inscrit au jugement ; il se trouve même parmi les condamnés dans la reproduction du verdict du jury au même acte ; il était

---

1. Archives, W 411, dossier 944, pièce 53.
2. *Ibid.*, pièce 3.
3. *Ibid.*, pièces 64 et suiv.

aussi dans les questions, mais il y a été rayé et en marge de l'acte d'accusation il est dit qu'il a été distrait des débats : il ne se trouve pas en effet dans le dispositif du jugement[1]. Ce qui le sauva le plus effectivement dans cette première rencontre, c'est qu'il n'était pas là.

III

23 (11 juillet). Accusés divers : Gohier, Lagarde, Royère, Dumolard. — 24 (12 juillet). La baronne Bourret-Grimaldi; Macdonald; Ét. de Montarly; J. Rapin-Thoyras.

23 (11 juillet). Une seule section tient séance (salle de la Liberté) et prononce six condamnations, dix-huit acquittements[2], disproportion bien rare ; nous verrons tout à l'heure ce qui l'explique.

Parmi les condamnés nommons Émile GOHIER, ci-devant administrateur de Pontoise, envoyé par Crassons comme ayant dit : « qu'il vaudroit mieux avoir perdu deux cent mille livres que d'avoir fait mourir le roi[3]. »

L'enquête réduisait la somme à cent mille livres, ce qui ne le déchargeait pas beaucoup ;— il expliquait ainsi son propos sur le roi :

« Qu'il méritoit la mort, mais qu'il craignoit que sa mort ne coutât la vie à cent mille Français. »

Louis ANCELIN, dit *Lagarde*, lieutenant de vaisseau : expédié par le district de Xanthe (nom homériquement républicain de la ville de Saintes) comme ayant dit :

Vous ne voulez pas me payer? Va, va ! L'empereur vous

---

1. Archives, W 402, dossier 930, pièces 157, 158 et 160.
2. W 412, dossier 946.
3. *Ibid.*, 1ʳᵉ partie, pièce 4.

fera bien payer. S'il a une fois fait descendre ses troupes en France, il vous rendra doux comme des moutons[1].

Joseph ROYÈRE, dit *Béziers*, s'était engagé comme volontaire dans l'armée de Dumouriez ; il en était sorti au mois d'octobre 1792 et était entré dans la garde soldée de Sedan, ville où il exerçait en outre l'état de savonnier. On l'accusait d'avoir provoqué le massacre de plusieurs membres de la société populaire de cette commune, lesquels, grâce à Dieu, se portaient bien, et peut-être demandèrent et obtinrent sa tête[2].

Paul-Marie-Stanislas-Alexandre-Louis de LILLE-DUMOLARD, qualifié marquis Dumolard dans plusieurs adresses de lettres, du 13 octobre 1790 et du 20 août 1791 : — on l'accusait d'avoir agité le peuple. Dans un interrogatoire, subi à Nantes, le 24 mai 1793, il raconte ainsi son histoire ; il avait alors dix-neuf ans :

Cadet volontaire au 49ᵉ, il avait quitté son régiment à la fin de 1790, ou au commencement de 1791, pour éviter la persécution de ses chefs, parce qu'il avait fait à la Société des amis de la constitution, à Douai, dont il était secrétaire, la proposition d'enlever les armoiries qui étaient encore sur l'hôtel du sieur de Nédonchelles. Il racontait ses divers voyages : à Lille, où son père commandait, à Nantes, à La Rochelle, puis à Lorient. Il avait écrit au pouvoir exécutif pour être chargé de tuer Dumouriez, mis hors la loi ; mais il n'avait pas reçu de réponse. Un faux certificat lui tenait lieu d'un passeport perdu, etc.[3].

Son dossier renferme plusieurs lettres assez étranges,

---

1. Archives, *ibid.*, 3ᵉ partie, pièce 7 (dénonciation, 4 floréal).
2. *Ibid.*, 3ᵉ partie, pièce 89.
3. *Ibid.*, 2ᵉ partie, pièce 67.

à lui adressées : une par exemple, datée de Vienne, 15 mai 1788, d'une demoiselle de Maillard, gouvernante chez Son Excellence M. le comte de Lichy, qui lui recommande de l'appeler sa sœur et qui signe « fidèle épouse[1] » : il avait quatorze ans !

Ses dix-neuf à vingt ans en 1794 ne trouvèrent pas grâce devant ses juges.

Parmi les acquittés signalons CHANOT-BATEL et sa femme, accusés d'émigration. Le délit n'étant pas prouvé, leur acquittement entraîna celui de neuf autres, accusés d'avoir été leurs complices en attestant leur résidence[2].

24 (12 juillet). Salle de l'Égalité. Marie-Antoinette BOURRET-GRIMALDI, ci-devant baronne, à qui l'on prêtait ce propos insensé : « Que si les Prussiens venoient à Paris elle leur donneroit les appartements qu'elle avoit préparés pour eux[3]. » On en faisait aussi une complice du 10 août. La veille, elle avait dit à Masson, son jardinier, qui en dépose :

« Cette nuit, à dix heures, la générale sera battue ; à minuit le tocsin sera sonné, et à une heure vous entendrez tirer le canon d'alarme : alors vous viendrez m'avertir[4].

Le moyen de douter après cela que le 10 août n'ait été une conspiration du château contre le peuple !

Charles-Édouard-Frédéric-Henri MACDONALD, Écossais, ancien lieutenant-colonel au service de France, retraité pour infirmités, et qui, après divers voyages, en Italie et en Angleterre, était rentré au commencement de 1791[5].

---

1. Archives, W 412, dossier 946, 2ᵉ partie, pièce 96. Il y a d'autres lettres de lui à elle et de elle à lui.
2. *Ibid.*, 3ᵉ partie, pièce 48.
3. Archives, W 412, dossier 947.
4. *Ibid.*, pièce 13. — 5. *Ibid.*, pièce 82.

Ce brave étranger, qui avait versé son sang pour sa patrie adoptive, était accusé de correspondance au dehors. Une lettre adressée à Donald Macdonald, le 24 mai 1795, lettre qui, vu l'adresse, était censée à lui, et qui contenait diverses nouvelles sans conséquence, suffit pour le faire envoyer à la mort [1].

Étienne-Louis Montarly, ci-devant seigneur, et Joseph-Gabriel Rose sa femme. La liste des griefs, dressés contre eux par le comité de surveillance de Langres (le 9 prairial) ne comprenait pas moins de onze articles contre le mari (sans compter ceux qui regardaient la femme) :

Il a vexé les citoyens; — tiré sur plusieurs; — tiré ou fait tirer par ses gardes les chats, les chiens, les poules et les chèvres des citoyens; — fait voler à différentes fois dans les bois des communes des claies pour son service; — refusé le salaire aux ouvriers; — favorisé l'émigration de ses fils; — homme violent; — il a provoqué la désobéissance aux lois; — refusé qu'on fermât ses colombiers ou qu'on ôtât ses armoiries; — cherché à avilir les différentes autorités; — traité de brigands les volontaires [2].

On ne disait pas comment il avait été lui-même traité sur ses terres : forcé de payer le poisson qu'on lui prenait dans ses étangs, tiré à la chasse dans ses bois comme une bête fauve, et contraint de se réfugier à la ville pour se guérir de ses blessures [3].

Jean-François Rapin-Thoyras, capitaine d'artillerie, « attaché au traître Lanoue » (lequel avait été l'objet

---

1. Archives, *ibid.*, pièce 78.
2. *Ibid.*, pièce 108.
3. *Ibid.*, pièces 99 et 105.

d'un arrêt de non-lieu le 10 mai 1793), coupable d'avoir maltraité un citoyen qui l'accusait de vouloir faire marcher ses troupes sur Paris. Cette imputation se rapportait sans doute à l'époque de Dumouriez. Mais le temps ne faisait rien à l'affaire; et le représentant du peuple à l'armée de la Moselle,

« Considérant qu'un être qui nous trahissoit il y a deux ans pourroit bien finir, si les circonstances lui étoient favorables, par nous trahir encore[1],

l'envoya au tribunal révolutionnaire.

En vain les officiers et les sous-officiers, avec lesquels il avait servi, envoyèrent-ils les attestations les plus chaleureuses sur la manière dont il avait combattu à l'armée de la Moselle, dans la campagne du déblocus de Landau et dans celle du Palatinat[2]. Le tribunal fut sans pitié.

Le même jour (salle de la Liberté), grande fournée, où l'on trouve surtout des fédéralistes de diverses origines, mais principalement du Doubs et du Jura. Le représentant Lejeune n'en avait pas envoyé à lui seul moins de dix-sept dont onze furent condamnés.

Avec eux Roch MARCANDIER et sa femme Marie-Anne CONKARNAU, qui appellent plus particulièrement l'attention.

---

1. Archives, W 412, dossier 947, pièce 113.
2. *Ibid.*, pièces 116, 123 et 134. Il y a au dossier une lettre fort intéressante à lui adressée sur l'occupation d'Oneille, sur l'état du pays et de l'armée (pièce 117).

IV

Même jour (11 juillet) : Roch Marcandier et sa femme.

Marcandier, compatriote, et d'abord secrétaire de Camille Desmoulins, avait rompu avec la Révolution par suite de la journée du 10 août et des journées de septembre, qu'il flétrit dans un livre énergique et courageux : *Histoire des hommes de proie* ou *les Crimes du Comité révolutionnaire;* or, à ces hommes de proie, il avait joint « l'infâme Robespierre » dont il signalait en termes virulents « le désintéressement hypocrite et l'ambition[1]. » Il avait lutté contre les journalistes révolutionnaires en empruntant leurs armes : à l'*Ami du peuple*, de Marat, il avait opposé le *Véritable ami du peuple*, et il combattait les doctrines d'Hébert dans le langage du Père Duchesne, relevant sa polémique d'un assaisonnement fortement épicé de s... de f... de j...-f... et de b... Les colporteurs, dès qu'ils virent combien le fond y répondait peu, se refusèrent à répandre sa feuille, comme ils faisaient celles d'Hébert ou de Marat. La femme de Marcandier, qui avait fait le dépôt et accepté la responsabilité du journal, fut arrêtée par eux et n'obtint sa liberté que parce que les Girondins n'étaient pas encore proscrits eux-mêmes (16 mai 1793). Mais le journal ne survécut

---

1. « Ce misérable quitta la place d'accusateur public au tribunal criminel de Paris pour vivre, disait-il, dans la retraite ; il avait imprimé qu'il n'était point intrigant, qu'il ne voulait aucune place, qu'il n'en accepterait aucune, et tout à coup il fut se nicher dans le conseil général de la commune, et de là au Capitole ; du Capitole, quel saut fera-t-il ?... Consultez l'histoire, elle vous apprendra ce que devenaient les ennemis du peuple romain. » — C'était une prophétie, mais c'était aussi l'arrêt de mort du prophète.

pas longtemps à la chute de la Gironde. Marcandier, caché, poursuivi, lança un dernier numéro, le 20 juillet, réclamant la fermeture du club des Jacobins, la suppression des « quarante-huit comités d'inquisition révolutionnaire, du coupe-gorge révolutionnaire » (le tribunal), le renouvellement de la municipalité et le châtiment « des assassins de septembre ». Il réussit à se soustraire à toute recherche pendant près d'un an. Enfin, las de cette vie de proscrit, n'ayant, dans Paris même, ni feu ni lieu, il demanda une entrevue au conventionnel Legendre et le pria de recevoir sa femme qui lui ferait connaître son adresse. Legendre reçut Mme Marcandier, prit l'adresse, puis il fit arrêter la femme et donna l'adresse du mari aux envoyés du Comité de sûreté générale qu'il avait averti : sa lettre s'est retrouvée dans les papiers de Robespierre.

Marcandier ne tarda point à rejoindre sa femme en prison. Robespierre le signala tout particulièrement comme ennemi public, dans ce discours du 13 messidor aux Jacobins où il sonna le tocsin des grandes exécutions qui allaient suivre. Roch Marcandier était trop nouvellement arrêté pour qu'on le pût envelopper dans les fournées du Luxembourg ; mais il fut compris dans une des premières qui suivirent.

En vain multiplia-t-il les pétitions et les mémoires pour établir la part qu'il avait prise à la Révolution et prouver son civisme[1]. Sa femme, bien que détenue comme lui, n'était pas mise en jugement, par un oubli sans doute ; mais il était trop facile de l'envelopper dans le

---

1. Voyez M. Ed. Fleury, *Camille Desmoulins et Roch Marcandier*, t. II, p. 313 et suiv.

même procès¹. Elle fut arrêtée à l'audience, sur réquisitoire verbal du substitut Royer, comme coupable d'avoir colporté les écrits de son mari, et jugée séance tenante². Coffinhal le président n'eut que la peine d'ajouter de sa main un nom de plus à la liste des questions. La réponse fut affirmative pour elle comme pour son mari et pour les autres.

V

25 (13 juillet). La famille de Faudoas.

25 (13 juillet), salle de la Liberté : une fournée des plus mélangées, composée avec tant de hâte que les qualifications les plus essentielles de plusieurs des accusés sont restées en blanc dans l'acte d'accusation ³.

En tête, Augustin HERVÉ, marquis de FAUDOAS, sa fille Éléonore et sa sœur Catherine-Michelle de FAUDOAS, veuve de BEAUREPAIRE⁴, contre lesquels Fouquier-Tinville lance principalement ses foudres⁵ :

Faudoas, ex-marquis, sa fille et la femme Beaurepaire doivent être comptés parmi les ennemis du peuple, de la liberté et de l'égalité. En effet, une correspondance entre le père, la fille et la tante prouvent que toujours guidés par l'orgueil et l'arrogance, le peuple qui a fait la Révolution et anéanti les instruments de la servitude et de son oppression n'a cessé d'être l'objet de leurs outrages et de leur mépris. « Je sais, écrit Faudoas dans une lettre du 19 avril 1792, l'intérêt que vous prenez à votre compère le maréchal de la Diguedon-

---

1. Archives, W 413, dossier 948, 1ʳᵉ partie, pièces 41 et 48.
2. *Ibid.*, pièce 66 (procès-verbal d'audience).
3. Archives, W 414, dossier 949, 3ᵉ partie, pièce 93.
4. La *Liste très exacte* (n° 2171) en fait un homme, frère de Faudoas.
5. Acte d'accusation reproduit au jugement (*ibid.*).

daine ; combien vous désirez la fin, *dont* (dans) la capitale des sabbats Jacoquins. »

Et il continue en citant assez inexactement une lettre que l'on a au dossier, mais qui ne fut assurément pas lue des jurés ni des juges[1].

Suit une autre citation qui n'est pas plus exacte, où des plaisanteries fort inoffensives à l'égard d'un tiers sont présentées comme des attaques contre la nation[2] :

C'étoit en vers surtout qu'ils aimoient à distiller contre la Révolution le fiel de leurs fureurs contre-révolutionnaires. Il paroît que c'est Faudoas qui est auteur d'un prétendu tableau de Paris trouvé chez sa fille Faudoas au mois de mai 1792[3].

Une autre pièce en vers (n° 16) porte le même caractère d'aristocratie et de haine pour les patriotes :

> Que le diable à jamais confonde
> Des Jacobins la troupe immonde,
>   C'est très bien fait.
> Mais que partout on les tolère
> Sans craindre de Dieu la colère,
>   C'est très mal fait[4].

La fille, de son côté, exerçoit sa verve poétique contre la Révolution : « Je vous remercie, Mademoiselle, lui écrit-on le 29 décembre 1792, de votre émission poétique. J'approuve les vers fait pour Malesherbes, ainsi que ceux pour Seize

---

1. Et cette lettre ne paraît pas de Faudoas, bien que l'écriture soit analogue à la sienne, mais d'un ami. Le père dit : Ma chère Éléonore (voir la lettre du 1ᵉʳ septembre 1792); l'ami : Mademoiselle.

2. Cf. la lettre originale (6 décembre 1792) dont j'ai rétabli plusieurs parties entre parenthèses, W 414, doss. 949, 1ʳᵉ partie, pièce n° 10 (Voy. Appendices, n° I).

3. Ce n'est pas au mois de mai qu'il a été trouvé : c'est au mois de mai qu'il se rapporte (voir la pièce n° 10 de la première partie), et dans tous les cas cette imputation erronée où l'on peut voir l'ignorance de l'auteur de l'acte d'accusation à l'égard des pièces qu'il reproduit, aurait dû, par la date même, servir d'excuse à l'auteur (Voy. la pièce 1 aux Appendices, n° I).

4. Voyez la pièce 2, aux Appendices, n° I.

(Sèze) et Tronchet, mais l'épigramme contre Target ne vaut pas mieux que lui, j'ai dans mon portefeuille quelque chose de meilleur :

> Lorsque Malsherbes prend de Louis la défense,
> On dit que c'est Thémis qui défend l'innocence, etc.

Enfin, Faudoas employe dans ses lettres à sa fille le langage de l'injure, de l'outrage et de la dérision en parlant de la nation et de ses efforts pour résister aux puissances coalisées. Il est évident que la contre-révolution étoit leur seul espoir; aussi a-t-on trouvé chez Faudoas père tous les monuments de la féodalité et les brevets de ses prétendues charges à la cour, et les titres féodaux des rentes seigneuriales, et chez sa fille *seule* [ses] armes conservées soigneusement, ce qui prouve et démontre jusqu'à quel point elle comptoit sur le rétablissement des prétendues prérogatives nobiliaires et féodales.

Voilà tout l'acte d'accusation en ce qui concerne le marquis de Faudoas, sa fille et Mme de Beaurepaire, sœur du marquis. Contre le marquis, on allègue des lettres et des vers qui ne sont peut-être pas de lui; contre sa fille, des vers qui ne sont certainement pas d'elle, puisque d'après la lettre originale même et la reproduction imparfaite qu'en donne l'acte d'accusation, ce sont des vers substitués aux siens[1]; contre la tante rien. Il n'y a d'ailleurs ni de la tante ni de la fille pas une seule lettre au dossier[2]. On a les brevets du père, un cachet armorié de la fille, et de la tante rien; — et tous les trois ont été condamnés et exécutés.

1. Voyez l'Appendice, n° I, à la fin du volume, pièces 3 et 4.
2. Voyez le procès-verbal de perquisition, 1re partie, pièce 18.

VI

Même jour (11 juillet) : Le curé Bricogne ; un officier municipal qui abdique ses fonctions pour confesser sa foi ; René-Joseph Nicolais.

Les autres accusés ont chacun leur dossier particulier. Nous y puiserons, pour quelques-uns, des traits qui feront juger du reste.

Louis-Joseph-Samson Bricogne, ci-devant curé de Port-Marly, a, parmi les pièces qui le concernent, sa renonciation à la prêtrise : c'est une bonne note ; mais on y trouve aussi une dénonciation au conseil général de la commune de Port-Marly, où il est accusé d'avoir dit devant témoins « qu'il ne savoit pas si la Convention ne rendroit pas un décret pour que le soleil se levât à l'heure où il se couche et se couchât à l'heure où il se lève ; comme aussi que les femmes fissent des enfants tous les six mois... ajoutant que nous étions f... et que nous ne gagnerions jamais[1]. »

René-Joseph Nicolais, officier municipal à Ernée (Mayenne), a contre lui une pièce beaucoup plus compromettante, car elle ne pouvait être récusée. A peine nommé, il se demanda s'il ne s'était pas rendu complice des actes révolutionnaires que sa conscience réprouvait ; et, résolu d'expier sa faute au prix même de sa vie, il écrivit la lettre suivante :

Citoyens,

Le 18 prairial, la commission nommée par vous, conjointement avec le représentant du peuple, me nomma officier

---

1. Note du comité. Archives, W 414, dossier 949, 1re partie, pièce 62.

municipal. Tenté de donner ma démission sur-le-champ, j'en fus détourné par les conseils de quelques personnes et j'eus la foiblesse d'*i* acquiescer. Le lendemain, 19, j'eus la foiblesse plus coupable encore de donner, en levant la main, mon adhésion à un serment que mon cœur réprouvoit. Depuis je me suis trouvé à différentes assemblées populaires où j'ai eu la lâcheté de répéter quelques fois *vive la République*, cri que ma conscience me deffendoit de prononcer, parceque je ne puis reconnoître la République qui a détruit ma religion, et qu'au contraire je puis et dois reconnoître un roy qui en est le protecteur. J'ai en outre signé comme officier municipal un arrêté tendant à inviter tous les citoyens et citoyennes à une fête nommée décade pour y rendre soi*t* disant hommage à l'Être suprême ; mais ne vous y trompez pas, citoyens, ces fêtes sont réprouvées de Dieu ; ce culte est un culte impie et sacrilége qui ne peut qu'outrager ce Dieu que l'on semble invoquer. Le scandale a été public, la réparation le sera aussi. C'est ce serment d'attachement à la République (fait au préjudice de celui que je dois à mon Dieu) que je rétracte aujourd'hui à la face de toute l'assemblée, à la face de ce Dieu que j'ai outragé ! Puisse ma mort expier mes crimes ! puisse les âmes chrétiennes mais trop foibles qui comme moi sont tombées, se relever promptement, puisse celles qui ont eu le courage de marcher dans la bonne voie sans dév*y*er, se soutenir dans leur chrétienne et courageuse fermeté. Je serois venu moi-même faire ma rétractation à la tribune, mais je craignois d'être interrompu, et mon but n'eût pas été rempli. Je finis en protestant de mon attachement inviolable à la religion catholique, apostolique et romaine.

Vive la religion !
Nicolais.

Au dos :

Aux citoyens et citoyennes composant la société populaire d'Ernée[1].

Archives, *ibid.*, 1re partie, pièce 82.

Sa lettre n'est pas datée : mais elle avait suivi de près l'acceptation de ses fonctions et son serment, car douze jours plus tard il était en prison et en répondait devant le comité révolutionnaire de la commune, qui en dressa procès-verbal :

Aujourd'hui 30 prairial, l'an IIe de la République une et indivisible, nous membres du comité révolutionnaire de cette commune, nous sommes transportés à la maison d'arrêt où nous avons trouvé un prévenu auquel nous avons demandé son nom, âge, demeure et profession.

A répondu s'appeler René-Joseph le Nicolais, âgé de vingt-trois ans environ, officier municipal de cette commune d'Ernée.

A lui demandé s'il connoît le sujet de son arrestation.

R. Que c'étoit parcequ'il avoit écrit une lettre à la Société populaire ; et la lui ayant représentée a répondu bien la reconnoître.

On lui demande par qui il l'a fait remettre ; s'il en avait donné connaissance au porteur, etc.

D. Pourquoi lorsqu'il a été promu au grade d'officier municipal, il n'a pas refusé laditte place à l'instant ?

R. Que c'est sa foiblesse qui fit *qui* [qu'il] ne la reffusa pas à l'instant.

D. Qui est-ce qui le conseilla d'accepter laditte place d'officier municipal ?

R. Que c'étoit sa mère.

D. Pourquoi il dit avoir eu la foiblesse de crier et répetter *vive la République* aux assemblées populaires ?

R. Que c'est sa conscience qui ne luy permettoit pas.

D. Pourquoi dans les assemblées populaires il auroit dit que la religion étoit détruite ?

R. Que c'est parce qu'on y rend à Dieu un culte impie et sacrilége.

D. Pourquoi il veut un Roi ?

R. Que le Roi protége la religion, qu'au contraire la nation la détruit.

D. Pourquoi il invite ses concitoyens à suivre la même marche qu'il tient, et s'il n'a pas un party pour contrarier aussi manifestement les décrets de la Convention nationale?

R. Que c'étoit une invitation générale et qu'il n'avoit personne en vue.

D. Si lorsqu'on s'est assuré de sa personne chez lui, il n'y avoit que lui à la maison et s'il n'a vu personne chez lui de l'après-midi?

R. Qu'il y a toujours été seul et n'a eu aucune connoissance qu'il y soit entré personne.

Lui ayant donné lecture, etc. [1].

Renvoyé de la Mayenne au tribunal révolutionnaire, il savait bien quel sort l'y attendait.

VII

Même jour 11 juillet) : Le curé Suzanne; les deux Belges patriotes; le curé Benant; les deux frères Lentaigne.

Louis-Antoine-Benoît Suzanne, ci-devant curé de la commune de Boissy-Sans-Avoir et officier public, prévenu de prévarication dans ses fonctions nouvelles[2]. On venait à lui des autres communes, parce qu'il joignait à son caractère d'officier municipal son caractère de prêtre, et qu'après les cérémonies civiles il mariait par l'anneau. C'est là sa prévarication. De plus, il avait chez lui des saintes huiles (*oleome santome* comme il est écrit dans la pièce officielle). — Il avait pourtant abdiqué les fonctions curiales depuis le 27 germinal, et

1. Archives, W 414, dossier 949, 1ʳᵉ partie, pièce 83.
2. *Ibid.*, pièce 84.

il affirmait qu'il ne s'était pas servi des huiles saintes depuis son abdication[1].

Charles Vanhof et J.-B. Leguain, étrangers (l'un né à Anvers, l'autre à Quenen en Brabant), entrés en France après la loi du 6 septembre 1793, avaient encouru l'application de cette loi. Le dernier, dans une lettre adressée le 19 prairial de la prison de Mézières au président du département des Ardennes, protestait de ses sentiments patriotiques :

Rien de plus pénétrant, disoit-il, que de me voir ainsi traité, après m'être exposé à subir la mort pour embrasser l'arbre de la liberté[2].

La Convention avait été saisie de la question ; mais par décret du 2 messidor, elle déclara que le tribunal révolutionnaire avait seul pouvoir pour la résoudre. Il la trancha par la mort.

Joseph Benant, ci-devant curé de Saint-Cyr, « chassé de la commune de Baux, district de Montfort, pour avoir débité un sermon contre-révolutionnaire; chassé de même de l'hôpital de Saint-Cyr pour avoir cherché à fanatiser les malades[3]. » Dans son dossier, on trouve la recommandation d'user des plus grandes précautions pour l'arrêter à Saint-Cyr, « attendu que la presque totalité des femmes et une grande partie des hommes sont fanatisés par le curé[4]. »

Le 13⁰ dossier réunit Jean-François Lentaigne, fils de Lentaigne, marchand, et Joseph Lentaigne, ex-garde du

---

1. Archives, W 414, dossier 949, 1ʳᵉ partie, pièce 89 (interrogatoire à Montfort-le-Brutus (l'Amaury), 6 messidor). L'arrêté de Crassous, ordonnant qu'il soit traduit au tribunal révolutionnaire, est du 14 messidor. (*Ibid.*, pièce 88.)
2. *Ibid.*, 1ʳᵉ partie, pièce 100.
3. *Ibid.*, 2ᵉ partie, pièce 12.
4. *Ibid.*, pièce 14.

roi de la dernière création, accusés : le premier, de propos ; le second, de correspondance avec les contre-révolutionnaires.

Les deux frères méritaient bien eux-mêmes cette qualité : et cela datait de loin.

Le 17 octobre 1791, Joseph Lentaigne écrivait, de Caen, à Jean-François :

Les clubistes sont presque f... ici.
P. S. Tu me marqueras le prix des bâtons, plusieurs jeunes gens ayant envie d'en avoir [1].

On en devine l'usage.

Joseph Lentaigne avait été arrêté à Rouen. Il s'y était rendu pour accomplir une mission de ses concitoyens, et une femme qu'il aimait, saisie d'un triste pressentiment, lui en témoignait ses inquiétudes [2]. Ces craintes

---

1. Voici sa lettre :

Caen, ce 17 octobre 1791.

J'aurois cru sur la promesse n'avoir point besoin de t'écrire pour te prier de m'envoyer un juge de paix ou un bâton jeaune ayant une forte masse au bout. Cela se vend au Palais-Royal.

S'il y a quelques nouvelles à Paris, tu devrois bien m'en faire part. Les clubistes sont presque f... ici. Ils vouloient désarmer la noblesse et les prétendus aristocrates, et voyant le parti pris par les honnêtes gens de deffendre cette infamie, ils ont été obligés d'en rester là et de présenter une pétition à la municipalité qui l'a rejetée. Les rues étoient remplies de citoyens honnêtes jusqu'à près de quatre heures de nuit, et il y auroit eu du rude, s'ils avoient fait la moindre démarche. Tout le monde étoit prêt pour fondre sur ces gueux-là. Ils ne sont pour ainsi dire plus au club depuis trois ou quatre jours. Ils n'étoient pas cent.

Tu vois que le nombre est bien diminué et va encore plus diminuer, les volontaires étant partis de ce matin pour les frontières. Adieu.

Jos. Lentaigne,
Sous-secrétaire au bureau des conciliations.

Est-ce pour les concilier qu'il demandait en post-scriptum un « juge de paix », c'est-à-dire un bâton à forte tête :

P. S. — Tu me marqueras le prix des bâtons, etc. (*Ibid.*, 2ᵉ partie, pièce 20.)

2. Caen, 18 mars 1793.

Je ne vous féliciterez point sur le choix qui a été fait de vous pour porter le vœu de votre section. Je crains que cela ne vous compromette. Prenez bien attention que celui qui se tient tranquille fait bien. Je vous prie donc, mon bon

se réalisèrent d'une autre manière. Il était allé voir un de ses amis, détenu pour émigration à l'abbaye (de Saint-Ouen). On lui demanda s'il le connaissait, et sur sa réponse affirmative, on l'arrêta et on saisit ses papiers. Son frère, qui rapporte ces détails dans une lettre, dit qu'il s'attend au même sort, mais qu'il ne craint rien pour lui; qu'il est irréprochable[1]!

Il fut arrêté aussi en effet, et très peu de temps après : on a son interrogatoire daté du 30 mars, chaque réponse signée de lui[2].

Les deux frères furent transférés à la Conciergerie à la date du 21 messidor; Jean-François Lentaigne l'annonce ce jour même à la citoyenne Lefuel[3] et Joseph à son amie, la citoyenne Agasse, par une lettre pleine d'espérance :

Je suis arrivé, ma bonne amie, en bonne santé à la Conciergerie, lieu de notre destination. Notre voyage a été aussi heureux que possible et j'espère que notre retour sera de même. O ma bonne amie, quel moment où nous pourrions nous retrouver et nous assurer de notre amitié mutuelle! Adieu, le temps me presse. Je t'embrasse de tout mon cœur et suis pour la vie ton sincère ami JOSEPH[4].

Pour la vie! C'était pour quatre jours!

---

ami, d'être du nombre; autrement vous me donneriez de l'inquiétude. Les temps sont trop critiques pour se mêler de rien.

Je vous embrasse mille fois de tout mon cœur et je suis pour toujours votre vraie amie.

AIMÉE.

Au citoyen Joseph Lentaigne, chez le citoyen Laindet, rue Bouvreuil n° 36, à Rouen. (Archives, W 414, dossier 949, 2ᵉ partie, pièce 60.)

1. *Ibid.*, pièce 24.
2. *Ibid.*, pièce 27.
3. *Ibid.*, pièce 31 ; cf. pièce 34.
4. *Ibid.*, pièce 36.

VIII

Même jour (11 juillet) : Le curé Grandjean, l'architecte Pelchet, la veuve Saint-Hilaire et la veuve Tricard.

Le dossier suivant est celui d'un prêtre, Melchior GRANDJEAN, ci-devant curé de Goussonville.

On avait trouvé chez lui :

1° Un imprimé intitulé : *Plan de justice, police et finances*[1], par M. Grandjean, curé de Goussonville, près Mantes, mai 1789 ;

2° Huit morceaux de papier contenant des fragments d'un plan de gouvernement naturel, des vues et réflexions sur la constitution et le gouvernement français, le tout provenant d'un écrit de la main de Grandjean (Ils sont joints au dossier[2]).

Un extrait des registres des arrêtés et procès-verbaux d'arrestation de la commune de Mantes porte :

Un particulier, se promenant sur les sept heures et demie du matin autour de la ci-devant église de Notre-Dame et dedans, parut suspect à un membre du comité de surveillance de Mantes. Ayant un chapeau et perruque, un costume de prêtre, culotte et veste noir et un habit de camelot brun : on se mit à le gouailler sur son costume en disant qu'il avait l'air d'un ci-devant et que leur temps en étoit passé et qu'il ne reviendroit plus :… a fait réponse : ha ! ha ! ça reviendra[3].

C'est là-dessus qu'il fut arrêté et, après saisie de ses papiers, envoyé au tribunal révolutionnaire par le repré-

---

1. Ces lignes sont marquées au crayon rouge.
2. Archives, W 414, dossier 949, 2ᵉ partie, pièces 63 et suiv.
3. *Ibid.*, pièce 68.

sentant du peuple Crassous, en mission dans le département de Seine-et-Oise.

Grandjean, dans une lettre qui est au dossier[1], raconte autrement la cause de son arrestation. Il avait été insulté à cause de son costume, et c'est son insulteur qui se fit tout à la fois son dénonciateur et son juge, étant membre du comité qui décida de son arrestation. Pour sa défense, il invoquait tous ses titres révolutionnaires :

... Je me suis toujours conformé aux lois, j'ai prêté exactement tous les serments prescrits, j'ai remis mes lettres de prêtrise dès la fin de novembre, j'ai même complétement abandonné ma cure le 1er décembre, etc.

Et dans une protestation adressée au président et aux membres du district de Mantes :

Comment seroit-il possible, disait-il, qu'un citoyen qui au commencement de 1789 a fait une dépense de cinquante écus pour porter les États généraux à convertir la dîme, et la plupart des biens du clergé aux besoins de l'État et de l'humanité, fût à présent un fanatique, un visionnaire? Comment seroit-il possible qu'un homme qui, le premier de toute la France, a fait la motion de remettre la souveraineté entre les mains de la nation, fût à présent un royaliste? Or, cette motion est renfermée dans ces paroles de mon cahier : « Il faudroit que la première loi fixe et fondamentale de la France, fût que les États généraux s'assemblassent tous les ans, à certain jour, dans certain lieu, sans lettres de convocation, » etc[2].

Jean-Claude PELCHET, dont Fouquier-Tinville dit dans son réquisitoire :

Pelchet, inspecteur des ciments pour les bâtiments du ci-

---

1. Archives, W 414, dossier 949, 2ᵉ partie, pièce 74.
2. *Ibid.*, pièce 75.

devant roy, est encore un des conspirateurs soudoyés par les despotes, chef des signataires des pétitions, instigateur des signatures ne développant en public que les principes les plus contre-révolutionnaires et contestant à la représentation nationale le droit de juger le tyran dont il soutenoit l'innocence, disant que quelque chose qu'il pût en arriver il parleroit pour le Roy ; il n'a cessé d'être l'ennemi du peuple et de la liberté[1].

C'est à propos de Pelchet que Fouquier-Tinville montra cette âpreté dans la poursuite dont nous avons parlé plus haut. Les témoins contre lui n'ayant pas été assignés, il écrit à son substitut que leur comparution ne lui paraît pas indispensable et qu'il fasse tout pour que l'accusé ne soit pas mis hors des débats. La note est au dossier[2].

Du reste, les témoins assignés contre deux autres accusés (Benant, curé de Saint-Cyr, et Bricogne, curé de Port-Marly) n'ont pas comparu, et les accusés n'en ont pas moins été condamnés[3].

Vingt-huit étaient réunis dans ce jugement.

La condamnation les frappa tous. Signalons encore l'état déplorable des pièces qui consommèrent cette grande immolation. Dans la liste des questions posées aux jurés un nom est rayé sans approbation de la rature, et la déclaration du jury est écrite de la main

1. Il y a contre lui une note du comité de Versailles (Naudet, Thiriot, etc.); et cette déclaration de Dodin : « Je déclare que dans un voyage que j'ai fait de Versailles à Paris avec les nommés Clausse fils et Pelchet (il n'en dit pas la date), ce dernier a manifesté les sentiments les plus royalistes et les plus opposés aux principes de la Révolution : partout où je l'ai vu, j'ai toujours remarqué ces mêmes dispositions, mais jamais il ne les a manifestés d'une manière aussi révoltante que dans l'occasion que je viens de citer.
Versailles, ce 15 septembre 1793.
(Archives, W 414, dossier 949, 3e partie, pièces 99 et 100.)
2. *Ibid.*, pièce 94.
3. *Ibid.*, pièce 92 (procès-verbal d'audience), cf. pièce 95.

du greffier Legris (postérieurement sans doute) et simplement signée de SCELLIER[1]. L'acte du jugement est de toutes mains, avec des vides dans la qualification des accusés et des blancs dans les feuillets[2] : preuve que les choses essentielles étaient faites à l'avance et que le reste fut suppléé quand on le put et comme on le put.

Dans l'autre section (salle de l'Égalité), dix condamnés de divers pays, généralement pour propos[3].

Citons seulement deux femmes :

L'une du district de Clermont-Ferrant, Françoise PÉRIER, veuve SAINT-HILAIRE (62 ans). Il résulte d'une enquête (2 floréal), que comme elle était venue chez un épicier demander de la chandelle, il lui a dit :

Citoyenne, avez-vous un billet? Si vous n'en avez point je ne peux pas vous en donner. Alors cette femme lui a répondu : « On m'a ruinée depuis que nous sommes gouvernés par de la f... race. Quand les clubistes passent devant ma porte, je les insulte et ils ne me disent rien, parce que si j'avois du bien il y a longtemps que je serois [en]fermée[4]. »

Elle niait les propos : elle avait seulement exprimé sa peine de ne pouvoir se procurer ni huile ni chandelle[5]. Elle n'avait pas non plus insulté les clubistes, si ce n'est un tambour dans la garde nationale qui avait déshonoré sa fille. Et c'est lui qui avait excité son dénonciateur[6].

L'autre femme était une servante, Marie BIDAULT, veuve TRICARD (50 ans), contre laquelle fut faite la dénonciation suivante :

1. Archives, W 414, dossier 949, 3ᵉ partie, pièce 102.
2. *Ibid.*, pièce 93.
3. *Ibid.*, W 415, dossier 950
4. *Ibid.*, pièce 2.
5. *Ibid.*, pièce 3.
6. *Ibid.*, pièce 6.

LES VEUVES SAINT-HILAIRE ET TRICARD.

Citoyens,

Me trouvant en commission ces jours derniers en vertu d'un ordre de la municipalité, je dînai chez la citoyenne Nicard Fraisseix, où pendant le dîner, j'avois laissé mon manteau et mon sabre sur le lit. Des personnes dignes de foi m'ont rapporté que la servante de la susnommée s'est avisé de cracher sur mon manteau, de tirer mon sabre, de porter des coups de ce sabre sur mon susdit manteau, de le présenter au feu en disant : « Si jamais nous gagnons, nous en ferons autant de celui qui le porte et de ses semblables. » — [On ajoute que] lors de ces actions et propos indécents, la maîtresse étoit présente. Je vous fais cette dénonciation pour qu'au nom de la République vous en fassiez suite, et punissiez les coupables.

P. EYRICHONT, grenadier.

Aux citoyens membres du comité de surveillance du district de Saint-Léonard[1].

C'est l'accusateur public de la Haute-Vienne qui l'envoyait au tribunal.

L'une et l'autre furent comprises dans le jugement de condamnation.

IX

26 (14 juillet). Anniversaire de la prise de la Bastille, relâche. — Le lendemain 27 (15 juillet), trente-deux victimes : Yves Rollat ; Huet d'Ambrun et son domestique ; Millet, noble et chanoine ; la femme Chadoteau ; Jacques Lambriquet.

Le 26 (14 juillet), le tribunal chôma. Les prisons avaient ainsi leur part à la fête de la prise de la Bastille ; — et il eût été choquant de faire circuler les charrettes à travers les *repas fraternels* célébrés ce jour-là dans les rues[2].

1. Archives, *ibid.*, pièce 104. — 2. Voyez l'Appendice, n° II.

Le 27 (15 juillet), huit condamnés dans la première section pour divers propos.

Citons-en un, Yves-Louis ROLLAT, ci-devant président du district de Gannat, accusé d'avoir dit que l'émigration était de son goût; une autre fois, s'adressant à quelqu'un : « Ne te mêle de rien, tu te rappelleras ce que je dis; » et encore : « Dumontel vient de m'appeler citoyen. Je lui répondis que c'étoit mon chien que je qualifiois ainsi [1]. »

Il avouait avoir dit : « Ne te mêle de rien » à une tête chaude qui pouvait compromettre sa famille. Il présentait sous une toute autre forme l'autre propos :

Dumontel l'appelait en criant de loin : « Citoyen, citoyen! » — Il se retourne et reconnaît Dumontel qui l'appela de la main, poussant de grands éclats de rire. — Il en fut mécontent et dit : « Cette manière d'appeler ne convient pas; cela est malhonnête; c'est ainsi qu'on appelle les chiens à la chasse [2]. »

Dans la seconde section, vingt-deux condamnés pour divers griefs qui forment la collection presque complète des délits contre-révolutionnaires : lettres inciviques, correspondance de parents avec leurs enfants émigrés, complicité au 10 août, résistance au 31 mai, royalisme, fédéralisme, fanatisme.

Par exemple : Angélique-François HUET D'AMBRUN, ci-devant maître des requêtes, pour des lettres écrites à son frère et à sa belle-sœur, à Orléans [3].

---

1. Archives, W 415, dossier 951, 1re partie, pièce 43.
2. *Ibid.*, pièce 47, cf. pièce 51 : le juge Masson (13 prairial) se borne à lui alléguer le propos qu'on lui impute. Il le nie :
R. Qu'il est à même de donner une interprétation satisfaisante.
D. S'il a un conseil?
3. Archives, W 416, dossier 952, 1re partie, pièce 24.

De plus, on avait trouvé chez lui « un cœur peint en rouge », avec une couronne d'épines à l'entour et ces mots pour légende : *Cor Jesu misere[re] nobis.*

A lui demandé quelle était la cause qui a pu le décider à garder aussi précieusement une image aussi dérisoire ?

A dit que c'étoit un religieux qui [la] lui avoit donnée et qu'il l'a gardée pour [la] donner à ses enfants [1].

Pierre-Jean LYON, son domestique, était incriminé pour une cause analogue :

S'il sait quelles sont les sources où Pierre-Jean Lyon, son domestique, actuellement détenu à la Conciergerie, a puisé les principes du fanatisme dont on a trouvé des preuves dans sa chambre lors de la perquisition qui y a été faite ?

R. Que Lyon, son domestique depuis neuf ans, a aidé avec plusieurs autres à déménager les religieuses dites du Saint-Sacrement de la rue Saint-Louis-au-Marais, où le prévenu avoit une sœur religieuse, et que les religieuses, ne pouvant le récompenser en argent, lui ont donné, comme aux autres, différentes images et autres effets pareils.

On lit dans la suite de cet interrogatoire :

Observe le prévenu que dans le moment qu'il a été arrêté, on a mis les scellés tant sur les effets à lui appartenant que sur des dépôts pécuniaires dont mention est faite au procès-verbal dressé par le comité de la section ; qu'en conséquence il plaise au tribunal d'ordonner ce qu'il croira de sa justice et de sa sagesse en pareille circonstance ; que cet objet devient d'autant plus urgent qu'il déclare que, partie de ce dépôt, sçavoir la somme de 12 000 livres en numéraire tant or qu'argent, appartient à la nation comme bien devant appartenir au bout de l'an à un émigré, ainsi que le prévenu l'expliquera plus amplement en temps et lieu [2].

1. Archives, *ibid.*, pièce 29.
2. *Ibid.*, pièce 26 (interrogatoire du 2 frimaire).

Ceci est marqué d'une croix rouge. Mais les explications que promettait l'accusé étaient inutiles. Sa condamnation devait faire tomber le tout, sans plus attendre, dans les caisses du trésor.

François-Denis MILLET, ex-noble et chanoine, dénoncé par le comité de surveillance de Port-la-Montagne (Toulon), comme « adorateur fidèle des ci-devant nobles et ennemi des patriotes[1]. » Son double titre pesait lourdement sur lui et il s'efforce d'en atténuer le poids dans un mémoire :

> Jeté sans le vouloir très jeune dans une profession, je l'ai suivie vingt ans sans fanatisme... J'adoptai la Révolution par principes et par raison.

Et il énumère tout ce qu'il a fait pour sa cause[2] ; mais il avait été noble et chanoine, deux caractères indélébiles qui le désignaient pour l'échafaud.

Jeanne FOUGÈRE, femme CHADOTEAU, envoyée au tribunal par le district d'Angoulême comme coupable de « propos tendant à corrompre les mœurs, faire revivre les signes de la féodalité et avilir les défenseurs de la patrie. »

Elle était accusée d'avoir dit que les braves gens étaient sortis de France[3].

Jacques LAMBRIQUET, « valet de chambre de la ci-devant cour de Capet et du ci-devant Monsieur. » On disait qu'il avait eu pour mission d'aller tous les huit jours de Versailles à Paris pour rendre compte à Marie-Antoinette de ce qui s'y passait : — par conséquent, avant les

---

1. Archives, W 416, dossier 952, 2ᵉ partie, pièce 60.
2. *Ibid.*, pièce 63.
3. *Ibid.*, pièces 68, 77 et 80.

5 et 6 octobre 1789[1]. C'en était bien assez pour qu'on le jugeât complice du 10 août (1792).

X

28 (16 juillet). Le curé Audigier; les deux dames Duplessis; le curé Gellé; le ménage Poirier. — 29 (17 juillet). P. Prunaire; orpheline acquittée; plusieurs accusés de Strasbourg, etc.; un fou par ambition : Audibert Roubaud.

28 (16 juillet), salle de l'Égalité. Treize condamnés, le plus grand nombre accusés de correspondances, de propos ou de moins encore :

Simon AUDIGIER, ancien curé de Saint-Laurent à Paris, avait pris part à un attroupement séditieux; voici comment : deux femmes et un homme, ayant ouï dire qu'on voulait lui faire un mauvais parti, étaient venus armés de fourches pour le défendre[2].

— C'était le livrer à la mort!

Marie-Rose CHAMBORANT, veuve DUPLESSIS (quarante-cinq ans), et Catherine DUPLESSIS-LAMERLIÈRE (vingt-neuf ans), accusées de correspondances et de propos : or, sur le dossier de la première il est marqué qu' « il n'y a pas de correspondance [3], et l'on n'en fournit pas davantage la preuve contre l'autre. Quant aux propos, on prétendait qu'elles avaient dit : l'une, quand on enleva de chez elle les chevaux de son mari émigré, l'autre en parlant de la guerre : « que les nobles et les émigrés auroient leur tour : » ce qu'elles niaient[4].

Jean GELLÉ, ex-curé de Villejoubert (Angoumois), qui

---

1. Archives, *ibid.*, 3ᵉ partie, pièce 99.
2. *Ibid.*, W 419, dossier 954, 1ʳᵉ partie, pièce 25.
3. *Ibid.*, pièce 56.
4. *Ibid.*, pièces 50, 57 et 61.

avait abdiqué ses fonctions curiales dès qu'il en avait eu l'ordre, mais qui, recevant le discours prononcé par le citoyen Herman à l'inauguration du temple de la Raison, à Angoulême, avait dit, selon l'accusation, qu'il en ferait un usage fort peu respectueux[1].

Pierre POIRIER, ancien maire de Saint-Laurent, et Marguerite de LORADOUR, sa femme, accusés d'avoir mal parlé de la Convention, fait des vœux pour les brigands; la femme, par exemple, d'avoir dit : « Il vaut mieux se soumettre à des gens qui sont plus que nous qu'à de la canaille[2]. »

Dans la seconde salle, dix-huit condamnés par un jugement en blanc[3]. On n'y trouve que cinq noms d'accusés, l'acte d'accusation et la formule finale : *Fait et prononcé*, sans rien de ce qui a été fait et prononcé.

29 (17 juillet), salle de l'Égalité. Dix condamnés parmi lesquels Pierre PRUNAIRE qui faisait cet aveu :

Je me rappelle bien avoir dit au juge de paix que je n'ai jamais voulu tirer contre l'ennemi qui étoit et seroit toujours mes amis, mais je ne me rappelle pas du surplus[4].

Ce surplus, c'était : « qu'il s'en f... qu'il ne désirait pas mieux [que] de mourir pour son roi, » etc.[5].

Le même jour avait comparu Anne-Ursule THIERRY-DEVIENNE, jeune fille de seize ans et demi, dont le père était de la maison de Monsieur, frère du roi; elle avait été recueillie par une citoyenne Devienne qui la traitait comme sa fille, et après sa mort chez plusieurs autres

---

1. Archives, W 419, dossier 954, 1re partie, pièce 66.
2. *Ibid.*, pièces 68 et 75.
3. *Ibid.*, W 417, dossier 953, 3e partie, pièce 70.
4. *Ibid.*, W 420, dossier 955, 2e partie, pièce 97. — 5. *Ibid.*, pièce 98.

personnes, puis à l'hospice. Là on lui demanda si elle n'avait rien sur elle; elle tira de sa poche un chapelet, une médaille et un petit sachet de toile où était gravé le portrait du roi et de la reine. — C'est pour cela qu'on l'avait envoyée au tribunal comme complice du 10 août. Sachons gré aux jurés de l'avoir acquittée[1].

Dans la seconde section, trente condamnés[2]. On ne pouvait mieux finir ce mois funeste.

Un premier groupe formé de plusieurs habitants de Strasbourg : Jean YUNG, cordonnier; Pierre-François MONNET, prêtre; Frédéric EDELMANN, musicien; et Louis EDELMANN, fabricant d'instruments de musique, désignés dans le rapport des citoyens Rousseville et Pottin, agents des représentants du peuple Lacoste et Baudot, comme affiliés à « la conjuration ourdie à Paris contre la représentation nationale et la sûreté des prisons[3]. »

— Qui pouvait révoquer en doute la conspiration des prisons de Paris, quand elle avait « des ramifications » jusque dans Strasbourg!

Parmi les accusés isolés citons : Jean-André DELAMEL-BOURNET, qui avait voyagé en Suisse et en Allemagne jusqu'en novembre 1792 avec passeport. Il dit dans son interrogatoire :

Qu'il a appris étant à Liège, alors pays républicain, qu'il avoit été rendu une loi contre les émigrés; qu'il a craint de se compromettre en écrivant son nom avant de connoître les exceptions; qu'ayant connu que ces exceptions ne lui étoient

1. Archives, *ibid.*, 1re partie, pièces 64 et 68.
2. *Ibid.*, W 421, dossier 956.
3. *Ibid.*, 3e partie, pièce 58; cf. pièce 74, note contre les accusés; pièce 59, certificat en faveur de Frédéric Edelmann; et pièce 80, mémoire du citoyen Yung sur sa conduite politique.

pas favorables il vouloit repartir, mais que malade il ne l'a pu[1].

Et le juge qui l'a interrogé écrit sur le dossier:

Bournet est un très gros, gras et enragé émigré (il en parle en ogre!) Je l'ai interrogé hier 15 juillet 1793.
ROUSSILLON.

On attendit un an pour le juger.

Ferdinand Morel, perruquier, signalé comme « ayant évidemment été l'un des agents de Brunswick. » On l'accusait d'avoir porté une cocarde blanche en public, et dit, en revenant de Verdun à Bar-sur-Ornain, « qu'il s'étoit bien amusé avec les Russes, qu'ils étoient bons garçons », ajoutant: « Patience, les Parisiens ne seront pas toujours si fiers, je veux dans quelques jours leur voir manger de la paille, » etc.[2].

Joseph YVON, courrier de la Malle, qui s'était permis de dire: « Voilà un joli bien que la Convention nous fait en faisant couper la tête du roi[3]. »

Enfin, une espèce de fou, Jean-Laurent AUDIBERT-ROUBAUD, natif d'Aix en Provence, « ex-secrétaire de l'Académie des sciences de la Grande-Bretagne », qui, revenu en France, avait adressé une requête à la Convention[4]. Il s'y plaignait des traitements qu'il avait subis en Angleterre et y faisait tant d'allusions aux choses ou aux personnages de divers pays, qu'on se prit à se demander s'il n'était pas chargé lui-même de faire de semblables rapports sur les choses et les personnages de la France.

---

1. Archives, W 421, dossier 956, 2ᵉ partie, pièce 9.
2. Acte d'accusation.
3. Archives, *ibid.*, pièce 75.
4. *Ibid.*, 3ᵉ partie, pièces 16-18.

Arrêté et interrogé le 13 messidor au comité révolutionnaire de la section de la Montagne, il dit qu'il avait été chassé d'Angleterre en janvier 1793, qu'il était venu à Paris le 7 avril suivant, puis à Aix et revenu à Paris le 13 floréal :

D. En partant d'Angleterre combien aviez-vous d'argent ?

R. Rien du tout ; j'ai été obligé de mendier mon pain jusqu'à Paris.

D. Vous avez resté à Paris trois mois. Comment avez-vous vécu ?

R. En mendiant journellement mon pain.

D. Est-ce vous qui avez rédigé et présenté deux pétitions, l'une à l'Assemblée constituante, l'autre à la Convention :

(La première était de son avocat ; la deuxième de lui.)

D. A quel titre réclamez-vous à la Convention nationale deux millions de livres ?

R. Je ne réclame point à la Convention, je la prie de s'interposer pour moi auprès des États-Unis pour les services que je leur ai rendus.

D. Pourquoi vous dites-vous l'époux d'un individu que l'on nomme la princesse d'Angleterre ?

R. Parce que, parlant à moi, elle a mis sa main dans la main et (en) présence de témoins elle m'a dit : « Voilà mon seul époux au monde. »

D. A quel propos il vante une tigresse qu'il appelle dans ses deux mémoires aux différentes Assemblées nationales l'immortelle Thérèse ? Pourquoi il vante les charmes des deux archiduchesses et se vante-t-il des offres de Thérèse qui lui offre un asile à sa cour et la main d'une des deux princesses ?

R. Je m'en vante pour son bon cœur. Elle m'avoit fait l'offre d'une de ses filles.

D. Pourquoi ne profitâtes-vous pas d'une si belle occasion ?

Le questionneur démocrate va être relevé de cette impertinence :

R. Parce que je ne connoissois pas assez leurs principes. Un philosophe ne se marie point sur un si frivole prétexte et vanité que le titre de princesse.

Cela lui ferme la bouche :

Avons clos le présent procès-verbal [1].

On ne paraît pas avoir fait subir à l'accusé d'autre interrogatoire devant le tribunal. Il fut condamné en compagnie des autres [2].

XI

Les Carmélites de Compiègne.

La principale affaire de cette audience rappelle celle des huit religieuses carmélites ou visitandines que nous avons vues le 21 pluviôse (9 février 1794); mais avec un dénouement plus tragique, selon le caractère du temps.

Il s'agit des Carmélites de Compiègne [3].

Les Carmélites habitaient à Compiègne depuis plus

---

1. Archives, W 421, dossier 956, 3° partie, pièce 21.
2. *Ibid.*, pièces 123 et 125.
3. *Ibid.*, W 421, dossier 956, 3° partie. M. Alexandre Sorel, déjà connu par son livre sur *le Couvent des Carmes pendant la Révolution*, a publié sur elles une très intéressante brochure : *Les Carmélites de Compiègne devant le tribunal révolutionnaire, 17 juillet* 1794. Il y cite plusieurs des publications dont ces victimes ont été l'objet : *Histoire des religieuses carmélites de Compiègne conduites à l'échafaud le 17 juillet* 1794, ouvrage posthume de la sœur Marie de l'Incarnation, qui paraît avoir été rédigé par le cardinal de Villecourt, ancien évêque de la Rochelle et alors vicaire général de Sens, sur des notes manuscrites laissées par cette sœur, l'une des survivantes de la pieuse congrégation immolée à cette époque, et plusieurs autres brochures faites en général d'après ce livre. Mais lui-même y ajoute beaucoup de renseignements précieux, qu'il doit à une connaissance particulière de la ville et de ses archives municipales.

d'un siècle une maison qu'elles avaient fait bâtir sur un terrain acheté de leurs deniers, quand l'Assemblée constituante, par la loi du 13 février 1790, supprima les ordres religieux. Cette loi pourtant (qu'on ne l'oublie pas) ne fermait pas les couvents, elle les ouvrait. Elle déliait les religieux de leurs vœux, autant que le pouvait faire la loi civile ; elle en supprimait la sanction publique. Elle leur permettait de sortir du couvent, elle ne leur défendait pas d'y rester en congrégations libres ; elle décidait même (la loi du 2 novembre 1789 ayant mis les biens ecclésiastiques à la disposition de la nation) que des bâtiments spéciaux seraient désignés pour ceux qui voudraient continuer de vivre en congrégation comme auparavant. Les religieuses mêmes étaient autorisées à rester provisoirement dans leur couvent.

Non seulement les congrégations dissoutes ne devaient pas être dispersées, mais le décret du 8 octobre 1790 avait pourvu à leur réorganisation. Les religieuses qui préféreraient la vie commune à la liberté devaient nommer entre elles, au scrutin et à la pluralité absolue des suffrages, une supérieure et une économe qui seraient nommées pour deux ans et pourraient être réélues ; et un officier municipal avait mission de présider à cette opération. A Compiègne, les dix-huit Carmélites, quinze professes et trois sœurs converses, ayant opté pour la fidélité à leurs vœux, étaient restées dans leur couvent (5 août 1790), et l'élection se fit au commencement de l'année suivante en présence de deux officiers municipaux : Mme Sidoine fut élue supérieure, dignité qu'elle avait déjà, et Mme de Croissy économe[1].

---

1. M. A. Sorel, *les Carmélites de Compiègne*, p. 13.

Mais après le 10 août 1792 les choses changèrent de face. La chute de la royauté inaugurait, même avant la proclamation de la République, l'ère de la Révolution, et le décret du 17 août ordonna que les maisons occupées encore par les religieux et religieuses seraient évacuées et mises en vente. Les Carmélites durent donc sortir de leur couvent; et toutefois, même alors, on ne mit aucun acharnement à les disperser. Ni après les journées de septembre, ni dans toute l'année 1793, on ne les inquiéta[1]. Elles s'étaient partagées entre trois maisons, sortant peu, selon l'esprit de leur ordre, et pratiquant, autant qu'elles le pouvaient, en commun, leurs devoirs religieux; ce qui ne pouvait tarder à les rendre suspectes, quand la religion devint un crime d'État.

Elles avaient cependant obéi à tout ce qui ne paraissait pas contraire à leur foi. Elles avaient prêté le serment de liberté et d'égalité[2], ce serment qui avait effarouché leurs sœurs de Paris, auquel celles-ci se refusèrent obstinément, même devant le tribunal, sous le couteau de la guillotine. Mais elles n'avaient aucune part avec ceux qui avaient fait acte de schisme par le serment de la constitution civile du clergé. Elles étaient en correspondance avec d'autres religieuses, avec des parents qui ne cachaient pas davantage leur tristesse sur l'état de l'Église. Elles ne se croyaient probablement pas, sur ce sujet, tenues à la règle du silence. C'était un péril, et une de leurs correspondantes les en avertit :

Ne vous gênez jamais, disait-elle, quand vous avez besoin d'écrire à mon père, je lui ferai remettre exactement ; mais

---

1. A. Sorel, *ibid.*, p. 17.
2. *Ibid.*, p. 21.

entre nous deux, ma bonne mère, on parle trop à Compiègne, et on m'en a parlé à Senlis, quelqu'un de poid qui m'a dit que l'on manquoit de circonspection, et que cela pouvoit avoir des suite ; on m'a prié de l'avertir lui-même, afin qu'il recommande le silence, vertu si nécessaire [1].

Quand il fallait si peu de chose pour qu'un simple fidèle fût envoyé au tribunal, il était difficile que des religieuses, demeurées dans la ville où elles étaient connues, et si peu séparées les unes des autres, ne frappassent point l'attention d'un comité de surveillance révolutionnaire. Le comité de Compiègne crut devoir faire une enquête, et il y procéda avec cet appareil militaire que l'autorité départementale aime à déployer en pareille circonstance. Le 3 messidor il prit l'arrêté suivant :

Le comité de surveillance et révolutionnaire :
Sur l'avis reçu que les ci-devant Carmélites dispersées en trois ou quatre sections de cette commune, se réunissent le soir ; que depuis l'arrestation de la fameuse *Théot*, se disant *Mère de Dieu*, il paroît plus de mouvement, il s'aperçoit plus d'empressement de la part des ci-devant religieuses et de certaines dévotes de la commune ;
Le Comité, considérant que déjà il existe dans ses registres une dénonciation qui atteste que ces filles existent toujours en communauté ; qu'elles vivent toujours soumises au régime fanatique de leur ci-devant cloître, qu'il peut exister entre ces ci-devant religieuses et les fanatiques de Paris, une correspondance criminelle ; qu'il y a lieu de soupçonner chez elles des rassemblements dirigés par le fanatisme :
Arrête qu'il sera, par les membres divisés en plusieurs sections, fait une visite dans les différentes maisons par elles occupées et que *chaque section se fera accompagner d'un nombre suffisant de dragons* [2]...

1. Archives, W 421, dossier 956, 3ᵉ partie, pièce 98.
2. A. Sorel, p. 27.

L'enquête fit trouver chez elles : quelques lettres adressées, soit à la supérieure, soit à une ou deux autres religieuses ; une image de Louis XVI, telle qu'on en avait répandu à profusion dans le premier enthousiasme de l'ère de la Liberté : elle avait pour légende :

LOUIS XVI

ROI DES FRANÇAIS.

De notre liberté c'est le restaurateur,
De Nestor, des Titus auguste imitateur.
Que dis-je?... ô peuple heureux par son amour extrême,
Tu ne peux comparer ce grand roi qu'à lui-même[1] ;

des vers, envoyés par un bourgeois de Compiègne, rimeur incorrigible et malheureux, Mulot de la Menardière, à une de ces religieuses, qui était sa cousine, etc.

C'en fut assez pour que le comité, « toujours à la poursuite des traîtres », comme il le dit au début de sa lettre, dénonçât l'infortuné Mulot et seize religieuses aux membres composant les comités de salut public et de sûreté générale[2].

Les deux comités ordonnèrent l'envoi des accusés à Paris. Ils avaient même compris dans l'ordre d'envoi un nommé Guillemette, à qui était adressée une lettre pleine d'horreur et d'effroi sur la journée du 10 août, lettre écrite le lendemain ou surlendemain de ce jour[3], et une citoyenne Delavallée. Mais le comité de Compiègne répondit que Guillemette était inconnu dans la ville et que la citoyenne Delavallée n'avait été nommée dans l'acte de dénonciation que pour donner l'adresse d'une

---

1. Archives, *ibid.*, pièce 92. La main d'un de ceux qui ont saisi cette image du roi lui a inscrit une injure grossière au front.
2. Archives, pièce 110 ; A. Sorel, p. 38.
3. *Ibid.*, pièce 91.

des maisons où plusieurs des Carmélites étaient logées ; c'était un simple numéro[1].

On dut donc se contenter de MULOT DE LA MENARDIÈRE et des seize religieuses dont voici les noms :

Marie-Claude SIDOINE.
Anne -- Marie -- Magdeleine THOURET.
Marie - Claude - Cyprienne BRARD.
Marie DUFOUR.
Thérèse SOIRON (sœur tourière).
Marie-Geneviève MEUNIER (novice).
Marie-Aimée BRIDEAU.

Rose CHRÉTIEN.
Marie-Gabrielle TREZEL.
Marie-Françoise CROISSY[2].
Anne PELLERAT.
Angélique ROUSSEL (sœur converse).
Élisab.-Julie VEROLOT (id.).
Marie-Anne HANISSET.
Marie-Anne PIÉCOURT.
Catherine SOIRON (sœur tourière[3]).

On les accusait de continuer de vivre en communauté ; on les accusait de fanatisme (c'était le mot du temps) et à cet égard les preuves ne manquaient pas. Telle était cette recommandation de prière en faveur des autorités constituées :

Vous joindrez aux intentions générales pour les besoins de l'État et de l'Église celle d'obtenir aux membres qui composent les districts et les municipalités, les lumières pour connoître tout le mal qu'ils font en se prêtant à l'exécution des décrets contraires à la Religion, et la fidélité à le refuser même au péril de leur vie ou à renoncer absolument à des emplois qui ne peuvent s'allier avec le Christianisme[4].

Il y avait aussi, parmi les pièces saisies, des lettres de religieuses ou de femmes, parlant de scapulaires et de

---

1. Archives, W 421, dossier 956, 3ᵉ partie, pièce 111.
2. Dans le texte CROUZY.
3. Archives, *ibid.*, pièce 125. — 4. *Ibid.*, pièce 90.

neuvaines[1]; il y avait des lettres de prêtres : elles ne sont pas signées, mais elles portent la marque du sacerdoce dans l'élévation et la gravité des pensées religieuses, comme dans la fermeté du conseil, épuré, fortifié par les épreuves de la vie du proscrit[2]. Rien de la politique; mais de la tristesse et, sous l'impression des faits déjà accomplis, des pressentiments sombres, facilement prophétiques. Je n'en veux citer que ce passage d'une lettre qui remonte au 20 mai 1790 :

Ce qui m'afflige, c'est de voir que tant d'églises où Dieu a été honoré et d'où il a répandu des torrents de grâces sur une infinité de fidèles, vont être changées en lieux d'abomination et de désordre, etc., etc., etc. Cependant rien n'arrive que par l'ordre et la volonté de Dieu, et qui sommes-nous pour lui demander raison de sa conduite ! — Adorons donc et taisons-nous. Aussi bien, après le scandale de la croix, rien ne doit plus nous scandaliser dans ces temps orageux. Il faut nous disposer au martyre ; car, selon toutes les apparences, on finira par là. Heureux ceux qui mériteront d'en recevoir la couronne[3] !

Les Carmélites de Compiègne avaient, nous l'avons vu, prêté le serment civique de liberté et d'égalité. Il est assez inutile de rechercher si, comme le prétend une de leurs sœurs qui leur survécut[4], elles l'avaient rétracté depuis. On était suffisamment assuré qu'elles n'avaient

1. Archives, W 421, dossier 956, 3ᵉ partie, pièces 93-98, 102-107.
2. Voyez les lettres cotées 86, 87, 88 et 89 : trois portent les dates des 13 février, 11 et 16 mai 1792 ; deux sont à l'adresse de Mme Marie-Thérèse de Saint-Augustin (Mme Sidoine) et l'une lui donne le titre de prieure des Carmélites.
3. Même dossier, 3ᵉ partie, pièce 101.
4. « Par une circonstance fortuite, dit M. A. Sorel (p. 12), la sœur Philippe (*Marie de l'Incarnation*) ne se trouvait plus à Compiègne le jour où les autres religieuses furent arrêtées, elle échappa ainsi à la mort. Retirée en 1825 au couvent des Carmélites de Sens, elle y mourut le 10 janvier 1836 à l'âge de 74 ans, laissant des notes manuscrites, » d'où le cardinal de Villecourt tira l'ouvrage cité plus haut.

nul rapport avec les prêtres jureurs ; et si l'on ne produisait aucune de leurs lettres à cet égard, il y en avait, à elles adressées, qui ne laissaient point de doute sur leur parfaite conformité de sentiments avec leurs correspondantes : telle est cette lettre d'une religieuse ursuline de Paris qui, à la date du 6 juillet 1791, répond, au nom de sa supérieure, à la sœur Thérèse de Saint-Augustin, supérieure des Carmélites de Compiègne. Elle peint avec une vivacité pittoresque les dispositions que les évêques intrus rencontraient parmi les religieuses de leur ressort :

Madame,

Notre mère supérieure, extrêmement occupée d'affaires qu'elle ne peut remettre, me charge de vous répondre, afin de ne pas différer. Je m'en acquitte avec d'autant plus de plaisir que ce sera pour moi, Madame, une occasion de vous réitérer l'assurance des sentiments tendres et respectueux que vous m'avez inspiré.

Nous ignorons, Madame, quelle est la manière dont se conduisent nos sœurs de Beauvais envers M. Massieu[1] ; mais nous pouvons vous dire avec certitude que dans cette capitale nous sommes toutes résolues à ne reconnoître l'intrus en aucune sorte. S'il venoit rendre visite à cette maison et qu'il demandât à entrer, nous refuserions de lui ouvrir ; s'il insistoit et menaçoit, nous lui ouvririons pour éviter un plus grand scandale qui seroit causé par la violence, mais nous ne le conduirions pas à l'église, il iroit seul s'il vouloit. S'il demandoit à voir nos registres à titre d'évêque légitime qui fait sa visite, nous ne les lui montrerions pas. S'il le vouloit absolument, nous les lui montrerions, en lui disant que nous ne les lui montrons pas comme le reconnoissant pour notre évêque, mais pour céder à la violence, car nous ne reconnoissons d'autre évêque que monseigneur de Juigné. Après qu'il seroit

---

1. L'évêque constitutionnel de Beauvais.

sorti, nous ferions dresser un procès-verbal comme quoi M. un tel... est venu pour se faire reconnoître, comme quoi il est entré par force, et qu'en un mot, comme nous ne le reconnoissons pas, (que) tous les actes qu'il a faits dans notre maison sont autant d'actes de. violence. La supérieure et les anciennes signeroient ce procès-verbal fait par un notaire, et ce procès seroit conservé.

On est venu pour nous faire déclarer si nous voulions des prêtres qui fussent donnés par M. de Lida[1] pour être nos confesseurs et chapelains ; nous avons dit que jamais nous n'en accepterions que de notre évêque légitime. On nous a laissé tranquille depuis, d'autant que nous étions libre de choisir, à condition que si nous gardions les prêtres que nous avions, notre église seroit fermée ; elle l'est depuis ce temps-là.

Voilà, Madame, des réponses positives et que je vous fais de la part de notre mère qui est, on ne peut pas plus sensible à tout ce que vous lui avez dit d'honnête ; elle veut que je vous assure de tout l'intérêt qu'elle prend à votre position ; elle est charmée et édifiée de votre attachement inviolable aux bons sentiments et aux vrais principes ; elle a pour vous la plus parfaite estime et le plus tendre attachement.

Croyez qu'on ne peut rien ajouter à la sincérité des sentiments et du respect avec lesquels j'ai l'honneur d'être,

    Madame,

    Votre très humble et très obéissante servante,

        Sr Ste-B.

Permettez, Madame, que j'assure ma tendre amie, sœur Marie de l'Incarnation, de la constance de mes sentiments pour elle et de la joie que me cause la béatification de sa sainte patronne. Mes occupations depuis longtemps sont cause de mon silence et de mon sacrifice[2].

On ne trouvera pas étonnant que les vœux des persécu-

---

1. Gobel, ancien évêque de Lydda, le trop fameux évêque intrus, puis apostat de Paris.
2. Archives, W 421, dossier 956, pièce 99.

tées ne fussent point pour le triomphe du gouvernement persécuteur, et cela pouvait amener des manifestations plus sérieusement compromettantes au milieu des incidents de la lutte où la France, et non pas seulement la faction dominante, se trouvait engagée.

Dans une lettre d'une veuve Pilloy, après des plaintes fort légitimes, fort criminelles alors, sur la mort du roi (*comment a-t-on pu avoir le cœur assez dur pour le condamner?*) on lisait :

On dit aujourd'hui que les Autrichiens ont forcé les Français patriotes de lever le siège de Maestric, et que les six milles émigrés qui y étoient l'ont défendu. Dieu veuille permettre que tout cecy réussisse pour un plus grand bien. Pour moi je souhaite que nous puissions le servir plus librement qu'à présent [1].

Il y avait aussi dans les papiers trouvés un cantique au Sacré-Cœur de Jésus, dont plusieurs strophes étaient animées de sentiments plus violemment hostiles :

CANTIQUE DU SACRÉ CŒUR DE JÉSUS.

Cœur sacré d'un Dieu qui nous aime,
Source aimable de nos vertus,
Toi qui fais mon bonheur suprême,
Cœur adorable de Jésus...

De l'amour trop chère victime,
Oublie un instant la douceur ;
Tu vois les attentats du crime,
Viens mettre un frein à sa fureur.

Fais marcher l'aigle vengeresse
Contre ces vautours dévorants,
Et qu'enfin l'olivier renaisse
Sur la cendre de nos tyrans.

Qu'il paraisse au bruit du tonnerre,
Au milieu du ciel embrasé,
Ce cœur, le salut de la terre,
Par qui Satan fut écrasé.

[1] Archives, *ibid.*, pièce 93.

> A son aspect doux et terrible
> Je vois pâlir les factieux,
> La France alors devient paisible,
> Son roi libre et son peuple heureux.

Par M. D..., ci-devant prêtre habitué à la paroisse de Saint-Sulpice, à Paris[1].

La lettre n'avait pas été écrite, mais reçue, et le cantique portait une désignation d'auteur. Mais on n'avait pas attendu aux derniers jours de messidor pour regarder le détenteur d'un écrit comme complice de l'écrit : c'était, presque dès l'origine, la jurisprudence du tribunal.

On n'avait pas pu saisir ce prêtre de Saint-Sulpice, mais on avait sous la main un autre poète de même esprit et, disons-le, de même force, Mulot de La Menardière qui, dans une pièce de vers adressée à sa cousine, Mme Sainte-Euphrasie (Mme Brard),

> Sur ce que la Providence, écrivait-elle, avoit mis par la pluie et le froid un *veto* sur son travail au jardin.

avait osé dire :

> Le froid détruira les insectes....
> S'il détruisait tous les méchants,
> Des Jacobins toutes les sectes
> Et nombre de représentants !
>
> Ce vœu provient de mon envie
> De voir renaître le bonheur,
> De voir heureuse ma patrie,
> C'est le souhait de tout mon cœur[2].

On avait de plus trouvé parmi les papiers des religieuses un gros cahier intitulé *Mon apologie*, où l'on attaquait le serment prescrit par la constitution civile du clergé. On ne sait quelle main de ceux qui firent

---

1. Archives, W 421, dossier 956, pièce 100.
2. *Ibid.*, pièce 85.

l'enquête écrivit au haut du premier feuillet : DE MULOT. Ce fut l'arrêt de mort du malheureux. Le mémoire était évidemment d'un prêtre : toute l'argumentation le prouvait, et la déclaration en était faite dès les premières lignes :

MON APOLOGIE.

Je n'ai pas prêté le serment civique exigé par le décret du 27 novembre.

Par honneur et par religion je dois compte de ma conduite à tous mes confrères dans le sacerdoce, etc.[1].

Or, Mulot n'avait jamais été prêtre. Il était marié[2], et sa femme, arrêtée avec lui comme suspecte, se trouvait alors détenue à Chantilly[3]. N'importe, la pièce sera irrévocablement de Mulot, et, pour tout accorder, Fouquier-Tinville, dans son acte d'accusation, le tiendra lui-même pour un prêtre :

Mulot de la Menardière, ex-prêtre réfractaire, étoit dans la commune de Compiègne le chef d'un rassemblement contre-révolutionnaire, d'une espèce de foyer de Vendée, composé de religieuses carmélites et d'autres ennemis de la révolution. Sa correspondance avec ces femmes soumises à ses volontés dépose des principes et des sentiments contre-révolutionnaires qui l'animoient, et on y remarque surtout cette fourberie profonde familière à ces tartufes accoutu-

---

1. Tout l'écrit porte le même caractère depuis le commencement jusqu'à la fin, où on lit :

« *Vous n'aurez plus de traitement.* Je compte sur la charité des fidèles, je leur continuerai mes travaux, mes soins, mes veilles.

« *On m'ôtera mon traitement....*

« Vous ne jurerez donc pas : plutôt la mort. Mourir de faim est un mal, mais il y a encore un plus grand malheur à vivre apostat ou infidèle à sa religion. » (Même dossier, pièce 82.)

2. Parmi les pièces saisies il y a une lettre adressée à lui où on lui parle de sa femme (même dossier, pièce 83).

3. A. Sorel, p. 25 et suiv. — Le château était devenu une vaste prison de suspects pour le pays environnant, comme le palais du Luxembourg à Paris.

més à donner leurs passions pour règle de la volonté du ciel[1].

Il lui rapportait cette recommandation de prier pour les autorités constituées, comme une façon de les avilir sans doute, et la pièce *Mon apologie :*

> Un autre manuscrit, sur son refus de prêter le serment dit constitutionnel, établit que sa résistance à l'autorité légitime étoit méditée et réfléchie.

Il lui rapportait même la correspondance de prêtres que l'on avait au dossier. Un simple examen des pièces eut prouvé qu'elles n'étaient pas de la même main, et l'on avait un échantillon authentique de son écriture dans les vers cités plus haut que l'on ne manquait pas d'incriminer. Mais qui songeait à faire cette comparaison? Les pièces alléguées contre lui figurent au procès sans qu'on les lui ait représentées : car dans le récolement on n'eût pas manqué de les certifier par sa signature : mais c'est une peine que l'on ne prenait plus alors. Plus d'instruction : il n'y a nulle trace d'interrogatoire au dossier ; et de débats pas davantage.

Quant aux religieuses, si on jugeait coupable d'une lettre celle qui l'avait reçue, la supérieure Mme Sidoine (sœur Marie-Thérèse de Saint-Augustin), et la cousine de Mulot, Mme Brard (sœur Euphrasie de l'Immaculée Conception) auraient dû seules être incriminées. Mais les autres ne partageaient-elles pas les mêmes sentiments? Toutes sont donc comprises dans l'accusation, même les deux sœurs tourières; toutes furent enveloppées avec Mulot dans l'arrêt de mort.

---

1. Archives, W 421, dossier 956, pièce 125 (jugement).

CHAPITRE XLVII

CONSPIRATION DES PRISONS. — LES CARMES
(1re DÉCADE DE THERMIDOR)

I

1ᵉʳ thermidor (19 juillet 1794). Un fils sciemment condamné pour son père : le jeune Saint-Pern ; un patriote méconnu ; un agent d'émigré, commis greffier du tribunal révolutionnaire : Legris.

La loi du 22 prairial avait donné au tribunal révolutionnaire le moyen d'exterminer sans phrases tous ceux que le Comité de salut public livrerait à ses coups. La conspiration des prisons avait été trouvée comme un moyen de lui servir ces grandes fournées. On avait cru possible d'en expédier cent cinquante-sept en une fois au Luxembourg ; et si l'on s'était ensuite résolu à les diviser en trois jours ce n'est pas la difficulté de les juger en un seul qui avait arrêté : la scène de la troisième journée, telle que nous l'a décrite un témoin, montre qu'on aurait bien pu les expédier tous le premier jour avec les autres.

C'est probablement de la même sorte qu'on en aura agi, malgré le nombre et la grosseur des dossiers, avec les accusés de toute sorte réunis par amalgame dans les premiers jours de thermidor.

Si l'on se demande pourquoi tout ne se réduit pas désormais à cette forme si simple de conspiration des prisons, il faut se dire que de tous les départements il venait des prévenus à Paris, et que l'époque récente de leur arrivée comme la diversité de leur régime ne se prêtait pas à la fiction. Mais le procédé ne différait guère et le résultat moins encore.

Le mois de thermidor qui, grâces à Dieu, ne compte que pour la première décade dans ces sanglantes annales, commença par un procès où l'on vit un des actes les plus révoltants de ce tribunal : l'assassinat fait en connaissance de cause d'un enfant de dix-sept ans.

La fournée comprenait ce jour-là : J.-B. Magon de Labalue, âgé de quatre-vingt-un ans ; Luc Magon de Lablinaye, qui en avait quatre-vingts ; Erasme-Charles-Auguste Lalande-Magon, son fils ; Françoise Magon, sa fille, femme de Saint-Pern ; Saint-Pern lui-même, François-Joseph Cornuillier, âgé de vingt-deux ans, et sa femme, à peu près du même âge, Amélie-Laurence-Céleste, fille de Saint-Pern, — trois générations d'une même famille, — sans compter plusieurs autres : Gilles-René Conen Saint-Luc, ancien conseiller au parlement de Bretagne ; Françoise-Marie Duboz, sa femme, et Victoire, sa fille, religieuse, et plusieurs que nous retrouverons tout à l'heure[1].

---

1. Jean-Baptiste Magon Labalue (ou La Balu), négociant, ex-noble (81 ans).
Luc Magon de Lablinaye (ou Lablinais), négociant, ex-noble (80 ans).
Jean Coureur, receveur de rentes (68 ans).
J.-B. Marie Bertrand de Saint-Pern, ex-noble (17 ans).
Françoise-Marie-Jeanne Magon, femme Saint-Pern (48 ans).
Adrien Legris (32 ans), homme de loi avant la Révolution, depuis commis greffier au tribunal révolutionnaire, ex-intendant de l'émigré d'Avray.
Erasme-Charles-Auguste Lalande-Magon fils (49 ans), négociant, ex-noble.
Christophe Gardy, commis chez Magon Lablinais (50 ans).
Sionnot Duchesne dit Duquesne (45 ans), homme de lettres.
François-Joseph Cornuillier (22 ans).
Victoire Conen Saint-Luc fille (53 ans).
Esnée-Marie Alenot dit Sant-Alouarn (28 ans).
Françoise Laroque (30 ans).
Gilles-René Conen Saint-Luc (75 ans), ex-conseiller au parl. Maupeou, ex-noble.
Floride Laroque (33 ans).
Amélie-Laurence-Marie-Céleste Saint-Pern (21 ans), femme Cornuillier.
Françoise-Marie Duboz, femme Conen Saint-Luc (53 ans).
(Archives, W 422 et 423, dossier 958.)

Saint-Pern n'était pas arrêté. Au lieu du père compris dans l'acte d'accusation, c'est le fils, âgé de dix-sept ans, qui fut amené devant le tribunal. Il réclame contre l'erreur : il allègue son âge ; et sa mère est là qui confirme son attestation. Sa sœur est là aussi qui, à ce compte, serait sa fille, et elle est plus âgée que lui de quatre ans. Mais Dumas s'écrie : « Citoyens jurés, vous voyez bien qu'en ce moment il conspire, car il a plus de dix-sept ans[1]. »

— « J'étais assis sur les gradins, à côté du jeune Saint-Pern, dit le gendarme Huel, le jour qu'il fut condamné à mort. Je l'avois rassuré à cause de son âge ; il me serroit la main. Il demanda au président de lire son extrait de baptême pour prouver qu'il n'avoit que dix-sept ans, et [un certificat de résidence attestant[2]] que le 10 août il n'étoit pas à Paris : le président lui coupa la parole en disant qu'il n'avoit pas besoin de ses certificats. Je vis par le propos du président et par un geste expressif d'un juré en cheveux ronds que ce malheureux jeune homme étoit perdu. Je retirois ma main ; il me dit : « Je « suis innocent je ne crains rien ; mais ta main n'est pas « ferme[1]. »

On fit droit, à certains égards, à la réclamation du jeune Saint-Pern. On lui laissa ses dix-sept ans dans le jugement ; mais par là l'acte d'accusation tourne contre ses juges.

Les pièces qui sont restées sont accablantes.

Dans la liste des accusés, portés à l'acte d'accusation, on

---

1. Ducret, *Procès Fouquier*, n° 40, p. 4.
2. Cette lacune peut être ainsi comblée par la déposition de la sœur de Saint-Pern, *Procès Fouquier*, n° 40, p. 3.
1. *Procès Fouquier*, n° 40, p. 4.

lit au n° 5 « SAINT-PERN », sans prénoms ni qualités, et au n° 6 « femme Saint-Pern »[1]. Dans les questions posées au jury on lit au n° 5 : *Jean-Baptiste-Marie Bertrand* Saint-Pern, *âgé de dix-sept ans, natif de Rennes, demeurant à Paris, ex-noble, sans état* : mais on voit que les prénoms et les désignations ont été ajoutés après coup ; la fin du prénom *Bertrand* est resserrée et empiète sur le nom *Saint-Pern*, la place manquant[2].

Dans la liste transcrite au jugement, le nom est écrit régulièrement ainsi que dans la condamnation[3]. Mais dans l'acte d'accusation et jusque dans la reproduction qui en est faite au jugement il n'est question que du père :

Saint-Pern et sa femme[4].

— Preuve que, dans la liste portée en tête, le *Saint-Pern* du n° 5 est bien le mari de *la femme Saint-Pern* du n° 6 :

C'est donc indubitablement contre le père que l'acte d'accusation a été dressé, et c'est le fils qui a été condamné pour les faits imputés à son père. Le jugement

1. Archives, W 423, dossier 958, 2ᵉ partie, pièce 41.
2. *Ibid.*, pièce 40.
3. *Ibid.*, pièce 42. Les additions faites après coup sont de la main de Dumas.
4. *Ibid.*, pièces 41 et 42 : « Saint-Pern et sa femme, ex-marquis, ex-noble, gendre de Magon de la Balu, étoient aussi les chefs du plan de contre-révolution que toute cette famille suivoit avec tant de perfidie et de scélératesse. Saint-Pern, voulant dérober sa correspondance avec les ennemis de la République, les avoit fait enfouir dans son ci-devant château de Saint Pern. Mais depuis, et pour suivre ses complots sur de plus grands théâtres, il s'établit à Saint-Malo, de là à Rennes, de là à Paris, où il a été l'agent et le complice des assassinats de Capet envers le peuple dans la journée du 10 août. Aussi Magon Labalu écrit-il dans sa lettre à Magon Lablinais : « Je vois que les Saint-Pern repartent ; ils étoient sans doute retournés à Saint-Malo pour emporter leurs effets ; la marquise doit être furieuse d'être si contrariée, elle qui est si haute et si décidée. » Depuis Saint-Pern et sa femme ont fait extraire les dites correspondances du lieu où elles étoient cachées, pour les supprimer et anéantir les preuves de leur complots et de leurs trames contre la patrie, mais ils ne peuvent échapper à la conviction qui s'établit contre eux de toutes ces manœuvres. »

qui, avec la sentence du fils, reproduit l'accusation contre le père est une pièce où l'iniquité du tribunal est inscrite en caractères de sang.

Le fils a été condamné sur l'acte d'accusation de son père; mais la fille, la sœur du jeune Saint-Pern a été condamnée elle-même sur l'acte d'accusation de son mari. On lit en effet dans cette même pièce (et ici tout l'odieux retombe sur l'accusateur public) :

Cornuillier, gendre de Saint-Pern, *et sa femme était* aussi complice de la conspiration Magon et l'un des assassins du peuple dans la journée du 10 août.

L'imputation ne peut s'appliquer qu'à Cornuiller, et c'est lui seul que le fait concerne; mais les mots *et sa femme,* dont l'addition rend la phrase incorrecte, ont suffi pour y impliquer sa femme et la faire condamner avec lui !

Elle ne fut pas exécutée, quoiqu'en dise la *Liste très exacte* qui la porte au n° 2322 de ses victimes : elle était grosse de sept mois. Elle put ainsi l'année suivante reparaître dans la même salle, à l'audience où l'on jugeait ses juges et leur demander compte de cet assassinat. Les jurés auraient pu en décliner la responsabilité. Qui se souvenait de les avoir vus siégeant ce jour-là ? et le procès-verbal couvrait leurs noms par son silence : il est resté en blanc. Mais pour elle, elle n'avait pas oublié Renaudin, Châtelet, Prieur, rangés en ce moment avec Fouquier-Tinville, au banc des accusés : et elle avait pour les convaincre une preuve accablante, c'est le papier dans lequel son mari lui avait envoyé ses cheveux avant de marcher au supplice : ce papier se trouvait être la liste des jurés. Quant aux juges, ils auraient nié en vain : leurs noms sont apposés à la sentence: Dumas, Harny, Lohier. Dumas avait expié ses crimes avec Robespierre. Harny et Lohier étaient compris dans le procès de Fouquier-Tinville.

Fouquier dit : « Je n'ai pas siégé. Lohier : « L'acte d'accusation ne me regarde pas. Harny : « Après le 22 prairial les juges étaient comme des bûches. »

— Mais c'est aussi avec des bûches qu'on avait massacré à la Conciergerie au 2 septembre, — témoin le cachot de « la bûche nationale; » et des juges de cette espèce sont plus redoutables encore que ces bûches-là.

Avec eux figurait comme conspirateur aussi, mais dans un autre genre, un ultra-révolutionnaire, le citoyen Du-CHESNE dit DUQUESNE qui pourtant n'avait négligé aucune manifestation publique de son patriotisme. On lisait dans le procès-verbal de la Convention nationale du 27 septembre 1793 :

Le citoyen Duchesne dit Duquesne, membre de la société des sans-culottes de Versailles, fait hommage à la République de quinze livres en numéraire, le seul qui lui reste, ne voulant, dit-il, rien conserver qui puisse lui rappeler le souvenir d'un tyran dont le nom seul est un crime.

Mention honorable, insertion du procès-verbal[1].

Le 18 ventôse, autre offrande avec un autre sacrifice :

Le citoyen Duchêne dit Duquesne sans-culottes et homme libre dépose ses lettres d'avocat, qu'il brûle de voir la proie des flammes. Il y joint dix pièces d'argent qu'il consacre aux frais de la guerre et invite la Convention à ne quitter son poste que quand elle sera entièrement terminée, c'est-à-dire après la chute complète des tyrans couronnés.

Mention honorable du don et insertion de la lettre par extrait au Bulletin[2].

---

1. Archives, W 423, dossier 958, 2ᵉ partie, pièce 25. — 2. *Ibid.*, pièce 30.

Et c'est ce grand patriote qui était traduit devant le tribunal comme conspirateur, ni plus ni moins qu'un simple contre-révolutionnaire. Il adressa à ses juges un mémoire en neuf grandes pages où il racontait la part active qu'il avait prise à la révolution depuis 1789 :

J'ai toujours été, disait-il, et je suis encore un des plus chauds apologistes des journées mémorables du 14 juillet, du 31 mai et du 20 juin[1]. J'ai été assez heureux pour me trouver à celle du 10 août et mille fois, dans le fort de l'action, j'ai formé le vœu de voir le sang du Néron français se mêler à celui des infâmes satellites qu'il avait soudoyés pour égorger les pères, les colonnes et les défenseurs de la plus sage et de la plus belle des révolutions[2].

Il produisait une attestation de son perruquier :

Un patriote se devant tout entier à un patriote opprimé, je soussigné déclare en mon âme et conscience que depuis cinq ans que je suis le perruquier du feu (*sic*) Duchesne dit Duquêne, je l'ai toujours vu l'ami le plus chaud de la Révolution[3].

De plus, écrivant au citoyen Taschereau pour qu'il prît sa défense, il lui disait en post-scriptum :

Fais-moi le plaisir, mon bon ami, de communiquer ma lettre aux incorruptibles Robespierre et Collot d'Herbois[4].

Mais il y avait une autre manière d'être contre-révolutionnaire : c'était de passer la limite marquée à la Révolution par « l'incorruptible Robespierre » : et c'est à ce titre que Duchesne était confondu parmi les autres.

Un homme que l'on était bien étonné aussi de trouver là et en pareille compagnie, ce fut le commis greffier

1. 31 mai 1793 et 20 juin 1792.
2. Archives, W 423, dossier 958, 2° partie, pièce 31.
3. *Ibid.*, pièce 32 (29 floréal), et une autre à la suite (30 floréal).
4. *Ibid.*, pièce 33 ; cf. pièce 34 : Lettre au citoyen Dubarran du Comité de sûreté générale.

Legris, le principal complice des jugements en blanc dont nous avons parlé. Voici ce que l'accusateur public lui reprochait dans un paragraphe assez incorrect ajouté en marge de l'acte d'accusation qu'il avait déjà dressé contre les autres :

> Legris, se disant intendant du conspirateur d'Avray, étoit son agent auprès de Magon de la Balue pour lui procurer les sommes nécessaires à l'exécution de ses travaux liberticides ; c'est lui qui [lui] procura en mars 1792 une somme de 52 000 livres. On le voit sortir du territoire français pour se rendre à Mons pour conférer avec d'Avray sur l'éxécution de ses complots. Enfin on le voit prodiguer dans les mois de février, mars, avril et mai 1792 les dénominations féodales de duc et de duchesse à ces infâmes conspirateurs et se qualifier au bas de ses lettres intendant de M. le duc d'Avray[1]. Le masque du patriotisme dont il s'est couvert et l'audace qu'il a eue de prétendre à la confiance d'un tribunal qui punit les conspirateurs, sans distinction, ne fera que rendre plus terrible le châtiment qui l'attend et servira de leçon à ceux qui oseroient l'imiter.

« Le malheureux Legris, mon collègue, dit Tavernier, fut arrêté chez lui à cinq heures du matin, couché avec son épouse; il fut conduit à la Conciergerie à sept heures ; à neuf heures un acte d'accusation lui fut signifié; à dix heures il monta sur les fatals gradins ; à deux heures il fut condamné ; à quatre heures il n'existoit plus[2]. »

Pardonnons-lui donc de n'avoir pas rempli les vides de tant de jugements rendus en blanc, puisque d'ailleurs sa négligence même a mis devant nos yeux, en pleine lumière, la manière de procéder du tribunal.

---

1. Cf. plusieurs de ses lettres (6 et 30 avril, 14 mai 1792). Archives, W 422, dossier 958, 1ʳᵉ partie, pièces 98-100.
2. Tavernier, *Procès Fouquier*, n° 28, p. 2.

II

Même jour (11 juillet) : une singulière excuse : Laurent Aubry; un étrange confident de la reine Marie-Antoinette; une pauvre fileuse aristocrate.

La première section (salle de l'Égalité) avait compté dix-sept condamnés : la seconde en eut onze [1].

Nommons ici Laurent AUBRY, ancien soldat, renvoyé au tribunal révolutionnaire par le tribunal criminel de la Marne pour avoir bu au roi et à la reine. Dans l'enquête il dit :

Qu'il convenoit avoir bu à la santé du roi et à la reine, mais qu'il ne pensoit pas au roi et à la reine défunts, qu'il ne pensoit qu'à Dieu et à la Sainte-Vierge [2].

— La bonne excuse auprès de ces gens-là !

Pierre RATIÉVILLE, fabricant de savons, déféré par l'agent national de Rouen pour des propos contre les députés patriotes, et comme ayant dit au sujet de la reine :

Je lui ai entendu dire que son frère l'Empereur viendroit mettre le bon ordre en France, et que les Français ne seroient pas toujours si fiers [3].

Il le niait, et en effet dans quelles circonstances et à quel titre la reine lui eût-elle fait une confidence de cette nature-là ?

Enfin, une pauvre ouvrière de Douai, Marie-Florence-Angélique-Joseph OLIVIER (trente-huit ans), fileuse ou couturière, selon l'occasion, qui avait dit qu'elle était

---

[1]. Archives, W 422, dossier 957.
[2]. *Ibid.*, 1ʳᵉ partie, pièce 8.
[3]. *Ibid.*, pièces 14, 15 et 20.

aristocrate, ne sachant seulement pas ce que c'était qu'aristocrate, comme elle l'avoue dans l'interrogatoire qu'elle subit en la maison de la Providence où elle était détenue (23 floréal). Mais elle en dit assez pour qu'on la pût juger vraie aristocrate. Elle convient qu'elle a porté une cocarde blanche, il y a environ sept mois :

D. Si elle n'a pas dit dans certaines occasions qu'elle se faisoit honneur d'être aristocrate et qu'elle porteroit la cocarde blanche?

R. Qu'elle ne sait pas ce que c'est que d'être aristocrate ou démocrate, mais qu'effectivement elle a dit qu'elle se faisoit honneur d'être aristocrate.

D. Dans quelle occasion elle a tenu ce propos.

R. Qu'elle croit que c'est pour la meilleure raison que quand une personne, comme elle, est portée pour son roi, elle doit faire son devoir.

D. Pourquoi elle a porté une cocarde blanche?

R. Que c'étoit une idée qu'elle a eue de porter plutôt celle-là qu'une autre.

A elle représenté que la cocarde blanche étoit la cocarde royale, et que d'ailleurs la loi défendoit de porter une cocarde blanche, et prescrivoit au contraire d'en porter une aux trois couleurs nationales.

R. Qu'elle ne sait pour quelle raison on porte une cocarde et qu'elle ne croit pas qu'il appartient aux femmes d'en porter.

D. Pourquoi, ne sachant pas ce que c'est d'être aristocrate, elle a dit qu'elle se faisoit honneur d'être aristocrate?

R. Que sur ce qu'on l'étourdissoit continuellement en la traitant d'aristocrate, elle a répondu qu'elle s'en faisoit honneur, ou plutôt : « Eh bien! oui, je m'en fais honneur, » quoi qu'elle ne sache pas ce que c'est d'être aristocrate.

D. Quelle raison elle a de dire qu'elle doit être portée pour le roi?

R. Qu'étant d'une famille comme elle est, elle doit plutôt tenir pour le roi que pour toute autre personne.

D. Ce que faisoient ses parents et si elle en a encore quelqu'un?

R. Que son père étoit marchand brasseur en cette commune et sa mère marchande de clair|(linon?) et de dentelles; qu'ils sont morts l'un et l'autre; que quant à ses autres parents, elle les regarde comme n'existant pas, parce qu'ils ont affecté de la méconnoître.

A elle représenté que si ses parents avoient été ce qu'on appelle des ci-devant, des nobles par exemple, on pourroit peut-être concevoir une raison des sentiments qu'elle manifeste, parce que c'est un préjugé plus invétéré dans cette caste que dans toute autre personne; mais qu'étant de la classe du peuple elle a plutôt à s'applaudir du nouvel ordre de choses qu'à s'en plaindre.

R. Que ses sentiments ne font de tort à personne.

A elle observé que peut-être ils ne feront de tort à personne, si elle les retenoit en elle-même; mais qu'en les manifestant ils deviennent fort nuisibles.

R. Qu'elle n'a jamais parlé de ses sentiments; à moins qu'on ne la fit parler et qu'on ne l'interrogeât; qu'au reste, elle ne parleroit plus, puisqu'on répétoit ce qu'elle disoit.

D. Si elle auroit été engagée à tenir de pareils propos ou si elle les répéteroit parce qu'elle les auroit entendus?

R. Que ce qu'elle a dit est d'elle-même, que personne ne l'a engagée à dire ce qu'elle a dit et qu'elle n'a entendu de personne les propos qu'elle a tenus... qu'elle ne se rappelle pas les avoir tenus ailleurs que dans la maison d'arrêt où elle est retenue.

A elle représenté encore une fois qu'il est bien étonnant qu'étant née dans la classe que l'on appeloit ci-devant le tiers-état, elle manifeste de pareils sentiments et qu'elle ne peut ignorer qu'elle se rend coupable en manifestant de l'attachement pour le roi, tandis que le peuple français, reprenant ses droits, l'a fait mourir sur un échafaud comme un tyran digne de tous les supplices.

— La réponse est caractéristique :

R. Que n'ayant jamais entendu sonner comme on faisoit ci-devant la mort d'un roi, ni vu qu'on lui rendît aucun honneur, elle ne sauroit croire, quoiqu'on lui répétât que la chose fût vraie : parce qu'elle ne croit pas qu'on puisse punir un maître.

D. Comment, elle qui se dit assez ignorante pour ne point savoir ce que c'est d'être aristocrate ou démocrate, elle se croit néanmoins assez instruite pour faire une assertion pareille et dire que l'on ne puisse pas punir un maître?

R. Que c'est ce qu'elle croit et qu'elle pense qu'on ne peut pas punir le roi, parce qu'il est notre maître à tous [1].

Leçon de droit constitutionnel un peu arriéré, qui la fit envoyer au tribunal et du tribunal à l'échafaud [2].

III

2 (20 juillet). Le jeune démagogue Rousselin et ses compagnons, acquittés; nombreux prévenus de province : quatorze condamnés, treize acquittés; un prêtre, omis dans la condamnation et compris dans l'exécution

(20 juillet). Dans la première section (salle de l'Égalité), seize accusés, tous acquittés; mais c'étaient des *enragés* qui avaient fatigué la ville de Troyes de leurs excès et dont on avait espéré bien à tort se délivrer par le tribunal révolutionnaire [3] : Le jeune démagogue Alexandre Rousselin, le chef de la bande n'y trouvait que des admirateurs et des amis. Il en sortit donc avec les hon-

---

1. Archives, W 422, dossier 957, 2ᵉ partie, pièce 6.
2. *Ibid.*, pièces 113 et 119.
3. Archives, W 426, dossier 960.

neurs de l'accolade, ainsi que ses quinze compagnons, tous dignes de lui, des jurés et des juges.

L'affaire pourtant est signalée comme un échec pour Robespierre qui n'aimait pas tous les démagogues : témoin Hébert, Chaumette et Danton à qui Rousselin était attaché. Robespierre avait fait exclure Rousselin des Jacobins, sous le prétexte de cent mille livres qu'il s'était fait donner pour une mission, ou plutôt pour avoir, à la suite de l'attentat d'Admiral, paru porter plus d'intérêt au serrurier Geoffroy, blessé par Admiral, qu'aux deux assassinés si bien portants[1] ; et c'était par arrêté du Comité de salut public lui-même, en date du 27 messidor, que Rousselin avait été renvoyé devant le tribunal révolutionnaire[2].

Acquittement de mauvais augure. On est à huit jours du 9 thermidor.

Dans la seconde section (salle de la Liberté) quatorze condamnés et treize acquittés[3].

Quatre étaient traduits par le Comité de sûreté générale[4], comme provocateurs des troubles qui avaient eu lieu dans l'Ariège et la Haute-Garonne et menaçaient d'en faire « une nouvelle Vendée, » — c'était tout dire : Antoine Casèz, ci-devant juge de bailliage ; Philippe Tessère, ci-devant garde de Monsieur, Bernard Dardigna et Joseph-Marie Voizart, notaire[5].

Tous les autres envoyés à divers titres par le tribunal

---

1. Buchez et Roux, *Hist. parlem. de la Révol. française*, t. XXXIII, p. 95 et suivantes.
2. L'arrêté est signé Couthon, Billaud-Varennes, Collot-d'Herbois, B. Barère et Carnot (Archives, F 7 4437).
3. Archives, W 424 et 425, doss. 959.
4. W 424, doss. 959, 2ᵉ partie, pièce 79.
5. *Ibid.*, 1ʳᵉ partie, pièce 1 *bis*, et 2ᵉ partie, pièces 88 et suivantes.

du Doubs (l'envoi comprenait vingt-huit prévenus[1]) :

Louise-Angèle Berbis, femme Duteil, et Catherine Zolla, sa domestique, pour un prétendu projet d'émigration. Mme Duteil s'était fait conduire à Pontarlier, ignorant qu'il était défendu aux nobles d'approcher des frontières et qu'il fallait un passeport pour voyager à l'intérieur de la République. La domestique était coupable d'avoir accompagné sa maîtresse à Pontarlier[2]; elle la suivit à l'échafaud.

Jean-François Lurion, ex-noble : — il a passé pour noble mais n'en a pas de titre, comme il dit, s'efforçant d'effacer en lui la trace de cette périlleuse qualité. Il était accusé d'avoir favorisé l'émigration de son fils qui était parti à son insu[3].

Jean-Philibert-Maurice Rouxel de Blanchelande, dont le seul crime était d'être le fils de son père, auprès duquel il avait été à Saint-Domingue, et dont il devait partager les sentiments[4].

Barthélemy Pinard, à qui l'on écrivait à la suite de la journée du 20 juin :

La fermeté de notre cher roi est admirable. Il paroît que la mort ou la vie lui est égale[5].

Marguerite Beauchet, qui avait des effets appartenant à un prêtre de même nom, et Claude-Anatoile Dez, chez laquelle elle les avait mis en dépôt[6].

Notons que dans la liste des accusés au jugement, on

---

1. Archives, W 424, dossier 959, 2ᵉ partie, pièce 34.
2. Ibid., 1ʳᵉ partie, pièces 11, 12 et 17.
3. Ibid., 2ᵉ partie, pièces 35 et 44.
4. Ibid., 1ʳᵉ partie, pièces 19, 29 et 31. Le père avait été un des premiers condamnés par le tribunal révolutionnaire, le 15 avril 1793, voyez t. I, p. 89.
5. Ibid., pièce 44 (30 juin 1792)
6. Ibid., pièces 70, 73 et 78

prend cette dernière pour un homme, probablement à cause du nom douteux de *Claude*. Dans le procès-verbal d'audience, dans les questions posées au jury et dans la condamnation elle redevient femme sous le nom de Claudine, mais les qualifications qui lui sont données restent au masculin [1].

5. (21 juillet) Salle de l'Égalité : Louis-Jean-Alexandre Drême, professeur de mathématiques, élève des ponts et chaussées, ayant émigré et trop compté sur la loi qui ne datait l'émigration qu'à partir d'une certaine époque :

Il me suffit, écrivait-il, que je sois dans la loi qui met sous sa sauvegarde spéciale tous les émigrés qui sont rentrés en France avant le 9 mai 1792 [2].

Il avait encore écrit :

Je suis en France depuis les premiers jours de mai 1792. On ignore absolument qui je suis. Je suis déguisé sous l'habit de sans-culotte et dans les fonctions honorables de professeur de mathématiques [3].

C'est à son déguisement en sans-culotte qu'il faut rapporter sans doute une lettre ou un brouillon de lettre, du 1er août 1793, où il s'emporte contre les soulèvements de la province et fait l'apologie de Marat [4]; mais il avait livré son secret : les deux lettres qui le trahissaient furent déférées au représentant Monestier qui le fit envoyer au tribunal révolutionnaire.

J.-B.-Charles Renou, vicaire à Renay jusqu'en 1791,

---

1. Archives, W 424, dossier 959, 1re partie, pièces 80, 82 et 83. — Le registre des audiences du tribunal, non dans le dispositif du jugement il est vrai, mais dans la nomenclature des condamnés, et la *Liste très exacte* la maintiennent comme homme : n° 2347 : *C. Anatoile Daix, âgé de 46 ans, né à Salins, domicilié à Besançon.*
2. Archives, W 426, dossier 961, pièce 41 (25 septembre 1793).
3. *Ibid.*, pièce 42.
4. *Ibid.*, pièce 45.

alors instituteur, et depuis imprimeur. Comment se serait-il douté qu'on le pût poursuivre comme prêtre réfractaire? Il n'avait pas prêté serment, sans doute, mais il n'y était plus tenu, puisqu'il renonçait à des fonctions publiques ; et il avait prêté le serment de citoyen : « Liberté et égalité[1]. » — Mais ce qui suffisait pour un autre n'était pas assez pour un homme en qui la Révolution reconnaissait, malgré son changement d'état, le caractère indélébile du prêtre.

Gaspard-Joseph-Aloyse GEBISTROFF, ancien domestique de Marigny, qui avait émigré, et depuis adjudant dans les transports militaires : il avait dans son portefeuille une image représentant un cœur surmonté d'une croix et entouré d'une couronne. Il y en avait dans la maison de Marigny, son ancien maître ; il en avait pris une comme tous les autres[2] : — signe religieux, signe contre-révolutionnaire qui le marquait pour l'échafaud.

Pierre SAINT-ROMAIN, gendarme, était accusé d'avoir dit que si la gendarmerie pensait comme lui, elle donnerait sa démission. Il le niait et il était recommandé à deux membres du tribunal révolutionnaire comme ayant vingt-sept ans de service et comme père de onze enfants ; il demandait à être jugé au plus tôt[3] : c'était sa mort.

Au milieu de ces royalistes, un partisan du Père Duchesne qu'on n'eût pas soupçonné : mais c'est Crassous, ce redoutable représentant en mission à Versailles, qui en avait fait la découverte : Charles PLATRÉ dit *Bellecourt*, « ci-devant coiffeur de la fille d'Antoinette. » Il avait manifesté son étonnement sur les arrestations qui avaient

---

1. Archives, W 426, dossier 961 pièce 31
2. *Ibid.*, pièce 2.
3. *Ibid.*, pièces 88 et 115.

suivi celle d'Hébert : et c'est pour cela que le tribunal le condamne, comme complice de la conspiration d'Hébert[1].

Dans la seconde section (salle de la Liberté), deux groupes : l'un de vingt-trois, aristocrates de sentiments ou d'origine, envoyés de la Manche par le représentant du peuple Lecarpentier ; l'autre de six « enragés », signalés par l'administrateur général des subsistances militaires, député à l'armée du Rhin, « comme les plus chauds partisans de Schneider[2]. Leur envoi était accompagné d'observations « sur l'analogie et les rapports qui se trouvent dans la conduite de Lambla et consorts avec celle de Schneider et autres membres de la conjuration d'Hébert : »

1° Liaisons avec Schneider ; 2° abus de pouvoir sous le masque du patriotisme ; 3° vexations à leur profit ; 4° crucifix d'or et d'argent confisqués ; 5° provocation à la famine, en faisant laisser les terres incultes ; 6° soulèvements intérieurs qui étaient favorables à l'invasion, etc.[3].

Il y en eut dix-neuf condamnés des premiers, et quatre acquittés seulement.

Tout le groupe des « enragés » fut acquitté.

J'ai parlé de dix-neuf condamnés. Officiellement et en réalité il n'y en eut que dix-huit. Trois des acquittés

---

1. Archives, W 426, dossier 961, pièce 35.
2. Archives, W 427, dossier 962, pièce 49 : — L'administrateur général des subsistances militaires, député à l'armée du Rhin, au comité de salut public :

Citoyens représentants, puisqu'il entre dans le plan du gouvernement d'anéantir toutes factions et tous abus qui tendraient à la dissolution de la République, je m'empresse, en participant aux vertus de tout bon républicain, de vous envoyer les pièces que j'ai recueillies contre les plus chauds partisans de Schneider.

A la pièce est jointe cette note de l'un des membres du Comité :

Renvoyé en comité de sûreté générale qui est invité d'en prendre connaissance le plus tôt possible.

Le 11 floréal l'an 2 de la République.

R. LINDET.

3. *Ibid.*, pièce 59.

(Charles-Albert-Marie-Hue Caligny, Jacq.-François Lalop, et Thomas-Henri de Piennes) avaient été inscrits sur la liste des condamnés dans le jugement de condamnation, et furent rayés à temps, quoique sans nulle approbation des ratures ; mais d'autre part un de ceux sur lesquels le jury avait répondu affirmativement n'y fut pas porté : c'est Marie-Louis-Léonard Cussy, ex-prêtre (cinquante-huit ans) ; un autre du même nom, Louis-Léon Cussy, ex-noble, qui se trouvait déjà sur cette liste, le fit sans doute omettre. L'ex-prêtre ne fut donc pas condamné ; mais il fut exécuté.

IV

Nouvelles mesures pour augmenter les prisons et les vider plus vite : arrêté du 4 thermidor. — 1ʳᵉ section : quatrième fournée du Luxembourg, la famille de Noailles, etc.; nouvelle confusion de personnes; Talaru, Boutin et Laborde, fermier général ; — 2ᵉ section : vingt-six accusés, vingt et un condamnés.

A voir la marche du tribunal, il semble qu'on ne pouvait pas manquer d'accomplir, et au delà, la parole de Barère, rapportée par Trinchard, « que le comité avait pris des mesures pour que, dans deux mois, les prisons fussent évacuées[1]. » Mais ce n'était point assez. En supprimant, par le décret du 27 germinal, les commissions de province dont le zèle ne paraissait point assuré, la Convention avait fait refluer tous les suspects des départements à Paris. On avait dû augmenter encore le nombre des prisons : la maison dite des Quatre-Nations (l'Institut) avait été désignée le 4 messidor « pour y déposer momentanément et provisoirement les personnes

---

1. Saladin, *Rapport*, p. 46, et *Pièces*, n° viii, p. 114.

mandées à Paris par les comités[1] ; » et le tribunal révolutionnaire, tel qu'il était, pouvait n'y plus suffire : c'est pourquoi le comité de salut public voulut étendre l'institution des commissions populaires prévues par le décret du 23 ventôse. Il en avait créé une et même deux les 24 et 25 floréal pour Paris[2] ; il en créa quatre pour les départements et songea à étendre dans les mêmes proportions le tribunal révolutionnaire lui-même. C'était l'objet de l'arrêté suivant qu'il prit le 4 thermidor :

1° Il sera nommé, dans trois jours, des citoyens chargés de remplir les fonctions des quatre commissions populaires créées par décret du 23 ventôse.
2° Elles jugeront tous les détenus dans les maisons d'arrêt des départements.
3° Elles seront sédentaires à Paris.
4° Les jugements de ces commissions seront revisés par les comités de salut public et de sûreté générale en la forme établie[3].

Notons avec Saladin qu'il n'y avait pas de forme établie. Cet arrêté contenait un article 6 ainsi conçu :

Il sera fait un rapport à la Convention sur l'établissement de quatre sections ambulatoires du tribunal révolutionnaire pour juger les détenus dans les départements, renvoyés à ce tribunal.

On a encore une expédition de cet arrêté où on trouve l'art. 6 rédigé dans les termes qu'on vient de voir, avec la mention *Signé au registre* : Barère, Dubarran, C.-A. Prieur, Carnot; et *Pour extrait* : Carnot, Collot-

---

1. Saladin, *Pièces*, n° III, p. 107. (Archives, F 7 4438, n° 37, liasse DD.
2. Voyez t. III, p. 458.
3. Saladin, *Pièces*, n° xxxvii. Minute de l'arrêté du 4 thermidor an II, relatif aux commissions révolutionnaires destinées pour les départements.

d'Herbois, Couthon, Saint-Just, etc.¹. Et Barère y faisait allusion lorsque, le 5 thermidor, il disait à la tribune que, « malgré la célérité des jugements des grands conspirateurs, le nombre en était si grand dans tous les points de la République, que la veille, les deux comités avaient pris des mesures pour les faire juger tous en peu de temps². » Mais pourtant le Comité de salut public recula devant l'impression que devait produire cette quadruple forme du tribunal révolutionnaire, allant faire ses fournées partout, promenant dans les départements tout l'appareil de sa sanglante justice; et l'art. 6 de l'arrêté primitif fut remplacé par l'article suivant :

Il sera pourvu à la nomination des commissions révolutionnaires qui paroîtront nécessaires pour le jugement des détenus renvoyés au tribunal³.

Il devenait donc plus urgent que jamais de recourir aux moyens expéditifs pour vider les prisons, et on en revint au système des conspirations, non sans l'étendre encore.

Le 4 thermidor, on fit une quatrième fournée du Luxembourg⁴.

On y avait compris grand nombre de nobles dames :
Catherine-Françoise-Charlotte de Cossé-Brissac, veuve du maréchal de Noailles; Anne-Dominique de Noailles, vicomtesse de Noailles, sa fille; et Henriette d'Aguesseau, duchesse d'Ayen, sa belle-fille; la veuve de La Chatre, ancien lieutenant-général, et la veuve de Saint-Juire,

---

1. Saladin, *Pièces*, n° xxxviii. La pièce, revêtue des signatures, est aux Archives, F 7 4438, n° 7.
2. Saladin, *Rapport*, p. 22.
3. Archives. F 7, 4438, n° 12.
4. Archives, W 438, dossier 963.

ancien conseiller au parlement; la veuve Duvaugarnier.

Avec elles le général Charles de Flers (38 ans), un de ces officiers de l'ancien régime, qui avaient accueilli avec joie la révolution : maréchal de camp en 1791, signalé par des succès dans les campagnes de Belgique et de Hollande sous Dumouriez, puis général en chef de l'armée des Pyrénées[1]. Il avait eu dans ce commandement quelques revers, rachetés pourtant par un succès devant Perpignan. N'importe, les revers rappelèrent qu'il était noble et prouvèrent qu'il était traître; et il avait été écroué au Luxembourg.

Plusieurs autres nobles : François Vuillasse; Antoine de La Roche-Lambert; Joseph Meynard-Mellet, jeune homme de dix-sept ans, pris pour le jeune de Maillé et immolé à sa place ce jour-là, sans le sauver d'ailleurs lui-même; Joseph d'Apremont-Linden, de Bruxelles. Et avec les nobles plusieurs serviteurs de nobles; leur obscure origine n'effaçait pas la tache de ce contact : Fiacre Revèche, fermier d'un ci-devant commandeur de Malte; François Duval, domestique de l'ex-président Molé; Jacques Caillaux, dit *Dussard*, domestique d'un ex-maréchal de camp; Michel Dubuisson et trois autres, commis marchands ou employés : Joseph Palotot, Pierre-Charles Mouchy, Jean Roger[2].

---

1. Il y a dossier 26 pièces qui le concernent (*ibid.*, n° 17).
2. En voici la liste officielle:
   1° Fiacre Revèche (45 ans), fermier du ci-devant commandeur de Naples.
   2° François Duval (27 ans), domestique de l'ex-président de Molé.
   3° Joseph Palotot (28 ans), commissionnaire.
   4° Catherine-Françoise-Charlotte de Cossé-Brissac, veuve de l'ex-maréchal de Noailles (70 ans).
   5° Anne-Jeanne-Baptiste-Adrienne-Pauline-Louise-Catherine-Dominique de Noailles, femme de l'ex-vicomte de Noailles (35 ans).
   6° Henriette-Anne-Louise d'Aguesseau, femme d'Ayen (57 ans); son mari émigré, ex-lieutenant général.

A ces dix-huit on avait réuni plusieurs hôtes d'une maison d'arrêt dont on ne pouvait guère, avec vraisemblance, faire un foyer de conspiration, l'hôtel Talaru : d'abord le marquis de TALARU (César-Maurice), l'ancien propriétaire dont on avait acheté l'hôtel situé rue de la Loi (Richelieu) pour en faire la maison d'arrêt de la section Lepelletier : on avait eu, lorsqu'on l'arrêta, la délicate attention de l'y loger, à raison de 18 livres par jour[1]; Simon-Charles BOUTIN, trésorier de la marine[2], connu par son beau jardin anglais qu'il avait nommé Tivoli (une rue en garde le souvenir avec le nom), et Jean-Benjamin de LABORDE, ancien fermier général, renommé comme amateur passionné des beaux-arts[3]. On y joignit encore, mêlant au système des conspirations des prisons celui des amalgames : Pierre-François GOSSIN, ex-constituant, jadis lieutenant criminel à Bar, rendu responsable de la reddition de cette ville après la prise de Verdun ; Louis-

---

7° Isabelle-Louise de JUVENOT DE TRAISNEL, veuve de LA CHATRE (69 ans).
8° Marie-Renée-Louise-Elisabeth THOREAU, veuve de SAINT-JUIRRE (73 ans).
9° Marie-Alexandrine MARTAINVILLE, veuve DUVAUGARNIER (49 ans).
10° Michel DUBUISSON (36 ans), domestique de la femme Dupont et depuis se disant vivandier.
11° Joseph MEYNARD-MELLET (17 ans), ex-noble.
12° Pierre-Charles MOUCHY (51 ans), commis-marchand.
13° Joseph D'APREMONT-LINDEN (36 ans), contrôleur de la halle aux toiles.
14° François VUILLASSE, ex-noble (63 ans), ex-capitaine dans le régiment provinvial.
15° Charles de FLERS, ex-général (38 ans), général en chef de l'armée des Pyrénées, ex-noble.
16° Jacques CAILLAUX dit *Dussard* (41 ans), domestique d'un ex-maréchal de camp.
17° Jean ROGER (41 ans), employé au mont-de-piété.
18° Jean-Joseph-Antoine de LA ROCHE-LAMBERT (41 ans), ex-noble.

1. Voyez *la Terreur*, t. II, p. 20 et *Hist. des prisons*, t. III, p. 90.
2. Boutin avait d'abord été tenu pendant cinq ou six mois en arrestation chez lui avec des gardiens à sa charge (Archives, *ibid.*, pièce 34). Il fut ensuite transféré à l'hôtel Talaru, et le 30 messidor envoyé avec Talaru à la Conciergerie (pièce 30). Voyez son interrogatoire (pièce 34).
3. *Hist. des prisons*, t. III, p. 100.

Charles-Emmanuel Lafont des Essarts, ex-chef d'escadron, Nicolas Samillard (71 ans), et son fils Augustin Samillard, âgé de vingt-quatre ans, dénoncés pour propos contre-révolutionnaires par un confident qui crut faire acte de bon patriote en livrant ces deux têtes[1]; un boucher, Nicolas Gustine, accusé de fraude dans les fournitures, et une paysanne, Jeanne-Florentin Poyar.

Tous, de près ou de loin, étaient rattachés à la fameuse conspiration de Dillon :

1. Voici la dénonciation de ce « patriote pur » mais peu lettré :
Comme il est du devoir d'un bon patriote de dénoncer tous les propos qui lui paroissent contre-révolutionnaires.
Le citoyen Samiar père ne saissent de se mettre à genoux avec son fils, tenant chacun un livre à la main en se répondant alternativement. Les ayant trouvés dans cette attitude dans sa chambre, me trouvant un jour dans le logement des Belges je leur racontay ce que j'avois vu. Alors lun deux dit que le père Samiar luy avoit dit que la *Rein étoit* une *sainte (souligné au crayon rouge)*. Une *autre fois* je promenois en compagnie de Mercerot encien administrateur et de Cayen, aussi ancien administrateur; un des Belges saprochat de nous. Comme je leur racontai ce que Samiar père avoit dit, je le fis repeter au belge en presence de ces deux citoyens. Il nous dit plus, car il dit : Oui, mon camarade a entendu tous ses propos et il ma dit à moy encore en parlant de mon payis : la religion est-elle bien établie? A quoy le Belge luy dit que oui. Il lui répliqua : est-ce que les prêtres ne prendront pas les armes contre les Français? Le Belge lui dit qui (qu'il) ne le savoit pas. Voila citoyen ce que j'ai crus dénoncer comme patriote pur.
A. Tiran.

(Archives, W 408, dossier 963, pièce 16).
Ces deux propos sont confirmés par la dénonciation des deux Belges, 3 thermidor (pièce 20).
Joignons-y, sur Talaru, une déclaration du même style :
(Sic) De claration du citoyen Raffy contre Talaru du 22 messidor l'an 2e de la Rép. fr. une et indivisible.
Le ci-devant marquis de Talaru, anciain cordon rouge et cidevants maitres d'hotel de la Reine demeurant rue de la Loix dans la maison darais de la section Lepelletier tous le temps que la cidevant Reine a été aux Thuillerie ille ne la point quité jusqua dix aoust. Ile étoit un de cais grand de fenceurs. Jait signé cette déclaration dans mon ame et contiance.
Raffy,
commissaire du comité civil de la section Lepelletier.

(*Ibid.*, pièce 32).
Il y a au numéro précédent (31) une déclaration du même Raffy contre Boutin au sujet de son voyage en Angleterre. Voyez en outre (pièce 34) son interrogatoire.

Les Noailles, d'Apremont, Daguesseau, La Rochelambert, Samillard père et fils, et autres complices de tous les crimes de toutes les conspirations de Capet contre la nation française, etc.

Talaru ex-marquis, maître d'hôtel de l'infâme Antoinette, a été aussi l'un des complices de ses trames contre le peuple français, et l'un des assassins qui ont échappé par la fuite dans la journée du 10 août à la vengeance nationale.

Boutin, ancien trésorier de la marine, a entretenu des correspondances et intelligences avec les ennemis de la République et notamment avec l'Angleterre où il prétend avoir voyagé jusqu'en janvier 1793. Il est évident qu'il tramoit avec Pitt et Georges contre la République française.

Laborde [ex-fermier général adjoint, engraissé de la substance du peuple[1]] a entretenu des intelligences avec les ennemis de la France pour leur fournir des secours en numéraire, pour les mettre en état de s'armer contre leur patrie. On sait quelles ont été ses manœuvres à Londres; l'acquisition qu'il a faite en France des plus beaux tableaux pour les exporter en Angleterre, les vendre et par là se procurer des sommes immenses destinées aux conspirateurs[2].

Le fils aîné du marquis de Laborde avait, on se le rappelle, employé une partie de sa fortune à l'achat de tableaux qu'il avait transportés en Angleterre, et c'est pour avoir indirectement participé à cet achat que le père avait été condamné[3]. L'accusateur public en a gardé la mémoire, et ce fait qui n'a aucune application à ce Laborde, étranger à l'autre famille, contribuera à le faire périr.

Les témoins étaient ceux que l'on avait entendus pour les précédentes fournées du Luxembourg : en tête

---

1. Ces mots sont ajoutés à l'acte, de la main de Fouquier-Tinville.
2. Archives, W 428, dossier 963, pièce 82.
3. 29 germinal, voyez t. III, p. 249.

Boyaval, Benoist, Beausire qui achevaient de remplir leur métier infâme[1]. Mais qu'avait-on besoin de témoins? Tous furent condamnés au nombre de 25; le marchand frauduleux, Nicolas GUSTINE, la femme Jeanne-Florentin POYAR, cultivatrice, compris par occasion dans cette fournée, furent seuls acquittés.

La pieuse mort des dames de Noailles a été racontée par le vénérable ecclésiastique à qui elles avaient donné rendez-vous sur le chemin de l'échafaud pour recevoir sa dernière bénédiction; et elles-mêmes, sur la funèbre charrette et jusqu'au pied de l'instrument de mort, accomplissaient à leur manière les devoirs de l'apostolat envers leurs compagnons d'infortune, heureuses de se présenter devant Dieu avec les âmes qu'elles lui avaient ramenées[2].

La seconde section (salle de l'Égalité) avait à juger vingt-six accusés, envoyés de la Nièvre par le représentant du peuple Noël Pointe.

Par une exception assez rare, les griefs qui leur étaient imputés étaient inscrits à côté de chaque nom dans les questions posées aux jurés : mais du reste tous sont de même valeur et de même sorte[3].

La réponse fut négative pour cinq[4]. Les vingt et un autre furent condamnés. Leur sentence, en vertu du jugement, leur fut signifiée à la Conciergerie où ils avaient été ramenés après la clôture des débats, « pour valoir prononciation à leur égard[5]. »

1. Procès-verbal d'audience, *ibid*, pièce 85. Ce procès-verbal s'arrête dans l'énumération des accusés au 8ᵉ qu'il appelle femme Dansin pour d'Ayen.
2. Voyez ce récit que nous avons reproduit en partie dans *la Terreur*, t. II, p. 504.
3. Archives, W 428, dossier 914, pièces 2-29 (enquête sur les accusés par le comité de surveillance de Nevers). Il s'agit en général de propos.
4. *Ibid.*, pièce 60.
5. *Ibid.*, pièce 62; cf. pièce 61 (procès-verbal d'audience).

Ils allèrent à l'échafaud avec la troupe plus nombreuse encore de la première section.

V

Extension de la conspiration des prisons : *Port-Libre, le Plessis, les Carmes brillante société des Carmes ; le général Hoche.*

L'arrêté du 7 messidor ne se contentait pas, on se le rappelle, d'inviter la commission des administrations civiles à faire enquête sur la conspiration de Bicêtre : elle lui avait enjoint de rechercher les conspirateurs dans toutes les prisons ; et le Luxembourg, comme ancien foyer de la prétendue conspiration de Grammont et de Dillon, avait été jusqu'à ce jour seul exploité. Mais on n'avait pas négligé les autres ; et l'on comptait bien que chacune fournirait ses conspirateurs. On sut même tirer parti de la conspiration du Luxembourg dans ce dessein : « Le Luxembourg, dit un de nos auteurs, avait déjà été taxé d'un semblable projet, et la mort sur l'échafaud de près de deux cents personnes semblait en attester la vérité. Il paraissait donc naturel qu'il communiquât le germe d'un pareil complot ; pour le rendre vraisemblable et pour y réussir, on *inocula* toutes les prisons en même temps, par le transfèrement dans chacune d'elles d'un prisonnier du Luxembourg[1]. » Certains geôliers, complices de la trame, avaient le front de dire que c'étaient les prévenus qui se faisaient transférer pour propager l'insurrection partout. Témoin cette lettre de Verney, l'ancien guichetier du Luxembourg,

1. *Mém. sur les prisons*, t. I, p. 243.

transféré, lui, comme concierge à Saint-Lazare, non seulement en récompense des services qu'il avait rendus dans son ancienne maison, mais en vue de ceux qu'on attendait de lui dans cette maison nouvelle :

« Maison d'arrêt Lazare, du 6 thermidor l'an II
de la République une et indivisible.

Citoyen,

Je te préviens que le nommé Deselle qui a été transféré hier de Lazare à la Conciergerie avoit été au Luxembourg, et qui étoit de la même fabrique de conspiration de ceux qui ont passer sous le glaive de la Loy. Il a été transféré à Lazare d'après une dispute avec les administrateurs de police et je me persuade à croire qu'*il* se sont fait transfér*é a* plusieurs du Luxembourg pour faire part de la conspiration dans les autres maisons d'arrêt. Voici les noms de ceux qui ont été transfér*é* avec de Selle, sçavoir Vaudin et Lahaye, aux Madelonnettes.

« Salut et fraternité.

« Verney, *concierge*,
ci-devant porte-clef au Luxembourg.
Au citoyen Fouquier, accusateur près le tribunal révolutionnaire au Palais de Justice[1]. »

A partir de ce moment, s'il éclatait quelque murmure parmi les prisonniers, si quelques signes manifestaient qu'ils n'étaient pas contents de leur sort, c'en était assez, ils étaient pris en flagrant délit d'intelligence avec les conspirateurs déjà frappés ; et les rigueurs qui allaient s'aggraver dans ces derniers temps, les perquisitions, l'enlèvement de l'argent, des couteaux, des rasoirs, les gênes de la table commune, furent regardés dans les prisons, à la Force, à Saint-Lazare, à Port-Libre [2], comme autant de moyens inventés pour échauffer les esprits et

---

1. Archives, W 431, dossier 968, pièce 24.
2. *Hist. des prisons*, t. I, p. 166 et suiv. ; *Mém. sur les prisons*, t. I, p. 233 et 245 ; etc. Voyez *la Terreur*, t. II, p. 165 et 306 et suiv.

y développer le germe de révolte qu'ils devaient recéler.

A Port-Libre, on désespéra d'y réussir : « Cette maison, dit Coittant, ne se démentit jamais par sa sagesse et sa prudence. Les administrateurs de police qui étaient chargés de son régime ne pouvaient dissimuler leur fureur, en voyant échouer les projets qu'ils avaient conçus pour faire révolter les prisonniers à force d'atrocités[1]. »

Et cependant, là aussi, il y eut des *moutons* (dénonciateurs), et le tribunal révolutionnaire trouvait des coupables, ne fût-ce que des coupables de blasphèmes envers le gouvernement[2].

Au Plessis, le geôlier Haly s'était affilié quelques brigands qu'il lançait parmi les détenus pour les épier et jouer ensuite le rôle de dénonciateurs et de témoins ; mais les listes de proscription furent rédigées avec un désordre et une confusion qui décelaient la fraude. Parmi ces conspirateurs signalés à la vindicte de Fouquier-Tinville, il y en avait plusieurs qui étaient déjà guillotinés[3].

Aux Carmes on était bien plus pressé encore de supposer une conjuration, car on y trouvait l'élite de l'ancien et du nouveau régime :

Boucher d'Argis, conseiller d'abord puis lieutenant particulier du Châtelet, celui qui, chargé de faire en public l'instruction contre le baron de Bezenval, colonel des Suisses, l'avait fait acquitter et avait su protéger contre les violences *du peuple* sa retraite après l'acquittement, non sans péril pour lui-même ;

---

1. *Mém. sur les prisons*, t. II, p. 11.
2. *Ibid.*, p. 110.
3. *L'humanité méconnue*, dans les *Mém. sur les prisons*, t. I, p. 175.

Le prince de Salm-Kirbourg, prince allemand, de la famille des Rhingraves, établi en France, assez mal famé dans l'ancienne société, et peu recommandé par sa conduite dans la révolution de Hollande où il espérait, en se faisant patriote, supplanter le prince d'Orange. Revenu en France, il avait obtenu de Calonne un brevet de maréchal de camp, et la Révolution survenant, il s'était fait nommer chef de bataillon dans la garde nationale par Lafayette. Ce n'était pas assez pour écarter les raisons qui le faisaient regarder comme suspect : sa condamnation devait donner à la République le bel hôtel qu'il avait fait bâtir, et qui devint plus tard le palais de la Légion d'honneur ;

Rohan-Guéméné prince de Montbason qui, en 1758, capitaine de vaisseau avait combattu contre six vaisseaux. Chef d'escadre en 1769, vice-amiral en 1784, privé de son grade à la révolution et pourtant n'ayant pas voulu émigrer : il en recevait la récompense ;

Le général Alexandre de Béauharnais, qui s'était distingué sous Rochambeau dans les guerres d'Amérique, député de la noblesse de Blois aux États généraux et après l'Assemblée constituante adjudant général à l'armée du Nord, puis successeur de Custine à la tête de l'armée du Rhin. Il n'avait pu sauver Mayence. Il avait osé publier des observations sur la proscription des nobles : c'était plus qu'il n'en fallait pour être contraint de se démettre et rangé parmi les suspects.

Gouy d'Arcy, comme Beauharnais, membre de l'Assemblée constituante : général et constituant moins authentique ; simple délégué de Saint-Domingue, il s'était fait, malgré l'inanité de son titre et l'opposition du ministère, admettre, avec quelques autres délégués, aux États généraux; et à la fin de la session, nommé maréchal de camp, et chargé de rétablir l'ordre à Soissons, il y avait montré de la faiblesse. Il avait montré plus de vigueur en se défendant dans son château contre huit cents brigands qui vinrent l'y assiéger pendant les massacres de septembre. Il avait été arrêté une première fois sur la dénonciation de Marat, une seconde fois par l'ordre de Collot-d'Herbois en mission dans son département, arrestation qui devait le conduire à l'échafaud;

Le comte de Querhoent, maréchal de camp, le marquis de Carcadot, le comte de Soyecourt, Leroy de Gramont, Hercule de Caumont;

L'Irlandais Thomas Ward, officier dans un régiment de sa nation, au service de la France, et, quand la révolution éclata, un des plus empressés à la servir; mais il avait combattu sous les ordres de Dumouriez : lieutenant de Dumouriez et étranger, double cause de suspicion. On le paya de ses services par la prison et bientôt par la mort.

Avec lui un autre vaillant combattant, celui-là dans la presse, ancien officier aux gardes françaises, le chevalier Champcenetz, le spirituel rédacteur des *Actes des Apôtres*. On l'avait décidé à se retirer en province. On lui avait procuré un certificat de civisme. Mais il ne pouvait vivre loin de ses livres; il revint à Paris et fut arrêté.

Ajoutons Deschamps-Destournelles, ancien ministre des contributions publiques, celui qui a rempli de ses inscriptions philosophiques la chambre faussement dite des Girondins, et le fameux Santerre, ancien commandant de la garde nationale de Paris. On y avait compté le jeune général Hoche que Saint-Just, qui l'avait vu à l'œuvre, Carnot qui aurait dû l'apprécier, enlevèrent à son armée victorieuse : sa fougue, son ardeur, son audace, Landau débloqué, le Rhin reconquis, lui valurent cet ordre du Comité de salut public :

Du 22 germinal l'an II de la République une et indivisible. Le comité de salut public arrête que le général Hoche sera mis en état d'arrestation et conduit dans la maison d'arrêt des Carmes pour y être détenu jusqu'à nouvel ordre.
ont signé.
SAINT-JUST, COLLOT-D'HERBOIS, CARNOT, BARÈRE, PRIEUR, COUTHON, LINDET, BILLAUD-VARENNES, etc.
Pour extrait :
COLLOT-D'HERBOIS, BILLAUD, BARÈRE[1].

Il fut, et c'est peut-être à cela qu'il dut la vie, transféré à la Conciergerie le 27 floréal[2]. A la Conciergerie, sous l'œil de Fouquier-Tinville, on ne pouvait, sans incriminer la surveillance du terrible accusateur public qui en avait la garde, supposer une conspiration de prisonniers. Hoche y demeura donc perdu pour la défense du territoire, tandis que nos armées luttaient péniblement sur la Lys, sur l'Escaut et sur la Sambre avant de gagner la bataille de Fleurus; mais enfin il se fit oublier et put ainsi atteindre le 9 thermidor.

Parmi les femmes, il faut citer Mme de Beauharnais qui fut l'impératrice Joséphine, et Mme Charles de Lameth; la duchesse d'Aiguillon, née de Noailles, et Delphine Sabran, veuve du jeune Custine.

Au milieu de cette troupe sans défiance on venait de

---

1. Cité par M. Hamel (*Saint-Just*, t. II, p. 75) comme copié par lui aux Archives de la préfecture de police.
2. A. Sorel, *le Couvent des Carmes pendant la Terreur*, liste générale des détenus, p. 404 — C'est à tort qu'il est dit dans les *Mémoires sur Carnot* qu'il fut transféré au Luxembourg. Transféré au Luxembourg, il eût été perdu.

faire entrer Benoît l'un des auteurs des listes du Luxembourg[1]. « Faro, dit un des témoins, lui fit donner une chambre particulière pour écrire. On le soupçonne d'avoir eu part aux listes nouvelles qu'on alloit y dresser ; et il parlait en homme sûr de son affaire, quand il disoit « que tous y passeroient[2]. »

VI

La conspiration des Carmes ; l'enquête faite à la prison ; la liste signée par le comité de salut public.

Faro, administrateur de police, et Arbeltier, officier de paix dont nous avons déjà fait connaissance dans les campagnes de la police[3], furent chargés de recueillir les paroles et de rechercher les indices d'où l'on tira la conspiration qui les devait tous comprendre et les conduire à l'échafaud.

Ils vinrent aux Carmes le 30 messidor et deux détenus qu'ils interrogèrent d'abord les amenèrent à faire d'un troisième, nommé Virolle, chirurgien, le pivot de la conjuration[4].

Le premier de ces détenus, le citoyen Belavoine, leur dit :

Que le 11 messidor, environ cinq heures après midi, étant à se promener dans le jardin avec le nommé Virolle, chirurgien, et la conversation s'étant engagée entre lui, le nommé Cacaut et Favre, tous détenus aux Carmes, il fut question de

---

1. Il figure dans le livre d'écrou des Carmes, à la date du 23 messidor. Voyez Sorel, *le Couvent des Carmes sous la Terreur*, p. 374.
2. Voyez les dépositions de Brunet et de Doucet, marchands de vin aux Carmes (*Procès Fouquier*, n° 10, p. 3 et 4).
3. Voyez t. II, p. 361.
4. Saladin, *Rapport fait au nom de la commission des Vingt et un*, n° XXIII, p. 173 et suivantes.

la liberté dont on devoit s'occuper aux termes du décret pour les détenus ; qu'alors Virolle répondit avec humeur que Robespierre étoit un scélérat qui imaginoit toujours de nouvelles conspirations pour jeter la défaveur sur les détenus et faire croire qu'ils étoient toujours *en* (un) danger[1] ; qu'on étoit bien loin de s'occuper d'eux ; que Saint-Just et Collot d'Herbois étoient de f... gueux ; qu'il avoit guéri de... un de ces coquins, qui ne l'avoit pas encore payé, mais le déclarant, autant qu'il se le rappelle, croit qu'il a nommé Saint-Just ; que la Convention nationale n'avoit cherché à se perpétuer dans les pouvoirs que le peuple lui avoit accordés que pour juger le roi ; qu'ils avoient voulu s'emparer de l'autorité et avoient continué une mission qui n'étoit pas la volonté de leurs mandataires ; et autres propos contre-révolutionnaires dont le déclarant ne se rappelle pas littéralement.

Ils firent venir Cacaut, désigné par le précédent comme ayant assisté à la conversation, et il dit en effet que « Virolle avait traité Robespierre de f... gueux et de scélérat » ; qu'un autre jour, à propos d'un rapport fait, disait-on, sur les détenus par Couthon, il avait fait une sortie violente contre Collot-d'Herbois, Billaud-Varennes et Saint-Just, sans ménager Robespierre davantage. Le déclarant, indigné, s'était hâté de le quitter. Il ajoutait que toutes les fois qu'il s'était entretenu avec lui, Virolle s'était répandu en propos injurieux contre la Convention nationale : qu'elle avait « outre-passé ses pouvoirs » ; « qu'il arriveroit par l'ambition de la Convention ce qui est arrivé à Rome », etc.

Il avait su en outre qu'il y avait eu un projet d'évasion :

Qu'un jour la porte du premier étage, qui conduit au faîte de la maison, étoit ouverte, et qu'il s'est introduit plusieurs

---

1. Ou qu'ils (les membres des comités) étoient toujours en danger.

détenus qui ont monté au clocher et au dôme de l'église ; qu'on lui a dit que la corde qui servoit au poids de l'horloge, étoit celle dont on vouloit se servir pour s'évader, ne pouvant nous dire celui qui l'a descendue ; qu'on lui dit que les auteurs principaux étoient un nommé Beauvoir, Champalin, Lesage, Aronce [Harrop] et Humbert ; qu'il a su aussi qu'un nommé Blondel avoit chez lui des cordes qui lui servoient à lier un matelas, qui lui avoient été prises dans sa chambre, sans qu'il s'en aperçut.

Ils en avaient assez appris pour faire venir Virolle :

Lequel, interrogé de ses noms, âge, demeure et pays :

R. Se nommer Noël Virolle, âgé de cinquante-huit ans, natif d'Angoulême, chirurgien, demeurant avant son arrestaion rue de la Convention.

D. Quelle a été son opinion sur le jugement du tyran, et par suite celle qu'il a émise sur la durée des pouvoirs de la Convention nationale ?

R. Qu'il croit que le tyran a été bien jugé ; que quant à la Convention, elle fait ce qu'elle doit faire.

A lui observé qu'il nous en impose ; que nous avons les preuves qu'il a dit que la Convention outre-passait les pouvoirs qui lui avoient été donnés par ses mandataires ?

R. Qu'il n'a jamais dit cela.

D. Ce qu'il pensoit du comité de salut public ?

R. Qu'il n'entroit pas dans les affaires, et qu'il croyoit qu'il faisoit bien, et qu'il faut se soumettre aux pouvoirs constitués et les laisser agir.

D. S'il connoît des membres du comité de salut public ?

R. Qu'il n'en connoît aucun.

A lui observé qu'il en a cependant traité dans des maladies ?

R. Qu'il avoit traité plusieurs personnes de la Convention, mais qu'il ne se rapelle plus s'ils sont du comité de salut public.

D. Quel genre de maladie avoient les députés qu'il a traités ?

R. Qu'il ne pouvoit pas dire cela.

D. Quelle opinion il avoit émise sur Robespierre ?

R. Qu'il le croit un fort honnête citoyen; qu'il fait bien son devoir.

D. S'il n'a pas eu connoissance qu'il fut fait un rapport à la Convention nationale par Couthon sur les détenus?

R. Qu'il avait ouï dire ici que Couthon avoit fait un rapport en faveur des détenus.

D. Quel degré de confiance il avoit eu à cette nouvelle, et s'il n'avoit pas dit que Robespierre imaginoit toujours voir des complots dans les prisons.

R. Qu'il avoit dit effectivement que l'on ne croyoit voir dans les prisons que des conspirateurs, des gens capables de faire des complots.

S'il n'avoit pas dit qu'il avoit traité des députés qui avoient...; que c'étoient des f... gueux et qu'ils ne l'avoient pas encore payé.

R. Qu'effectivement il en avoit traité plusieurs et qu'ils ne l'ont pas encore payé.

D. Quels sont les députés qu'il a traités ?

. . . .

D. Quelles sont les personnes avec lesquelles il a le plus de liaisons dans la maison d'arrêt?

R. Que comme chirurgien il en avoit un très grand nombre, mais particulièrement (comme particulier) avec personne, et que s'il a quelquefois tenu des conversations sur les circonstances, c'est qu'ils se sont trouvés resserrés plus qu'ils ne l'étoient il y a un mois; que cependant, dans ses conversations il n'avoit jamais rien dit de contraire à l'intérêt public; qu'il n'avoit jamais eu l'intention de nuire à la chose publique et qu'il s'apercevoit bien, par les questions que nous lui faisions, qu'on avoit mal rapporté ses discours.

On tenait spécialement à savoir avec qui il conversait, pour en faire ses complices. On revient sur ce point :

D. Avec quelles personnes il s'entretenoit ordinairement?

R. Qu'il s'entretenoit indifféremment avec tous les détenus et que l'on avoit empoisonné ce qu'il avoit dit.

On le presse sur le mot qui le devait convaincre de blasphème :

D. S'il n'avoit pas dit que Robespierre étoit un f... gueux et un scélérat?

R. Qu'il n'avoit jamais dit cela, qu'il savoit bien qu'on l'avoit accusé d'être du parti de Lafayette, mais que c'étoit à tort, puisqu'il ne l'avoit jamais fréquenté, ni personne de sa connoissance ; qu'il a eu plusieurs entretiens dans le jardin de la maison des Carmes, mais que c'étoient des conversations particulières sur les nouvelles du jour, notamment sur la guerre, sur les mesures du gouvernement, mais qu'il n'a jamais blâmé les dites mesures, ni ceux qui les ont présentées à la Convention, et a déclaré n'en pouvoir dire davantage.

D. Pour quelle cause il étoit détenu ?

R. Qu'il étoit écroué comme suspect.

Il était dès lors plus que suspect.

On l'avait désigné comme auteur des propos ; d'autres avaient été nommés par Cacaut pour le projet d'évasion : Beauvoir, Champagnier, Lesage, Harrop (Anglais), Humbert. On interrogea sur ce projet ceux qui l'avaient dénoncé : 1° Chavard, qui outre les précédents, nomma encore Chassaigne, Bellepointe, Joly-Bévy, Querhoent, d'Autichamp, Michelet, l'abbé de Bruge, tous amis de Virolle; Doutremont et Devillers, évidemment complices puisqu'ils s'étaient montrés irrités de la dénonciation du projet; 2° Manuel, qui signala encore le coutelier Mielle, dessinateur de fleurs de lis, et le général Beauharnais qui, après la dénonciation, avait paru lui faire plus mauvaise mine.

Pour ce complot il y avait un détenu, qui se trouvait, comme Virolle pour les propos, plus particulièrement désigné : c'était Champagnier, chez qui l'on avait trouvé la corde. On le fit donc venir aussi :

A lui demandé quel est celui qui a formé le projet d'évasion dans le commencement de messidor, qui lui a procuré une corde, et pourquoi, lui s'est trouvé avoir en sa possession ladite corde, et qu'il ait à nous déclarer la vérité toute entière sur ce fait.

A répondu qu'il n'avait nulle connaissance d'un complot d'évasion; que c'est lui seul, qui, ayant monté à l'escalier du dôme a trouvé ladite corde qui servoit de rampe, et qu'il l'avoit prise, et a déclaré ne pas savoir autre chose; et qu'il ne connoît pas un complot dans ce genre-là; qu'il lui est impossible d'en dire davantage, et qu'il ne sait rien du tout là-dessus.

A lui observé qu'il nous paroît bien surprenant que, ne connoissant absolument rien sur ce projet d'évasion, il se trouvât que la corde étoit cachée sous son lit, et qu'il ait à nous dire les motifs qui l'ont engagé à soustraire cette corde à la vue du concierge.

A répondu qu'il avoit pris cette corde par un premier sentiment d'étourderie, et que les actes arbitraires et les mauvais propos du citoyen Roblâtre l'avoient engagé à la garder; qu'il y avait fait même des nœuds pour que, si un évènement malheureux fût arrivé, il eût profité de cette corde pour chercher à se sauver.

A lui demandé de quel côté il espéroit trouver jour pour ladite évasion.

A répondu qu'il ne connoît point le local, que néanmoins ayant monté au comble il aperçut le jardin de Brissac, et que dès lors il crut qu'il étoit possible de se sauver par ce côté-là.

A lui demandé s'il avoit confié son secret à quelqu'un.

A répondu que non, et qu'il ne pouvoit pas convenir de cela.

A lui observé que cependant diverses personnes en ont été instruites, puisqu'il y a une dénonciation.

A répondu qu'il ne pouvoit y avoir que le nommé Humbert, qui lui avoit vu emporter cette corde.

A lui observé qu'il nous a dit plus haut qu'il avoit gardé

cette corde un mois cachée; qu'il falloit donc qu'il voulût s'en servir, pour qu'Humbert l'aperçût dans l'escalier.

A répondu qu'il ne sait si Humbert l'a dénommé (dénoncé); mais qu'il le soupçonne, attendu qu'il n'y a que lui qui l'a vu emportant ladite corde un mois avant qu'on l'a trouvée.

A lui demandé s'il a quelque soupçon que plusieurs de ses camarades aient témoigné l'envie de profiter de quelques voies capables de leur faciliter une fuite dans les circonstances où ils se trouvoient.

A répondu que les détenus qu'il voyoit assez habituellement ne s'étoient jamais ouverts à lui sur les moyens de s'évader; mais qu'il savoit que plusieurs détenus murmuroient des vexations du concierge, et qu'il voyoit bien, par la dénonciation qui étoit faite, que son dénonciateur s'étoit mis dans le complot, en observant que ce complot avoit été forgé par son dit dénonciateur, qui connoît sans doute la loi qui les favorise comme dénonciateurs.

A lui demandé s'il connoît le citoyen qu'il nous désigne comme son dénonciateur, et qu'il nous déclare son nom.

A répondu qu'il ne pouvoit soupçonner qu'Humbert qui l'a vu emporter la corde, et a déclaré n'en pouvoir dire davantage

De tout cela il résultait qu'il y avait aux Carmes un homme (il le niait) qui avait mal parlé de Robespierre, et un autre (il l'avouait) qui s'était procuré une corde pour s'échapper si l'occasion s'en présentait.

C'en fut assez pour qu'on dressât une liste de cinquante et un conspirateurs, où l'on fit entrer les quinze ou seize qui avaient été désignés, soit comme amis de Virolle, soit comme ayant pris part au projet d'évasion, et trente-cinq environ qui n'avaient même pas été nommés dans l'enquête : les premiers d'ailleurs n'ayant pas plus été interrogés que les autres; car si on en excepte l'homme au propos et l'homme à la corde, on n'interrogea que les délateurs!

Une telle liste n'arrêtait pas longtemps l'attention du Comité.

Nous le savons par le témoignage de Trinchard, un des jurés du tribunal révolutionnaire, membre de la commission populaire du Muséum. Un jour (précisément au commencement de thermidor) comme il s'était rendu avec Subleyras, un de ses collègues, au Comité pour s'expliquer sur une lettre où Saint-Just se plaignait « que la commission n'alloit pas, » il y rencontra Saint-Just, à qui le citoyen Lanne, adjoint à la commission civile, présentait une liste. « Saint-Just jeta un coup d'œil dessus, signa en souriant et la passa de suite à Billaud-Varennes qui la regarda et dit : Je le veux bien, et la signa »; et il ajoute « que cette manière de signer sans entendre aucun motif de ce que contenoit la liste dont étoit porteur le citoyen Lanne, lui fit présumer que cette liste pouvoit avoir des rapports aux prisons ; qu'il témoigna ce soupçon au citoyen Subleyras, son collègue, en touchant son coude; que Subleyras lui fit signe de ne point manifester aucun signe d'approbation ni d'improbation[1]. » Était-ce notre liste? c'est bien possible, car les temps concordent[2] ; or, cette liste funèbre porte, sur les registres du comité, les signatures de Saint-Just et de Billaud-Varennes, avec celles de Prieur et de Carnot[3].

Le massacre qui aux journées de septembre ensanglanta les Carmes n'est guère plus odieux que cet arrêté-là !

---

1. Saladin, *Rapport*, etc., *Pièces*, n° vIII, p. 114. Archives, F 7, 4438.
2. Saladin, *ibid.*, p. 112.
3. Saladin, *ibid.*, n° xxIII, p. 183, 184; et pour copie conforme : Saint-Just, Couthon, Carnot, Prieur et Billaud-Varenne (*ibid*) — Archives, F 7, 4438. La pièce avec les signatures est rappelée dans un inventaire de pièces remises à Courtois, inventaire compris dans le même carton (n° 38).

VII

Les deux jugements du 5 thermidor (23 juillet). 1° Les quarante neuf des Carmes 2° Les vingt et un de province. — Irrégularité des pièces officielles.

Fouquier-Tinville eut bientôt rédigé son acte d'accusation :

Virol, détenu dans la maison des Carmes, étoit le chef de cette nouvelle conspiration qui coïncidoit avec celles des maisons d'arrêt de Bicêtre et du Luxembourg. Il paroit aussi que les conspirateurs des deux premières maisons avoient des intelligences et des correspondances secrètes dans celle des Carmes....

Il paroit! — Il n'y en a aucune trace dans l'enquête, et on n'en administre aucune preuve; mais cela était nécessaire pour donner le caractère criminel que l'on veut voir au complot dénoncé.

Virol, voyant ses trames perfides et contre-révolutionnaires découvertes, s'en est puni lui-même en se précipitant par une fenêtre. Les chefs qui conduisoient ce complot paroissent être surtout Champagné (Champagnier), Beauvoir, ex-nobles ; Lesage, domestique ; Harop, anglais. Les conjurés s'étoient procuré des cordes, à l'aide desquelles ils devoient exécuter le projet d'évasion pour ensuite consommer les plus horribles attentats envers les représentants du peuple.

Rien n'est dit de ce projet d'attentat dans l'enquête; mais cela devait résulter des relations supposées avec les prétendus conjurés de Bicêtre et du Luxembourg, déjà frappés.

L'accusateur public prend ensuite à partie Gouy d'Arcy

« auteur des désastres des colonies qu'il a voulu livrer au despote anglais. »

Les autres conjurés sont pour la plupart connus pour s'être toujours montrés les ennemis du peuple. On y voit surtout Champcenest, ce contre-révolutionnaire forcené, aux gages de la liste civile et qui, dans l'infâme écrit connu sous le nom d'*Actes des Apôtres,* dont il étoit le rédacteur, n'a cessé d'attaquer la Révolution et de chercher à anéantir la souveraineté du peuple et sa liberté.

Suivent : Boucher d'Argis, qui a « calomnié le peuple sur la journée du 6 octobre 1789 ; » Bévi, ex-noble « employé chez le tyran dont il n'a cessé d'être partisan ; » Maisonneuf, « l'un des gardes de Capet dans sa garde constitutionnelle, mais organisée pour la contre-révolution ; » Salm, « prince allemand qui n'étoit, sous le masque du patriotisme, que l'agent caché de la coalition allemande contre la France » ; Montbazon aussi ex-prince et « frère de l'infâme cardinal ; » d'Autichamp, « frère de l'infâme chef de l'affreuse guerre de la Vendée ; » Alexandre Beauharnais, ex-constituant, ex-complice des trahisons de Custine, et dont la retraite du commandement n'a été qu'une manœuvre pour faciliter la prise de Mayence ; » enfin Ward, « Irlandais, ex-général sous Dumouriez et son complice. » — Cela se passe de preuves. Il continue :

On devoit y trouver et on y trouve encore ces ex-nobles, complices et satellites de Capet, chevaliers du poignard, assassins du peuple dans la journée du 10 août, qui ne sont restés dans l'intérieur que pour y seconder par des conspirations les efforts des despotes coalisés.

Sous cette désignation sont compris les Soyecourt, les

Pestels, les Grammont, sur lesquels on n'avait rien de particulier à dire ;

Les prêtres imposteurs et dont une insatiable cupidité alimente les fureurs contre-révolutionnaires :

— Il nomme Bruge, Latil, etc.

Enfin des banquiers et des étrangers agents des ennemis extérieurs :

Appliqué à Gallet de Santerre, Burke, etc.

La liste soumise au tribunal ne comprenait pourtant pas le principal accusé, Virolle. Ému, comme on l'a vu à plusieurs traits de la fin de son interrogatoire, de l'idée d'être accusé de propos qui menaient droit à l'échafaud, il s'était, en sortant de la salle, jeté par la fenêtre et tué : les administrateurs de police le constatent en envoyant les pièces de leur enquête au Comité de sûreté générale. Il figurait pourtant sur la première liste avec deux autres que l'on en retrancha (Dufourny, ex-président du département de Paris, et Destournelles, ex-ministre), et remplacé par Bourgeois, ex-avocat : en sorte que la liste arrêtée par le comité de salut public se trouva réduite à 49 qui comparurent devant le tribunal le 5 thermidor (23 juillet), dans l'ordre suivant :

1. Gohier-Alexandre-Jean-François Dessalle-Champagnier, ex-noble et sous-lieutenant au régiment ci-devant Royal-Champagne, cavalerie.

2. Charles-Louis-Ange Beauvoir, ex-noble, ex-sous-lieutenant du régiment ci-devant Colonel-général, infanterie.

3. Charles Harrop, négociant.

4. Claude Lesage, instituteur.

5. Michel-Ange Bruge, ex-noble, ex-prêtre, ex-constituant et ex-grand vicaire de l'évêque inconstitutionnel de Mende.

6. André-Jean Boucher d'Argis, ex-noble, ex-lieutenant particulier au Châtelet de Paris.

7. François-Charles-Antoine d'Autichamp, ex-noble, ex-chanoine de la ci-devant Notre-Dame (*sic*).

8. Louis-Armand-Constantin de Montbazon Rohan, ex-prince, ex-vice-amiral.

9. Louis Champcenetz, ex-noble, ex-officier aux ci-devant gardes françaises.

10. Frédéric de Salm-Kirbourg, prince d'Allemagne, colonel à la suite des troupes allemandes et ci-devant commandant du bataillon de la Fontaine-Grenelle.

11. François-Louis-Étienne Humbert, ex-noble, colonel du 19ᵉ régiment de chasseurs à pied.

12. Louis-Marthe de Gouy d'Arcy, ex-noble, ex-constituant, ex-maréchal de camp.

13. Alexandre de Beauharnais, ex-constituant, ex-général.

14. Jean-Henri-Louis-Joly de Bévi, ex-noble, ex-lieutenant-colonel du régiment ci-devant Poitou.

15. Louis Carcadot, ex-marquis, ex-officier au régiment d'Armagnac.

16. Noël-Xavier de Querhoënt, ex-comte et maréchal de camp.

17. Jules-François Michelet, chargé des affaires du ci-devant marquis de Mesme.

18. Jean-Baptiste Delorme, ex-chevalier de Saint-Louis, ex-écuyer, ci-devant capitaine des grenadiers du régiment provincial de Paris.

19. Louis-Charles Waroquier, ex-noble, ex-lieutenant des grenadiers royaux, ex-major de la garde nationale parisienne.

20. Joachim-Charles de Soyecourt, ex-comte, ex-capitaine de dragons.

21. Louis-François Leroy de Gramont, ex-noble.

22. Armand-Henri-Hercule de Caumont, ex-noble, ex-officier du régiment provincial.

23. Charles-François Chambly, ex-capitaine dans les troupes nationales de Cayenne.

24. Henri du Pujet, ex-mousquetaire noir, et ex-marquis.

25. Annette-Jean-Baptiste Mallette, marchand de fer.

26. Jean-Baptiste Vallet, ex-membre du comité de surveillance de Moulisseau (Orne), ex-commis au bureau de la guerre.

27. Cyprien Mielle, coutelier.

28. Étienne-François Gallet de Santerre, banquier et négociant.

29. Jean-Pierre Gonfreville, marchand mercier cordonnier.

30. Jean Jourdan, dit *Bellepointe*, adjudant aux chasseurs bataves.

31. Jacques-Joseph Pestels, ex-noble, ex-chevalier de Malte.

32. Jean-Joseph Caillol, ex-prêtre.

33. Jacques-Benoît Chevrier, ex-prêtre.

34. Claude-Louis-François Delaulne, ex-religieux de Saint-Victor, ex-prieur de Bret.

35. Matthieu Verdier, ex-secrétaire de l'évêché de Montpellier.

36. Jean Darchy, ex-chanoine de la collégiale de Châtillon.

37. Jean-Baptiste Guillebert, ex-curé constitutionnel de Montfermeil (Seine-et-Oise).

38. Jean-Paul-Marie-Anne Latyle, ex-curé constitutionnel de Thomas-d'Aquin, ex-oratorien, ex-constituant.

39. Jean-Jacques Saunhac, ex-noble, se disant cultivateur propriétaire.

40. René-Jacques Mignard, ci-devant marin, employé de la commune de Paris.

41. Jean-Hubert Doutremont, ex-sous-principal de collége, ex-secrétaire de l'abbé Viennet.

42. Nicolas-Marie-Gabriel Devillers, ex-employé dans les bureaux de la Convention, de l'Assemblée législative, et de l'Assemblée constituante.

43. Antoine-François Bourgeois, homme de loi.

44. Antoine MARSILLAC, bijoutier, ex-capitaine d'une compagnie soldée du bataillon de la Jussienne.

45. Pierre CHASSAIGNE, marchand tapissier.

46. François-Ursule BURKE, matelot sur le vaisseau *le Superbe*.

47. Thomas WARD, ex-général provisoire de brigade à l'armée du Nord.

48. John MALONE, domestique de Ward.

49. Jean COUPERY DE MAISONNEUF, ex-garde du tyran.

J'ai dit qu'à l'exception de Virolle, qui se tua, et de Champagnier, aucun n'avait été interrogé dans l'enquête : ils ne le furent pas davantage avant d'être mis en accusation ; nulle trace d'interrogatoire au dossier : la loi du 22 prairial en dispensait, et on peut croire que le tribunal, selon son habitude, n'y suppléa guère. Il avait devant lui, avec plusieurs pauvres gens, il est vrai, des princes, des marquis, des comtes, d'anciens militaires, d'anciens constituants, des nobles et des prêtres dont les qualités seules étaient un titre à la proscription ; et le Comité de salut public avait signé.

Trois pourtant furent acquittés : Jean-Pierre GONFREVILLE mercier cordonnier, Jean JOURDAN dit *Bellepointe*, adjudant aux chasseurs bataves, et Pierre CHASSAIGNE, tapissier ; les quarante-six autres, condamnés. Le général Beauharnais en aurait dû être moins surpris, lui qui écrivait, la veille de son jugement, à sa femme : « Dans les orages révolutionnaires, un grand peuple qui combat pour pulvériser ses fers doit s'environner d'une juste méfiance et plus craindre d'oublier un coupable que de frapper un innocent[1] ; » Champcenetz, qui avait contre

---

1. Sorel, *ouvrage cité*, p. 255. Joséphine avait tenté en vain de prévenir l'emprisonnement et de sauver la tête de son mari (Voy. sa lettre à Vadier, *ibid.*, p. 256). Elle fut emprisonnée elle-même ; et ses deux enfants (Eugène,

lui son titre de noble et les souvenirs de son journal y était préparé, et, sous le coup de la sentence, il trouva encore un mot pour rire. S'adressant au président Coffinhal : « Pardon, président ; est-ce ici comme dans la garde nationale ? peut-on se faire remplacer ? » Devillers aurait eu le droit d'être plus étonné de sa condamnation, car il attendait toujours qu'on lui dît pourquoi il était là. Ancien employé au bureau de l'Assemblée législative, successivement détenu à la Conciergerie[1], à Bicêtre, aux Carmes (11 nivôse), à Saint-Lazare (28 nivôse), il en était revenu aux Carmes, puisqu'il est compris dans cette fournée, pour être conduit une dernière fois à la Conciergerie. Il figure sur la liste des accusés et n'obtient pas même une ligne dans l'acte d'accusation. On ne trouvait à le classer ni parmi les nobles, ni parmi les prêtres, ni parmi les banquiers, ni parmi les étrangers « qui devoient prendre et (selon l'acte d'accusation) ont pris en effet part à la grande conspiration[2]. » On l'envoya sans phrases à la mort.

Le procès-verbal d'audience[3] comprend les noms des juges, Coffinhal, Harny, Laporte et Lohier, de l'accusateur public, Fouquier-Tinville, des neuf jurés, des accusés. On a barré dans l'imprimé ce qui regarde les défenseurs

---

âgé de 12 ans, et Hortense, de 11 ans) écrivaient à leur tour pour solliciter sa délivrance (19 floréal an II, 8 mai 1794). Elle ne fut sauvée que par le 9 thermidor.

1. Sa famille conserve une lettre du 28 frimaire an II qui est écrite de cette prison.

2. Archives, W 429, dossier 965, 2⁸ partie, pièce 89 (jugement). Voyez sur Devillers une note justificative intitulée : *Compte moral de la conduite du cit. G. Devillers* (Archives, W 121, pièce 56). Il se dit ami de la Révolution ; il a approuvé la mort du Roi ; il était absent de Paris le 31 mai, mais il était hostile au fédéralisme ; jamais il n'a signé de pétitions anti-patriotiques ; il a contribué à la Révolution. — Protestation inutile.

3. Archives, W 429, dossier 965, 2⁸ partie, pièce 95.

officieux et le serment des jurés. Il n'y avait plus de défenseurs et le serment des jurés était sans doute jugé inutile. On y trouve encore les noms de quatre témoins, savoir : deux détenus et deux employés aux Carmes; puis le reste est en blanc jusqu'à la signature Coffinhal et Ducray, commis greffier[1].

La seconde section (salle de l'Égalité) eut à juger vingt et un accusés, envoyés de divers endroits par un zèle que le tribunal lui-même trouva exubérant; car, sur les vingt et un, douze furent acquittés. Le dossier de ce jugement prouve encore avec quelle précipitation et quelle coupable légèreté on procédait en des affaires où tant de têtes étaient en jeu. Dans les questions posées au jury, on trouve, barrés il est vrai, des noms qui sont rayés dans l'acte d'accusation[2]. Tout cela était écrit à l'avance.

1. Les acquittés sont marqués d'une croix sur les questions posées au jury (*ibid.*, 2ᵉ partie, pièce 91), et sur la liste insérée au jugement (*ibid.*, pièce 89). Dans l'extrait des registres d'audience (W 532, registre 3) après les mots *appert le tribunal avoir condamné à la peine de mort*, on trouve la liste complète des accusés, les trois acquittés Gonfreville, Bellepointe et Chassaigne retenant leur place : seulement ils ont été rayés. L'acte du jugement nous les montre encore à deux reprises, et dans la reproduction de la déclaration du jury et dans la condamnation à mort, inscrits à leur place et rayés sans approbation de la radiation.
2. Archives, W 430, dossier 966, 3ᵉ partie, pièce 80.

CHAPITRE XLVIII

LA CONSPIRATION DES PRISONS
SAINT-LAZARE

I

La prison de Saint-Lazare; l'enquête de Faro; les moutons ou espions et délateurs.

Les choses se précipitaient comme si le comité de salut public eût senti que le temps allait se dérober à lui et sauver ses victimes. Le Luxembourg et les Carmes avaient seuls encore payé leur tribut funèbre à la prétendue conspiration. Saint-Lazare allait suivre. Mais pouvait-on s'en tenir toujours à l'éternelle conspiration de Dillon? Le public y croirait-il encore, quand il y verrait enveloppés des hommes entrés dans la prison plusieurs mois après qu'elle y avait été étouffée? « Il paroît dit Réal, au procès de Fouquier-Tinville, qu'on rougissoit d'en revenir toujours à ce moyen banal, et quoique Verney ait dit devant des témoins... qu'on laissoit toujours un levain ou une queue de cette éternelle conspiration pour avoir la facilité de faire de nouveaux enlèvements, la vérité est qu'on cherchoit un moyen plus neuf, moins usé, d'alimenter le tribunal[1]. »

Si les vexations de toutes sortes avaient suffi pour provoquer un complot, le désir secret du Comité de salut public aurait dû recevoir bien aisément satisfaction à

---

1. *Procès Fouquier*, n° 14, p. 2.

Saint-Lazare. Dans cette prison, inaugurée seulement comme maison de suspects le 29 nivôse an II, la dureté de l'administrateur de police Michel et de son successeur Gagnant avait été tempérée par l'humanité du concierge Naudet. Mais Bergot, succédant à Gagnant, avait remplacé Naudet par Semé, un homme de sa trempe, et tous les deux semblaient s'entendre pour opprimer les malheureux, les injuriant, les volant, et ne les volant pas seulement pour les voler, mais pour leur imposer les privations les plus cruelles. « Ces monstres, » disait Bergot, en enlevant à un prisonnier une tabatière où était le portrait de sa femme, « ces monstres se consolent avec les portraits d'être privés des originaux, et ils ne s'aperçoivent plus qu'ils sont en prison[1]. » — Et les détenus ne conspiraient pas.

Il fallut donc, là aussi, aider à la conspiration, inventer un complot. L'Italien Manini, dénonciateur émérite, et le serrurier Coquery en furent, l'un l'organisateur, l'autre l'instrument aveugle. Il s'agissait d'un projet d'évasion ainsi combiné : on devait d'abord scier le barreau d'une fenêtre (c'était l'affaire du serrurier Coquery) ; de cette fenêtre à la terrasse du jardin il y avait vingt-cinq pieds, et sous la fenêtre la guérite d'une sentinelle. C'est par-dessus la guérite de la sentinelle que l'on aurait, au moyen d'une planche, établi, de la fenêtre à la terrasse, un pont par où tous les prisonniers s'échapperaient. Voilà le complot de Saint-Lazare. Il est bien entendu que les

---

1. Voyez sur la prison de Saint-Lazare une relation d'un détenu sous ce titre : *Assassinats commis sur 81 prisonniers de la prison dite Saint-Lazare, les 7, 8 et 9 thermidor par le tribunal révolutionnaire, les moutons et les fabricateurs de conspirations dans ladite prison; ensemble les horreurs qui furent exercées envers les détenus de ce tombeau des vivants* (3 p. in-8; signé Rouy, sans date).

prisonniers, une fois sortis, devaient « assassiner les membres du comité. »

Dès le 23 messidor, le surlendemain de la troisième fournée du Luxembourg, on attaqua Saint-Lazare sur ce fondement, et l'administrateur de police Faro (que nous avons vu aux Carmes), fut chargé d'y faire une enquête où il entendit un certain nombre de détenus : Manini et Coquery, les principaux auxiliaires de l'administration en cette affaire, Scelle, Gauthier, Desisnard, Allain et le concierge Semé; enquête dont le procès-verbal est resté au dossier[1].

Ces déclarations recueillies et le plan dressé, il n'y avait plus qu'à former les listes des conspirateurs, c'est-à-dire des victimes.

On commença par établir comme concierge à Saint-Lazare, en remplacement de Semé, un peu compromis par l'enquête, Verney que nous avons trouvé guichetier au Luxembourg, homme éprouvé, on l'a vu, dans ces sortes de manœuvres; et il brûlait de se signaler dans son rôle de premier sujet sur ce nouveau théâtre : « Je les ai f... au pas au Luxembourg, disait-il fièrement, je les f... de même au pas ici[2]. »

On trouva facilement à lui adjoindre des racoleurs de noms, des agents provocateurs, parmi les patriotes du lieu. Un ancien détenu de Saint-Lazare, Boucher, dont le frère fut victime en ces journées, signale particulièrement, avec Verney, le concierge, et Manini, que nous avons nommés, quelques autres détenus: Jobert le Belge, Pépin Desgrouettes, Roger La Pointe, Lepêcheux, Robinet, Horace Molin[3].

---

1. Voyez l'appendice n° III, à la fin du volume.
2. Déclaration de Boucher, *Procès Fouquier*, n° 39, p. 3.
3. *Procès Fouquier*, n° 39, p. 3.

Manini, homme de lettres, assigné comme témoin au procès de Fouquier-Tinville, ose soutenir devant ces nouveaux juges la réalité du complot qu'il dénonça :

Coquery, dit-il, mon camarade de chambre à Saint-Lazare, étoit dans la misère ; il partageoit mes haricots, et servoit dans la prison des individus contre-révolutionnaires, qui tenoient ouvertement des propos contre la Convention pendant leurs repas ; il m'en informa. Je lui dis qu'il falloit s'assurer du fait avant d'en instruire le gouvernement. Je me mis aux écoutes à la porte d'une chambre, et j'entendis moi-même le complot. J'écrivis au comité de sûreté générale pour l'informer de ce qui se passoit ; je crois que ma lettre fut envoyée à la police, j'ignore où elle est. Nous courions des dangers ; il est de principe qu'ils vouloient descendre et assassiner les factionnaires, d'autres menaçoient de tirer sur nous ; voilà pourquoi j'ai reçu la dénonciation de Coquery ; je l'ai acceptée, vérifiée, et rédigée.

Je pressai bien ce petit bulletin, je le mis au fond d'une boîte de fer-blanc, je mis du sucre par dessus pour mes enfants, et je chargeai ma femme de le remettre au comité de sûreté générale, qui a dû le faire parvenir à Fouquier. Lanne est venu m'interroger ainsi que d'autres ; il me demanda s'il existoit une conspiration à Lazare. Je répondis affirmativement.

Je donnai la liste des noms ; elle est signée de Coquery, dénonciateur, et de moi ; je dis à Lanne que le danger étoit en dehors et non en dedans. Je vins ici en déposition les 6, 7 et 8 thermidor. Je déclarai que les chefs de la conspiration étoient Allain, Deselle, Isnard et Gauthier ; je déclarai les autres comme complices directs ou indirects, je disois : « Je crois qu'un tel est complice. » Lorsque je parlai contre l'un des chefs, qui étoit un officier municipal, il avoua qu'il ne pouvoit m'en vouloir ; que ce que je disois étoit vrai. Je demande la lettre que Fouquier doit avoir : c'est Prainpret qui l'a écrite.

Un juré au témoin. Quels sont les propos que vous avez dit avoir entendus à la porte d'une chambre?

Le témoin. Leur objet était de descendre avec des cordes, d'assassiner le factionnaire, etc. Allain disoit que la Convention étoit une bande de scélérats.

Cambon, substitut. Comment avez-vous imaginé que ces quatre individus pouvoient assassiner la Convention?

Le témoin. Le dehors étoit plus dangereux que le dedans; ils disoient : « Nous avons du monde en dehors. » Dans le mois de nivôse, Allain dit : « Je suis secrétaire du fédéralisme de Caen ; nous nous vengerons. » Il y avoit vingt ou trente complices : tous ces individus n'ont pas été jugés pour conspiration, mais pour des délits particuliers. Je n'ai pas indiqué les témoins, je crois que c'est Pépin Desgrouettes.

Fouquier. Je n'ai pas reçu la lettre dont a parlé le témoin, je n'ai pas été à Saint-Lazare, je n'ai eu nulle correspondance avec Coquery et Maligny (Manini) ni avec Pépin. Les listes m'ont été envoyées par le gouvernement, signées des membres du comité. Les noms des témoins m'ont été transmis par la même voie [1].

Verney fut moins franc devant le tribunal, mais assez d'autres l'avaient entendu à Saint-Lazare ; car il trahissait sa participation au complot par son langage. Selon le témoin Boucher [2], il disait à une femme Desfossés (de Fossé), qui demandait d'autre nourriture que des aliments salés à cause de sa grossesse : « Il faut bien que tu en manges, tu n'as pas si longtemps à en manger ; » c'était le 6 : elle fut guillotinée le 8 ; et à un autre : « La guillotine n'alloit pas mal au Luxembourg, elle ne va pas mal dans cette maison depuis que j'y suis. Je porte bonheur à la maison [3]. » Coquery n'était pas seulement du

---

1. *Procès Fouquier*, n° 18, p. 2.
2. *Ibid.*, n° 39, p. 2.
3. *Ibid.*, n° 39, p. 3.

complot pour scier des barreaux qui, dit-on, n'existaient pas[1]. « C'est lui qui alloit dans les corridors chercher les noms et les numéros des chambres des personnes qu'on devoit victimer. » Jobert le Belge était le second de Manini. Il y mettait un acharnement féroce. Il disait, selon un autre témoin, « qu'on ne savoit pas conduire la loi révolutionnaire, que s'il étoit maître il feroit guillotiner mille individus par jour, et que s'il pouvoit retourner en Belgique, il en feroit guillotiner deux mille[2]. » « Roger La Loupe, dit encore Boucher, travailloit à la fabrication des listes avec Manini et Coquery. » Lepêcheux avait pris le rôle de pourvoyeur : « Il provoquoit à la révolte », dit le même témoin ; il nous disoit un jour : « Vous êtes
« des aristocrates ; on vous fait manger de la merluche
« et des harengs pourris et vous ne vous plaignez pas.
« Il faut que ce soit nous autres sans-culottes qui fas-
« sions du bruit ; vous mériteriez d'être bûchés ».

Robinet était « secrétaire général de la conspiration[3] ». Il trafiquait même de son emploi : Joly, comédien du théâtre des Arts, dit qu'il se fit rayer de la liste pour une bouteille d'eau-de-vie[4]. Quand après le 10 thermidor on opéra son transfèrement, en vue de sa propre sûreté, on trouva dans le tiroir de sa table des listes écrites

---

1. Même témoin. *Procès Fouquier*, n° 39, p. 3.
2. Levasseur, traiteur, *ibid.*, n° 40, p. 2.
3. Boucher, *Procès Fouquier*, n° 39, p. 4.
4. *Procès Fouquier*, n° 22, p. 2 : « Des hommes qu'on appelle *moutons* dans les prisons faisaient des listes à Saint-Lazare. J'ai été à la première liste ; Jobert l'avait écrite ; Robinet son secrétaire me l'a montrée. Je l'ai vue. J'y étais inscrit le 4° ; elle contenoit les noms des soixante-huit prisonniers qui ont été guillotinés. J'ai été effacé de dessus cette liste pour une bouteille d'eau-de-vie que j'ai donnée à Robinet après qu'il eut effacé mon nom. Je dis alors à Robinet : « Je sais que Jambony et sa femme sont aussi portés sur la liste. » Il me répondit : « Tais-toi, car je t'y mettrai. » Ils devaient être traduits au tribunal le 11 thermidor. »

de sa main¹. Lui et Jobert disaient que de tous les détenus de Saint-Lazare il n'en resterait pas plus de trente.

Ce Jobert, surnommé le Belge à cause de son pays, était, si on en croit nos témoins, un des plus compromis dans cette affaire des listes. Il chercha plus tard à s'en défendre et publia un récit où, convenant des faits généraux, ajoutant même plusieurs détails à ce qu'on savait d'ailleurs, il déguise sa participation à ce crime odieux et voudrait faire croire qu'il ne s'y est trouvé mêlé que pour sauver plusieurs victimes² :

« On me fit aussi appeler, dit-il, dans la chambre du concierge Semé ; j'y vis deux citoyens ; l'un d'eux, m'adressant la parole, me dit :

« Je sais que tu es bon patriote ; je connois ta probité,
« j'espère que tu justifieras l'opinion que j'ai de toi. Voici
« un ordre du comité de salut public de rechercher dans
« les maisons d'arrêt les ennemis de la Révolution. »

« Je pris l'ordre et le lus en entier.

« Il me demanda ensuite si j'avois connoissance d'un complot d'évasion tramé à Saint-Lazare.

« Je répondis que non ; que si ce complot avoit existé, il eût été difficile qu'il eût échappé à la connoissance des patriotes qui étoient dans cette maison. »

On lui demande si les prêtres et les nobles n'étaient pas les ennemis de la révolution (question que l'on ne posait guère d'habitude), s'il connait Manini ; — il ne le connaît pas ! et (sans plus de défiance, s'il n'est pas du

---

1. *Procès Fouquier*, n° 39, p. 4.
2. Faits historiques et anecdotiques sur la maison d'arrêt de Saint-Lazare, *Hist. des prisons*, t. III, p. 1 et suivantes. L'éditeur des *Mémoires sur les prisons* le cite (t. I, p. 244) et donne même en appendice un fragment de son récit (note 6, p. 390), mais sans avoir de lui meilleure opinion que nous n'en avons nous-mêmes.

complot!) on lui communique les listes. Il frémit, y trouvant des amis; il s'élève contre les dénonciateurs au risque de se compromettre; il en est qu'il fait rayer; il en est d'autres pour lesquels ses efforts sont inutiles, et il ajoute :

« Celui qui m'interrogea me dit alors en regardant « sur les listes qu'il avoit entre les mains : « En voilà « une centaine, il doit y en avoir plus que cela ici. » Je répondis : « Je ne crois pas qu'il y ait beaucoup de « conspirateurs ici. » — « Nous en avons trouvé trois « cents au Luxembourg, nous en trouverons bien autant « à Saint-Lazare, » répondit le commissaire.

Il raconte ensuite qu'il prévint plusieurs du sort qui les menaçait et comment, s'il alla voir une seconde fois le commissaire à son retour, ce fut sur les instances des autres, — manière de couvrir une visite fort suspecte; il se défend encore en chargeant Manini et Coquery et en signalant l'attitude de Pépin Desgrouettes devant le tribunal.

Pépin Desgrouettes, cet ancien juge du tribunal du 17 août, emprisonné pour s'être enrichi par des voies illicites dans ces fonctions, eut en effet un des rôles les plus actifs dans cette affaire devant le nouveau tribunal. Non seulement « il faisait des listes » mais il était le témoin principal dans les débats.

Il était devenu par là comme l'arbitre du sort de ses compagnons de captivité.

Il disait très haut qu'il avait droit de vie et de mort à Saint-Lazare, et on était bien obligé de le croire quand on le voyait, le soir d'une de ces journées, rentrer ivre, tandis que ceux contre lesquels il avait témoigné étaient conduits à l'échafaud. Aussi avait-il une cour; il y prenait des airs de protecteur, faisait sonner bien haut que Fouquier l'avait embrassé, que le tribunal prononçait sur sa déclaration, ajoutant qu'on pouvait être tranquille, qu'il ne périrait aucun patriote[1]. Mais les autres avaient tout à craindre. Il disait que Fouquier lui avait assuré que pour le 14 il y aurait sur les maisons d'arrêt un écriteau : *A louer*[2].

Fouquier nie le propos, mais du train que prenaient les choses dans ces derniers jours, s'il y avait eu moins d'affluence de prisonniers nouveaux, il aurait bien pu en être ainsi.

II

1re fournée (6 thermidor — 24 juillet 1794). Le jeune de Maillé. MM. de Vergennes père et fils, Mme de Meursin et l'abbesse de Montmartre ; les déclarations de grossesse.

Saint-Lazare occupa le tribunal pendant trois jours, et Pépin Desgrouettes y remplit chaque fois son sinistre rôle de témoin.

L'acte d'accusation portait quatre-vingts noms dont deux rayés, mais on procéda comme au Luxembourg, et le premier jour, 6 thermidor, vingt-cinq seulement comparurent devant les juges[3] :

---

1. Lamaignère, juge de paix de la section des Champs-Elysées, *Procès Fouquier*, n° 13, p. 2 ; cf. Levasseur, *ibid.*, n° 40, p. 2.
2. *Procès Fouquier*, n° 13, p. 2-3.
3. Voyez aussi la pièce 1 *bis* (Archives, W 431, dossier 968), qui paraît être la feuille d'appel des accusés : « Accusateur public au tribunal révolutionnaire contre.... » (suivent 80 noms, dont deux rayés). M. Becq de Fouquières, dans son *Étude sur la vie et les écrits politiques d'André Chénier*, placée comme introduction en tête des *Œuvres en prose d'André Chénier* qu'ils a publiées (1872), donne une première liste, dressée par Jaubert et Robinet, sous ce titre :
Noms des détenus que nous croyons en notre âme et conscience être ennemis du peuple et ne pas aimer le gouvernement actuel de la République française ;
liste où les noms sont accompagnés de qualificatifs et qui est suivie de

1. Charles-Michel ALLAIN, 28 ans, instituteur.

2. Louis DESISNARD, 23 ans, commis chez Laurent de Mézière, banquier.

3. Louis SCELLE, 44 ans, ex-noble, entrepreneur de farines, inspecteur général des effets militaires aux armées de l'intérieur.

4. Fortuné-Charles-Louis-François de MAILLÉ, 17 ans, ex-noble, fils du ci-devant vicomte.

5. François-René-Alexandre de MAILLÉ, ex-noble, ex-prêtre, 37 ans, grand vicaire du Puy-en-Velay.

6. Pierre-Laurent CHAMPIGNY, 59 ans, ex-curé de Villepinte.

7. Charles-François-Gustave GRAINDORGE, se disant comte de MESNIL-DURAND, 34 ans, ex-adjudant général breveté de lieutenant-colonel.

8. Anne-Louis-Jean de FLAVIGNY, 31 ans, ex-comte, se disant cultivateur, lieutenant en 2e au régiment des ci-devant gardes françaises, breveté lieutenant-colonel.

9. Madeleine-Henriette-Louise de FLAVIGNY, femme DESVIEUX, ex-comtesse, 28 ans.

10. Catherine-Louise-Silvain de SOYECOURT, veuve D'HINNISDAL DE FUMALE, ex-noble, ex-baronne, 35 ans [1].

---

réflexions générales sur la prétendue conspiration (p. 76-78). Aux trente-huit noms qu'elle contient sont joints vingt-trois autres noms, parmi lesquels ceux de Roucher, d'André Chénier, du marquis de Montalembert et des frères Trudaine sous cette désignation :

Noms ajoutés à notre liste écrite par Robinet par ordre du citoyen Herman dans la chambre du concierge Semé (Ibid., p. 78).

De nouvelles additions en portèrent le nombre à quatre-vingt-deux (p. 80-83) : c'est la liste portée au comité de salut public et transmise par lui à l'accusateur public du tribunal révolutionnaire avec ordre de poursuivre. La liste de Fouquier-Tinville en comprend deux de moins (trois retranchés : Hesse, Barbantane et Egalité ; un ajouté : Coppin, neveu, ci-devant chanoine). Il l'envoya à la commission populaire présidée par Trinchard, pour avoir sur plusieurs des renseignements qu'il n'avait pas. La liste définitive comprise dans l'acte d'accusation porte, comme nous l'avons dit, quatre-vingts noms, dont deux rayés.

1. Dans les questions posées au jury, elle est appelée Catherine Saucourt veuve Denis D'hale. Dans le procès-verbal d'audience on a laissé Denis et corrigé Dhale en D'Hinisdale. Dans la liste qui précède le dispositif du jugement Denis D'Halle est corrigé en D'Hinisdale.

11. Élisabeth-Perrette Dubois, veuve de Fleury, avocat général, ex-noble, 56 ans.

12. Isabelle Pigret de Meursin, femme divorcée de Meursin, directeur des fermes et inspecteur du garde-meuble, 21 ans.

13. Jean Gravier de Vergennes, père, ex-comte, 75 ans.

14. Charles Gravier de Vergennes, 42 ans, ex-noble, ex-maître des requêtes, ex-capitaine de la garde nationale.

15. Marie-Louise de Laval-Montmorency, ex-noble, abbesse de Montmartre, 72 ans.

16. François Thibault de Lagarde, ex-noble, ex-officier des ci-devant gardes françaises, 31 ans.

17. Césaire-Auguste de Charleval, 64 ans, ex-noble, ex-lieutenant-colonel de la garde dite constitutionnelle du tyran.

18. Jacques Digieux, 43 ans, ex-officier de la garde dite constitutionnelle du tyran.

19. Amable-Pierre-Albert de Bérulle, ex-premier président du parlement de Grenoble, 39 ans.

20. Paul-Marie-Victoire de Beauvillier de Saint-Aignan, ex-duc, 27 ans.

21. Françoise-Camille de Béranger, femme de Beauvillier de Saint-Aignan, ex-duchesse, 29 ans.

22. Pierre-Claude Copin de Villepreux, ex-chevalier, 45 ans, ex-capitaine à la suite de la cavalerie.

23. Jean-Henri de Laboulbène de Montesquiou, ex-noble, ex-grand vicaire d'Aire, 43 ans.

24. François Gigot de Boisbernier, 58 ans, ex-grand vicaire et chanoine de Sens.

25. Jean-François Gauthier, ex-page du tyran, 24 ans.

La liste, on le voit, débute par trois noms obscurs, Allain, Desisnard et Scelle, trois de ceux qui, avec Manini et Coquery, les délateurs, avaient figuré dans l'enquête; et Verney poursuit Scelle d'une dénonciation supplémentaire auprès de l'accusateur public, le jour même du jugement[1]. Le jeune de Maillé était plus qu'un conspirateur, c'était un rebelle : il avait jeté à la tête d'un garçon du traiteur un poisson pourri qu'on lui servait. Il avait été déjà condamné, on le peut dire, dans la quatrième fournée du Luxembourg en la personne du jeune Mellet que l'on avait pris pour lui. Il le fut cette fois pour lui-même. Quand il dit qu'il n'avait que seize ans[2] : « Il en a bien, reprit le président, quatre-vingts pour le crime. » Il avait voulu, quoique non poursuivi lui-même, accompagner sa mère en prison[3] ; et par le fait il lui sauva la vie. Par une erreur semblable à celle qui avait été commise à l'égard de son fils, Mme de Maillé s'était vu substituer dans la fournée du lendemain, 7 thermidor, une autre dame Mayet qu'on y retint, l'erreur étant reconnue, pour la raison qu'autant valait la faire passer tout de suite, puisqu'elle était là ; et le surlendemain on reprit

---

1.   Maison d'arrêt Lazare, du 6 thermidor an II.

Je te préviens que le nommé de Selle qui a été transféré hier de Lazare à la Conciergerie avoit été au Luxembourg et *qui* étoit de la même fabrique de conspiration de ceux qui ont passes sous le glaive de la loy....

Je me persuade à croire qu'ils se sont fait transféré à plusieurs du Luxembourg pour faire part de la conspiration dans les autres maisons d'arrêt. Voici les noms de ceux qui ont été transférés avec de Selle, sçavoir Vaudin et La Haye aux Madelonnettes.

Salut et fraternité.

VERNEY,
Concierge, ci-devant porte-clefs au Luxembourg.
(Archives, W 431, dossier 968, pièce 24.)

2. Sa mère produisit son acte de naissance au jugement de Fouquier-Tinville : il était né le 25 août 1777 et fut condamné le 6 thermidor an II (24 juillet 1794).

3. Quoi qu'il en soit des motifs, c'est le même jour qu'ils furent arrêtés l'un et l'autre, et transférés à Saint-Lazare, sur l'ordre du Comité de sûreté générale, le 14 pluviôse. Voyez aux Archives de la préfecture de police l'ordre de transfèrement rendu par le comité de surveillance révolutionnaire de la section du Bonnet-Rouge (Croix-Rouge), en exécution de l'ordre du Comité de sûreté générale (14 pluviôse an II, Archives de la préfecture de police, carton 7, pièce 128), et les écrous de la mère et du fils sur les registres de Saint-Lazare à cette même date (mêmes archives). Le fils fut transféré à la Conciergerie le 5 messidor ; la mère, le 8.

l'autre, en effet, à la place de celle qui avait péri l'avant-veille. Mais en entrant dans la salle, à la vue des gradins où son fils avait été condamné, elle tomba évanouie, et les murmures du public firent que les juges, n'osant passer outre, la remirent à l'audience suivante : or on était au 9 thermidor [1].

Alexandre de Maillé, l'ancien grand vicaire du Puy, avait été transféré à Saint-Lazare le 19 ventôse [2] et fut transféré à la Conciergerie, probablement à la même date que son jeune parent. Un autre Maillé, colonel attaché au ci-devant régiment royal Picardie, demeurant, comme le précédent, rue Caumartin, arrêté la veille (18 ventôse), et désigné par l'ordre du Comité de sûreté générale pour être conduit à la maison de la Force ou toute autre de Paris,[3] fut écroué le même jour à Port-Libre [4] et transféré au Luxembourg le 3 thermidor [5]. C'était trop tard pour qu'il pût être compté comme complice de la conspiration, même dans la quatrième fournée du Luxembourg qui se fit le lendemain : les prétendus conjurés étaient déjà partis pour la Conciergerie. Il traversa donc ainsi la crise du 9 thermidor, fut transféré le 3 vendémiaire an III (26 septembre 1794) dans la maison de Belhomme et mis en liberté le 21 (12 octobre)[6].

C'est sans doute par cette attention à ne point séparer les familles qu'on avait réuni dans cette même fournée le vicomte de Flavigny et sa sœur la comtesse Desvieux :

1. Voyez la déposition de Mme de Maillé au procès de Fouquier-Tinville, n° 36, p. 1.
2. Registre d'écrou de la maison de Saint-Lazare.
3. Archives de la préfecture de police, carton 7, pièce 450.
4. Mêmes archives, Ecrou de Port-Libre, f° 39, recto.
5. *Ibid.*, cf,, carton 18, p. 401-402.
6. *Ibid.*, carton 15, pièce 188, et registre de la maison de Belhomme, f° 15, verso.

Flavigny, un des jeunes officiers qui avait montré le plus de dévouement à Louis XVI, arrêté le 10 août et (chose extraordinaire) gardé en prison jusque-là ; le comte Jean Gravier de Vergennes, le frère de l'ancien ministre et son fils Charles, ancien maître des requêtes. Les départements mettaient volontiers les nobles qui avaient des biens dans leur ressort sur la liste des émigrés. Le département de Saône-et-Loire en avait agi ainsi à l'égard de Charles Gravier de Vergennes. Instruit du fait, il réclama à la Convention. Il produisit un certificat de résidence, d'où il résultait que depuis dix ans et plus il n'avait point quitté le pays. Il y ajoutait un extrait de la délibération prise en assemblée générale, le 20 nivôse précédent (9 janvier 1794), par sa section, la section de Brutus, qui attestait les services, tant civils que militaires, rendus par lui depuis 1789, sans interruption, ainsi que son dévouement à la cause publique. Le comité de législation en fit à la Convention un rapport favorable, et la Convention renvoya la pétition et les pièces au conseil exécutif pour y faire droit (5 pluviôse, 24 janvier 1794)[1]. Y eut-il mainlevée des biens saisis ? Je ne sais ; quant aux personnes, la chose est sûre : Charles de Vergennes et le comte de Vergennes son père, détenus comme suspects, furent gardés en prison, compris dans la conspiration de Saint-Lazare et condamnés, ce qui tranchait du même coup la question de leurs biens.

Nous n'insisterons pas davantage sur le caractère, sur le sexe et sur l'âge de toutes ces personnes qu'on accusait de conspirer dans la prison, prêtres, nobles, anciens officiers, anciens magistrats, femmes surtout. Notons

1. Extrait d'une pièce conservée au Ministère des affaires étrangères, *Émigrés*, n° 2748 c, communiqué par M. P. de Rémusat, arrière-petit-fils de Ch. de Vergennes.

seulement deux de ces dernières l'abbesse de Montmartre, plus que septuagénaire, et Mme de Meursin, âgée de vingt et un ans : cette vieille religieuse, et cette jeune dame qui était paralysée des jambes, n'en étaient pas moins mises au nombre de ceux qui voulaient s'échapper sur une planche jetée d'une fenêtre de la prison à une terrasse, par-dessus la cour où était la sentinelle, pour aller égorger les membres des deux comités.

« J'ai vu », dit Sirey, en parlant de Mme de Meursin et de l'abbesse de Montmartre, « j'ai vu ces deux victimes descendre du tribunal pour aller à l'échafaud : on portait l'une, on traînait l'autre[1]. »

Les dames d'Hinnisdal, de Meursin, Joly de Fleury et de Saint-Aignan se déclarèrent enceintes. Mme de Saint-Aignan était détenue avec son mari; pour les autres on poussa la torture jusqu'à exiger, par déclarations signées d'elles, les noms de ceux dont elles se prétendaient grosses[2]. La pièce qui contient leur déclaration et celle de la femme Malicornet, condamnée le 5 thermidor, porte au-dessous cette note de la main de Coffinhal :

Attendu que dans la maison d'arrêt Lazare, il est impossible que les hommes communiquent avec les femmes; que d'après les rapports des officiers de santé il n'existe sur les condamnées aucun signe de grossesse; qu'une d'elles a des signes contraires, et que les condamnées sont détenues à la maison de Lazare avant les époques qu'elles ont fixées pour leur grossesse[3]...

Or, la déclaration des médecins que l'on a dans une

---

1. Sirey, *le Tribunal révolutionnaire* (frimaire an III), p. 24.
2. Archives, W 431, dossier 968, pièce 13.
3. *Ibid.*, pièce 5.

autre pièce[1] est négative pour Mme de Meursin, dubitative pour MMmes d'Hinnisdal et Joly de Fleury, la date étant trop rapprochée, mais elle énonce de fortes présomptions en faveur de la femme Malicornet et une affirmation positive pour Mme de Saint-Aignan, grosse de trois mois et demi. Ces deux dernières furent épargnées; MMmes de Meursin, d'Hinnisdal et Joly de Fleury, envoyées à l'échafaud par un nouvel arrêt du 7 thermidor[2].

Le commis greffier Tavernier fit, à propos de ce jugement, cette révélation curieuse au procès de Fouquier-Tinville. C'est lui qui avait été appelé à la chambre du conseil pour écrire les déclarations de grossesse, et c'est à lui aussi que Fouquier remit le lendemain une note pour la rédaction du jugement d'exécution :

D'après les mandats et motifs portés en cette note convenus avec les juges assemblés en conseil dans la chambre de Coffinhal, je fis, dit-il, sur ces motifs ce jugement, et à la lecture Coffinhal ne trouva pas ces motifs suffisants, et il y en ajouta

---

[1]. Nous soussignés, officiers de santé du tribunal, assistés de la citoyenne Prioux, sage-femme, certifions que la nommée Catherine-Louise Saucourt, veuve Hinnisdal, âgée de trente-trois ans, se disant enceinte de cinq semaines; la nommée Elisabeth-Marie-Pierrette Dubois de Courval, veuve Joli Fleury, âgée de 36 ans, se disant enceinte de six semaines, ne nous ont montré dans nos examens aucuns signes de grossesse, vu qu'il n'y en a jamais d'apparents à ces termes différents.

Certifions encore, avoir visité et examiné la nommée Marie-Isabelle Pigrais, femme Marsin, âgée de 21 ans, se disant enceinte de six semaines; nous avons reconnus qu'elle avait ses règles et que par conséquent elle n'étoit pas enceinte (*et en marge*) d'après l'ordre ordinaire de la nature. Déclarons aussi avoir visité la nommée Marie-Anne Malicornet, âgée de 36 ans, se disant enceinte de deux mois. Nous croyons d'après nos examens avoir de fortes présomptions de grossesse. Enfin nous avons examiné et visité la nommée Françoise-Camille Béranger Beauvilliers Saint-Aignan, se disant enceinte de trois mois et demi, fait qui nous a paru constant.

Ce 7 thermidor, la 2ᵉ de la République une et indivisible.

Signé ; Enguchard (qui a écrit le rapport), Naury, Giraud, veuve Prioux.

(Archives, *ibid.*, pièce 12).

[2]. *Ibid.*, pièce 14.

d'autres qui sont portés en renvoi sur la minute. Ces motifs, autant que je puis me les rappeler, portoient sur ce que depuis l'époque de la grossesse énoncée, les femmes étoient détenues à Lazare, où il étoit impossible de communiquer avec les hommes. Je me permis naturellement l'observation que ceci étoit contraire à ce qui s'étoit passé aux débats, puisque les hommes communiquoient avec les femmes, et qu'on les avoit condamnées comme ayant conspiré avec eux ; que d'ailleurs la ci-devant duchesse Saint-Aignan étoit enceinte de quatre mois, et qu'elle étoit renfermée dans la même maison où étoit son mari. Coffinhal, avec sa brutalité qui lui étoit naturelle, me dit : « Tu n'as pas ici voix délibérative ; tes observations sont de trop, tu es fait pour écrire ce qu'on te dit, et écris. » Les juges se turent ; le jugement fut rédigé comme Coffinhal le voulut, et les malheureuses femmes furent exécutées le même jour[1].

III

2ᵉ fournée (7 thermidor = 25 juillet). Roucher et André Chénier.

La seconde fournée, celle du 7 (25 juillet), contenait vingt-six accusés :

1. Jean-Antoine ROUCHER, 48 ans, homme de lettres.
2. André CHÉNIER, 31 ans.
3. Louise-Élisabeth-Gabrielle MATHY-SIMON, 48 ans, veuve de MAYET, ex-noble et lieutenant des maréchaux de France.
4. Frédéric de TRENCK, 70 ans, ex-baron.
5. Gratien de MONTALEMBERT, ex-noble, 62 ans, capitaine au régiment du ci-devant roi.
6. Charles-César-Henri d'HOUDETOT, 39 ans, ex-noble, se disant cultivateur.
7. Charles-Henri-Louis de GASTEL, 50 ans, ex-noble et

---

1. *Procès Fouquier*, n° 28, p. 2. — Moins les deux signalées comme enceintes par le rapport des médecins.

lieutenant dans les mousquetaires, se disant sans profession.

8. Claude-François de Montcrif, 42 ans, ex-noble, avant la Révolution garde de Capet, chevalier de l'ordre du tyran.

9. François-Rose-Barthélemi de Bessuejouls de Roquelaure, ci-devant marquis et colonel du régiment de Beauce, 46 ans.

10. Charles-Alexandre de Créqui de Montmorency, ex-noble, 60 ans.

11. Charles Dolcy, ex-comte, 49 ans.

12. Louis Sers, 50 ans, capitaine d'infanterie, commandant de Chandernagor.

13. Henri-Joseph de Bourdeille, 46 ans, ex-noble, mestre de camp à la suite de la cavalerie.

14. Louis-Valentin Goësman, 61 ans, ci-devant conseiller au parlement Maupeou, envoyé en Angleterre par le gouvernement français.

15. Joseph-François-Marie de Coattrelle, 32 ans, ex-noble, cultivateur.

16. Joseph Raoul, 56 ans, ex-prêtre, se disant mercier.

17. Marie-Marthe-Charlotte d'Artigue, veuve Marron, ex-noble, 46 ans.

18. Jeanne-Marie Paume, veuve de Gauthier Saint-Priest, 41 ans, avocat au ci-devant parlement.

19. Pierre Hébert, 52 ans, ex-curé de Courbevoie.

20. Louis-Jean-Charles Ascy, 36 ans, ex-prêtre, ci-devant vicaire perpétuel de Saint-Martin-des-Champs à l'église de Paris.

21. Jean-Baptiste Malvagne, 58 ans, ex-curé de Louvres, (Seine-et-Oise.)

22. François Buquet, 46 ans, ex-curé de Gagny (Seine-et-Oise.)

23. Félix Auphant, 60 ans, ex-prêtre.

24. Toussaint Megnier, 65 ans, ex-prêtre.

25. Jean-Nicolas Voyant, 37 ans, ex-curé de Bonneval (Seine-et-Oise.)

26. Léonard Sello, 29 ans, ex-prêtre.

En tête de cette deuxième fournée, nous trouvons deux noms qui ne peuvent passer sans qu'on s'y arrête, Roucher et André Chénier, deux poètes de valeur fort inégale, mais singulièrement rapprochés dans le cours de ces dernières années : tous deux enthousiastes de la Révolution à l'origine, mais ennemis de ses excès, et par conséquent relégués de bonne heure dans le parti de la résistance ; parlant dans le même club, écrivant dans le même journal, puis renonçant à peu près en même temps à la lutte, quand ils se voient décidément débordés ; mais suspects au premier chef, arrêtés, jetés dans la même prison, d'où ils sortirent le même jour pour aller côte à côte au tribunal et à l'échafaud.

Roucher, le plus âgé des deux, s'était fait connaître par quelques pièces fugitives qui ne pouvaient que lui donner la vogue des salons et la faveur de la cour : il mérita la protection de Turgot, qui lui donna une de ces places de finances, où un poète, laissant la besogne à des commis, peut continuer de rimer à son aise. Roucher, receveur des gabelles à Montfort-l'Amaury, y fit son poème des *Mois*. Disciple des économistes et des philosophes et, à ce titre, partisan des idées de la Révolution, il était, par humeur, hostile à toute violence et se trouva, comme je l'ai dit, amené à combattre des entraînements qu'il ne partageait pas. On peut voir sa pensée dans plusieurs articles qu'il donna en avril, mai et juin 1792, au *Journal de Paris*[1].

Après le 10 août, après l'établissement de la République et quand la lutte était entre les Girondins et les Montagnards, il ne songea plus qu'à se faire oublier, et

---

[1]. *OEuvres en prose d'André Chénier*, publiées par M. Becq de Fouquières (1872), Préface, p. 38, note 1.

il semble qu'il eût dû y réussir : car enfin le poète couvrait le journaliste, et La Harpe seul pouvait s'acharner contre le poème des *Mois*. — S'il avait refait son poème, en traitant des mois de l'an II! Mais non, il ne s'occupait que d'herboriser, il ne songeait qu'à transmettre les inoffensifs enseignements de la botanique à sa fille. Quoiqu'il pût faire, il était suspect, et quelques semaines après la promulgation de la fameuse loi du 17 septembre, on lui en fit l'application. Le 20 du 1ᵉʳ mois de l'an II (11 octobre 1793), il fut écroué à Sainte-Pélagie, d'où il fut transféré trois mois plus tard (20 nivôse, 9 janvier 1794) à Saint-Lazare. Il n'a parlé de l'an II que de sa prison. Sa correspondance avec sa fille[1] nous a donné une peinture curieuse de la vie des détenus et met particulièrement en lumière sa figure si calme et si douce[1]. Ce n'est pas lui qui aurait dû inspirer des craintes aux Comités de salut public ou de sûreté générale, lui le prisonnier assurément le plus résigné, le plus docile, le plus systématiquement soumis, comme on en peut juger par ce fragment de lettre, au moment où les prisons étaient l'objet des mesures les plus rigoureuses :

Depuis le 26, disait-il le 28 prairial, il nous est défendu d'avoir de la lumière dans nos chambres. Il faut souper et se coucher dans les ténèbres. Tous les détenus, il est vrai, ne se conforment pas à cet ordre. Mais, mon *wiseman*[2] et moi, nous courbons la tête sous l'autorité, persuadés qu'il faut lui obéir partout, en liberté comme en prison, en prison surtout. On ne nous a pas mis ici pour avoir nos aises. D'ailleurs, le

---

1. Voyez la Correspondance de Roucher publiée sous le titre de *Consolations de ma captivité*, par son gendre M. Guillois, 1797, 2 vol in-8. J'en ai cité plusieurs fragments au chapitre des prisons dans *la Terreur*, t. II, p. 35 et suiv.

2. Chabroud, son compagnon de captivité, qu'il définit assez par cette qualification familière, dans ses lettres, comme un sage, un philosophe.

détenu le plus sage est celui qui se fait le moins remarquer. *Cache ta vie* est un mot qui aurait dû être fait tout exprès pour les maisons de détention. Du moins j'en ai fait ici la règle de ma conduite[1].

Et dans l'acte d'accusation on le met en tête, on le désigne comme *chef de la conspiration de Saint-Lazare!*

André Chénier avait joué un rôle plus important et plus remarqué au début de la Révolution et dans les derniers efforts tentés pour soutenir l'œuvre de l'Assemblée constituante[2].

Il était né à Constantinople, d'une mère grecque. Par sa mère, il semblait avoir reçu le souffle du génie poétique de la Grèce ; par son père, il fut introduit dans la diplomatie. Attaché en 1788 à M. de la Luzerne, ambassadeur de France en Angleterre, il eut sous les yeux le spectacle d'un gouvernement libre. Lié d'amitié avec le chevalier de Pange, avec les frères Trudaine, petits-fils de l'intendant Trudaine, ses condisciples au collège de Navarre, il partagea leur enthousiasme à l'avènement de la Révolution. On a pu le dire justement, c'est le fond de sa pensée que l'on retrouve dans une brochure publiée par son père, à la veille des États généraux, sous ce titre : *Idées pour un cahier du tiers état de la ville de Paris.* — Mais le courant qui avait amené la révolution allait se divisant, maintenant qu'elle était faite, et la famille de Chénier pouvait en donner un exemple. Le père était modéré ainsi qu'André ou Saint-André comme il s'appelait (car la mode de prendre à un patron non seulement son nom mais son titre peut se

---

[1]. *Lettres*, t. II, p. 153.
[2]. Sur André Chénier, voy., outre les publications de M. Becq de Fouquières, la belle étude de M. Caro, *La fin du dix-huitième siècle, Études et portraits*, t. II, p. 206.

réclamer d'André Chénier); la mère et Marie-Joseph, l'auteur de *Charles IX*[1], étaient démagogues ; un troisième, Sauveur, allait même au delà : officier, il avait publié une brochure provoquant les soldats à l'insurrection[2] ; et Constantin, le quatrième, ne pensait rien, à ce qu'il semble :

Constantin, dit Chénier père dans une lettre à sa fille, trouve qu'on n'a rien changé et que, quoiqu'il n'y ait plus de parlements, c'est comme du temps qu'il y en avait ; il a raison, car on marche, on va, on vient, on boit, on mange, et par conséquent il n'y a rien de changé[3].

— Il y en a beaucoup comme lui en temps de révolution, et ainsi par ce trait-là le tableau se complète, et cette famille offre une parfaite image de la société où elle vivait.

André Chénier, membre de la *Société de* 1789, publia, en août 1790, dans son journal, l'*Avis au peuple français sur ses véritables ennemis*[4]. Cet écrit fut regardé comme le manifeste de la société, manifeste qui eut un grand retentissement à l'intérieur comme au dehors, et valut à l'auteur les injures de Camille Desmoulins et des « libellistes », qu'il prenait à partie dans cette vive attaque[5]. Il continua la lutte contre ces ennemis dans les

1. Représenté en novembre 1789.
2. Il s'en fit un titre pour solliciter une place de capitaine dans la gendarmerie nationale. Il y obtint en 1791 une place de lieutenant. Voyez sa lettre (*Œuvres en prose d'André Chénier*, p.
3. *Œuvres en prose d'André Chénier*, p. 26.
4. *Ibid.*, p. 1.
5. En voici un passage :
A travers cet amas bourbeux de déclamations, d'injures, d'atrocités, cherchons, s'ils veulent, s'ils approuvent, s'ils professent quelque chose ; si, après une critique bonne ou mauvaise de telle ou telle loi, ils indiquent au moins, bien ou mal, ce qu'ils jugent qu'on pourrait mettre à la place. Non, rien : ils contredisent, mais ils ne disent pas ; ils empêchent, mais ils ne font pas. Quel décret de l'Assemblée nationale leur plaît? Quelle loi ne leur semble point

clubs et dans les journaux, notamment depuis la fin de 1791, sous l'Assemblée législative, dans le *Journal de Paris* : lutte de plus en plus vive, à mesure que le péril allait croissant. Son article *Sur les causes des désordres qui troublent la France en arrêtant l'établissement de la liberté* (26 février 1792), exaspéra surtout les Jacobins qui avaient la prétention d'être les fondateurs de la liberté[1]. Son frère Marie-Joseph répudia avec éclat cet article, que personne n'était tenté de lui attribuer, comme on le lui dit fort bien, et il en fit dans le *Moniteur*[2] une réfutation qui provoqua une réplique d'André[3] et fut suivie d'une contre-réplique[4] : guerre de frères qui fut arrêtée par la journée du 10 août.

André Chénier ne posa pas encore la plume. Après avoir défendu la monarchie constitutionnelle, il défendit

injuste, dure, tyrannique? Quel établissement leur paraît bon, utile, supportable, si ce n'est peut-être ces établissements, heureusement éphémères, qui servent à inquiéter les citoyens, à les soumettre à des perquisitions iniques, à les arrêter, à les emprisonner, à les interroger sans décret et sans forme de loi? Enfin, quel emploi, quel office, quelle chose, quelle personne publique a pu trouver grâce devant eux? (*Œuvres en prose*, p. 17). L'éditeur a donné en appendice (n° III, p. 314) un extrait de la réponse de Camille Desmoulins (septembre 1790) et dans le corps de son édition la réplique d'André Chénier (p. 296).

1. « Cette société, disait-il d'eux, en a produit une infinité d'autres : villes, bourgs, villages en sont pleins.... Elle est un corps dans Paris et elle est la tête d'un corps plus vaste qui s'étend sur la France ».

Et s'attaquant à sa prétention d'être *le peuple* :

« Une simple équivoque a suffi à tout. La constitution étant fondé sur cette éternelle vérité, *la souveraineté du peuple*, il n'a fallu que persuader aux tribunes du club qu'elles sont le *peuple*.

« Cette définition est presque généralement adoptée par les publicistes, faiseurs de journaux. Et quelques centaines d'oisifs réunis dans un jardin ou dans un spectacle, ou quelques troupes de bandits qui pillent des boutiques, sont effrontément appelés *le peuple*: et les plus insolents despotes n'ont jamais reçu des courtisans les plus avides un encens plus vil et plus fastidieux que l'adulation impure dont deux ou trois mille usurpateurs de la souveraineté nationale sont enivrés chaque jour par les écrivains et les orateurs de ces sociétés qui agitent la France. » (*Œuvres en prose*, p. 121.)

2. 11 mai 1792.

3. *Journal de Paris*, 45 et 16 mai; *Œuvres en prose*, p. 189.

4. *Moniteur* du 19 juin 1792.

encore le roi et il s'associa, soit par des articles de journaux, soit par des lettres, qui restèrent en projet, à la défense de l'infortuné Louis XVI[1]. Après la mort du roi il n'avait plus rien à faire : il n'y avait plus de place pour lui dans la bataille, quand Brissot qu'il avait si vivement attaqué comme révolutionnaire[2], se trouvait être du camp des modérés contre les Montagnards. Aussi, tout en jetant son nom avec défi aux proscripteurs, se retira-t-il du combat, vivant même de préférence hors de Paris, à Versailles, avec visites à Luciennes, chez Mme Pourrat, où il trouvait de nouvelles inspirations pour sa poésie. S'il avait été par occasion journaliste, il était en effet poète par vocation, et la poésie, avait même donné en plus d'une circonstance, à sa polémique une expression bien plus durable. Quand bien même on eût perdu la mémoire de sa prose[3], on ne pouvait effacer de la même sorte la marque brûlante imprimée par ses vers. Qui donc aurait oublié ces

---

1. *OEuvres en prose*, p. 269 et suivantes.
2. Il dit de Brissot, qui est encore le chef de mouvement :

« Ainsi, pour le repos de sa conscience, et pour l'encourager s'il en est besoin, lorsqu'il écrira ses tables de proscription, je veux qu'il sache que, parmi les auteurs des *suppléments*, il en est sans doute plusieurs, mais au moins un, dont les méchants heureux n'intimideront jamais ni le cœur ni la bouche; qui, dans les cachots et sous le fer des bourreaux, ne cesserait pas d'en appeler aux lois, aux autorités légitimes, à la justice, à l'humanité, et de dénoncer à l'exécration publique les tyrans déguisés sous le nom de patriotes; qui est prêt à mourir pour cette doctrine impudemment traité de *parricide;* et qui mourra content de n'avoir plus sous les yeux l'avilissement d'une grande nation, réduite par ses fautes à choisir entre Coblentz et des Jacobins, entre les Autrichiens et Brissot (26 juillet 1792. *OEuvres en prose*, p. 256).

3. Il y avait pourtant des choses que Collot-d'Herbois en particulier ne pouvait pas oublier. Après avoir, dans un article sur les *Conséquences du 10 mars* 1792 (ministère girondin), parlé de l'indiscipline de l'armée du Nord, il ajoutait :

« Un saltimbanque, défenseur officieux de tous les soldats qui ont été aux galères ou qui sont dignes d'y aller, a promis de dénoncer comme calomniateur quiconque ne parlerait pas d'eux avec respect, et quiconque sommerait les lois de punir tous ces crimes, et de laver la tache faite au nom français; et quiconque appréhenderait que de pareilles troupes fussent propres seulement à ajouter

iambes, où il avait flétri non pas tant les Suisses de Châteauvieux, ces révoltés de la garnison de Nancy, qui avaient tiré sur la garde nationale et pillé la caisse du régiment,

> Ces héros que jadis sur les bancs des galères
>   Assit un arrêt outrageant,
> Et qui n'ont égorgé que très peu de nos frères
>   Et volé que très peu d'argent,

non pas leur crime, non pas l'amnistie qui l'avait couvert, mais les honneurs que leur fit rendre scandaleusement Collot d'Herbois, avec le concours de David (c'était tout simple) et de Marie-Joseph Chénier, frère de l'auteur (on pouvait, hélas! s'y attendre aussi), dans une entrée triomphale à laquelle s'associa la municipalité de Paris, le maire en tête :

> Beaux-arts, qui faites vivre et la toile et la pierre,
>   Hâtez-vous, rendez immortels
> Le grand Collot-d'Herbois, ses clients helvétiques,
>   Ce front que donne à des héros
> La vertu, la taverne, et le secours des piques !
>   Peuplez le ciel d'astres nouveaux.
> O vous ! enfants d'Eudoxe, et d'Hipparque, et d'Euclide !
>   C'est par vous que les blonds cheveux
> Qui tombèrent du front d'une reine timide,
>   Sont tressés en célestes feux.
> Par vous l'heureux vaisseau des premiers Argonautes
>   Flotte encore dans l'azur des airs ;

une nouvelle preuve au chapitre de Montaigne, que *couardise est compagne de cruauté.* (Les *Conséquences du* 10 *mars* (30 mai 1792), *ibid.*, p. 29).

Et peu de jours après :

« Du reste, que les législateurs journalistes (Brissot), que les philosophes libellistes (Condorcet), et qu'avec eux tous les histrions (Collot-d'Herbois), galériens, voleurs avec effraction (Carra), harangueurs de clubs ou de halles, continuent à me traiter d'*aristocrate,* de *courtisan,* d'*autrichien,* d'*ennemi du peuple,* etc., je ne leur réponds qu'une chose : c'est que je serai volontiers pour eux tout ce qu'il leur plaira, pourvu que leurs cris et leurs injures attestent bien que je ne suis pas ce qu'ils sont. Je n'imagine pas d'aussi grand déshonneur que de leur ressembler ; et, quelque nom qu'ils me donnent, s'ils ne le partagent point avec moi, je le trouverai assez honorable. (*Les manœuvres des Jacobins,* 10 juin 1792, *ibid.,* p. 231.)

> Faites gémir Atlas sous de plus nobles hôtes,
> Comme eux dominateurs des mers.
> Que la nuit de leurs noms embellisse ses voiles,
> Et que le nocher aux abois
> Invoque en leur galère, ornement des étoiles,
> Les Suisses de Collot-d'Herbois [1].

Mais combien d'autres sujets avaient dû exciter son indignation de poète pendant les longs mois du triomphe de tous les crimes qu'il avait attaqués! Charlotte Corday ne devait-elle avoir qu'un étranger pour panégyriste, et Chénier, pendant qu'elle montait sur l'échafaud, pouvait-il assister impassible à l'apothéose de Marat? Il eût fallu qu'il reniât la muse antique :

> Quoi! tandis que partout ou sincères ou feintes,
> Des lâches, des pervers, les larmes et les plaintes
> Consacrent leur Marat parmi les immortels,
> Et que, prètre orgueilleux de cette idole vile,
> Des fanges du Parnasse un impudent reptile
> Vomit un hymne infâme au pied de ses autels [2],
>
> La vérité se tait! Dans sa bouche glacée,
> Des liens de la peur sa langue embarrassée
> Dérobe un juste hommage aux exploits glorieux!
> Vivre est-il donc si doux? De quel prix est la vie,
> Quand, sous un joug honteux, la pensée asservie,
> Tremblante, au fond du cœur se cache à tous les yeux?
>
> Non, non. Je ne veux point t'honorer en silence,
> Toi qui crus par ta mort ressusciter la France
> Et dévouas tes jours à punir des forfaits.
> Le glaive arma ton bras, fille grande et sublime,
> Pour faire honte aux dieux, pour réparer leur crime,
> Quand d'un homme à ce monstre ils donnèrent les traits.
>
> La Grèce, ô fille illustre! admirant ton courage,
> Épuiserait Paros pour placer ton image
> Auprès d'Harmodius, auprès de son ami;
> Et des chœurs sur ta tombe, en une sainte ivresse,

---

1. A. Chénier, *Hymne sur l'entrée triomphale des Suisses de Châteauvieux.* Œuvres (Éd. Becq de Fouquières), p. xc.
2. L'hymne du député Audouin.

Chanteraient Némésis, la tardive déesse,
Qui frappe le méchant sur son trône endormi.

Mais la France à la hache abandonne ta tête,
C'est au monstre égorgé qu'on prépare une fête
Parmi ses compagnons, tous dignes de son sort.
Oh! quel noble dédain fit sourire ta bouche,
Quand un brigand, vengeur de ce brigand farouche,
Crut te faire pâlir aux menaces de mort!

C'est lui qui dut pâlir, et tes juges sinistres,
Et notre affreux sénat et ses affreux ministres,
Quand, à leur tribunal, sans crainte et sans appui,
Ta douceur, ton langage et simple et magnanime
Leur apprit qu'en effet, tout puissant qu'est le crime,
Qui renonce à la vie est plus puissant que lui.

. . . .

Belle, jeune, brillante, aux bourreaux amenée,
Tu semblais t'avancer sur le char d'Hyménée;
Ton front resta paisible et ton regard serein.
Calme sur l'échafaud, tu méprisas la rage
D'un peuple abject, servile et fécond en outrage,
Et qui se croit encore et libre et souverain.

La vertu seule est libre. Honneur de notre histoire,
Notre immortel opprobre y vit avec ta gloire;
Seule, tu fus un homme, et vengeas les humains.
Et nous, eunuques vils, troupeau lâche et sans âme,
Nous savons répéter quelques plaintes de femme;
Mais le fer pèserait à nos débiles mains[1]!

. . . .

Charlotte Corday! mais le règne de la Terreur n'avait pas encore commencé. On n'avait point imaginé la loi des suspects, et la Convention n'avait pas mis la dernière main à ce code de lois révolutionnaires qui créaient chaque jour de nouveaux crimes pour donner de l'ouvrage à des juges assassins. André Chénier eut le temps de le voir, et devant cette dérision sanglante de la devise républicaine, il demande la liberté, la liberté, même comme à Byzance:

1. *Œuvres poétiques*, Hymnes et Odes, VIII, à Charlotte Corday.

Byzance, mon berceau, jamais tes janissaires
Du musulman paisible ont-ils forcé le seuil ?
Vont-ils jusqu'en son lit, nocturnes émissaires,
    Porter l'épouvante et le deuil [1] ?

Mais il était à la veille d'en éprouver les effets.

Le Comité de sûreté générale avait donné ordre d'arrêter Pastoret, gendre de Piscatory. On le sut à l'avance, on le fit évader : ce fut André Chénier, dit-on, qui lui rendit ce bon office. On ajoute qu'il était revenu chez Mme Pastoret, quand il y fut rencontré par Gennot et par un autre agent, porteurs de l'ordre du comité. Les agents, le trouvant en maison suspecte, l'y retinrent en arrestation provisoire, et le lendemain firent venir le comité révolutionnaire de Passy, qui l'interrogea et l'envoya en arrestation à Paris (18 ventôse, 8 mars [2]), et il fut écroué le lendemain dans la prison de Saint-Lazare. L'ordre du Comité de sûreté générale concernait Pastoret. Les agents qui n'avaient pas su l'arrêter, avaient livré André Chénier à la place, et comme ce n'était pas ce qu'ils avaient dû faire, ils n'en avaient probablement pas rendu compte. André Chénier n'était donc là que par ordre du comité révolutionnaire de Passy et on pouvait l'ignorer dans les grands comités. Il y vécut en effet plusieurs mois dans la société de Roucher qui l'y avait précédé, des frères Trudaine, ses amis, et de plusieurs autres, parmi lesquels on signale Aimée de Coigny,

    Blanche et douce colombe, aimable prisonnière,

---

1. *Hymnes et Odes*, IV, à Byzance.
2. On a cet interrogatoire publié pour la première fois par Sainte-Beuve (*Causeries du lundi*, t. IV, éd. 1860), d'après une copie de l'original qui était alors aux Archives de la ville. Il est reproduit dans la préface des *Œuvres en prose d'André Chénier*, p. 51-56. Cf. *Documents nouveaux sur André Chénier*, par M. Becq de Fouquières, p. 40 et suivantes.

qui lui inspira *la jeune Captive* :

> L'épi naissant murit de la faux respecté,
> Sans crainte du pressoir le pampre tout l'été
>   Boit le doux présent de l'aurore,
> Et moi comme lui belle et jeune comme lui,
> Quoique l'heure présente ait de trouble et d'ennui,
>   Je ne veux pas mourir encore, etc.

Il en avait vu plus d'une ainsi mourir, et depuis la loi de prairial la sécurité dans laquelle les suspects avaient pris l'habitude de vivre s'était complètement évanouie. Chénier père qui avait un fils à la Convention, celui-là parmi les Montagnards, en avait alors deux en prison : André, à Saint-Lazare, et Sauveur, à la Conciergerie, où il avait été envoyé de Beauvais par le représentant André Dumont. Il tremblait pour leurs jours et il fit une démarche pour celui dont l'arrestation était le moins justifiée. Il adressa sa requête à la commission populaire établie, comme on l'a vu, pour le triage des prisonniers, en vertu de la loi du 23 ventôse, par les arrêtés des 24 et 25 floréal. C'était révéler l'existence d'André Chénier à Saint-Lazare[1]. Tous les historiens y ont vu l'arrêt de mort du poëte, et quelle douleur pour un père de l'avoir provoqué! M. Chénier ne survécut pas longtemps à son fils; mais s'il mourut de cette mort, c'est une erreur pourtant que de la rattacher à sa démarche. Ce qui atteignit André Chénier, ce fut ce coup de faulx qui moissonna l'élite des prisonniers du Luxembourg, des Carmes, de Saint-Lazare, dans ce qu'on appela la conspiration des prisons. André Chénier ne fut pas dénoncé par la commission du Muséum; il fut couché sur les listes

---

[1]. Le nouvel écrou d'André Chénier à Saint-Lazare, par arrêté du Comité de sûreté générale, est du 7 (ou 18) prairial. (Becq de Fouquières, *Documents nouveaux*, p. 49 et suiv.)

que les Manini, les Coquery et autres délateurs, agents choisis par les comités parmi les prisonniers, dressèrent pour les aider à vider les prisons. Le 6 thermidor, une première fournée était partie pour ce tribunal et n'en était pas revenue. Ce fut alors, dit-on, qu'André Chénier traça ces vers :

> Comme un dernier rayon, comme un dernier zéphyre
>   Anime la fin d'un beau jour,
> Au pied de l'échafaud j'essaye encore ma lyre.
>   Peut-être est-ce bientôt mon tour ;
> Peut-être avant que l'heure en cercle promenée
>   Ait posé sur l'émail brillant,
> Dans les soixante pas où sa route est bornée,
>   Son pied sonore et vigilant,
> Le sommeil du tombeau pressera ma paupière !
>   Avant que de ses deux moitiés
> Ce vers que je commence ait atteint la dernière,
>   Peut-être en ces murs effrayés
> Le messager de mort, noir recruteur des ombres,
>   Escorté d'infâmes soldats,
> Remplira de mon nom ces longs corridors sombres.
> . . . . [1].

Preuve bien frappante de l'incurie avec laquelle on dressait alors les actes d'accusation ! (et la façon dont le tribunal jugeait, les yeux fermés, ces masses d'accusés, laissait toute liberté à cet égard :) André Chénier, contre lequel on aurait pu relever tant de choses, puisqu'il avait écrit, avait été compris dans l'accusation avec les qualités et sous les inculpations propres à son frère Sauveur :

André Chénier, âgé de 31 ans, né à Constantinople, homme de lettres, *ex-adjudant général chef de brigade sous Dumouriez*, demeurant rue de Cléry.

---

[1]. *Dernières poésies*, IV. La pièce ne finit pas là. Sur les dernières poésies d'André Chénier à Saint-Lazare, voy. ses *OEuvres poétiques* publiées avec notes par M. Gabriel de Chénier (1874) et un éloquent chapitre de M. Caro, étude citée.

Et dans l'acte même, après ce qui le concerne, ainsi que Roucher, comme ayant écrit dans les suppléments du *Journal de Paris* :

> Depuis, Chénier ayant cherché, comme bien d'autres traîtres, à se soustraire à la surveillance des autorités publiques, s'est confondu parmi ses défenseurs, où il a eu le grade d'adjudant général, chef de brigade de l'armée du Nord ; il paroit qu'il a secondé le plus adroitement qu'il a pu les trahisons de l'infâme Dumouriez, avec lequel il a eu des liaisons les plus intimes ; mais après la défection du traître Dumouriez, il s'est occupé de laisser ignorer la place qu'il y avoit prise. Cependant les soupçons que sa conduite avoit élevés déterminèrent le ministère à le suspendre et à lui ordonner de se retirer dans la commune de Breteuil. Là, il intrigue, il cherche à diviser les citoyens, à y jeter le ferment de la guerre civile ; il calomnie les autorités constituées dans un mémoire calomnieux qu'il fait signer par des citoyens qu'il trompe et qu'il égare ; enfin il adresse ce mémoire au comité de sûreté générale, qui le renvoie au représentant du peuple, commissaire dans le département de la Somme, pour en vérifier le contenu ; mais à la lecture publique de ce mémoire le peuple, indigné, en confond l'auteur ; les signataires avouent qu'ils ont été surpris et trompés par Chénier, et le représentant du peuple fait arrêter l'auteur de cette trame contre-révolutionnaire, et le fait traduire au tribunal.

Le passage a été rayé (on ne sait quand) de l'acte d'accusation, mais la qualification d'*ex-adjudant général chef de brigade sous Dumouriez* est resté jusque dans le procès-verbal d'audience et dans le texte du jugement[1] !

Parmi les autres victimes désignées pour l'échafaud

---

1. Archives, W 431, dossier 969, pièces 3, 7 et 2. — On accusa Marie-Joseph d'avoir laissé périr son frère. L'accusation est fausse. Les choses allaient si vite que peut-être ne le sut-il mis en jugement qu'en apprenant sa mort.

par leurs noms ou par leurs services : Gratien de Montalembert, Charles d'Houdetot, marquis de Roquelaure, comte Dolcy, Bourdeille, Goesman, etc., notons-en deux :

1° Créqui-Montmorency, qui se disait né d'un mariage secret de Louis XV et de Mme de Montmorency, et qui s'était appuyé de ce titre pour réclamer, en vue du recouvrement de ses biens, l'appui de l'Assemblée législative, présidée par Vergniaud[1]. D'autres demandes qu'il fit passer à l'Assemblée le 1er février 1792, firent supposer assez justement qu'il avait perdu l'esprit[2] et dans la séance du 14 juin 1793, on relève encore cette note au *Moniteur* :

On lit une lettre du citoyen Créqui-Montmorency qui offre à la patrie une somme de cinquante livres pour les frais de la guerre, demande qu'on fasse le procès à la ci-devant reine et qu'on donne un gouverneur à son fils[3].

Et il se proposait lui-même pour ces fonctions, comme on le voit par une autre lettre où il déclare qu'en demandant le jugement de la reine, il voulait mettre un terme à sa captivité, et qu'en s'offrant comme gouverneur de ses enfants, il en voulait faire de « bons républicains[4]. »

On le prit à son domicile, rue Cocatrix, et on le logea à Saint-Lazare, d'où on l'envoya à l'échafaud.

2° Le fameux baron de Trenck, qui fut d'abord, on le peut dire, l'enfant gâté de Frédéric II; à dix-huit ans l'ami de ses hôtes, Voltaire, Maupertuis, Lamettrie, mais trop bien accueilli de sa sœur, la princesse

---

1. Séance du 13 novembre 1791, *Moniteur* du 15.
2. *Moniteur* du 2 février 1792. — 3. *Moniteur* du 16 juin 1793.
4. 5 juillet 1793. Il signe : le trop infortuné Créqui-Montmorency, domicilié rue Cocatrix n° 9 (*Moniteur* du 14 juillet 1793).

Amélie, ce qui devint le commencement de ses disgrâces. Détenu dans la forteresse de Glatz, il s'en était échappé en sautant des remparts; puis, après diverses aventures, en Russie, où il avait pris service, en Autriche, où il était venu recueillir la succession d'un cousin, il avait été enlevé traîtreusement à Dantzig par des hussards prussiens, conduit à Berlin et enfermé à Magdebourg, où il avait passé neuf ans dans une affreuse prison, faite tout exprès pour lui, chargé de fers, en proie aux tortures savamment combinées de la faim et de l'insomnie. Il en était sorti en 1763, et il avait voyagé tour à tour en France, en Angleterre, en Autriche; il avait revu la Prusse en 1787. Ses sympathies pour la Révolution française, exprimées dans plusieurs brochures, ne pouvaient plaire ni à Berlin, ni à Vienne. Il revint en France en 1791, et sous la Terreur, comme il était Prussien, on le tint pour un espion du roi de Prusse, et on l'enferma à Saint-Lazare, prison plus douce que celle de Magdebourg, mais d'où il ne sortit que pour aller à l'échafaud.

Avec deux autres femmes de condition, Charlotte d'Artigne, veuve Marron, et Jeanne-Marie Paume, veuve de Gauthier de Saint-Priest, on avait porté sur la liste Mme de Maillé : ce fut une autre, Louise-Élisabeth-Gabrielle Mathy-Simon, veuve Mayet, que l'on prit à sa place. On l'interrogea sur les faits qui regardaient la première, et on la consolait après sa condamnation en lui disant : « Ce n'est pas vous qu'on voulait juger, mais c'est autant de fait, autant vaut aujourd'hui que demain [1]. » Dans les questions posées au jury, ce nom de veuve de

---

1. Déposition de Mme de Maillé au *Procès Fouquier*, n° 36, p. 1. — Disons pourtant que dans cette même fournée il y en eut un 27°, nommé Constant, qui

« Maillet » a été changé en Mayet, avec cette addition en marge de la main de Coffinhal : « *ex-noble et lieutenant des maréchaux de France*, 48 ans, née à Larbey, département du Calvados, demeurant (*Coffinhal a effacé* Rouen *et écrit :*) commune de Vriardy (Friardel) district de Lisieux, même département[1]. » Quant aux motifs de l'acte d'accusation, ils étaient de ceux qui pouvaient s'appliquer à l'une comme à l'autre, étant applicables à tout le monde : « Les Montalembert, les Maillet, Oudetot, etc., ont tous été complices des trames de Capet et des conspirateurs de Coblentz, » etc.

La même accusation s'appliquait naturellement aux neuf prêtres compris dans la fournée; un seul, Félix Auphant, fut acquitté.

Trois témoins, les trois faiseurs de listes, Manini, Pépin Desgrouettes et Coquery avaient fait foi contre eux tous[2].

Coffinhal, qui signa, comme présidant le tribunal, la sentence d'André Chénier et de Roucher, avait fait partie avec eux du cercle constitutionnel formé des débris des Feuillants, et de ceux qui voulaient, au début de l'Assemblée législative, défendre la Constitution contre les Jacobins, conduits alors par les Girondins[3] !

L'avant-veille, Roucher, ayant su qu'il était sur la liste des proscrits, avait renvoyé son petit Émile à sa femme, pauvre enfant qui, par ses gentillesses, avait distrait son père des soucis de la prison, « le petit suspect », comme l'appelait sa sœur. Il avait fait faire, par le peintre

---

fut mis hors des débats comme n'étant pas celui que l'on voulait. (Archives, W 431, dossier 969, pièce 7; procès-verbal d'audience.)

1. Archives, *ibid.*, pièce 8.
2. Procès-verbal d'audience, *ibid.*, pièce 7.
3. Voyez *Œuvres en prose d'André Chénier*, Préface, p. xxxiii.

Leroy, son portrait, qu'il envoya aux siens avec cette inscription :

> A MA FEMME, A MES AMIS, A MES ENFANTS.
>
> Ne vous étonnez pas, objets sacrés et doux,
> Si quelque air de tristesse obscurcit mon visage ;
> Lorsqu'un savant crayon dessinait cette image,
> J'attendais l'échafaud et je pensais à vous.

André Chénier s'était fait faire alors aussi le portrait que nous avons de lui par le peintre Suvée. Il ne laissait ni femme, ni enfants. Il sentait ce qu'il aurait pu produire, quand, sur le chemin de l'échafaud, il se frappait le front, disant : « J'avais quelque chose là. »

IV

3ᵉ fournée (8 thermidor = 26 juillet 1794). Les frères Trudaine; l'ermite Dorival; Loizerolles père se sacrifiant pour son fils.

Le 8 thermidor, Saint-Lazare donna au tribunal une dernière fournée de vingt-cinq[1] :

1. Louis-Matthieu-Armand D'USSON, pensionné de la République, ex-noble, ex-marquis, ci-devant maréchal de camp et membre du corps municipal de Servan, commissaire du district, ex-constituant.

2. Armand COËSSIN DE LABORAYE, 29 ans, ex-noble, ancien officier d'infanterie.

3. Pierre-Roch CAVIN, 50 ans, chef de division d'artillerie dans les charrois.

4. Nicolas-Archambaut RENARD DU COUDRAY, 54 ans, chevalier de l'ordre du tyran.

5. Jean-Simon LOIZEROLLES père, 61 ans, ancien lieutenant général du bailliage de l'Arsenal, ex-noble.

---

1. Archives, W 433, dossier 971.

3ᵉ FOURNÉE (8 THERMIDOR).

6. Charles-Louis Trudaine, 29 ans, cultivateur, ci-devant noble, conseiller au ci-devant parlement de Paris, commissaire de la section des Champs-Élysées, puis chef de division du district de Provins.

7. Charles-Michel Trudaine, 28 ans, cultivateur, ex-noble, conseiller au ci-devant parlement de Paris.

8. Joseph-Vivant Micaut, 27 ans, ex-noble, conseiller au ci-devant parlement de Dijon.

9. Pierre-François de Mahé, 51 ans.

10. Joseph de Bausset, 43 ans, ci-devant capitaine dans la garde du tyran, ex-noble, ex-vicomte.

11. Louis-Gilbert Dervilly, 43 ans, épicier, notable et administrateur de la municipalité de Paris.

12. Charles-François-Marie Dorival, 35 ans, ex-ermite et tisserand.

13. Charles-Jean-Louis de Fossé, 57 ans, ex-député constituant, ex-noble, ci-devant lieutenant de carabiniers.

14. Marguerite Scheffer, femme de Fossé, 33 ans.

15. Pierre Blanchard, 56 ans, ex-commissaire général à l'armée des Vosges.

16. Amé-Dieu-Jean-Baptiste-Félix Duclos, 58 ans, ex-militaire, lieutenant au régiment du cap, ex-chevalier de l'ordre du tyran, député à l'Assemblée coloniale de Saint-Marc.

17. Étienne-Dorothée de Riquet, femme de Cambon, premier président du ci-devant parlement de Toulouse, 50 ans.

18. Marie-Alexandre-Renée de Jassaud, femme de Butler, ex-noble et ex-vicomte, 27 ans.

19. Madeleine-Henriette-Sabine de Viriville, femme de Périgord, ex-noble, ex-comte, 51 ans, sans état.

20. Charles-Alexandre Brognard, 44 ans, sans état, ex-prêtre, ex-curé constitutionnel de la paroisse de Saint-Nicolas-du-Chardonnet, électeur du département de Paris en 1791.

21. Pierre Broquet, 80 ans, prêtre non assermenté.

22. Claude Auger, 45 ans, homme de loi, ex-officier de paix de la commune de Paris.

23. Mathurin-Pierre Jozeau, 44 ans, défenseur officieux,

assesseur du juge de paix de sa section, membre du bureau de conciliation du cinquième arrondissement, accusateur public près le tribunal du quatrième arrondissement, commissaire du tyran au tribunal criminel provisoire du quatrième arrondissement, chef des bureaux de la mairie, chef de division au département des affaires étrangères.

24. Athanase-Jean Boucher, 36 ans, homme de loi, l'un des chefs des bureaux de la mairie, sous Bailly, commissaire nommé par Capet à la comptabilité.

25. Michel-Pierre Pranpain, 54 ans, professeur de mathématiques, électeur de 1792.

Ce dernier et Félix Duclos (n° 16), furent seuls acquittés.

Les deux frères Trudaine, conseillers au Châtelet puis au Parlement, portés sur cette liste, étaient les amis d'André Chénier : l'un, protecteur éclairé des lettres et des arts, l'autre, cultivant la poésie, tous les deux enthousiastes, comme leur ami, des réformes de 1789, tous les deux débordés par le flot de la Révolution, et maintenant emportés à leur tour. En voyant la veille partir André Chénier, ils savaient bien qu'ils n'en seraient pas pour longtemps séparés.

Mme de Cambon était une dernière victime des protestations du parlement de Toulouse, une victime de son propre dévouement. Deux des principaux membres de ce parlement avaient échappé aux poursuites : M. de Cambon, premier président, et M. de Rességuier, procureur général. Mme de Cambon refusa de révéler l'asile de son mari et paya ce refus de sa tête[1].

Dans cette brillante compagnie, signalons aussi ce

---

1. Je tiens le fait de M. le comte de Rességuier, ancien membre de l'Assemblée nationale, petit-fils du second et petit-neveu du premier.

Dorival, qualifié ex-ermite et tisserand, contre lequel on trouve au dossier ce billet tracé dans l'audience même, où la dénonciation prend la forme de questions à poser à l'accusé :

> Citoyen président,
> Demande à d'Orival, hermite, s'il n'a point demeuré au Calvaire.
> S'il n'avoit pas un commissionnaire nommé Joseph qui étoit patriote.
> S'il n'a pas été détenu aux Madelonnettes.
> S'il n'a pas voulu*t* dessiner sur les murs de ladite maison la passion et la mort de Louis le dernier.
> S'il n'a pas tenu des propos tellement fanatiques et contre-révolutionnaires, au point que tous les détenus se sauvoient de la chambre où il étoit.
> J'observe au président que ledit d'Orival avoit déjà fait la plaisanterie dont un témoin vient de parler[1].

Le nom le plus saillant de cette journée est celui de *Loiserolles*, ancien lieutenant-général au bailliage de l'Arsenal ; son histoire est célèbre, et la gravure a contribué à la rendre populaire : c'est un père appelé pour son fils, et qui profite de cette erreur pour mourir en le sauvant.

Le jeune Loiserolles, âgé de vingt-deux ans, témoin dans le procès de Fouquier-Tinville, a présenté la chose sous un jour qui dissipe certaines erreurs accréditées, mais ne rend pas ce trait de dévouement moins admirable[2] :

---

1. Archives, W 453, dossier 971, pièce 40.
2. Sur le chevalier Jean-Simon Aved de Loizerolles, ancien avocat au parlement, dont le père, peintre distingué, était né à Douai, voyez un article de M. Alphonse Boulé, juge de paix de Saint-Germain-en-Laye, *Une cause célèbre du temps de la Terreur*, extrait de *la France judiciaire* (1881) Il y réfute les opinions de ceux qui, après Fouquier-Tinville, veulent excuser le tribunal.

« Le 7 thermidor, dit-il, vers les quatre heures du soir, on appelle Loiserolles dans les corridors. Moi, frappé depuis plusieurs jours d'un secret pressentiment qui m'annonçoit que mon tour arriveroit ce jour-là, je ne doute point un moment que ce cri de mort ne s'adresse à moi; je cours dans la chambre de mon père pour lui faire mes derniers adieux. Qu'aperçois-je en y entrant? un guichetier qui lui signifie l'ordre de descendre au greffe. Aussitôt je me hâte d'aller avertir ma mère. Elle arrive : déjà mon père alloit être pour toujours arraché de nos bras; elle l'embrasse avec le cri du désespoir. Mon père entre dans le guichet; je fais rentrer ma mère jusqu'au milieu du corridor pour lui sauver le tableau de nos déchirants adieux. Il n'y avoit plus qu'une porte à traverser; alors il me dit ces paroles qui donnent la mesure de son caractère : « Mon ami, con-« sole ta mère, vis pour elle, ils pourront m'égorger, « mais jamais m'avilir. » Mes larmes, ma douleur m'empêchoient de lui répondre. Je voulois l'embrasser pour la dernière fois, quand un guichetier, insultant d'une manière barbare à mes pleurs, me repousse loin de mon père, ferme la porte sur moi en proférant ces mots atroces : « Tu fais l'enfant, demain ce sera ton tour. » Mon père arrive donc à la Conciergerie avec ses trente compagnons d'infortune. A peine y est-il entré qu'on lui signifie l'acte d'accusation; mais quelle est sa surprise en l'ouvrant ! il voit mon nom à la place du sien... C'est alors que mon père conçut le généreux projet de sacrifier sa vie pour me la conserver.

« Le 8 thermidor, mon père paroît à l'audience avec ses trente compagnons d'infortune; on lit l'acte d'accusation; on prononce le nom de Loiserolles fils; qu'aperçoit-on alors ? un vieillard vénérable, couvert de cheveux blancs, qui se présente à ses juges ; que dis-je ? à ses bourreaux [1]. »

Comment cette erreur avait-elle été possible ? Fouquier-Tinville l'explique ainsi :

Après la loi du 22 prairial, on ne fit plus d'interrogatoires ; on envoyoit seulement dans les prisons des individus ou des huissiers qui étoient chargés de prendre les noms des détenus et de les amener au tribunal. Celui qui est allé à Lazare a pris le père pour le fils. Mon substitut, ajoute-t-il, je crois que c'est Liendon, auroit dû faire mettre le père hors des débats [2].

Cela n'est pas douteux. De pareilles erreurs devaient être fréquentes, et l'on en a vu des exemples. On a vu aussi, à propos de Mme Mayet, que l'on ne croyait pas toujours utile de réparer l'erreur.

Loiserolles père avait donc connu à la Conciergerie la méprise dont il était l'objet, quand on lui remit l'acte d'accusation où il lut, non pas son nom, mais celui de son fils, François-Simon Loiserolles, âgé de vingt-deux ans; et c'est alors, comme l'a dit ce fils, que, de propos délibéré, il résolut de mourir pour lui. Il communiqua son dessein à un ami, Boucher, ancien secrétaire de Bailly, compris comme lui sur la fatale liste : « Vous allez vous perdre et vous ne le sauverez pas, » dit Boucher. Mais Loiserolles persista. « Ces gens-là sont si bêtes, dit-il, ils vont si vite en besogne, qu'ils n'ont pas le temps de regarder derrière eux. Il ne leur faut que des têtes ; peu leur importe lesquelles, pourvu qu'ils aient leur compte [3] ? »

---

1. *Procès Fouquier*, n° 43, p. 2.— 2. *Procès Fouquier*, n° 21, p. 3.
3. *Procès Fouquier*, n° 44, p. 1. Ces détails furent donnés à Loizerolles fils par un citoyen Pranville qui en avait eu aussi la confidence (*Ibid.*, n° 43, p. 2).

Il ne se trompait pas. L'acte d'accusation portait « François-Simon Loiserolles, âgé de vingt-deux ans, » et le père, Jean-Simon Loiserolles en avait soixante-quatre. Coffinhal substitua le nom de Jean à celui de François, il convertit le chiffre 22 en 64, et tout fut dit [1]. Ni juges ni substitut, ni jurés ne réclamèrent, — ni le père qui monta pour son fils sur l'échafaud : sacrifice sublime dont le secret ne fut connu d'abord que de celui qui le subissait volontairement et de ceux qui le consommèrent.

Le fils l'ignora complètement pendant trois mois.

Ce ne fut qu'après sa mise en liberté (6 brumaire an III, 27 octobre 1794), que rencontrant un vieil ami de la famille, confident avec Boucher de la résolution de son père, il sut à quel prix il vivait encore ; et le lendemain, il en eut une explication plus complète. Passant sur le pont de l'Hôtel-Dieu, et jetant ses yeux sur un mur couvert d'affiches, il y vit l'arrêt du 8 thermidor, sans les modifications que la main de Coffinhal y avait apportées : c'était lui qui était condamné à mort [2].

La chose, tout étrange qu'elle est, n'est pas impossible : la liste des condamnés aura été prise par le greffier, non sur les questions posées au jury où se trouve le

---

[1]. Voyez pièce 44 (questions posées au jury). Dans la pièce 42 (jugement). après le *vu par le tribunal*, l'énoncé porte parmi les noms des accusés écrits d'une autre encre que le corps de la pièce : « Jean-Simon Loizerolle père » ; — c'est ce qui a été écrit pour compléter la pièce après le jugement ; — mais à la page suivante, dans la reproduction de l'acte d'accusation, on lit : « *François* (raturé) et en surcharge *Jean*-Simon Loizerolle fils, âgé de 22 ans, né à Paris, demeurant à Montigny, département de Seine-et-Marne. » Les copies figurées de ces pièces (qui existent en original aux Archives) furent demandées au nom de Loizerolles fils après le 9 thermidor par Réal, défenseur officieux (*ibid.*, 2ᵉ partie, pièce 43), et l'ordre fut donné de les expédier le 29 brumaire an III (*ibid*, pièce 50). Il en fit usage dans la réclamation à la Convention dont nous parlerons plus bas.

[2]. *Procès Fouquier*, n° 44, p. 2.

changement, mais sur la liste des accusés, qui gardait sans altération le nom du fils.

C'est en vain que Fouquier à un autre moment de son procès avait tenté de justifier le tribunal en disant que l'erreur était non dans la condamnation du père, mais dans l'inscription du fils sur la liste ; que c'était au père qu'on en voulait réellement[1]. Cette assertion est démentie par les textes. Sur la liste générale des soixante-treize, ou plus exactement, en comptant les doubles, des soixante-dix-huit prisonniers de Saint-Lazare, désignés pour le tribunal, liste qui a servi aux appels des trois fournées, comme en témoignent les trois signes divers O, —, XX, dont les noms sont marqués, on trouve au n° 18 « Loiserolles fils », et nulle part ailleurs Loiserolles père[2]. C'est donc le fils que l'on voulait appeler, et c'est le fils qui figure aussi dans l'acte d'accusation. On peut donc tenir pour faits constants, et le dévouement de Loiserolles et la scélératesse du tribunal[3].

1. C'est le système qu'il soutenait dans son *Mémoire justificatif* (n° 7). Campardon, t. II, p. 257, et Alph. Boulé, article cité, p. 10.
2. Archives, W 431, dossier 968, pièce 1 *bis*. — Dans une copie qui existe au même dossier (pièce 41) il y a aussi « Loizerolle fils. »
3. Le débat fut tranché en ce sens par un rapport de Pottier à la Convention et un décret conforme de la Convention à la date du 14 pluviôse an III (2 février 1795). Le fils et la veuve de Loizerolles réclamaient la restitution de ses biens. Le décret leur fait droit, attendu que Loizerolles ne peut pas être tenu pour condamné, n'ayant pas été régulièrement accusé. (*Moniteur* du 17 pluviôse an III, 5 février 1795.)

CHAPITRE XLIX

CONSPIRATION DES PRISONS
LES OISEAUX — PORT-LIBRE — LE PLESSIS
(1re DÉCADE DE THERMIDOR)

I

Listes dressées en dehors des prisons. — Fournées correspondantes à celles de Saint-Lazare : 6 thermidor (24 juillet) : l'affaire de la Muette.

Ce n'était pas seulement dans les prisons que les agents des comités travaillaient à former des listes. Ils recueillaient les noms qui leur arrivaient des comités révolutionnaires de tout pays, et eux-mêmes en savaient trouver dans leur entourage. C'était un procédé si simple pour se débarrasser de ceux qui gênaient, — même de sa femme, quoiqu'on eût le divorce ! C'est un service qu'on pouvait se demander et se rendre entre agents des comités, comme l'un d'eux, Senart, nous l'apprend de son collègue le fameux Héron, l'homme de Robespierre :

Héron, dit-il, vint me trouver dans le cabinet où je travaillais aux rapports; il me dit d'un ton mielleux : « Je voudrais vous prier de me rendre un service important, vous le pouvez; si vous faites ce que je vous demande, je vous remettrai à l'instant un effet de six cents livres, j'ajouterai un présent de trois milles livres et vous ferai avoir une place fixe de dix mille livres.. » J'écoutai, mais avec indignation, toutes ces offres. Enfin, il termina sa proposition par m'inviter à insérer dans mon rapport le nom de sa femme, afin de la faire guillotiner : « Ma femme, disait ce monstre, est une conspiratrice. Elle est complice de Magon-Lablinaye. Elle est de Saint-Malo, et le rapport dont vous êtes chargé offre une occasion certaine que je ne retrouverai plus; il faut mettre son nom dans le rapport. Quand on glisse le nom de quelqu'un dans une grande affaire, cela va ; et, sur le nom désigné, on fait guillotiner, il suffit d'indiquer le nom des complices; on fait l'appel, les têtes tombent, et pouf, pouf, ça va[1]. »

La démarche d'Héron échoua, et c'est pour cela qu'elle est connue; mais que d'autres ont pu aboutir dont on n'a plus la trace au milieu des sanglantes hécatombes qui se succédaient régulièrement !

Les trois jours qui virent les fournées de Saint-Lazare avaient compté beaucoup d'autres victimes ; car si l'une des sections du tribunal était toute aux premiers, l'autre ne chômait pas.

Le 6 thermidor (24 juillet), elle avait été occupée de ce qu'on appelait l'affaire de la *Muette*.

La Muette était un château du domaine de la couronne. Lors de la réforme que l'on en fit en 1786, Filleul, ancien écuyer de Louis XV, vieux serviteur de la maison royale, qui en était le concierge, avait obtenu en dédommagement de sa place, qui ne valait pas moins de 12 à 15 000 livres par année, une pension de 6000, livres reversible sur sa femme[2]. De plus, Mme Filleul

---

1. *Mémoires de Senart*, p. 126.
2. « Les sieur et dame Filleul, concierge du château de la Muette, perdirent en 1786, lors de la réforme du gouvernement de cette maison royale, l'exercice de leur place, dont les appointements et avantages produisoient un revenu de douze à quinze mille livres. La dame Filleul obtint des bontés du roi le 17 juillet 1787 une pension de retraite de six mille livres pour son mari reversible en totalité sur elle, en considération de l'état de maladie et d'incapacité où il étoit depuis plusieurs années, étant paralysé, et la dame Filleul exerçant seule la place. Cette pension de six mille livres, foible dédommagement de tout ce qu'elle perdoit et surtout de la promesse de leurs majestés d'accorder la survivance de cette place à son fils, âgé de neuf ans, fit exempter cette pension de la réduction qu'elles éprouvèrent toutes en août 1787. » (Archives, W 431, 967, pièce 97; cf. la pétition qu'elle adresse à l'Assemblée nationale le 16 novembre 1789 pour prévenir la réduction de sa pension, *ibid.*, pièce 75).

était artiste; elle avait fait, de 1781 à 1783, les portraits de plusieurs des membres de la famille royale, et avait obtenu à ce titre une pension de 600 livres sur la cassette[1]; enfin, après la réforme du château, au moment où Filleul dut le quitter, le roi lui avait donné, avec les meubles qui garnissaient son appartement, un hôtel situé rue de l'Église, à Passy; et c'était là que la veuve Filleul résidait depuis la mort de son mari.

La nation étant devenue propriétaire de la Muette, on n'aurait pas été fâché d'y rattacher toutes ses anciennes dépendances, et, dès le mois d'août 1791, Mme Filleul avait dû faire une déclaration de propriété aux experts chargés de faire l'estimation du château[2]. En 1791, on n'avait pas été au delà : le titre était chez le notaire; mais en l'an II (1793-1794) on poussait plus loin les revendications, et il y avait plus d'un moyen de faire

---

[1]. « La citoyenne Filleul, quoiqu'attachée au feu roy en qualité de concierge de son château de la Muette, étant peu fortunée, a cultivé l'art de la peinture. Elle eut l'honneur de peindre plusieurs fois la famille royale dans les années 1781 à 1783, et ces portraits furent envoyés dans les différentes cours de l'Europe. N'en ayant point reçu de salaire, elle solicita à la place une pension sur la casette et elle en obtint une de six sents livres dont elle a joui jusqu'au 1er juillet 1792, dernier quartier qui lui fut payé. Elle représente aux citoyens législateurs et ministres que la perte de cette pension lui *ai* d'autant plus pénible qu'elle est le fruit de son travail et le prix de ses ouvrages qui dans ce moment peuvent seuls réparer les pertes de tout genre que lui fait éprouver la Révolution. » (Archives, W 431, 967, pièce 41.)

[2]. « Je soussignée, Anne-Rosalie-Bocquet, veuve Filleul, concierge du château de la Muette, déclare aux experts chargés de l'estimation dudit château et de ses dépendances, que la maison appelée hôtel Travers, située rue de l'Église au coin de celle Bois-le-Vent à Passy, n'est plus au nombre des dépendances dudit château, ayant été donnée en toute propriété à feu M. Filleul mon mari et à moi, par brevet du roi, du 19 juillet 1787, dont je joins ici copie, en récompense de mes services dans la maison de sa majesté, et qu'en vertu de cette donation j'y ai fait faire des constructions, augmentations et embellissements,

« Déclare en outre que ladite maison n'a jamais fait partie du château ni été incorporée au domaine du roi, l'acquisition n'en ayant été faite que privativement et des fonds assignés aux dépenses de la conciergerie à laquelle elle avoit été affectée, en foi de quoi, etc.

22 août 1791.

(Archives, W 431, 967, pièce 51 — original.)

rentrer en entier dans le domaine du fisc, même ce qui n'en était jamais sorti. Des meubles provenant de la Muette avaient été vendus dans Passy. On prétendit que c'était par suite de détournements. Mme Filleul fut arrêtée et interrogée par Blache, agent du comité de sûreté générale, devant les membres de la municipalité et du comité de surveillance de la Commune (2 messidor). Elle soutint que les meubles qu'elle avait pu vendre étaient de ceux qui meublaient son appartement et lui avaient été donnés par ordre du baron de Breteuil adressé à Thierry, sous-intendant de la Couronne, ordre accompli sous la responsabilité et la surveillance de Longrois, garde-meuble. Pareille largesse avait été faite à ceux qui résidaient à la Muette à divers titres, et qui en avaient dû sortir aussi, lors de la réforme du château [1]. Mais ces explications ne furent pas accueillies, et Mme FILLEUL (Anne-Rosalie BOCQUET) fut renvoyée devant le tribunal révolutionnaire, avec sa mère, la veuve BOCQUET (Marie-Rosalie HALLÉE), âgée de 72 ans, et Mme CHALGRIN (Marie-Félicité VERNET), fille du peintre Joseph Vernet, femme de l'architecte Chalgrin, son amie, qui demeurait chez elle; Pierre LONGROIS, ex-garde-meuble, âgé de 84 ans; sa femme, Marie-Anne-Thérèse LETELLIER et sa fille Marie-Thérèse LONGROIS; le nouveau concierge Louis-Marie HOLLANDE et André-François CHÉRON, adjudicataire d'une partie des bâtiments de la Muette [2].

L'accusateur public disait :

Qu'examen fait des pièces... il en résulte qu'immédiate-

---

1. Archives, W 431, dossier 967, pièce 67; cf., une autre déclaration dans l'enquête, pièces 60-64.
2. Sur Chéron, *ibid.*, pièce 52; cf., pièces 70 et 71.

ment après le 10 août 1792, Longrois, Hollande et la femme Filleul enlevèrent de concert du château de la Muette une très grande quantité de meubles, effets, batterie de cuisine qu'ils firent transporter dans leur domicile.

Quant à la femme Filleul, elle a mis toute sorte de moyens en œuvre pour priver la nation de cette maison dépendante du domaine national, etc.

On a encore trouvé chez elle une très grande quantité de batterie de cuisine en cuivre, dont les marques ont été enlevées, mais qu'elle a été forcée de reconnoître comme appartement au garde-meuble.

A l'égard de Hollande, de Chéron et de la femme Chalgrin, continuait-il, ils sont bien constamment les complices de Longrois et de la femme Filleul. Ils ont concouru avec eux au vol fait au garde-meuble de la Muette. Hollande étoit concierge. On l'a vu aider la femme et la fille Longrois à emballer les effets du garde-meuble. La femme Chalgrin étoit l'intime amie de la Filleul ; elle logeoit avec elle. On a trouvé dans son appartement cinquante livres de bougies lors de la perquisition qui fut faite chez la Filleul, et que celle-ci déclara lui avoir données. Toutes ces circonstances démontrent évidemment qu'Hollande, la femme Chalgrin, et les filles Longrois avoient pris part au vol du garde-meuble, et qu'ils s'étoient partagés entre eux le fruit de cette spoliation criminelle[1].

C'était là une question de fait qui réclamait des témoignages ; le procès-verbal d'audience le constate, ils furent jugés et condamnés sans témoins[2].

Dans cette même fournée, on avait mis un ancien prêtre, Philippe DUCONTENT et deux vieux nobles, Jean-Anselme DAUBARÈDE, âgé de 72 ans, et Antoine-Joseph DUBLAIZEL, de 78, pour délits contre-révolutionnaires, ainsi définis :

1. Archives, W 431, dossier 967, pièce 145.
2. *Ibid.*, pièce 147 (procès-verbal d'audience).

Daubarède avait écrit, le 17 août 1792, en parlant de la « glorieuse journée du 10 août » :

« Je ne restai que quelques minutes sur le pont Royal, pendant lesquelles j'entendis les propos les plus affreux contre le Roy, la Reine, les prêtres et la noblesse; je revins sur mes pas en gémissant dans le secret de mon cœur, car il auroit été dangereux de témoigner la moindre peine sur tout ce qui se passoit. »

Et ailleurs :

On ne lit dans aucune histoire autant de scélératesse et de crimes réunis qu'il s'en est commis le 10 et le 11 à Paris, et jamais aucun roi, ni reine, sans excepter David, n'ont éprouvé tant d'opprobres et d'humiliations que Louis XVI et Marie-Antoinette. Dieu sait quand elles finiront.

Ducontent ne faisait pas grand cas des assignats :

Ducontent, ex-prêtre, avoit un système de contre-révolution qui lui étoit commun avec beaucoup de ses semblables : il cherchoit par tous les moyens possibles à discréditer le papier-monnaie national. La preuve s'en trouve consignée dans une lettre à lui adressée de la Côte-Saint-André, le 25 juillet 1790. Voici ce qu'on lui marquoit : « Je vois bien que vous ne vous souciez pas des assignats. Vous avez la même façon de penser *de* [que] presque tout le monde et moi en particulier. » Le même individu lui écrivoit encore le 3 août de la même année : « Vous voyez que je prends toutes les précautions pour que vous ne soyez pas payé en assignats [1]. »

Dublaizel n'avait pas plus écrit que Ducontent. Il avait reçu des lettres de parents émigrés, écrites en 1790 !

Ils furent compris dans la condamnation des autres, et leurs meubles purent aller combler le prétendu déficit du dépôt de la Muette.

---

1. Archives, W 431, dossier 967, pièce 148. L'acte d'accusation reproduit au

II

Fournées correspondantes à celles de Saint-Lazare : 7 thermidor (25 juillet); Grand amalgame : L. de Guibert ; le jeune Vérine.

Le 7 thermidor (salle de l'Égalité), en même temps que la seconde fournée de Saint-Lazare, dix-huit accusés envoyés de divers lieux pour divers motifs [1], ce qui n'empêchait pas de leur appliquer en bloc, dans les questions posées au jury et dans le jugement, tous les motifs de l'accusation : c'était à chacun d'en retirer sa part.

L'un d'eux, Jean-Antoine ROUILHAC, « ex-seigneur et premier baron du comté d'Armagnac, » avait, à propos des outrages faits au roi, écrit d'un style peu tempéré, je l'avoue (il était gascon) :

Les Jacobins... monstres enfantés sans doute dans les horreurs d'une nuit orageuse...

... Il ne restera plus à ces tigres qu'à faire plonger dans son sein le poignard qu'ils ont aiguisé, etc.

Cependant ses partisans augmentent de jour en jour, et nous verrons, j'en suis sûr, nous verrons cette horrible tempête se dissiper, etc. [2].

ANTIÉ dit *Léonard*, ancien coiffeur de la reine, avait appelé scélérats les députés qui avaient voté la mort du roi, et on avait trouvé chez lui ces vers en forme de *Commandements de Dieu* :

>   Pour seul Dieu tu adoreras
>   Ton ambition seulement.

jugement portait seize noms; cinq y sont rayés dont trois ne figurent même pas au procès-verbal d'audience (pièce 147).
1. Archives, W 432, dossier 970.
2. *Ibid.*, 2ᵉ partie, pièce 1.

> Homicide tu commettras
> Quand tu le pourras sûrement.
> La liberté tu prôneras
> En la violant tout doucement.
> Les biens du peuple retiendras
> Sans rendre compte aucunement.
> Faux témoignages tu diras
> Pour te venger impunément.

et ces autres (seraient-ce les *Commandements de l'Église?*) :

> Dans les tribunes beugleras
> Quatre fois par jour seulement[1]. Etc.

Louis de GUIBERT était venu à Versailles pour liquider sa charge de sénéchal de Toulouse qu'il avait achetée[2] (mieux eût valu qu'il en eût fait le sacrifice !) Cela avait attiré l'attention sur lui. Fouquier-Tinville lui fait la plus large place dans son acte d'accusation :

> Guibert, ci-devant sénéchal de Toulouse, est notoirement connu par ses liaisons et ses fréquentes relations avec les gens les plus suspects de son canton, notamment avec Azémar, ci-devant conseiller du parlement de Toulouse. On l'a vu manifester ouvertement ses sentiments aristocratiques lorsqu'il parloit de nos victoires. Il faisoit des vœux secrets pour la défaite de nos armées en disant : « On nous laisse gagner du terrain, mais c'est pour mieux nous envelopper. » Guibert étoit tellement initié dans les complots des conspirateurs qu'il dit un jour à un citoyen, d'un ton impérieux : « Beaucoup de monde sont cachés dans Paris qu'on ne trouvera jamais »; et en parlant de lui, il ajoute : « Si je savois qu'on dût m'arrêter je me sauverois. »

N'aurait-il pas eu raison ?

Il prenoit plaisir à critiquer les actes de justice du tribunal révolutionnaire, en cherchant à apitoyer sur le sort des con-

---

1. Archives, *ibid.*, 1re partie, pièce 90.
2. *Ibid.*, pièce 1 *bis*.

spirateurs de sa connoissance qui avoient subi le châtiment dû à leurs forfaits contre-révolutionnaires. Dans une conversation qu'il eut un jour avec des citoyennes, il leur dit : « Une Hollandaise, superbe femme qui demeure proche Saint-Cloud, est maintenant bien dans le chagrin, parce qu'une de ses parentes vient d'être guillotinée. Mon beau-frère, ajoutait-il, qui n'a rien fait, est guillotiné ; un autre de mes parents, âgé de vingt-cinq ans, homme charmant, a été guillotiné parce qu'il avoit cinquante mille livres de rente. » Enfin, Guibert comptoit tellement sur la contre-révolution et sur le rétablissement des vains priviléges de sa prétendue noble extraction, qu'on a trouvé chez lui, lors de son arrestation, ses titres de noblesse qu'il avoit conservés précieusement au mépris de la loy. On a pareillement trouvé chez lui une correspondance très suspecte qui prouve les tentatives qu'il faisoit avec les agents, pour circonvenir les différents comités de la Convention, à l'effet de se faire mettre en réquisition pour se soustraire au glaive de la loi [1].

Il paraît que Guibert se présentait pour refondre le vieux papier, selon le procédé d'une citoyenne Masson [2]. Les lettres recueillies au dossier [3] sont relatives à cette affaire de la refonte ou à toute autre chose insignifiante. Rien de suspect n'y a pu être noté.

Mais une condamnation plus révoltante encore dans cette fournée est celle de Joseph Vérine, âgé de seize ans.

Ce jeune homme, noble de naissance, ruiné sans doute par la Révolution, était venu à Paris et y avait séjourné trois à quatre mois, de 1792 au 20 janvier 1793. Il avait

---

1. Archives, W 432, dossier 970, pièce 123 (jugement).
2. Voyez son interrogatoire (1re partie, pièce 5). Une citoyenne Giroux et les citoyennes Pellier, mère et fille, qu'il voyait à Versailles pendant le séjour qu'il y faisait, avaient recueilli les propos dont on l'accusa. La citoyenne Giroux les a écrits sous la dictée des citoyennes Pellier et les dénonce. (*Ibid.*, pièce 6).
3. *Ibid.*, pièces 15-41.

alors rejoint son cousin Voyenau, qui avait acheté des marchandises pour les vendre de ville en ville, et trois ou quatre semaines après, le 18 février, il était arrêté avec lui à Montlhéry. Joseph Vérine avait perdu ses papiers, et tout voyageur était suspect alors. Leur affaire s'était compliquée d'une dénonciation. Le 17 février, ils s'étaient arrêtés dans une auberge à Linas, et il résulte des registres de délibération de cette commune, que le citoyen Rafflard avait rapporté d'eux ce propos : « qu'on avait décolé le roi et que cela étoit mal ; et quant à eux, qu'ils étoient aristocrates, et qu'ils ne s'en départiroient pas[1]. » Mais ce propos même était nié. On trouve en effet au dossier cette attestation du maire et des officiers de Montlhéry :

Nous soussignés, maire et officiers municipaux de la commune de Montlhéry,

Certifions que le citoyen Joseph Vérine ayant été mis en arrestation étant suspecté d'émigration ni a pas été mis pour avoir tenus des propos contraires à la révolution, au contraire qu'il ni avoit aucun doute ni soupçons contre lui à cet égard ; qu'il s'est toujours comporté très honnêtement et avec la plus grande descence, tant avant que pendant son arrestation. En foi de quoi nous leur avons octroyé ce présent.

En la maison commune, le vingt-six juin 1793, l'an deuxième de la République française.

(*Suivent quatre signatures*[2].)

C'est la question d'émigration en effet qui avait été l'objet de l'enquête. Voyenau avouait qu'effrayé par ce que l'on disait, il avait été à Tournai le 19 octobre (1791),

---

1. Archives, *ibid.*, 1re partie, pièce 97.
2. *Ibid*, 1re partie, pièce 62.

et qu'après diverses excursions en Belgique, apprenant qu'on allait faire un décret contre les émigrés et n'ayant rien à se reprocher, il était revenu en France; le 28 septembre 1792, il se trouvait à Bruges, qui était aux Français, et depuis il n'avait plus quitté le territoire de la République[1]. Quant à Vérine, on n'avait trouvé absolument rien qui pût lui être imputé de ce chef. Cela n'empêcha pas de les retenir jusqu'au 19 messidor dans les prisons de Versailles. A cette date, le citoyen Crassous, représentant du peuple en mission dans le département de Seine-et-Oise, voulant, lui aussi, écumer les prisons, les fit conduire au tribunal révolutionnaire de Paris[2], et l'accusateur public, les comprenant dans sa fournée, disait :

Voyeneau, se disant marchand forain, et Joseph Vérine, sans état ni domicile fixe, ont été arrêtés à Montlhéry dans le courant de février 1793 pour s'y être vantés publiquement d'être aristocrates, ajoutant qu'ils n'en départiroient pas, et y avoir dit, en parlant de la mort du tyran, que l'on avoit très mal fait de faire périr le Roy ; il est d'ailleurs prouvé par les différents interrogatoires qu'ils ont subis à cette époque devant le juge de paix de ce canton, qu'ils ont fait différents voyages hors du territoire de la République, notamment Voyeneau, qui, de son propre aveu, a émigré en 1791...; à l'égard de Vérine, son émigration en pays étranger ne paroît pas constante ; mais les différents voyages suspects qu'il a fait dans l'intérieur de la République, sans pouvoir justifier d'aucun certificat de résidence, ne permettent pas de douter de ses intelligences avec les conspirateurs[3].

---

1. Deuxième interrogatoire, 5 juin. (Archives, W 432, dossier 970, pièce 97.)
2. *Ibid.*, pièce 64.
3. Le dossier (*ibid.*, pièce 125) comprend encore sur cette affaire une pièce, datée du 2 brumaire an III, ainsi conçue :

Ainsi, ce jeune homme de seize ans était envoyé à l'échafaud pour un prétendu propos qui datait de quinze mois et qui avait été dans le temps même officiellement écarté, et pour un soupçon d'émigration reconnu sans fondement ! Douze furent ainsi condamnés, six acquittés. Par une singulière inadvertance (mais tout s'explique dans la précipitation de ces tueries), la réponse du jury est dite « affirmative pour tous, excepté pour Langlois, Lorget, Fleuriot, Martin, Roudy et Valas, pour lesquels elle est *affirmative* [1] » ; on voulait dire *négative* : mais l'autre mot était si familier en pareil cas !

III

Fournées correspondantes à celles de Saint-Lazare : 8 thermidor (26 juillet). Comment Fouquier-Tinville mettait en jugement. — La maison des Oiseaux : la princesse de Chimay ; les comtesses de Narbonne-Pelet et Raymond-Narbonne ; la princesse de Monaco, etc.

Le système des amalgames avait du bon. Mais la conspiration des prisons était un moyen bien plus commode. Toutefois, là où elle n'avait pas d'apparence et où il allait des pièces, l'accusateur public se trouvait quelquefois dans l'embarras. Le 7 thermidor, Fouquier-Tin-

Dorat, ce 2 brumaire l'an 3°.

Les administrateurs du district de Dorat au citoyen greffier du tribunal révolutionnaire.

Nous avons besoin de connoître les motifs du jugement de mort prononcé par le tribunal révolutionnaire contre Joseph Vérinne le 7 thermidor dernier, afin de nous déterminer sur la marche à tenir pour la confiscation des biens de ses père et mère, qui ne peut avoir lieu si ceux exprimés dans les journaux sont insérés dans le jugement. Nous t'invitons au nom de l'intérêt de la République à nous envoyer une expédition conforme de ce jugement par le plus prochain courrier, afin que nous puissions nous fixer sur les démarches ultérieures que nous avons à faire dans l'intérêt de la nation.

Salut et fraternité.

(*Suivent les signatures.*)

1. Archives, W 432, dossier 970, pièce 127.

ville écrivait aux citoyens composant la commission populaire séante au Muséum :

Citoyens,

Le 2 du courant, le comité de salut public m'a remis vos feuilles des détenus sous les numéros 3, 4, 5, 8, 9, 11, 12, 13, 14, 15, 16, 17, 18, 19, 20, 21, 22, 23, 24, 25, 26, 27, 28, 29, 30, 31, 32, 33, 34, 35, 36, 37, 38, 40, 42, contenant cent cinquante prévenus ou environ ; *il ne m'a été remis des pièces que pour cent ou environ*, encore presque toutes ne consistent que dans le tableau donné par la section ; et il paroîtroit que c'est à la commission qu'elles sont restées ; pour quoi je vous invite à me les renvoyer sur-le-champ, et notamment celles concernant les nommés *Bruni*, la veuve *Vigny* et son *fils*, la femme *Colbert Maulevrier*, les deux femmes *Narbonne-Pelet*, la fille *Guérin*, leur femme de confiance ; la femme d'*Ossun*, *Crussol-d'Amboise*, *Clermont-Tonnerre*, la femme *Chimay*, la veuve d'*Armentières*, *Frécôt-Lenty*, *Saint-Simon*, la femme *Querrhoent*, *Thiart*, la femme *Monaco*, et *Viothe*, intendant de son mari. J'ai bien écrit aux sections, qui m'ont répondu vous les avoir envoyées, et ces particuliers sont demain mis en jugement.

Salut et fraternité.

Signé : A.-Q. Fouquier[1].

Ainsi une mise en jugement était décidée avant qu'on eût les pièces. Les pièces manquaient pour une cinquantaine de prévenus ; et l'accusateur public n'en devait pas moins faire son réquisitoire contre eux le lendemain !

Trente accusés furent ainsi envoyés le 8 thermidor (26 juillet) au tribunal. Plusieurs venaient de province, et pour ceux-là on trouve encore au dossier quelques-unes des pièces qui avaient motivé leur envoi.

---

1. Archives, F7 4436, dossier à décharge de Fouquier-Tinville, pièce 7, et Saladin, *Rapport*, p. 26, 27.

L'un d'eux, Jean-Bon Moineau, prêtre, est celui à qui nous devons un tableau si vif, et il faut en convenir, si sympathique, de la défense opposée par la famille Chaperon à un ordre d'arrestation : un siège soutenu dans une ferme contre toute la force armée du voisinage. Dans la lettre qui contenait ce récit, se trouvait l'expression d'espérances, fort réservées assurément, sur le prochain rétablissement du culte : mais n'était-ce pas la contre-révolution ? Il y disait :

Aix-en-Othe, 5 messidor, 2ᵉ rép. (23 juin 1794).

La loy laisse toute liberté en fait de culte. On espère tous les jours icy que les choses se rétabliront. On a déjà recommencé l'office en quelques endroits ; il y en a même à quelques lieues d'ici où il n'a pas cessé. Si les choses ont à se rétablir je serois fâché d'être absent dans le temps où elles reprendront [1].

Sans doute, s'écrie l'accusateur public en citant cette phrase, son dessein étoit de passer du côté des ennemis, car, dans cette même lettre, il lui mandoit :

« Faites-moi le plaisir au reçu de la présente de me marquer comment tout se passe dans les environs, afin que je voie dans quel pays il fait meilleur. »

Conclusion évidemment fausse, puisque son père était en France.

Jean-François Laurent, épicier, était accusé d'avoir eu des relations avec des prêtres insermentés. — Il répond qu'il les a blâmés :

D. Quelle étoit son opinion sur l'invasion faite par les Prussiens sur le territoire françois ?

R. Que son intention étoit celle d'un bon républicain, celle de les fusiller tous [2].

---

1. Archives, W 433, dossier 972, 2ᵉ partie, pièce 61. — 2. *Ibid.*, pièce 31.

Ferdinand Decaix, ancien prieur, puis curé d'Avesne-lès-Pontoise, signalé par « un franc républicain de campagne » comme s'y étant pris à trois et à quatre fois pour prêter le serment ecclésiastique et celui de citoyen. « Les habitants des villages voisins, qui n'ont pas de messe, vont à la sienne », disait-on contre lui. Il chargeait le maître d'école de lire à sa place la lettre pastorale de l'évêque constitutionnel. Il faisait faire la première communion à des jeunes filles en différents jours, pour éviter l'éclat, et prêchait sur le mariage; il osait dire qu'après le mariage civil, il fallait célébrer le mariage religieux comme sacrement [1].

Jean Martin, ci-devant prêtre, accusé d'avoir tenu des registres de mariage et de naissance, depuis la publication de loi [2]; et un autre prêtre, Jacques Guillemeteau, ancien curé de Saint-Jean-de-Biarge, et depuis remplissant les fonctions de vicaire à Fontenay-sous-Bois, près Vincennes, accusé de « correspondance avec la famille du ci-devant roi, au Temple » : probablement pour quelques mauvais vers dans le genre de ceux-ci :

> J'aime le roi François
> Comme moy donc franc sois [3].

Car il faisait des vers, et c'est aussi en vers qu'il écrit après son arrestation une lettre au citoyen président du département de Seine-et-Oise, signée :

> J. Guillemeteau, curé de Saint-Jean de Biarge,
> Qui vous a demandé d'être mis au large [4].

---

1. Archives, W 433, dossier 972, 1ʳᵉ partie, pièce 99 ; et 2ᵉ partie, pièces 1 et 5.
2. *Ibid.*, 2ᵉ partie, pièce 39.
3. *Ibid.*, 1ʳᵉ partie, pièce 67.
4. *Ibid.*, pièce 52.

lettre extravagante qui donnait la mesure de son esprit. Son

J'aime le roi François

n'en fut pas moins pris au sérieux, et lui coûta la vie.

Une même dénonciation avait été faite contre « l'archimodéré l'abbé Jeanssial (Janthial), et l'aristocrate fille Laboullaye. »

Rose-Françoise Laboullaye de Fessanvilliers (c'est ainsi qu'elle signe) était accusée d'avoir dit « que nous étions bien heureux de manger le sel à un sol, et que si le bon Dieu lui prêtoit des jours, nous le mangerions plus cher; » et Janthial : « qu'il enverroit une bouteille de vin pour nos ennemis[1]. »

Postel Desminières : « que les émigrés étoient plus heureux que lui, et qu'ils avoient bien fait d'émigrer[2]. »

Martin Ribeyrex avait voulu émigrer et conseillé l'émigration[3].

Jean Buis, aubergiste, était accusé d'avoir pris part à un complot tendant à sauver le roi[4].

Jean Fournier, adjoint des commissaires de guerre, ayant dit qu'il y avait 20 000 officiers comme lui à Paris : « Puisque vous êtes 20 000 à ne rien faire, lui dit quelqu'un, je vous mettrai volontaires jusqu'à ce qu'il y ait des places vacantes. — Nous passerions de l'autre côté![5] »

Marie-Anne Leroy, pauvre fille des rues, était accusée d'avoir porté la cocarde blanche et crié : *Vive le roi, vive Louis XVII*. Cela était constaté par un procès-verbal rédigé sur l'heure même, 2 heures du matin :

---

1. Archives, W 433, dossier 972, 1re partie, pièces 36 et 38.
2. *Ibid.*, pièce 89.
3. *Ibid.*, 2e partie, pièce 17.—4. *Ibid.*, pièce 67,—5. *Ibid.*, pièce 53.

... A passé dans ladite rue une femme qui, sur l'interpellation à elle faite par un des deux factionnaires : « Où est ta cocarde? » a répondu : « la voilà » en montrant sa tête qui avoit pour toute coiffure un ruban blanc avec un nœud servant de cocarde. Passant avec précipitation la première sentinelle, la deuxième l'arrêta; elle lui dit qu'elle passeroit malgré lui : elle cria *Vive le roi* à plusieurs reprises, y ajoutant : *Vive Louis XVII*. La première sentinelle ayant crié *A la garde*, cette femme se rendit elle-même au corps de garde où elle a répété les mêmes paroles avec tout le sang-froid d'une contre-révolutionnaire décidée [1].

Dans l'interrogatoire qu'on lui fit subir au comité révolutionnaire de Bonne-Nouvelle, le 29 messidor, elle se dit Marie-Anne Leroy, âgée de 50 ans, sans état (elle n'eût guère pu l'avouer).

D. Où elle alloit ce matin à une heure et demie?

R. Qu'elle se promenoit pour prendre l'air en attendant que l'air la prenne.

D. Quand la sentinelle qui l'a arrêtée lui a demandé où étoit sa cocarde, ce qu'elle a répondu?

R. Qu'elle lui a répondu s'il ne voyoit pas qu'elle avoit une cocarde blanche.

D. Pour quel motif elle porte la cocarde blanche?

R. Ne pas vouloir porter le ruban tricolore.

D. Pourquoi elle ne veut pas porter le ruban tricolore?

R. Parce qu'elle vouloit un roi.

On a trouvé sur elle des cartouches et une pipe.

Souvenir d'un homme qu'elle n'aime plus parce qu'il sert la République.

... Elle a bu seule, attendu qu'elle ne rencontre que des patriotes sous ses pas et qu'elle ne les aime pas.

---

1. Archives, W 433, dossier 972, 2ᵉ partie, pièce 49.

... N'avoir jamais eu d'état que pour sa subsistance, c'étoit aujourd'hui un homme, demain l'autre [1].

Nouvelle preuve que le royalisme s'alliait aux mauvaises mœurs. On l'eût moins facilement prouvé, sans doute, avec les autres femmes comprises dans cette fournée. Aussi s'abstint-on de produire contre elle des pièces au dossier. A leur égard, on se contentait de la conspiration des prisons.

On les avait tirées, avec leurs compagnons d'infortune, de maisons qui n'avaient rien fourni encore à cette conspiration fameuse : Port-libre (Port-Royal), et la maison des Oiseaux (rue de Sèvres).

L'ancien couvent des Oiseaux était la prison particulière de la section du Bonnet-Rouge (Croix-Rouge). On payait cher pour y rester. Aussi la section qui en tirait profit ne se laissait-elle pas volontiers enlever ses pensionnaires. On n'ébruitait pas trop leurs noms. Être détenu aux Oiseaux comme suspect, c'était, ainsi que le dit fort justement M. Michelet [2], une sorte d'assurance contre la guillotine, et les témoignages du temps le prouvent.

« Depuis plus de six mois, dit l'auteur de notre récit, sur cent soixante malheureux qui y étaient enfermés, deux seuls prisonniers avaient été tirés de la maison pour être immolés, lorsque, le 7 thermidor (25 juillet, vieux style), à cinq heures du soir, tandis que chacun était dans sa chambre ou paisiblement rassemblé dans celles de ses compagnons d'infortune, on entendit un bruit confus de voix dans la rue, qui annonçait quelque

---

1. Archives, *ibid.*, pièce 50.
2. *Hist. de la Révol.*, t. VII, p. 271.

événement. Aussitôt on voit un chariot immense, traîné par quatre chevaux; quatre gendarmes se présentent à l'instant dans la cour, suivis d'un huissier du tribunal révolutionnaire, qui semblait, par sa physionomie et sa stature, n'être destiné qu'à annoncer des choses sinistres. Cet homme farouche donne aussitôt l'ordre au concierge de sonner la cloche, pour que tout le monde au même instant se rassemble dans la cour; chacun s'y rend en tremblant sur sa destinée; quelques-uns cependant se flattaient encore qu'il était peut-être question de transférer des prisonniers dans une autre maison[1]. » On fait l'appel, et bientôt les doutes se dissipent : la princesse de Chimay, les comtesses de Narbonne-Pelet et Raymond-Narbonne, le vieux Clermont-Tonnerre (74 ans), Crussol d'Amboise, l'évêque d'Agde (Siméon de Saint-Simon) et plusieurs autres sont appelés, rangés sous la porte, au delà de la ligne du ruisseau. C'est à peine si la comtesse Raymond-Narbonne peut embrasser sa petite fille et la recommander à la duchesse de Choiseul. Ce n'est pas elle qui eût sollicité une faveur de ses bourreaux, elle qui, reprenant sa place et voyant une de ses compagnes demander quelque chose à l'huissier, lui dit : « Ne vous avilissez pas à faire la moindre demande aux hommes de cette espèce[2]. »

Ducret, conseil public (avocat) raconte ainsi au procès de Fouquier-Tinville comment il hâta involontairement la mise en jugement, et par suite causa la mort de la princesse de Chimay :

« J'avois, dit-il, l'habitude, autant que mes occupations pouvoient me le permettre, de me distraire les

1. *Mém. sur les prisons*, t. II, p. 189.
2. *Ibid.*, t. II, p. 191.

après-dîners des idées noires dont j'étois sans cesse assiégé. En allant me promener à la campagne, je passois un jour à Issy près Paris. La curiosité me porta à entrer dans le parc de la ci-devant princesse de Chimay, dont la position est des plus agréables. Le lendemain, à la chambre du conseil, causant avec quelques juges, je leur dis que j'avois été voir le parc de la ci-devant princesse de Chimay. L'un d'eux me dit : « Mais n'est-elle pas émigrée ? » Sur la réponse que je fis que non, qu'elle étoit simplement détenue aux Oiseaux : — « Aux Oiseaux ! s'écria Fouquier, qui étoit dans un coin de la chambre du conseil et que je n'avois pas aperçu d'abord, « il y « a trois mois que je la cherche. » Et, en effet, quelques jours après, cette femme fut mise en jugement et condamnée, car elle étoit riche et noble[1]. »

Nous avons nommé parmi les détenus des Oiseaux, l'évêque d'Agde et Crussol d'Amboise.

SAINT-SIMON, évêque d'Agde, membre de l'Académie des Inscriptions, avait vécu tout à ses livres et à son ministère. Forcé par la sédition de quitter son diocèse, en juin 1791, il était venu à Paris où il ne fréquentait que la savante compagnie dont il était auparavant le correspondant le plus assidu ; mais l'Académie avait été dissoute, et lui-même, jeté en prison, venait finir au tribunal. Quant à Crussol d'Amboise, que lui reprochait-on ? d'avoir accompli son mandat à l'Assemblée constituante, et d'avoir repris du service à l'armée :

Crussol d'Amboise, ex-marquis, ex-lieutenant général des armées de Capet, ex-député de la noblesse à l'Assemblée

---

1. *Procès Fouquier*, n° 27, p. 3.

constituante, a suivi scrupuleusement la marche qui lui étoit indiquée dans ses cahiers ; ce n'est qu'après la plus grande persévérance et lorsqu'il vit que tous ses efforts étoient inutiles qu'il consentit enfin à l'examen des pouvoirs des communes. Il parvint à force d'intrigues à se faire employer dans nos armées, dans la seule vue de les trahir comme Lafayette, Dumouriez et autres scélérats de cette espèce.

Cela disait tout. Mais la preuve ? — « Ex-marquis et lieutenant général des armées de Capet, ex-député de la noblesse à l'Assemblée constituante[1]. »

La charrette envoyée à la maison des Oiseaux ce jour-là n'en avait emmené que onze détenus. Elle alla compléter son chargement à Port-Libre et au Plessis.

Au Plessis, elle reçut Thérèse-Françoise de STAINVILLE, princesse de GRIMALDI-MONACO[2], la femme Monaco, comme disait Fouquier : « Jamais, dit un de nos récits, plus de grâces, de charmes, d'esprit et de courage ne furent réunis dans la même personne. » Déclarée suspecte en vertu de la loi du 17 septembre, et d'abord gardée chez elle, elle avait pris la fuite, ayant su qu'on la voulait mettre en prison, et elle fut recueillie par une amie qui brava les perquisitions pour lui sauver la vie. Mais ne voulant pas la compromettre, elle gagna la campagne, puis revint à Paris, où elle fut arrêtée[3]. Quand on lui remit son acte d'accusation, elle refusa de le lire : « Pas la plus légère émotion n'altéra ses traits ; elle distribua aux indigents, qu'elle soulageait habituellement, tout l'argent qui lui restait, embrassa sa femme de chambre, et se sépara de nous, comme après une longue route on quitte des compagnons de voyage dont la société nous fut utile et

---

1. Archives, W 433, dossier 972, 2ᵉ partie, pièce 95.
2. Fille du maréchal de Stainville, nièce du duc de Choiseul.
3. *Hist. des prisons*, t. III, p. 110.

douce¹. » Condamnée (8 thermidor), elle se déclara grosse ; mais dès le lendemain (le 9 thermidor ! que n'attendit-elle un jour de plus ?), elle écrivit à Fouquier-Tinville pour retirer sa déclaration ; elle n'avait voulu gagner un jour que pour couper elle-même sa chevelure et l'envoyer à ses enfants, comme elle le disait à Fouquier dans sa lettre :

Citoyen,

Je vous préviens que je ne suis pas grosse. Je voulois vous le dire ; n'espérant plus que vous veniez, je vous le mande. Je n'ai point sali*t* ma bouche de ce mensonge dans la crainte de la mort ni pour l'éviter, mais pour me donner un jour de plus, afin de couper moi-même mes cheveux, et de ne pas les donner par les mains du bourreau. C'est le seul leg*t* que je puisse laisser à mes enfants ; au moins faut-il qu'il soit pur.

Choiseul-Stainville-Josèphe GRIMALDI-MONACO,

Princesse étrangère, et mourant de l'injustice des juges français.

Et au dos :

Au citoyen Fouquet de Tinville, très pressé².

Elle arracha ses cheveux avec un morceau de verre, elle y joignit des lettres pour ses enfants, pour leur gouvernante, et c'est Fouquier-Tinville qu'elle chargeait de l'envoi par ce billet tracé d'une écriture belle et ferme :

Citoyen,

Je vous demande au nom de l'humanité de faire remettre ce paquet à mes enfants : vous m'avez eu l'air humain, et, en vous voyant, j'ai eu regret que vous ne fussiez pas mon juge ; je ne vous chargerois peut-être pas d'une dernière volonté si vous l'*u*ssiez été. Ayez égard à la demande d'une mère malheureuse qui périt à l'âge du bonheur, et qui laisse des

---

1. *Mém. sur les prisons*, t. II, p. 272.
2. Archives, W 431, dossier 968, pièce 7.

enfants privés de leur seule ressource ; qu'au moins ils reçoivent ce dernier témoignage de ma tendresse, et je vous devrai encore de la reconnaissance.

Fouquier a-t-il envoyé les cheveux à leur adresse? Je ne sais. Quant aux billets, « il les plaça, dit M. Campardon, parmi les papiers de sa correspondance ordinaire, et ils y sont encore [1]. »

L'arrêt du tribunal qui la déclare non enceinte et ordonne que l'exécution ait lieu dans les vingt-quatre heures est du 9 thermidor [2]. Elle se trouva donc sur la dernière charrette. Elle périt quand Dumas, qui venait de signer son arrêt d'exécution en la chambre du conseil [3], était déjà lui-même arrêté.

Un de nos récits ajoute aux derniers moments de la princesse de Monaco un trait qui, s'il est vrai, serait bien de son temps : avant de partir pour l'échafaud, elle aurait mis du rouge afin de dissimuler sa pâleur si elle avait eu un moment de faiblesse [4]. Tous les témoignages s'accordent d'ailleurs à nous dire avec quelle force et

---

1. Ces deux billets sont écrits sur deux petits carrés de papier. Celui que la condamnée adresse à la gouvernante est enveloppé dans un autre quart de feuille portant ces mots : « La citoyenne Chenevoy, gouvernante de mes enfants, rue de Monsieur. » (Archives, W 121, n° 100.) Voy. Campardon, *le Trib. révol. de Paris*, t. I, p. 411-413.

2. Archives, W 432, dossier 971, 2ᵉ partie, pièce 47.

3. Archives, W 431, dossier 968, pièce 47. L'ordonnance visant le rapport des médecins porte sur Mmes Talleyrand-Périgord, Butler, Narbonne-Pelet en même temps que sur la princesse de Monaco, avec le considérant que l'on a vu déjà :

« Attendu.... qu'il n'étoit pas possible que dans la maison d'arrêt où elles étoient détenues elles puissent avoir des communications intimes avec des hommes,

« Attendu enfin que la femme Grimaldi-Monaco est convenue par lettre à l'accusateur public qu'elle n'étoit pas grosse et qu'elle n'avait supposé sa grossesse que pour exister un jour de plus,

« Le tribunal.... (Ordre d'exécution ; 9 thermidor.)

Signé : Dumas, Deliège, Félix, Maire, Paillet, Laporte, Scellier, Lohier, Coffinhal.

Lécrivain (greffier).

4. *Hist. des prisons*, t. III, p. 119.

quel calme en même temps on la vit encourager les autres et marcher à la mort.

Au nombre des accusés mis en jugement avec elle, on trouvait des hommes vénérables par leur âge comme par leur dignité : Frécaut-Lanty, ex-doyen du grand conseil, âgé de quatre-vingt-un-ans; le comte de Thiart (soixante-douze ans) ; le comte de Clermont-Tonnerre (soixante-quatorze ans) ; d'autres nommés plus haut et, on l'a vu aussi, beaucoup d'autres nobles dames : la veuve de Darmentieres, ancien maréchal de France, la princesse de Chimay, les deux comtesses de Narbonne-Pelet, l'une âgée de soixante-onze ans, l'autre de trente, et leur femme de chambre ; la marquise de Colbert-Maulevrier, la comtesse d'Ossun, la marquise de Querhoent. Mais la princesse de Monaco fit une telle impression, que le jugement qui réunit trente personnes d'origine si diverse et sans aucun rapport entre elles, est donné dans la *Liste très exacte* sous ce titre : *Affaire de l'ex-princesse Monaco*[1].

Voici la liste telle qu'elle fut soumise par Dumas au verdict du jury :

1. Jean-Bon Moineau, 37 ans, ex-prêtre.
2. Louis Janthias (*lire* Janthial), ex-prêtre, 54 ans.
3. Rose-Françoise Laboullaye, fille, 50 ans, ex-noble.
4. Jean Martin, dit *Henry*, ex-curé.

---

[1]. Numéro 2542-2572 (il y a un numéro passé).
Dans le procès-verbal d'audience on ne s'est pas donné la peine de nommer tous les accusés. On s'arrête au n° 18 inclusivement : veuve Raymond-Narbonne. On nomme encore les trois témoins et le reste est en blanc jusqu'aux signatures (Archives, W 432, doss. 971, 2e partie, pièce 92). Le jugement est de ceux qui se rédigeaient et se signaient, pour la grande partie, à l'avance : les noms des accusés sont écrits d'une écriture fort resserrée à la fin de la 3e page, parce que la 4e commence par les mots *ont été tous traduits*, etc. Au contraire on a dû écarter beaucoup les lignes de l'avant-dernière et de la dernière page pour atteindre aux mots *fait et prononcé le 8 thermidor* (*ibid.*, pièce 95).

5. Marie-Anne LEROY, fille, 21 ans (elle dit en avoir 50), attachée au théâtre rue Feydeau.

6. Ambroise-Ferdinand DECAIX, 59 ans, prêtre, ex-curé, chanoine régulier.

7. Jacques GUILLEMETEAU, ex-curé, 56 ans.

8. Jean BUIS, 41 ans, né à Lisieux.

9. J.-B. HENRY POSTEL, dit DESMINIÈRES, 45 ans, ex-conseiller au parlement de Rouen.

10. Jacques-François LAURENT, 34 ans, marchand épicier, agent de la commission du commerce.

11. J.-B. FOURNIER, 27 ans, ex-commis des guerres.

12. Martin RIBEYREX, 54 ans, ex-noble, ne faisant rien, ex-officier municipal.

13. Marie-Charlotte de SENNETERRE, veuve D'ARMANTIÈRES, ex-noble, 44 ans, ledit d'Armantières (Darmentières), ci-devant maréchal de France.

14. Madeleine-Charlotte LEPELLETIER, veuve CHIMAY, ex-princesse, 54 ans.

15. Jules-Charles-Henri de CLERMONT-TONNERRE, ex-duc, ex-lieutenant général, 74 ans.

16. Anne-Emmanuel-François-George CRUSSOL D'AMBOISE, ex-marquis, ex-commandant de la ci-devant province de Normandie, ex-constituant, 67 ans.

17. Claude-Pierre VIGNY, 26 ans ; son père maître des comptes.

18. Adélaïde-Marie-Thérèse NONANT PIERRECOURT, veuve RAYMOND NARBONNE-PELET, ex-comtesse, 50 ans.

19. Charlotte-Jacqueline-Françoise MANNEVILLE, veuve COLBERT-MAULEVRIER, 63 ans, ex-noble.

20. Jacques FRÉCAUT-LANTY, 80 ans, ex-noble et doyen du grand conseil.

21. André-Jean-Marie BRUNY, 61 ans, rue du Théâtre-Français, major avec rang de colonel dans la légion de l'Ile-de-France, ex-noble.

22. Louise-Cécile QUEVRIN, femme de chambre de la femme Narbonne, 22 ans.

23. Geneviève Grammont, veuve Dossun, ex-comtesse, 44 ans (son mari maître de camp), dame d'atour de l'infâme Antoinette.

24. Charles-François-Siméon Saint-Simon, ex-noble, ex-évêque d'Agde, 70 ans.

25. Félicité Lopriac Donze, veuve Querrhoent, ex-marquise, 58 ans ; son mari brigadier des armées.

26. Henri-Charles Thiart, ex-comte, ex-lieutenant général, 72 ans, ex-cordon bleu.

27. Marie-Félicité Duplessis Chatillon Narbonne Pelet, ex-noble, ex-comtesse, 71 ans.

28. Thérèse-Françoise de Stainville, femme Grimaldi-Monaco, 26 ans, ex-princesse.

29. Adrien-Denis-Benoît Viotte, homme d'affaires de l'ex-prince de Monaco, 45 ans.

30. Guillemette-Marie Guichard, veuve Viguier, 51 ans ; le mari maître des comptes à Paris, ex-noble [1].

IV

9 thermidor, 1re section : Puy de Vérine; les époux Loison, *ex-nobles*, montreurs de marionnettes ; 2e section : Aucane, Béchon d'Arquian, Courlet-Beaulop; Mme de Maillé; Dumas arrêté sur son siège au milieu de l'audience ; accomplissement du sacrifice.

Nous arrivons au 9 thermidor, et ce n'est pas encore la fin des immolations. Le drame se joue à la Convention ; le tribunal continue son office. La charrette, la *grande bière roulante*, a ramené la veille sa charge de la maison des Oiseaux et des autres maisons que l'on a commencé à entamer, et les accusés ont été répartis entre les deux sections : vingt-cinq d'un côté, vingt-trois de l'autre.

1. Archives, W 453, dossier 972, 2e partie, pièce 93.

Voici la liste de la première section :

1. Jean-Antoine LHUILLIER, 45 ans, ex-agent des biens de Condé, homme de loi et ex-agent national de la commune de Lusigny.
2. Sébastien-Alarose LABRENNE, 42 ans, ex-trésorier de France, et ex-procureur de la commune de Chézy.
3. Gabriel-François SALLÉ, 35 ans, ex-noble, ex-maire et officier municipal de la commune de Genetine.
4. Jean-Christophe LARCHER-LATOURAILLE, 75 ans, ex-noble, capitaine de cavalerie au régiment de Condé, ex-chevalier de l'ordre du tyran.
5. Perronet BRILLON-BUSSÉ, 45 ans.
6. Jérémie SAINT-HILAIRE, 45 ans.
7. Claude-Philibert COQUEAU, 39 ans, architecte, ex-commis chez le ministre de l'intérieur.
8. René VAUQUELIN-VRIGNY, ex-constituant, ex-noble, 72 ans.
9. Jacques WATRIN, 65 ans, juge de paix, ex-maître de pension.
10. Pierre-Louis FOICIER, ex-noble, 70 ans.
11. Étienne-Nicolas GUÉRIN, 58 ans, ex-caissier général de la manufacture des glaces.
12. Jean-Guillaume VALLOT, 51 ans, prof. d'astronomie.
13. Joseph-François MONGHELCHOTTE, 34 ans, tapissier.
14. Louis-Nicolas DUVAL, 28 ans, marchand quincaillier.
15. Thérèse-Charlotte CORIOLIS, femme divorcée de BLANCHARD, 50 ans ; son mari commissaire ordonnateur des guerres, ex-législateur, ex-noble.
16. Jean GILLET, 53 ans, négociant.
17. Guillaume LOISON, 47 ans, directeur du théâtre des Champs-Élysées, poêlier-fumiste.
18. Anne MAURICE, femme LOISON, 35 ans.
19. Charles-Mathieu CHARPENTIER, dit *Cadet*, 30 ans, chasseur au 17e bataillon d'infanterie.
20. Louis-Augustin LEGAY, 31 ans, capitaine au 23e régiment de chasseurs à cheval.

21. Godefroy-Élisabeth Lavoisien, 36 ans, commis à l'administration des domaines.

22. François Sommesson, valet de chambre, tapissier des tantes de Capet, 51 ans.

23. Pierre Marche, huissier, ex-président du comité de surveillance de la commune de Choiseul (Haute-Marne), 48 ans.

24. Pierre-Durand Puy de Vérine, 69 ans, ex-maître des comptes.

25. Marie-Marguerite Barcos, femme Puy de Vérine, 55 ans [1].

Lhuillier, Alarose de la Brenne et Sallé étaient envoyés au tribunal révolutionnaire par le tribunal criminel de l'Allier, pour avoir provoqué et signé une délibération tendant à arrêter la circulation des grains : mesure protectrice à laquelle certaines communes étaient tentées d'avoir recours, craignant pour elles la famine, mais qui était réputée acte de conspiration ayant pour but d'affamer le peuple français. Presque toutes les pièces du dossier sont relatives à cette affaire [2].

Quelques renseignements particuliers nous sont donnés sur deux ou trois autres des accusés de cette section.

Puy de Vérine, d'après les certificats produits au procès de Fouquier-Tinville, était sourd et aveugle depuis trois ans environ, tombé en enfance dans les dernières années de sa vie, pis qu'en enfance : dans un état de décrépitude dont la description soulève le dégoût [3]. Et il était accusé de complicité dans la conspiration du Luxembourg ! Mais on avait de plus trouvé chez lui des

1. Archives, W, 433, dossier 973.
2. La pièce 2 de ce dossier est l'imprimé, portant 13 signatures (4 août 1793). On y invite les propriétaires et les colons à ne pas vendre jusqu'au recensement.
3. Voyez la déclaration de 17 témoins, passée devant un juge de paix le 19 nivôse an III, et l'attestation du médecin (24 nivôse an III). *Procès Fouquier*, n° 47, p. 2.

médailles à l'effigie du dernier roi. C'est Trinchard, comme membre de la commission du Muséum, qui avait relevé ce grief. Mme de Puy-Vérine fit observer que c'étaient des jetons à jouer renfermés dans une bourse. — « Oui, oui, c'est entendu, reprit Trinchard, les gens de votre caste sont toujours attachés à la royauté. Vous êtes coupable d'avoir laissé ces jetons à votre mari[1]. » Aussi est-elle mise en jugement avec son mari : mise en jugement, mais c'est tout au plus si on peut dire valablement condamnée : elle figure dans la déclaration du jury sous le seul prénom de son mari, femme Durand.

Avec eux, les deux époux Loison, qui avaient un théâtre de marionnettes aux Champs-Élysées[2]. Selon une tradition qui n'est d'ailleurs justifiée par aucun témoignage dûment recueilli, ils y avaient représenté Charlotte Corday tuant Marat, et ce n'était pas pour arriver à l'apothéose de l'ami du peuple; l'acte d'accusation se borne à dire de la femme Loison, « qu'à la fête de l'inauguration de Marat, elle insulta à la mémoire de ce martyr de la liberté, en le traitant de gueux et de scélérat[3]. » De plus (est-ce pour leur ôter ce que leur humble état pouvait leur donner d'intérêt?) le jugement qui les frappe comme « ennemis du peuple » les qualifie « ex-nobles et parents d'émigrés. »

Sur les 25 accusés, une seule, Thérèse-Charlotte Coriolis, femme Blanchard, fut acquittée.

Notons quelques singularités dans les pièces de ce jugement :

---

1. *La Terreur*, t. II, p. 275.
2. Sorel, *le Couvent des Carmes sous la Terreur*, p. 248; cf. Vatel, *Charlotte Corday*, t. I, p. 189.
3. Archives, W 433, dossier 973, pièces : 78 (acte d'accusation), 82 (jugement).

Les questions posées au jury portent vingt-sept noms dont trois sont rayés : n° 5, Perronet BILLON-BUFFET, avec la mention « hors des débats et réintégré » ; n° 9, Louis-Clair MAURIN (mort), et n° 14, J.-B. LAFOND, absent. Mais Billon-Buffet fut en effet réintégré séance tenante sur la liste : le procès-verbal de l'audience le constate : « le 5°, Billon-Buffet, mis hors des débats comme pris pour un autre, et en effet réintégré » ; et il en était de même du sixième (qui d'ailleurs n'est pas rayé sur la liste des questions) : « le 6°, Saint-Hilaire, aussi pris pour un autre et ensuite réintégré. » Mme Blanchard ayant été acquittée, le nombre des condamnés de la section fut de vingt-quatre. — Notons que dans la reproduction de l'acte d'accusation au jugement, les vingt-sept noms sont donnés avec cette seule mention pour Maurin : *mort en prison;* on eut mieux dit : *déjà guillotiné*[1].

La seconde section avait à juger :

1. Jean-Louis-Marie AUCANE, 45 ans, ex-capitaine de cavalerie au ci-devant régiment Colonel-général, ex-maître des comptes à Paris.

2. Jean-Pierre BÉCHON D'ARQUIAN, 47 ans, ex-comte, ex-mousquetaire, ex-chevalier de Saint-Louis.

3. François-Désiré-Matthieu COURLET-BEAULOP, ex-comte de VERMANDOIS, 31 ans, fils de conseiller au parlement de Besançon.

4. Louis-François LEJEUNE, 41 ans, officier de paix.

5. François-Nicolas-Louis ROUVIÈRE BOIS-BARBEAU, 60 ans, ex-secrétaire du tyran.

6. Pierre-Louis de MONTCRIF, 74 ans, ex-auditeur des comptes, ex-conseiller de l'infâme d'Artois.

7. Louis-César-Maurice de MONTCRIF, 46 ans, ex-auditeur des comptes, survivancier chez d'Artois.

---

1. Archives, *ibid.*, pièce 81.—2. *Ibid.*, pièce 82.

8. Jacques SERRES DE SAINT-ROMAN, 50 ans, ex-conseiller de grand'chambre au parlement de Paris, ex-noble.

9. Philiberte TURIN, veuve D'AULIER, 60 ans.

10. Gaspard-Siméon BARTOU DE MONTBAS, 50 ans, ex-noble et ancien capitaine d'infanterie au régiment ci-devant royal, ex-chevalier du tyran.

11. André-Jean BRILLON, 20 ans, étudiant, fils de conseiller à la chambre des comptes, ex-noble.

12. Félix-Adrien SÉGUIN, 35 ans, chimiste, ex-secrétaire du ci-devant duc de Montpensier, vivant de ses revenus.

13. Martial-François AUBERTIN, 45 ans, plumassier-fleuriste, ex-commandant de bataillon.

14. Jean CLUNY, 41 ans, chapelier, ex-administrateur provisoire du département des Bouches-du-Rhône.

15. André-Georges BRUMEAU-BEAUREGARD, 49 ans, ex-chanoine et ex-grand-vicaire à Luçon.

16. Philippe-Clément BERNARD, 58 ans, prêtre.

17. Jean GUYOT DU RIJOUX, 57 ans, ex-noble, ex-chanoine.

18. Joachim-Laurent AVIAT-TUROT, 28 ans, cultivateur.

19. Toussaint-Charles GIRARD, 46 ans, notaire.

20. Gérard-Jean ARFELIÈRE, 37 ans, menuisier.

21. Jean-Blaise PERREL, 26 ans, limonadier.

22. Louis MERRY, ex-huissier au Châtelet de Paris, et depuis dans les tribunaux, 41 ans.

23. Périne-Jeanne LEROUX, veuve de MAILLÉ, 39 ans [1].

Les deux hommes placés en tête de cette liste étaient particulièrement recommandés :

Le premier, Jean-Louis-Marie AUCANE, ex-capitaine de cavalerie, ex-maître des comptes, a contre lui ces deux lettres de Boulanger, général de brigade, attaché à la 17ᵉ division, lettres adressées à Fouquier-Tinville et conservées au dossier :

---

1. Archives, W 434, dossier 974.

Du 29 prairial.

Je te donne avis, citoyen, que lorsque je fus chargé de l'arrestation de la citoyenne Sainte-Amaranthe et Sartine, je fus obligé de laisser dans la maison de ladite Sainte-Amaranthe à Sucy, près Brunoi, le nommé Aucane, amant de cette citoyenne. Il doit y être en arrestation. Je te donne cet avis afin que lorsque tu mettras en cause tous ces citoyens, tu puisses tirer de celui-ci tous les renseignements qui pourroient te manquer.   Salut et fraternité [1].

Du 9 messidor.

Je te rappelle, citoyen, l'avis que je t'ai donné le jour du jugement de la Sainte-Amaranthe lors de son arrestation. Le citoyen Aucane, son amant depuis vingt ans, fut laissé à Surcy (Sucy) près Brunoy pour cause de maladie. Ce citoyen qui ne peut avoir que trempé dans la conspiration de tous ces scélérats doit expier, je le pense, comme eux, tous les crimes commis par cet infâme parti [2].

L'autre, Jean-Pierre BÉCHON D'ARQUIAN, ex-comte, ex-mousquetaire, ex-chevalier de saint Louis, fait l'objet de la lettre suivante :

Paris, le 3 thermidor l'an 2 de la République une et indivisible.

Vadier à Tinville,

Je ne sais, citoyen, si tu as compris dans ta liste de la décade ce scélérat d'Arquin, ci-devant comte, accusé d'avoir accompagné son fils chez nos ennemis, d'escroquerie, de fabrication de faux assignats, d'avoir inventé des signaux pour transmettre les numéros gagnants de la lotterie ci-devant royale et pour la débanquer par cet artifice, d'avoir présidé à des tripots de jeu où l'on ruinoit la jeunesse. Enfin il n'est point de trait d'immoralité et de scélératesse dont cet homme ne soit coupable. Il importe au bon ordre et à l'affermisse-

---

1. Archives, W 434, doss. 974, 1ʳᵉ partie, pièce 3.
2. *Ibid.*, pièce 2.

ment de la République que de tels scélérats disparoissent de la société, et je tiens beaucoup à ce que celui-là soit des premiers sortis. Vois si tu ne pourrois pas l'entrelarder un de ces jours au cas que tu l'ayes oublié sur la liste.

Salut et amitié.   VADIER.

On dit que ce scélérat qui est à Picpus a la facilité de faire passer ce qu'il veut et même des assignats dans des étuis afin de corrompre et de faciliter son évasion [1].

Le président et les membres de la commune de Sucy donnèrent à Aucane les meilleurs certificats de civisme [2]. Mais que faire contre le général Boulanger quand il accuse? Des attestations de toute sorte furent aussi réunies en faveur de Béchon d'Arquian; on va jusqu'à dire qu'il n'est pas comte : « Son mariage ne se serait pas fait, s'il ne se fût affublé de la qualité de comte que portait la terre d'Arquian, lorsque Béchon, son père, en fit l'acquisition [3] » ; il n'est pas noble : il le prouve lui-même par des extraits de baptême de père en fils, avec le même soin qu'on eût cherché quelques années plus tôt (ou plus tard) à établir des quartiers de noblesse [4] ; et il avait dressé le tableau de sa conduite révolutionnaire, l'état des dons qu'il avait faits tant à la section de Popincourt qu'à la commune d'Arquian, montant à 10 040 livres [5] ; mais comment prévaloir sur Vadier? et puis, un de ces tableaux que les comités de surveillance avaient à remplir, sous leur responsabilité, dans les huit jours à partir de leur réception, portait — à la colonne marquée de cette rubrique *le caractère et les opinions politiques qu'il a montrés dans les mois de mai, juillet et octobre 1789, au 10 août, à la mort du tyran, au*

---

1. Archives, W 434, dossier 974, 1re partie, pièce 4. — 2. *Ibid.*, pièce 6. 3. *Ibid.*, pièce 24. — 4. *Ibid.*, pièce 11. — 5. *Ibid.*, pièce 16.

31 *mai et dans les crises de la guerre; s'il a signé des pétitions ou arrêtés liberticides,* — ces mots :

Il n'a jamais paru*t* à aucune journée marqué de la revollution n*y* ne l'avons jamais vue dans nos asse*n*blée¹. »

Signalons encore le troisième de la liste : François-Désiré-Mathieu Courlet-Beaulop, dont la personne est aussi énigmatique que le vrai nom est insaisissable dans les six ou sept variantes des pièces officielles : acte d'accusation, procès-verbal d'audience, questions posées au jury et jugement². Dans les *Mémoires sur les prisons* il est dit que le 8 thermidor on avait fait chercher au Plessis, pour le mener au tribunal, un Vermantois, chanoine de Chartres : point de chanoine ; mais il y avait un Vermantois, ancien militaire : on le prit, bien qu'il s'écriât qu'il n'avait jamais rien eu de commun avec les chanoines ; il devait s'expliquer au tribunal, avec qui on ne s'expliquait guère³. Selon un autre témoignage, rendu au procès de Fouquier-Tinville, Courlet de Bourlaut se disant comte de Vernanthua (nouvelle variante du nom), eût joué au Plessis le rôle de Boyaval au Luxembourg, ou de Pépin Desgrouettes à Saint-Lazare : « Il se vantoit d'être l'ami de Fouquier et d'avoir une liste de huit cents personnes qui étoient dénoncées. La veille du 9 thermidor, à minuit, on vint chercher ce soi-disant comte de Vernanthua. Remarquez que ceux qui furent jugés avec lui furent emmenés à six heures du soir, heure à laquelle on venoit régulièrement chercher les victimes ; il fut guillotiné. Nous crûmes que l'on n'avoit mis tant de précipitation à l'égard de Courlet que pour l'empêcher de révéler des secrets et de dé-

---

1. Archives, *ibid.*, pièce 8. — 2. Voyez *la Terreur*, t. II, p. 277.
3. *Mém. sur les prisons*, t. II, p. 275 ; cf. *la Terreur*, t. II, p. 82.

couvrir les manœuvres qui se pratiquoient alors¹. »

Fouquier dit qu'il ne connaissait pas Courlet de Boulot, qu'il ignore pourquoi il a été extrait à minuit. Il était désigné comme complice de la conspiration du baron de Batz, qu'on appelait « de l'étranger »; il était compris dans l'acte d'accusation². C'est peut-être là la vérité, et il est juste de décharger, soit le tribunal, soit la victime, des imputations dont ils sont respectivement l'objet dans les deux récits contradictoires.

Un seul des accusés fut acquitté, un cultivateur, Laurent AVIAT TUROT, accusé de propos; et une femme échappa plus miraculeusement encore à la mort : Mme de Maillé, dont il a été parlé plus haut. Nous avons dit comment la crise nerveuse dont elle fut saisie à la vue des gradins où son fils avait péri trois jours auparavant, fit suspendre son jugement³. On espérait bien la reprendre encore, séance tenante. « On la mit, dit Wolff, dans la salle des témoins, où elle resta, pendant toute l'audience, exposée aux regards du public, au lieu de l'envoyer à l'hospice pour y recevoir des secours, parce qu'on attendoit qu'un moment de calme permît de la mettre en jugement, mais heureusement pour elle ce calme ne revint pas; force fut donc de la remettre au lendemain⁴. Or on était au 9 thermidor. »

---

1. Langeac, homme de lettres, *Procès Fouquier*, n° 11, p. 2; cf. n° 7, p. 3 (déposition d'Aly, concierge du Plessis, qui le tient aussi pour un espion).

2 *Ibid.*, n° 11, p. 4.

3. « Attendu que la veuve Maillé, l'une des accusées, est dans un état de maladie qui ne permet pas de la présenter aux débats, le tribunal ordonne qu'il sera sursis à l'instruction de son procès et qu'elle sera reconduite à la maison d'arrêt de l'hospice. »

4. *Procès Fouquier*, n° 23, p. 1; cf. la déposition de Mme de Maillé le 28 ventôse an III (Archives, W 501, 2ᵉ dossier, pièce 133 :

« Que dans la nuit du 8 au 9 la déclarante, très malade depuis plus d'un mois, fut enlevée et portée sur un brancard à la la Conciergerie; que le 9 thermi-

Le contre-coup de la révolution qui s'accomplissait s'était pourtant fait sentir jusque dans l'enceinte du tribunal. Dumas, comme l'âme damnée de Robespierre, avait été dans la première section arrêté sur son siège[1]; mais le juge Maire prit sa place, et les débats se continuèrent comme d'habitude. Tous, on vient de le voir, furent condamnés sauf un seul dans chacune des deux sections[2]. Irait-on plus loin? Il semblait à plusieurs qu'on pouvait au moins attendre l'issue des événements. On en parla à Fouquier-Tinville, à qui était remis dès lors le sort des condamnés. Un huissier, Simonet (il en dépose lui-même), lui représenta qu'on battait la générale dans la rue Saint-Antoine, et qu'il pouvait y avoir du danger

dor des guichetiers la portèrent à l'audience, mais elle étoit dans un si piteux état que le peuple en fut ému et témoigna par des murmures sa pitié pour elle et son indignation contre ses persécuteurs. Son état empira à tel point qu'on fut obligé de la porter dans la salle des témoins. Pendant l'audience de ce jour-là les médecins vinrent à plusieurs reprises juger de son état, afin de la faire paroître aux débats, si on lui eût connu assez de force, attendu que Fouquier vouloit absolument qu'elle fût jugée ce jour-là; mais elle étoit dans un tel état que les médecins décidèrent et firent ordonner qu'elle seroit transférée à l'hospice; qu'elle a ouï dire que quoiqu'elle n'eût pas comparu aux débats, cependant elle fut comprise dans les questions faites au jury et que par sa déclaration elle étoit convaincue, et que cependant elle ne fut pas comprise dans le jugement parce que le greffier ne voulut pas consentir à cette infamie. » Son nom est bien porté en effet dans les questions posées au jury, mais il est rayé. (Archives, W 434, dossier 974, 2ᵉ partie, pièce 88.)

1. Dumas a signé les questions posées au jury, mais sa signature manque à la sentence. Voici la trace de la Révolution dans le prononcé du jugement. La formule ordinaire est reproduite (elle était, comme toujours, écrite à l'avance) : « Fait et prononcé le 9 thermidor de l'an II de la République, à l'audience publique, où siégeaient René-François Dumas, président, Ant.-Marie Maire, Gabriel Deliège et J.-B.-Henry-Antoine Felix, juges, qui ont signé le présent jugement avec le commis-greffier. » — Puis, avant les signatures, la même main a ajouté : « Et à l'instant de la prononciation de la déclaration du jury, *le président s'étant retiré*, le citoyen Maire a rempli les fonctions de président. Signé : Maire, Deliège, Félix, Pesme, commis greffier. » (Archives, W¹ 433, 973, pièce 82).

2. Dans la liste de 25 de la 2ᵉ section cinq sont marqués absents, y compris Mme de Maillé, ajournée à l'audience, et pour les remplacer trois nouveaux numéros sont inscrits en marge (en tout 22), les trois derniers de notre liste : Arfelière, Perrel et Merry. Il est probable que ceux qui les occupent doivent la mort à l'absence des premiers. (Archives, W 434, dossier 974, 2ᵉ partie, pièce 90 : jugement.

dans ces circonstances à faire sortir les condamnés et à les conduire au supplice. Il était alors trois heures. Mais Fouquier lui répondit qu'il fallait que la justice eût son cours[1]. Le bourreau lui-même demandait que l'exécution fût remise au lendemain, disant aussi qu'il y avait des troubles dans le quartier du faubourg Saint-Antoine, par où devaient passer les condamnés. Il reçut la même réponse : « Va ton train, il faut que la justice ait son cours[2] ». Et les quarante-cinq montent encore sur les charettes. Iront-ils jusqu'au lieu de l'exécution? La révolution gronde dans la rue; le peuple veut suspendre le convoi, détèle les chevaux, et les bourreaux sont incertains ; mais des cavaliers accourent au triple galop : c'est Hanriot et son état-major; il sabre le peuple, et le sacrifice s'achève. C'est le dernier exploit d'Hanriot[3].

Que devient-il alors? que va devenir le président Dumas enlevé à son siège et le vice-président et les hommes dirigeants du Comité de salut public dont le tribunal n'était que l'instrument?

Il convient de nous arrêter sur cette révolution qui marque la fin de la Terreur et qui entraînera la transformation du tribunal révolutionnaire, en attendant qu'on l'abolisse; mais il ne finira pas avant d'avoir prononcé lui-même la sentence et servi au châtiment de ceux qui l'ont ensanglanté.

---

1. *Procès Fouquier*, n° 29, p. 3.
2. *Ibid.*, n° 22, p. 4 (Wolff, commis greffier), et n° 42, p. 2 (Contat, ancien employé au tribunal).
3. Beaulieu, *Essais*, t. V, p. 497, et l'appendice n° IV à la fin du volume.

CHAPITRE L

PRÉLIMINAIRES DU 9 THERMIDOR

I

Robespierre.

Le jour même où s'accomplissait la double immolation dont il vient d'être parlé, un grand débat avait lieu qui devait se résoudre le lendemain devant le tribunal : débat engagé entre la Convention nationale et la Commune de Paris, et dont l'issue fatale était la dictature ou la chute de Robespierre. Le sort du tribunal révolutionnaire s'y rattachait par les liens les plus étroits. Il importe donc d'en retracer en peu de mots les antécédents : c'est d'ailleurs l'instruction du grand procès qui va suivre.

Robespierre a eu des adorateurs de son vivant, et il a des panégyristes de nos jours ; il a eu des adorateurs comme tout maître du pouvoir [1], il a encore des panégyristes comme en retiennent les chefs de parti parmi les héritiers de leur système. Mais si l'on excepte la famille Duplay, dont l'attachement à sa personne paraît avoir été aussi désintéressé qu'absolu, ceux qui l'ont vu et connu, ont éprouvé à son égard plutôt un sentiment de répulsion. Son front fuyant, son teint blême et verdâtre (une pâleur formidable, dit Barère [2]), ses petits yeux clignotants cachant leurs regards derrière les

---

[1]. Il en gardait volontiers les témoignages. Les preuves en abondent dans les *Papiers trouvés chez Robespierre* et publiés par Courtois, n°s VII-XXIV.
[2]. *Mémoires de Barère*, t. I, p. 117 (notice de M. Carnot).

verres de ses conserves, et avec cela une agitation nerveuse du cou, des épaules, des mains, une allure raide et saccadée, des gestes brusques, un peu sauvages[1], un sourire sardonique, parfois farouche, tout, à le voir, jetait du froid dans l'âme et inspirait de la défiance et de la crainte. « J'avais pour cet homme à figure de chat une aversion invincible », dit Buzot[2]. « Il avait quelquefois le visage aussi ambigu que ses paroles, » ajoute Courtois; et Boucher Sauveur : « Sa présence à la Convention faisait l'effet de la tête de Méduse[3]. »

De la simplicité d'ailleurs, du soin de sa personne, nulle apparence de désordre, pas plus dans sa vie que dans sa tenue; une âme d'une trempe froide et forte; peu d'idées, peu d'imagination, mais de la volonté, un caractère tenace, obstiné; « peu de mouvement, mais toujours dans la même direction. » Ce but sans cesse poursuivi, c'était dans son langage le bien public, le bonheur universel, la patrie; dans l'opinion de ses collègues, l'objet de tous ses efforts, c'était lui. « Il n'aurait jamais remédié à un mal à la durée duquel il eût trouvé

---

1. Barère, *Mémoires*, t. I, p. 117.
2. Buzot, *Mémoires*, p. 43, éd. Dauban. — Ce ne sont pas seulement les Girondins qui le peignent ainsi, ce sont également les Montagnards, mais il faut reconnaître que Robespierre eut des ennemis partout. Voici ce qu'en dit Merlin de Thionville :
« Les gens qui se plaisent à trouver des rapports entre les figures et les qualités morales, entre les figures humaines et celles des animaux, ont remarqué que Danton avait la tête d'un dogue, Marat celle d'un aigle [d'un vautour?], Mirabeau celle d'un lion, Robespierre avoit celle d'un chat. Mais cette figure changea de physionomie : ce fut d'abord la mine inquiète mais assez douce du chat domestique, ensuite la mine farouche du chat sauvage, puis la mine féroce du chat tigre. » (Merlin de Thionville à ses collègues, *Portrait de Robespierre*, in-8 de 16 pages, Bibl. nat., L B[41] 1349.) — Sa figure ressemblait beaucoup à celle d'un chat et son écriture semble tracée avec une griffe (Notes de Fréron, *Papiers inédits trouvés chez Robespierre et omis par Courtois*, t. I, p. 159).
3. *Boucher Sauveur à ses concitoyens*, cité par M. Ch. d'Héricault. *La Révolution de Thermidor*, p. 166.

son compte, dit Courtois[1]. Et que voulait-il pour soi ? Le plaisir, la richesse ? Il les dédaignait. La gloire, le pouvoir suprême ? Non, dit Merlin : le pouvoir suprême, il était incapable de l'exercer ; mais l'exaltation de sa personne, et avec cet amour immodéré du moi, le sentiment qu'il inspire à l'égard des autres, l'envie, sœur de l'égoïsme ; l'envie d'autant plus intense que l'homme est médiocre, et qu'il sent autour de lui plus de supériorités à subjuguer[2].

Ces traits recueillis dans des portraits du temps, portent, je le reconnais, qu'ils viennent de la gauche ou de la droite[3], la marque d'une main ennemie. Mais où lui trouver des amis chez les contemporains ? Et s'il n'en avait point, n'est-ce pas encore un témoignage contre lui-même ? Ce n'est qu'à distance, et sous l'influence de tel ou tel esprit, qu'il est loisible de lui composer une autre

---

1. Jules Claretie, *Camille Desmoulins*, p. 472.
2. « Tout ce qui brilloit autour de lui, soit parmi les orateurs soit parmi les gens de lettres ou les artistes, révoltoit sa médiocrité. Aussi détestoit-il tous ses collègues dont le talent égaloit ou surpassoit le sien... Petit et vain, lâche et féroce, audacieux lorsqu'il étoit soutenu, timide dans le danger ; orateur médiocre et diffus, politique sans vue ; hypocrite, adroit, parlant sans cesse du peuple et se mettant sans cesse à sa place, ne connoissant d'autre dieu que son orgueil, il parloit depuis quelque temps de la divinité comme s'il l'eût le premier révélée. » (L. Duperron, *Vie secrète, politique et curieuse de M. J. Maximilien Robespierre*, suivie de plusieurs anecdotes sur cette conspiration sans pareille, p. 31. Paris, an II, in-12.)

« L'envie fut sa passion dominante, dit Merlin de Thionville. C'est par l'envie qu'il immola ses ennemis. Il se déchaîna sur les morts dont on rappeloit encore les noms, dont on lisoit les écrits ; il proscrivit la mémoire de ceux dont il avoit proscrit la tête. Il étouffoit au récit de nos victoires qui prenoit trop de temps dans les assemblées et trop de place dans les gazettes.... Jamais hydrophobie n'égala son horreur pour tout ce qui s'attiroit l'attention. » (P. 5-6.)

3. Barère, Merlin de Thionville, Meillan (*Mémoires*, p. 5), Dussault, dont le principal passage est reproduit dans *la Vie secrète, politique et curieuse de Max. Robespierre*, par L. Duperron. On le retrouve dans presque tous les journaux après le 9 thermidor, Voy. Buchez et Roux, *Hist. parlem.*, t. XXXIV, p. 94. — Fréron, son condisciple au collège Louis-le-Grand, retrouve en lui, dès le collège, au physique et au moral, les traits qui s'accusèrent plus tard avec plus de dureté (*Papiers inédits*, etc., t. I, p. 154).

figure; et les essais n'ont pas manqué[1]. Par le rôle qu'il a joué dans les drames dont le dernier acte s'est passé au tribunal révolutionnaire, le lecteur a déjà pu se faire une idée de son vrai naturel. Il nous suffira de marquer en peu de mots par quelles étapes il s'y était acheminé aussi pour y finir de la même sorte.

Nul assurément n'aurait pu deviner en lui, au début, l'homme qui devait faire de la guillotine son principal instrument de combat.

A l'Assemblée constituante il demanda l'abolition de la peine de mort[2]; et un inventeur ayant proposé un système de canon qui devait, disait-il, tirer vingt-cinq coups à la minute, il le repoussa comme trop meurtrier[3]. — Ne se mit-il pas en contradiction avec son système lorsqu'il vota la mort de Louis XVI? Non, nous dit-on, car la peine est la suite d'un jugement. Or, il était d'avis qu'on devait non pas juger Louis XVI, mais le tuer[4]. Il ne se contredisait pas davantage, trempant ses mains dans les massacres de septembre!

S'il aspira de bonne heure au premier rang, il fut mis à une longue épreuve: car pendant toute la durée de l'Assemblée nationale, il s'était trouvé bien effacé: tant d'orateurs, tant d'hommes d'Etat occupaient alors

1. On connait l'admiration de MM. L. Blanc et Ernest Hamel pour Robespierre. M. Louis Blanc l'appelle « ce grand homme de bien »; M. Hamel lui a consacré une histoire de plusieurs volumes. M. Michelet au contraire n'a que de l'antipathie à son égard. Pour le mieux haïr, il voudrait évidemment qu'il eût été prêtre. Il remarque au moins qu'il est né dans « une ville de prêtres » (Arras!) Il aime à répéter qu'il a été juge d'église (t. VII, p. 364), et il finit par en parler comme si vraiment il eût été prêtre: « Tout grand homme politique doit craindre d'être touché de près. Mais combien plus Robespierre, un prêtre, une idole, un pape! » (Ibid., p. 145.) — Décidément il a été prêtre: « S'il n'eût été prêtre, il eût été homme de lettres. » (Ibid., p. 143.) « Il y eut un prêtre en Robespierre comme un tyran dans Saint-Just. » (Ibid., p. 280.)
2. Séance du 30 mai 1791 (Moniteur du 1ᵉʳ juin).
3 E. Hamel, Hist. de Robespierre, t. II, p. 181. — 4. Ibid., t. II, p. 563.

la scène politique[1]! Pour les en écarter, il n'hésita point à se frapper lui-même. Ce fut lui qui proposa et fit adopter la résolution qui excluait les constituants de l'Assemblée chargée d'appliquer la Constitution[2]. Il est vrai que les hommes nouveaux envoyés en leur lieu y pouvaient prendre un rôle capable de l'éclipser encore à son retour dans une autre assemblée. Mais tandis qu'ils siégeaient à la Législative, lui s'était fait sa place à l'hôtel de ville et aux Jacobins, et les appuis qu'il y avait cherchés, il les gardera quand il se retrouvera avec les autres, après la chute de la royauté, au sein de la Convention nationale.

Sans avoir marqué en aucune sorte dans les événements qui amenèrent cette Révolution, il se trouva être, après qu'elle fut accomplie, au nombre de ceux avec qui il fallait compter. Les Girondins qui avaient fait la République et qui croyaient en rester les maîtres le sentirent dès le début; ils voyaient bien que cet homme correct et tout d'une pièce était plus à redouter dans sa marche méthodique toujours soutenue, que Danton lui-même avec sa fougue et ses relâches, son audace et ses effondrements; et la vivacité avec laquelle ils s'attaquèrent à lui ne servit qu'à le mettre plus en relief. Après leur chute au 31 mai, il n'y avait plus que trois hommes en évidence : Marat, Danton et Robespierre. Mais Marat fut assassiné, Danton mollit, énervé de jouissances, fatigué des affaires et fléchissant peut-être sous le poids écrasant des souvenirs de certains jours. Robespierre recueillit

---

1. Selon Fréron, on ne l'écoutait pas. (*Papiers inédits*, etc., t. I, p. 155.)
2. Voyez sa proposition appuyée d'un discours dont l'Assemblée vota l'impression. A la suite de ce discours, la résolution fut votée à la presque unanimité. (Séance du 16 mai 1791, *Moniteur* des 17 et 18 mai 1791.)

alors le bénéfice de son effacement. Il n'avait point paru impatient du pouvoir. Le Comité de salut public avait été formé pour prendre en main les affaires sans qu'il y aspirât. Même après le 31 mai, il évita d'y prétendre : il aurait craint peut-être, en y entrant, d'y faire entrer Danton avec lui. Il ne s'y fit élire qu'à la fin de juillet, lorsque Danton s'était mis hors de cause. Il en devint le maître alors, laissant le travail aux hommes d'affaire (Carnot, C.-A. Prieur, Robert Lindet), et prenant la direction pour lui, aidé de Saint-Just et de Couthon, ses fidèles satellites, de Barère qui sonnait les fanfares, de Billaud-Varennes et de Collot-d'Herbois dont il servait les passions et qui avaient besoin de son appui[1]. C'est bien sa main que l'on retrouve désormais dans le mouvement imprimé à la Révolution. Il fait la loi des suspects (17 septembre), il enveloppe presque en même temps dans la même ruine l'ancien régime avec Marie-Antoinette, le régime constitutionnel avec Bailly, les premiers patrons de la République avec les Girondins ; et, pour lier indissolublement la Convention au gouvernement du Comité, il proclame la Révolution en permanence, il établit le gouvernement révolutionnaire par la loi du 14 frimaire an II.

Cette date est capitale dans l'histoire de la Révolution et dans l'œuvre de Robespierre. C'est le moment où il arrête la ligne qu'il veut qu'on suive, avec la résolution de frapper quiconque demeure en deçà ou va au delà. Du Comité où il domine, avec l'appui des Jacobins au dehors, il voit grossir parmi les Cordeliers et dans la Commune une faction qui voudrait faire de la Révolution

---

1. Jean-Bon Saint-André, spécialement chargé de la marine, et Prieur de la Marne étaient presque toujours en mission.

une orgie immonde et sanglante ; il voit se relever dans la Convention elle-même une autre faction qui se relâcherait volontiers de tant de rigueur : d'une part les enragés, de l'autre les indulgents. Il les frappe les uns après les autres : les enragés avec Ronsin, Hébert, etc.; les indulgents, avec Danton, Camille Desmoulins, Plilippeaux, etc.; les uns et les autres dans un troisième procès avec Chaumette, Gobel, Dillon et la pauvre Lucile, la veuve innocente et résignée de Camille Desmoulins. Dès lors sa domination est affermie. Tant que Danton vivait, il pouvait se réveiller de son sommeil et remuer la Convention de sa voix de tonnerre : il a péri. Tant qu'Hébert et Chaumette étaient là, ils pouvaient agir dans les sections et armer la Commune : ils ne sont plus. Robespierre est le maître dans la Convention, où les amis de Danton se prosternent à ses pieds; le maître dans la Commune où il a établi comme maire Lescot-Fleuriot, comme agent national Payan, deux hommes à lui, ayant l'énergie et l'audace que lui-même il n'a pas. Il est sans rival dans le Comité de salut public; et la suppression des ministères, décidée sur le rapport de Carnot, dès le lendemain de l'arrestation de Danton, subordonne au Comité tous les rouages du pouvoir exécutif. Robespierre met dans les commissions qui les remplacent tous hommes de son choix, et il s'assure plus que jamais le grand ressort du pouvoir, je veux parler du tribunal révolutionnaire, en y plaçant Dumas pour président.

Quelle forme doit prendre cette domination? Faudra-t-il quelque nom nouveau qui la définisse, quelque institution nouvelle qui la consacre? S'il était homme de guerre ! Mais presque seul du Comité de salut public, il n'a point été aux armées. Carnot a gagné la bataille de

Wattignies, Saint-Just va gagner la bataille de Fleurus : Carnot, Saint-Just, un peu Jourdan sans doute ; mais Jourdan à Wattignies, sous les auspices de Carnot, Jourdan à Fleurus, sous l'œil de Saint-Just ; et lui, il n'a jamais combattu que de la parole, commandé qu'à des députés, triomphé qu'à la tribune[1]. Une idée s'offre à lui, pourtant : il va donner à son gouvernement le caractère d'un pouvoir réparateur. Du milieu des ruines de tous les cultes il retire l'idée de Dieu ; l'*incorruptible* relève l'Éternel, il prend l'immortalité de l'âme sous sa garantie. Un décret proclame l'Être suprême, une fête va le consacrer. Est-ce une restauration ? Mais quoi ! le lendemain de cette fête, il impose à la Convention la loi du 22 prairial, c'est-à-dire la consommation de la Terreur ! Ainsi il ne triomphe que pour donner une impulsion plus forte et un mouvement plus rapide à sa politique d'extermination ; car pour lui pas de domination, pas de liberté sans la destruction de ses ennemis.

Quels sont donc ses ennemis ? Ceux qui ne le suivent pas, ceux qui regardent vers le passé, ceux qui n'ont pas devant les yeux le même avenir. Mais parmi les hommes qui ont un regard vers le passé, il n'y a pas seulement ceux qui regrettent l'ancien régime : de ceux-là il ne restera bientôt plus personne avec le système qui prévaut pour vider les prisons ; il y a ceux qui se rappellent ces grands révolutionnaires, souillés du premier sang de la Révolution et ensuite sacrifiés par elle et pour elle ; et parmi les hommes qui songent à l'avenir, il n'y a pas seulement ceux qui rêvent une restauration monarchique, il y a des républicains aussi qui savent

---

1. Sa défiance à l'égard des généraux lui faisait de leurs succès un cauchemar. (Voy. *Mémoires sur Carnot*, t. I, p. 518.)

qu'en république il ne suffit pas de combattre les despotes coalisés pour échapper à la tyrannie, et ont retenu, de leurs souvenirs classiques si fort en vogue dans ces temps-là, qu'en Grèce comme à Rome, c'est de la démagogie que sont sortis les tyrans.

Dès le mois de prairial si considérable dans la vie de Robespierre, dès cette fête du 20 qui fut le triomphe de sa vanité, dès cette loi du 22 qui fut la consécration de sa politique, ce sentiment était dans tous les esprits; et la loi du 22 prairial n'effraya tant la Convention que parce qu'elle y pressentit une arme dont Robespierre voulait se munir contre elle-même. A partir du 25 prairial, ce n'était plus un secret pour les deux comités[1] : il y avait au sein de la Convention nationale de nouveaux conspirateurs qu'il fallait atteindre. Couthon d'ailleurs le disait tout haut aux Jacobins, lorsque se plaignant des efforts de la Convention pour modifier, les 23 et 24, la loi votée le 22, il disait : « L'ombre des Danton, des Hébert et des Chaumette se promène encore parmi nous[2]; » et Robespierre ne tenait pas un autre langage à la même tribune dans ses discours de messidor. On se défiait donc de ses projets, et lui-même n'avait pas besoin de cette double vue dont il était doué en pareille matière pour deviner de telles dispositions parmi les montagnards : car elles éclataient en murmures, elles se manifestaient au grand jour.

De part et d'autre on s'applique à reconnaître les

---

1. Voyez les témoignages recueillis et habilement rapprochés par M. Charles d'Héricault sur la séance des deux comités du 25 prairial dans son histoire très intéressante et très complète de *La Révolution de Thermidor*, p. 236 et suivantes.)

2. Buchez et Roux, *Hist. parlem. de la Révolution française*, t. XXXIII, p. 240.

amis et les ennemis, à choisir son terrain et à épier les circonstances favorables pour engager la lutte : car elle est imminente.

II

Les partis en présence.

Robespierre a incontestablement les avantages de la position.

Au Comité de salut public, il n'a peut-être pas la majorité, mais il y garde l'influence directrice. Quoiqu'il paraisse s'en éloigner en signe de mécontentement, il y est toujours, sinon par Saint-Just qui voyage aux armées, au moins par Couthon que ses infirmités y clouent; et le paralytique Couthon suffit pour y retenir son ascendant et diriger les grandes exécutions : sur ce point d'ailleurs il n'y eut jamais conflit entre les membres du comité[1].

Le Comité de sûreté générale où ses ennemis sont plus nombreux, qui a ce puissant instrument de défense ou d'attaque en temps de révolution ou de coups d'État,

---

1. Il est assez bizarre de voir un de ceux qui souscrivaient à ces exécutions faire un reproche à Robespierre de n'avoir pas été là pour les arrêter. On lit dans les *Mémoires sur Carnot* (t. I, p. 526) ces réflexions que l'auteur avait recueillies de Prieur de la Côte-d'Or, sur l'absence de Robespierre :

« Il affectait de traverser les salles du comité après la levée de la séance et il signait quelques pièces, ne s'abstenant réellement que de nos délibérations communes. Il avait chez lui de fréquentes conférences avec les présidents du tribunal révolutionnaire sur lequel son influence s'exerçait plus que jamais : de sorte que l'on se trompe beaucoup si l'on croit qu'il fut étranger, non plus que ses amis, à ce qu'on a nommé les grandes fournées. S'il avait eu l'intention de ralentir le mouvement terroriste, le véritable moyen eût été de demeurer au comité pour y faire acte de modération, au lieu de laisser fonctionner le couteau qu'il avait aiguisé le 22 prairial. » — Comment donc, parmi les membres présents, n'y avait-il personne pour s'y opposer?

la police, est surveillé lui-même par des agents que Robespierre a dans son sein (Héron, par exemple), et dominé par une police moins officielle que Robespierre a rattachée à ses attributions : le bureau de surveillance administrative.

Dans la Convention, il se sent pour ennemis les amis de Danton, du grand révolutionnaire qu'il a immolé à son ambition et dont depuis il n'a cessé à la tribune de poursuivre la mémoire, comme s'il avait toujours devant les yeux son spectre le foudroyant de son geste, de son regard, de cette voix qu'il a su étouffer. Par eux, cette ombre menaçante peut reprendre vie et user de représailles. Mais Robespierre leur a fait voir qu'il les connaît; il leur a montré le glaive suspendu sur leurs têtes, et la masse de l'assemblée lui a déjà trop accordé pour lui marchander quelques victimes. Le jour où il les désignera, ce sera pour tous les autres un immense soulagement.

Aux Jacobins, où il se montre d'autant plus qu'ailleurs il se fait rare[1], il s'essaie déjà à les frapper par des épurations : ainsi le 23 messidor, Dubois-Crancé, le 26, Fouché, sont, sur sa parole, impitoyablement rayés. Dans la Commune enfin et dans les sections, il se rallie les plus enragés par l'application de plus en plus outrée de la loi du 22 prairial. Après le supplice des Chemises rouges et au milieu des exécutions de messidor, quel sectateur d'Hébert osera l'appeler encore « jambe cassée en révolution? » quel disciple de Marat

---

1. « Robespierre ayant abandonné le comité, car il n'aimait plus à se mesurer de trop près avec l'ennemi, s'était retranché dans les clubs d'où il lançait ses bombes incendiaires. Il n'osait pas tenter une attaque décisive, soit manque de résolution, soit qu'il hésitât à frapper quelques hommes indispensables au gouvernement. » (*Mém. de Barère*, t. I, p. 111; notice de H. Carnot.)

pourrait se vanter d'aller plus loin dans la Terreur?

Mais l'excès de sa force, éveillant la conscience du péril, va changer la face des choses.

Ceux qu'il avait proscrits aux Jacobins comme Dubois-Crancé et Fouché de Nantes; ceux qu'il avait déjà nommés dans la Convention comme Bourdon de l'Oise, et ceux qui, sans avoir été nommés, se savaient menacés comme anciens amis de Danton, voyaient clairement que l'heure décisive approchait. Il faut ranger parmi ceux-là Delmas, Thuriot, Léonard Bourdon qui se trouvent, avec Dubois-Crancé et Bourdon de l'Oise, inscrits sur une liste trouvée depuis dans les papiers de Robespierre[1]; Legendre, Lecointre de Versailles, dantonistes déclarés, Panis et Sergent, complices actifs de Danton dans les journées de septembre; Courtois, Charles Duval, Garnier de l'Aube et Merlin de Thionville; Cambon, le créateur du grand livre de la dette publique; Fréron, le collègue de Fouché dans sa mission sanglante à Toulon, et d'autres signalés par des excès de même nature, comme représentants du peuple délégués, Rovère et Barras, à Marseille; Javogues, en Saône-et-Loire; Thirion, dans l'Eure-et-Loir; André Dumont, à Amiens; Tallien, à Bordeaux : Tallien qui avait à craindre, non pas seulement pour lui, comme tout ancien représentant en mission dont le dossier était tenu à jour au bureau de surveillance administrative de Robespierre[2], mais pour la belle Teresa Cabarrus (Mme Devins de Fontenai, bientôt Mme Tallien), emprisonnée alors et poursuivie avec un acharnement singulier par l'homme devenu l'arbitre de la vie et de la mort

---

1. Courtois, *Papiers trouvés chez Robespierre*, nº LI, p. 189.
2. Voyez Ch. d'Héricault, *la Révolution de Thermidor*, p. 172.

des détenus¹. On en comptait dix-huit au moins²; on disait même qu'il y en avait trente³ et dans le nombre pouvaient se trouver des membres des comités aussi : Jagot, Voulland, Vadier, du Comité de sûreté générale ; Billaud-Varennes, Collot-d'Herbois, du Comité de salut public; et non pas seulement les rivaux de Robespierre en influence, mais les *travailleurs* du comité, même Carnot qui avait un émule en Saint-Just et qui, dans la chaleur d'une querelle au sein du comité, n'avait pu s'empêcher de jeter aux triumvirs cette parole de défi : « Vous êtes des dictateurs ridicules⁴. »

Cette dictature en ce qui touche Robespierre était pressentie par tout le monde. Au dehors c'était comme un fait établi. On imprimait dans les gazettes le *gouvernement de Robespierre, les armées de Robespierre*.

---

1. On lit, dans les cahiers du bureau de la surveillance administrative, plusieurs dénonciations sur les « lettres écrites à la citoyenne Cabarrus, femme divorcée de Devins : »

« L'une insignifiante est datée de Bordeaux ; l'autre, même timbre, est signée Manoury. Ce dernier est à Rouen.

« *Robespierre :* Donner une idée plus précise de ces lettres et tâcher de découvrir Manouri.

— « Le comité révolutionnaire fait passer au comité dix nouvelles lettres adressées à la citoyenne Cabarrus, femme Devins divorcée.

« Elles ne contiennent rien de suspect ; les sujets sont tous en *amoroso*.

« *Robespierre :* Il faut réunir tous les pièces relatives à la Cabarrus. » (Archives, F 7 4437).

C'est le 3 prairial qu'elle avait été arrêtée. C'est le 5, au rapport de Laurent Lecointre, qu'une première réunion se fit entre Lecointre lui-même, Tallien, Fréron, Barras, Courtois, Garnier de l'Aube, Rovère, Thirion et Guffroy contre Robespierre. (Buchez et Roux, *Hist. de la Révol. française*, t. XXXIII. p. 348; Louis Blanc, t. XI, p. 167.

2. « Robespierre donna le courage du désespoir à Tallien, Bourdon de l'Oise, Legendre, Lecointre, etc., auxquels, par ses discours, il fit redouter le sort de Danton et de Lacroix. Tout tyran qui menace et ne frappe pas est frappé lui-même. » (Durand de Maillan, *Mémoires*, ch. x, p. 198.)

3. Lecointre, *les Crimes de Septembre*, p. 13-14; cf. Barère, *Mémoires*, t. II, p. 211.)

4. Buchez et Roux, *Hist. parlem. de la Révolution française*, t. XXXIII, p. 592.

Robespierre y voyait un signe de la conspiration de l'étranger; et ceux qui en France soulignaient ces appellations, exaltant sa puissance, ne songeaient sans doute qu'à la ruiner. Mais la tactique était-elle bonne? Est-on bien sûr que cette façon de grandir un homme soit un moyen de le perdre dans nos républiques? Cela lui valait quelques cris de haine cachés sous le couvert de l'anonyme dans la Convention ou ailleurs[1]; mais cela pouvait, à un moment donné, remuer et entraîner à lui la masse du peuple.

Il fallait d'autres moyens pour faire obstacle à sa dictature. C'était aux membres des comités les plus menacés, comme étant le plus près du pouvoir et le plus jaloux de le garder, qu'il convenait d'aviser au péril. On chercha le côté faible de Robespierre, et au Comité de sûreté générale on crut l'avoir trouvé.

III

Attaques indirectes contre Robespierre; affaire de Catherine Théot; rapport de Vadier; lettre de Payan.

Une vieille femme, une sorte d'illuminée, Catherine Théot, s'était fait quelques adeptes en se donnant comme la mère de Dieu et annonçant la venue d'un nouveau Messie. Parmi ses croyants était un ancien religieux, ancien constituant, l'un des personnages de la journée du jeu de paume, dom Gerle, et quelques femmes qui soutenaient la prophétesse de leur argent. Quel était ce Messie? On ne le disait pas : mais on laissait entendre

---

1. Voyez les deux lettres conservées aux Archives, F 7 4436, et publiées sous les n°ˢ LVIII et LX dans les *Papiers trouvés chez Robespierre*, p. 220 et 224.

que ce pourrait bien être Robespierre lui-même. Il y avait là une piste à suivre. Le Comité de sûreté générale n'eut garde de la négliger. Catherine Théot fut arrêtée avec dom Gerle et d'autres par Senart qui s'était fait présenter comme néophyte et qui, à peine initié, donna le signal à son escorte d'agents de police postés dans la rue. L'affaire fut soigneusement instruite et Vadier vint au nom de son comité en faire le rapport à la Convention.

Vadier rattachait les folies de Catherine Théot (il la nommait Théos pour mieux accentuer l'esprit de la secte) à la grande conspiration de l'intérieur et du dehors : c'était une fourberie de prêtres, une œuvre qui continuait sous le voile d'une doctrine ridicule et les cérémonies d'une bizarre initiation la série des grands attentats : massacres de la Saint-Barthélemy, vêpres siciliennes, conspiration de poudres, etc.

Si la Révolution avait triomphé, on pourrait mépriser les prêtres, disait-il. Mais lorsque leurs scélérates singeries deviennent une arme meurtrière dans les mains de nos ennemis, lorsque Pitt envoie sur nos côtes une cargaison de poignards destinés pour Paris ; lorsque les crucifix, les sacrés-cœurs, les rosaires sont les signes de ralliement des conspirateurs, lorsqu'on les trouve dans les poches des émigrés, sur la poitrine des brigands de la Vendée, et qu'on voit ces funestes emblèmes dans les galetas de la prétendue mère de Dieu... ; lorsqu'il est prouvé que le monstre Lamiral, assassin de Collot d'Herbois (il oublie Robespierre) était le camarade et le commensal du baron de Batz, chef de toutes les conspirations de l'étranger,.. verrez-vous de sang-froid et sans inquiétude se former autour de la représentation nationale un atelier de fanatisme, une manufacture de fous, une pépinière de Cordays ? Non, citoyens...

Mais « la prétendue mère de Dieu » n'était que « la pièce curieuse » de cet atelier ; le principal agent, le précurseur du nouveau Messie était dom Gerle, et Vadier en fait un portrait peu flatté qu'il encadre d'une façon grotesque entre « ses deux petites sœurs » — « ses deux colombes », en compagnie d'un cinquième illuminé, Quesvremont-Lamothe. En conséquence il proposait et fit voter à la Convention un décret qui renvoyait les cinq prévenus au tribunal révolutionnaire[1].

Le « fanatisme », c'était l'ennemi : mais derrière cet ennemi abstrait, on comptait bien en atteindre un autre : l'instruction en effet devait faire découvrir des choses que le rapporteur ne disait pas, et il le savait : un certificat de civisme délivré à dom Gerle, sur la recommandation de Robespierre, une lettre de Catherine Théot à Robespierre, « trouvée si heureusement, dit Vilate, dans sa couche virginale lors de son arrestation[2]. » Quand l'affaire vint au Comité de salut public, Robespierre s'opposa avec une grande vivacité à ce qu'on la renvoyât (quoi qu'en dît le décret) devant le tribunal, et il y réussit (27 prairial[3]) ; il n'en resta pas moins suspect au moins de complaisance pour des mome-

---

1. Séance du 27 prairial. (*Moniteur* du 29 = 17 juin 1794.)
2. Vilate, *les Mystères de la mère de Dieu dévoilés*, p. 276 (édition Baudouin).
3. Voici ce qu'en dit Fouquier-Tinville devant la Convention le 21 thermidor :
« Quant à Catherine Théos, je reçus ordre de porter les pièces au Comité, après le décret qui avait ordonné la mise en jugement. Je m'y rendis ; je trouvai dans la première pièce Dumas, à qui sans doute Robespierre avait donné parole. Le Comité était assemblé ; je remis les pièces sur le bureau ; Robespierre s'en empara, et lorsqu'il commença à les lire, tout le monde sortit, de manière que je restai seul avec lui et Dumas. Il m'ordonna de laisser la liasse ; j'obéis et je rendis compte au comité de sûreté générale, qui était chargé spécialement de surveiller le tribunal. » (Séance du 21 thermidor (8 août 1794), *Moniteur* du 23) Il tient le même langage dans son procès (n° 30, p. 31), et il rapporte au dissentiment du Comité sur cette affaire l'origine du 9 thermidor.

ries dont on avait fait une conspiration redoutable.

Il y avait là un vrai péril que Robespierre ne voyait pas, mais qui frappa les yeux de Payan, un de ses satellites les plus dévoués. Robespierre avait été au fond ridiculisé par le rapport du vieux Vadier. Il fallait qu'il y fût répondu et par Robespierre lui-même. C'est sur le même terrain que Payan voulait qu'il s'établît et il lui écrivit une lettre qui lui expose tout un système de défense et d'attaque pour la lutte prête à s'engager. C'est comme le plan de la campagne où le tribunal révolutionnaire aura son rôle.

Il n'hésite pas à dénoncer le comité de sûreté générale comme une entrave pour le gouvernement, et le lieu où l'ennemi se cache encore :

Le comité de sûreté générale, dit-il, soit jalousie, soit petitesse des hommes qui le composent, soit tendance naturelle à toutes les autorités de s'élever au-dessus des autres, soit qu'il fût piqué de n'avoir pas dénoncé lui-même Hébert et Danton, a voulu dévoiler une conspiration, mais il n'a fait qu'une comédie ridicule et funeste à la patrie.

Il en prend occasion d'attaquer l'esprit de ses rapports et il n'épargne pas le caractère de ses membres :

Les membres qui le forment font tout avec légèreté, sans réflexion ; ils ont besoin d'être bien guidés et non de diriger en rien. Je ne crains pas de le dire, il vaudroit mieux dans ce comité des hommes avec des talents très médiocres et qui se laisseroient conduire par le gouvernement, que des hommes même de génie. Dans le premier cas, tout iroit bien, et l'unité d'action sauveroit la patrie. Dans le second cas, il y auroit deux centres de gouvernement ; de là le frottement perpétuel de l'un d'eux contre le centre le plus utile, le mieux dessiné, le plus marqué ; et pendant ce temps de tourmente la patrie courroit les plus grands dangers.

Mais un comité plus nuisible encore, c'est celui qui n'a ni le génie de créer, ni la modestie de se taire et de se laisser diriger.

Et quant au rapport de Vadier :

Quelque jour peut-être nous découvrirons qu'il est le fruit d'une intrigue contre-révolutionnaire.

Il n'entend pas diviser les comités et moins encore faire éclater cette division aux yeux du public; mais il veut que l'un reste soumis à l'autre; qu'on prépare les esprits au règlement de cette subordination nécessaire, et pour cela il faut que Robespierre frappe un coup de maître :

Je reviens au fait. Il faut opposer à une farce qui seroit ridicule, si elle n'avoit été funeste, un rapport intéressant; il faut d'abord attaquer le fanatisme, donner une nouvelle vie aux principes sublimes développés dans votre rapport sur les idées religieuses, faire disparoître les dénominations de la superstition, ces *pater*, ces *ave*, ces épîtres, prétendus républicains; organiser les fêtes publiques; décréter que les moindres détails de ces fêtes seront déterminés avec soin et précision, favoriser surtout l'opinion éclairée du peuple qui prend la mère-dieu pour une folle; frapper néanmoins les auteurs, les imprimeurs, les journalistes et Bouland, qui ont profité de cette circonstance pour défigurer la fête à l'Être suprême; punir aussi quelques défenseurs officieux, Chauveau-Lagarde, par exemple, duquel j'ai une pièce parlante contre Marat; attaquer tous ceux qui ont essayé de pervertir la morale publique, et renverser enfin Bourdon et ses complices. Le rapport de Vadier a été inspiré par des hommes qui vouloient faire oublier ces derniers : eh bien ! qu'ils revivent un instant pour périr ensuite avec ces journalistes qui ont eu la lâcheté ou la malveillance de ne rien dire de la fameuse séance relative au tribunal révolutionnaire; qu'ils soient punis avec les journalistes qui craignent, disent-ils, en combattant des membres de la Convention de paroître attaquer la Montagne et la représentation nationale, et qui, durant le règne de Brissot, avoient tant de courage pour dénoncer les députés les plus zélés défenseurs du peuple. Prenez-y garde, les Bourdon et ses complices s'enveloppent aujourd'hui d'un hypocrite silence, ils tâchent de se sauver à l'aide de l'obscurité où ils se plongent, et ils ont des scélérats qui les aident dans leurs perfides projets. Craignez qu'en mettant un long intervalle entre la séance où ils s'élevèrent contre le gouvernement, et le moment que l'on choisira pour les dénoncer, le rapport qui sera fait alors produise moins d'effet, et qu'il ait moins de partisans.

Il lui marque le but à atteindre :

Apprenez à tous les citoyens de la France qu'une mort infâme attend tous ceux qui s'opposeront au gouvernement révolutionnaire.

Et il le presse d'agir, lui traçant pour le gouvernement révolutionnaire une forme plus rigoureuse encore :

Vous ne pouvez pas choisir de circonstances plus favorables pour frapper tous les conspirateurs. L'on sent que toutes nos victoires sont le fruit de nos travaux : elles imposent silence aux malveillants. Mais voulez-vous atterer en même temps et ces derniers et les despotes ? remportez de grandes victoires dans l'intérieur ; faites un rapport qui frappe à la fois toutes les conspirations ; décrétez des mesures salutaires pour les journaux : que les fonctionnaires publics, responsables, puisqu'ils sont les ministres de la morale, soient dirigés par vous ; qu'ils servent à centraliser, à uniformiser l'opinion publique, c'est-à-dire le gouvernement moral, tandis que vous n'avez centralisé que le gouvernement physique, le gouvernement matériel.

Un rapport donc, et il lui en trace le plan :

Si l'on éprouvoit des revers toujours possibles ou si les malveillants ne *bourdonnoient* plus, ils échapperoient... Faites, je vous le répète, un rapport vaste qui embrasse tous les conspirateurs, qui montre toutes les conspirations réunies en une seule ; que l'on y voie des fayétistes, des royalistes, des fédéralistes, des hébertistes, des dantonistes et des Bourdons. Développez avec votre philosophie ordinaire les liaisons et les rapports que la faction qui domine a, sans doute, avec toutes les précédentes. Il seroit indigne du Comité, de vous, des circonstances, de faire un rapport partiel. Travaillez en grand[1].

Et il était tout prêt à le seconder, lui, le maire Lescot-Fleuriot, et Hanriot le fameux général. Hanriot écrivait quelques jours après, 15 messidor, à Lescot-Fleuriot :

Camarade, tu seras content de moi et de la manière dont je m'y prendrai. Va, les hommes qui aiment la Patrie s'entendent facilement pour faire tourner tous leurs pas au profit de la chose publique.

Amitié et fraternité.
Ton frère, le général HANRIOT.

P.-S. J'aurois voulu et je voudrois que le secret de l'opération fût dans nos deux têtes, les méchants n'en sauroient rien[2].

C'est aussi à la suite de la lettre de Payan, et, on le peut croire, sous son inspiration, que Robespierre prit aux Jacobins les 13, 21 et 25 messidor, l'attitude menaçante que nous avons signalée dans ses discours. C'est alors qu'il fit faire un pas décisif au sanglant système

---

1. Archives, F7 4436. Courtois, *Papiers trouvés chez Robespierre*, n° LVI, p. 212-217.
2. Courtois, *Rapport fait au nom des comités de salut public et de sûreté générale sur les événements du 9 thermidor an II*, prononcé le 8 thermidor an III, p. 53.

d'évacuation des prisons, sous prétexte de complot, par la grande exécution du Luxembourg. On continuait par les Carmes, par Saint-Lazare ; et les membres des comités qui mettaient si complaisamment leurs signatures au bas de ces listes, de ces arrêts de mort, étaient de moins en moins rassurés pour eux-mêmes. Si Robespierre au milieu de ces hécatombes eût désigné cinq ou six, dix ou douze têtes de députés à y joindre, — des têtes de ceux qui avaient été jusque-là ses complices dans la Terreur, — la majorité de la Convention s'y serait-elle opposée? On ne le peut croire. Mais il ne le fit pas : il laissa par le mystère de ses projets le glaive suspendu sur toutes les têtes, et dès lors il devait avoir la majorité contre lui.

L'action se précipite dans cette première décade de thermidor.

IV

La 1re décade de thermidor : 1 (19 juillet 1794) Robespierre aux Jacobins. — 3 (21 juillet). Querelle au Comité. — 4 (22 juillet). Rapprochement. — 5 (23 juillet). Barère à la Convention. — 6 (24 juillet). Arrêté sur les quatre commissions populaires pour étendre l'action du tribunal; Couthon aux Jacobins. — 7 (25 juillet). Les Jacobins à la Convention ; rupture secrète dans le Comité; discours de Barère.

Robespierre, le 1er thermidor aux Jacobins, avait à peine dissimulé ses projets. Il n'était bruit que des représentants menacés. *Un représentant coupable ne pouvait-il donc être atteint sans qu'on fût convaincu de conspirer contre la représentation nationale?* Il signalait cette prétention comme « un principe affreux et tyrannique, » ajoutant ces paroles significatives : « La Convention est pure, *en général*. Elle est au-dessus de la crainte comme du crime. Elle n'a rien de commun avec une poignée de conjurés[1] » — C'était mal rassurer ceux qui redoutaient de nouvelles proscriptions.

Un simple juge au tribunal révolutionnaire, Naulin, avait dit : « Il faut chasser de la Convention tous les hommes corrompus[2]. » Un juré, Vilate, dans le vestibule même de la Convention : « Le tribunal révolutionnaire attend une vingtaine de députés[3]. » Naulin avait été arrêté et écroué aux Carmes, le 15 messidor; Vilate, le 3 thermidor, fut envoyé à la Force[4]. Ce n'étaient que des comparses dont la Convention pouvait avoir raison facilement. Mais ce qu'ils avaient dit, Robespierre était là, ayant le pouvoir de le faire.

Il y eut pourtant alors, entre les deux fractions du comité en présence, une sorte d'hésitation avant la rupture. Saint-Just, hautain et tranchant comme il l'était toujours, ayant dit que « tout ce qui ne ressemblerait pas au pur amour du peuple aurait sa haine, » ces paroles avaient été prises comme une déclaration de guerre, et Billaud-Varennes, prenant à partie le chef du triumvirat, prononça le nom de Pisistrate. Mais le len-

---

1. *Moniteur* du 6 thermidor.
2. Vilate, *Causes secrètes de la Révol. du 9 au 10 Thermidor*, p. 200, éd. Baudouin
3. Il avoue ce propos (*ibid.*, p. 203); seulement il le présente non comme une menace, mais comme un avertissement dont on devrait lui tenir compte (*la bombe va éclater*), une révélation indirecte de cette confidence de Barère :
« Ce Robespierre est insatiable : parce qu'on ne fait pas tout ce qu'il voudrait, il faut qu'il rompe la glace avec nous. S'il nous parlait de Thuriot, Guffroy, Rovère, Le Cointre, Panis, Cambon, de ce Monestier, qui a vexé toute ma famille, et de toute la séquelle dantoniste, nous nous entendrions; qu'il demande encore Tallien, Bourdon de l'Oise, Legendre, Fréron. à la bonne heure;... mais Duval, mais Audouin, mais Léonard Bourdon, Vadier, Vouland, il est impossible d'y consentir. — Ce sont donc là, répliquai-je, les scélérats, les hommes corrompus de la Convention ? » (Vilate, *Causes secrètes de la Révolution du 9 au 10 thermidor*, p. 201.)
4. Sur Naulin, voyez ci-dessus, t. IV, p. 374; sur Vilate, ce qu'il en dit lui-même, *Causes secrètes de la Révol. du 9 au 10 thermidor*, p. 216; cf. Ch. d'Héricault, ouvrage cité, p. 331.

demain, 4 thermidor (et c'est Saint-Just qui en témoigne encore dans son discours du 9¹), il parut faire un pas vers le rétablissement du bon accord et, s'adressant à Robespierre lui-même, il lui dit : « Nous sommes tes amis. Nous avons toujours marché ensemble. »

Il y eut donc réconciliation, du moins en apparence, et le lendemain, 5, elle s'afficha devant la Convention sur une matière où d'ailleurs ce comité n'avait jamais été en désaccord : un redoublement de rigueur contre les prétendues conspirations. Ce fut Barère qui, le jour même où s'accomplissait la grande immolation des Carmes d'après la liste signée : Saint-Just, Carnot, Prieur et Billaud-Varennes², vint présenter ces massacres judiciaires comme une conséquence naturelle de nos victoires :

C'est des prisons, ajoutait-il, que sortent aujourd'hui les coupables espérances des Anglais : c'est dans les auxiliaires qu'elles ont dans Paris, qu'ils espèrent retrouver des complots, des conspirations, des troubles publics, de longs assassinats.

C'est aux bons citoyens à veiller plus que jamais, à ne pas s'endormir au sein des victoires, et à porter la terreur dans l'âme des conspirateurs, qui semblent se multiplier à mesure que les armées sont victorieuses³.

Après quoi, renouvelant les menaces de Robespierre contre la faction des indulgents, il promettait que le gouvernement révolutionnaire, dont ces factieux voulaient briser le ressort, allait agir avec plus de vigueur.

---

1. Dernier discours de Saint-Just commencé dans la séance du 9 thermidor, déposé sur le bureau et imprimé par ordre de la Convention nationale. (Buchez et Roux, *Hist. parlem.*, t. XXXIV, p. 15 et 16.
2. Voyez ci-dessus, p. 91.
3. Séance du 5 thermidor. (*Moniteur* du 6 = 24 juillet 1794.)

En effet, dans la journée du lendemain, 6, les deux comités s'unissaient pour arrêter l'établissement des six commissions populaires prévues par la loi du 22 prairial et l'envoi de sections nouvelles du tribunal révolutionnaire, avec guillotine, par toute la France[1].

Mais qui devait faire les frais de cet accord des comités ? Les dantonistes, les chefs de la Montagne ; et le doux et intéressant Couthon[2], ce jour même, dans un discours aux Jacobins, ne le dissimulait pas. Faisant allusion aux bruits répandus, non sans cause, sur les divergences de vues qui avaient éclaté au sein des comités :

Le but de ces bruits effrayants, disait-il, était d'opérer une diversion dont nos ennemis auraient profité pour renverser le patriotisme. Mais le peuple est en garde contre toutes les insinuations des scélérats. S'il y a eu des divisions entre les personnes, il n'y en a jamais eu sur les principes ; et je dois dire que la Convention, *dans sa très grande majorité*, est d'une pureté exemplaire. Je dis la même chose des comités de salut public et de sûreté générale : *il y existe* des hommes vertueux et énergiques, disposés à faire les plus grands sacrifices pour la patrie.

L'éloge, on le voit, n'était pas sans réserve pour la Convention, ni même pour les deux comités :

Le comité de sûreté générale, ajoutait-il, insistant sur ce point, n'est peut-être pas exempt de reproche. Je n'inculpe

---

1. Voyez ci-dessus, p. 71 et Saladin, pièces n° xxxvii-xxxix.
2. Paganel (*Essai historique sur la Révolution française*, tome II, p. 358, fait ressortir l'étrange contraste de son extérieur et de son caractère : « Si jamais la nature commit une erreur, c'est lorsqu'elle donna à Couthon un regard doux, une bouche riante, une physionomie qui sollicitait les tendres affections et promettait la bonté. Ses yeux vous caressaient ; son silence vous attirait ; chacun de ses traits exprimait un sentiment aimable et vous attirait. Eh bien ! dans cet ensemble séduisant, tout était imposture. Jamais physionomie humaine n'a réfléchi plus de candeur et n'a voilé plus d'atrocité.

pas ses membres : ils ont les intentions pures, mais je dirai que ce comité a été entouré de scélérats.

Il s'en prenait à ses agents — agents de Pitt et de Cobourg ; — et pour la Convention il allait plus loin :

Je le dis à regret, mais c'est la vérité, vous avez jusque dans votre sein des agents de cette faction infernale de l'étranger ; il en existe jusque dans le sein de la Convention nationale. Heureusement qu'ils y sont en bien petit nombre et que la vertu et l'énergie de la Convention nationale peuvent écraser à volonté les cinq ou six petites figures humaines, dont les mains sont pleines des richesses de la République et dégouttantes du sang des innocents qu'ils ont immolés[1].

Cinq ou six : disait-il tout? et combien de représentants revenus de mission, se reconnaissant à ces traits, ne pouvaient-ils pas dire : Est-ce moi ?

Couthon veut aller au-devant des craintes qu'il éveille :

Et qu'ils ne prennent pas occasion, ces hommes infâmes, de ce que je dis ici, pour répéter que c'est à la Convention nationale que nous en voulons. Moi, proposer une mesure contre la représentation nationale, moi qui sacrifierais dix mille vies pour elle.,.

Mais insistant pourtant sur ce qui était le fond de sa pensée et le but de son discours :

Il y a ici et dans la Convention quelques hommes impurs qui cherchent à corrompre la morale publique et à élever un trône au crime sur le tombeau des mœurs et de la vertu. Je ne propose ici aucune mesure particulière contre les ennemis les plus vils, mais les plus dangereux de la liberté publique ; je demande seulement que les hommes de bien se rallient, que des représentants purs se détachent de ces cinq ou six

---

1. Dans son discours du 3, à la même tribune. il avait déjà dit : « la Convention ne se laissera pas subjuguer par quatre à cinq scélérats. (*Moniteur* du 9 thermidor = 27 juillet 1794.)

êtres turbulents, et que, dès ce jour, ils décrivent la ligne de démarcation entre eux et les méchants [1].

Ce discours provoqua de la part des Jacobins une démarche auprès de la Convention (7 thermidor) : ils y apportaient comme un écho des paroles de Couthon contre la faction des indulgents et les nouveaux traîtres qu'il s'agissait d'atteindre :

Représentants du peuple, disaient-ils, c'est la justice que vous avez mise à l'ordre du jour et non l'indulgence ; vous savez que l'indulgence augmente l'audace des conspirateurs ; vous savez que l'homme juste, même après des erreurs, des fautes, ne demande encore que justice.

La justice fera trembler les traîtres, les fripons, les intrigants ; elle consolera, elle rassurera l'homme de bien. Vous maintiendrez cette union qui fait votre force, qui désespère vos ennemis : il n'y aura de ligne de démarcation qu'entre le crime et la vertu [2].

Ainsi le pacte était scellé entre le triumvirat et les Jacobins ; et le peuple des tribunes semblait tout prêt à suivre. On disait dans les groupes qui environnaient l'assemblée : « Il faut faire un 31 mai [3]. » L'accord pourtant n'était pas si complet entre les comités que l'avait dit Couthon, et ses paroles mêmes prouvaient qu'il ne pouvait pas l'être ; même après la démarche de Billaud-Varennes, il ne s'était pas refait au sein du Comité de salut public. Dans une nouvelle conférence sur les nécessités de la situation, Saint-Just ayant dit qu'il

---

1. Ce discours, qui ne se trouve pas au *Moniteur*, a été donné le 10 thermidor, dans son n° 92, par le *Journal de la Montagne*, d'où MM. Buchez et Roux l'ont extrait : *Hist. parlem.*, t. XXXIII, p. 389 et suiv.
2. Séance du 7 thermidor. (*Moniteur* du 8 = 26 juillet 1794.)
3. Rappelé dans le discours de Barère du 7. Voyez Buchez et Roux, *Histoire parlem.*, t. XXXIII, p. 386.

fallait donner plus d'unité au pouvoir, tout le monde comprit que, sous un nom ou sous un autre, il s'agissait de dictature et de l'abdication de tous entre les mains de Robespierre. La rupture, sans se déclarer, s'acheva ; et c'est la pensée de la majorité dissidente que Barère, dans cette même séance du 7, à la suite de la députation des Jacobins, apportait à la Convention. Le comité se déclarait contre toute nouvelle atteinte portée à l'intégralité de la Convention. *Il faut un nouveau 31 mai!* C'est le bruit qui courait : mais c'est le but qu'Hébert avait poursuivi autrefois; c'est pour cela qu'on l'avait abattu, et c'est au même destin que l'on vouait ceux qui, répétant sa maxime, se rangeaient sous son drapeau :

Hébert n'est plus, mais son esprit vit encore ; ses partisans sont cachés, mais leurs maximes circulent toujours. Il faut donc encore se détourner un instant de la route de la liberté pour le combattre, et les deux comités se sont réunis pour présenter au peuple français un état comparatif de notre situation à l'époque du 31 mai 1793, et de notre situation le 7 thermidor de la seconde année républicaine[1].

Laissons ce long factum. Les esprits n'étaient pas au passé. On avait devant les yeux les deux drapeaux déployés en face l'un de l'autre. Qu'allait faire la Convention? Robespierre comptait l'entraîner par son intervention personnelle. Ce fut l'objet de son grand discours dans la séance du 8 thermidor.

1. *Moniteur* du 8 thermidor (26 juillet 1794).

V

8 thermidor (26 juillet). Discours de Robespierre à la Convention.

Ce discours, acte suprême de Robespierre, n'est point au *Moniteur*. C'est le 10 thermidor qu'il aurait dû y paraître : ce jour-là le *Moniteur* avait d'autres choses à insérer. Mais il a été retrouvé dans ses papiers publiés par ordre de la Convention, et ainsi rien n'en est perdu, pas même les ratures[1]. Il répondait à celui que Barère avait prononcé la veille, et il tranche sur le ton habituel de l'orateur par quelques traits plus vifs que lui inspire la gravité exceptionnelle de la situation.

Robespierre commence encore par les banalités qui l'avaient défrayé jusque-là, sur l'établissement de la République, sur les conspirations auxquelles elle avait été en butte, sur le zèle qu'il avait mis à la défendre, sur les persécutions qu'il avait subies, qu'il endurait encore pour elle, calomnies, assassinats. Les actes de violence qui, par le fait du régime dont il était l'auteur, se continuaient, rendant son nom odieux, il en voudrait faire comme des machinations de ses ennemis :

> Partout les actes d'oppression avaient été multipliés pour étendre le système de terreur et de calomnies : des agents impurs prodiguaient les arrestations injustes; des projets de finance destructeurs menaçaient toutes les fortunes modiques et portaient le désespoir dans une multitude innombrable de familles attachées à la révolution; on épouvantait les nobles et les prêtres par des motions concertées; les paiements des

---

1. Voyez Buchez et Roux, *Hist. parlem.*, t. XXXIII, p. 406 et suiv.

créanciers de l'état et des fonctionnaires publics étaient suspendus ; on surprenait au comité de salut public un arrêté qui renouvelait les poursuites contre les membres de la commune du 10 août, sous le prétexte d'une reddition de comptes ; au sein de la Convention, on prétendait que la Montagne était menacée, parce que quelques membres siégeant en cette partie de la salle se croyaient en danger...

Le croyaient-ils à tort ? Ce n'était pas les rassurer que de dire après avoir parlé des soixante-treize dont il avait pris la défense :

A l'égard des autres, je me suis expliqué sur quelques-uns avec franchise ; j'ai cru remplir mon devoir,.. sans vouloir absoudre le crime, sans vouloir justifier en elles-mêmes les erreurs funestes de plusieurs. Je dis que tous les représentants du peuple dont le cœur est pur doivent reprendre la confiance et la dignité qui leur convient. Je ne connais que deux partis : celui des bons et celui des mauvais citoyens.

Toujours un vague menaçant et une distinction redoutable : mais l'éclair va jaillir du nuage. On parlait de dictature : — outrage au peuple et à la Convention, avilissement de la République ! On parlait de tyran :

Ils m'appellent tyran... Si je l'étais, ils ramperaient à mes pieds... Si je l'étais, les rois que nous avons vaincus... me prêteraient leur coupable appui. On arrive à la tyrannie par le secours des fripons : où courent ceux qui les combattent ? au tombeau et à l'immortalité. Quel est le tyran qui me protège ? Quelle est la faction à qui j'appartiens ? C'est vous-mêmes... c'est vous qu'on persécute, c'est la patrie, ce sont tous les amis de la patrie... Mais quelle dérision cruelle d'ériger en despotes des citoyens toujours proscrits ! La République a triomphé, jamais ses défenseurs. Qui suis-je, moi qu'on accuse ? Un esclave de la liberté, un martyr vivant de la République, la victime autant que l'ennemi du crime. Tous les fripons m'outragent.

Voilà un signe pour reconnaître les fripons.

C'est ici, ajoutait-il, que je dois laisser échapper la vérité et dévoiler les véritables plaies de la République. Les affaires publiques reprennent une marche perfide et alarmante. Le système combiné des Hébert et des Fabre d'Églantine est poursuivi maintenant avec une audace inouïe; les contre-révolutionnaires sont protégés; ceux qui déshonorent la révolution avec les formes de l'hébertisme le sont ouvertement; les autres, avec plus de réserve... On veut détruire le gouvernement révolutionnaire pour immoler la patrie aux scélérats qui la déchirent, et l'on marche à ce but odieux par deux routes différentes : ici on calomnie ouvertement les institutions révolutionnaires; là on cherche à les rendre odieuses par des excès. On tourmente les hommes nuls ou paisibles; on plonge chaque jour les patriotes dans les cachots, et l'on favorise l'aristocratie de tout son pouvoir : c'est là ce qu'on appelle indulgence, humanité. Est-ce là le gouvernement révolutionnaire que nous avons institué et défendu? Non! ce gouvernement est la marche rapide et sûre de la justice; c'est la foudre lancée par la main de la liberté contre le crime; ce n'est pas le despotisme des fripons et de l'aristocratie; ce n'est pas l'indépendance du crime de toutes les lois divines et humaines[1]. Sans le gouvernement révolutionnaire, la République ne peut s'affermir, et les factions l'étoufferont dans son berceau; mais s'il tombe en des mains perfides, il devient lui-même l'instrument de la contre-révolution.

Et il s'attache à retracer le plan de la contre-révolution : c'était de lui rapporter tout comme à un dictateur et de le rendre responsable de ce que chacun souffrait :

On disait aux nobles : « C'est lui seul qui vous a proscrits : » On disait en même temps aux patriotes : « Il veut sauver les nobles. » On s'est attaché particulièrement à prouver que le tribunal révolutionnaire était un tribunal de sang,

---

1. *Affranchi* de toutes les lois divines et humaines.

créé par moi seul et que je maîtrisais absolument, pour faire égorger les gens de bien et même les fripons : car on voulait me susciter des ennemis de tous les genres. Ce cri retentissait dans toutes les prisons. Ce n'est pas tout : on a proposé dans ces derniers temps des projets de finance qui m'ont paru calculés pour désoler les citoyens peu fortunés et pour multiplier les mécontents.

Encore Cambon! — Mais qui sont les auteurs de ces faux bruits, les agents de cette grande conspiration?

Le duc d'York, M. Pitt, et tous les tyrans armés contre nous. Qui ensuite?... Ah! je n'ose les nommer dans ce moment et dans ce lieu, je ne puis me résoudre à déchirer entièrement le voile qui recouvre ce profond mystère d'iniquités; mais ce que je puis affirmer positivement, c'est que parmi les auteurs de cette trame sont les agents de ce système de corruption et d'extravagance, le plus puissant de tous les moyens inventés par l'étranger pour perdre la République, les apôtres impurs de l'athéisme et de l'immoralité dont il est la base.

Ceux qui avaient combattu le décret du 18 floréal, ceux qui, le 20 prairial, n'avaient point paru goûter la fête de l'Être suprême, se trouvaient donc déjà désignés, et il y en avait beaucoup; quelques-uns étaient presque nommés dans la suite du discours : et ceux dont il avait recueilli les brocards, et ceux qui avaient conduit ce qu'on appela l'affaire de Catherine Théos, et ceux qui relevaient la mémoire d'Hérault, de Danton, de Fabre d'Églantine, de Camille Desmoulins. Les six semaines qu'il avait passées loin du Comité de salut public, il s'en prévalait pour se dégager de tout ce qui avait été fait d'odieux alors et signaler la contre-révolution dans toutes les branches de l'administration de l'État, surtout dans l'administration des finances : cette fois, les noms échappent de ses lèvres :

Quels sont les administrateurs suprêmes de nos finances ? Des brissotins, des feuillants, des aristocrates et des fripons connus : ce sont les Cambon, les Mallarmé, les Ramel ; ce sont les compagnons et les successeurs de Chabot, de Fabre et de Julien (de Toulouse).

On parlait beaucoup des victoires. Il met en garde contre leur danger :

La victoire ne fait qu'armer l'ambition, endormir le patriotisme, éveiller l'orgueil et creuser de ses mains brillantes le tombeau de la République. Qu'importe que nos armées chassent devant elles les satellites armés des rois, si nous reculons devant les vices, destructeurs de la liberté publique ?

Et s'il n'y a point alors de général qui lui fasse ombrage, il en prend au moins l'occasion de rabaisser l'homme qui avait osé se poser la veille comme un adversaire devant lui, l'homme qui, par des phrases de rhéteur, semblait exploiter, au profit de sa propre gloire, le sang de nos héros.

Il y a d'ailleurs d'autres ennemis à vaincre, d'autres périls à conjurer :

Laissez flotter un moment les rênes de la Révolution, vous verrez le despotisme militaire s'en emparer et le chef des factions renverser la représentation nationale.

Il y a des excès à punir :

Quelle justice avons-nous faite envers les oppresseurs des peuples ? Quels sont les patriotes, opprimés par les plus odieux abus de l'autorité nationale, qui ont été vengés ? Que dis-je ? Quels sont ceux qui ont pu faire entendre impunément la voix de l'innocence opprimée ? Les coupables n'ont-ils pas établi cet affreux principe que dénoncer un représentant infidèle, c'est conspirer contre la représentation nationale[1]?

Nouvel avertissement pour les Fouché, les Fréron, les Javogues, les Tallien, les Collot-d'Herbois et tant d'autres!

En finissant, il n'hésitait pas à mettre sa propre tête en balance avec les leurs, prêt à la sacrifier si l'on attachait plus de prix à leur vie qu'à la sienne; ils ne peuvent exister ensemble : il faut choisir.

Pour moi, disait-il, dont l'existence paraît aux ennemis de mon pays un obstacle à leurs odieux projets, je consens volontiers à leur en faire le sacrifice, si leur affreux empire doit durer encore...

Si l'on proposait ici de prononcer une amnistie en faveur des députés perfides, et de mettre les crimes de tout représentant sous la sauvegarde d'un décret, la rougeur couvrirait le front de chacun de nous; mais laisser sur la tête des représentants fidèles, le devoir de dénoncer les crimes, et cependant d'un autre côté les livrer à la rage d'une ligue insolente s'ils osent le remplir, n'est-ce pas un désordre encore plus révoltant? C'est plus que protéger le crime, c'est lui immoler la vertu.

Qui donc, la question ainsi posée, pourrait hésiter dans le choix? Qui voudrait déserter la cause de la vertu devant le vice triomphant?

Les Verrès et les Catilina de la France se croient déjà assez avancés dans la carrière du crime pour exposer sur la tribune aux harangues la tête de leur accusateur. Je conçois qu'il est facile à la ligue des tyrans du monde d'accabler un seul homme, mais je sais aussi quels sont les devoirs d'un homme qui peut mourir en défendant la cause du genre humain...

---

1. Il l'avait déjà dit aux Jacobins.

Français, ne souffrez pas que vos ennemis cherchent à abaisser vos âmes et à énerver vos vertus par une funeste doctrine ! Non, Chaumette, non, Fauchet, la mort n'est point un sommeil éternel ! Citoyens, effacez des tombeaux cette maxime impie, qui jette un crêpe funèbre sur la nature et qui insulte à la mort ; gravez-y plutôt celle-ci : *la mort est le commencement de l'immortalité.*

Et joignant à cette péroraison déclamatoire une conclusion pratique :

Que ferons-nous donc ? Notre devoir. Que peut-on objecter à celui qui veut dire la vérité, et qui consent à mourir pour elle ? Disons donc qu'il existe une conspiration contre la liberté publique ; qu'elle doit sa force à une coalition criminelle qui intrigue au sein même de la Convention ; que cette coalition a des complices dans le comité de sûreté générale et dans les bureaux de ce comité qu'ils dominent ; que les ennemis de la République ont opposé ce comité au comité de salut public, et constitué ainsi deux gouvernements ; que des membres du comité de salut public entrent dans ce complot ; que la coalition ainsi formée cherche à perdre les patriotes et la patrie. Quel est le remède à ce mal ? Punir les traîtres, renouveler les bureaux du comité de sûreté générale, épurer ce comité lui-même, et le surbordonner au comité de salut public ; épurer le comité de salut public lui-même, constituer l'unité du gouvernement sous l'autorité suprême de la Convention nationale qui est le centre et le juge, et écraser ainsi toutes les factions du poids de l'autorité nationale, pour élever sur leurs ruines la puissance de la justice et de la liberté.

Programme qui se résumait en deux mots : épuration et châtiment, et menaçait tout à la fois le Comité de sûreté générale, le Comité de salut public et une partie de la Convention elle-même.

VI

Débats à la Convention sur le discours de Robespierre.

Une pareille harangue devait émouvoir tout le monde, et elle excita un vif débat dans l'assemblée. Lecointre de Versailles en demanda l'impression. Bourdon de l'Oise combattit cette motion et Barère l'appuya, sans se prononcer sur le fond, estimant que dans un pays libre, nulle vérité ne devait être cachée : c'était se réserver, jusqu'au dernier moment, la liberté de passer d'un côté ou de l'autre. Couthon demanda, avec l'impression, l'envoi à toutes les communes, et la Convention donna encore ce gage de sa déférence pour Robespierre. Vadier réclama bien contre les paroles qui attaquaient son rapport sur Catherine Théos, contre celles qui mettaient en cause le Comité de sûreté générale dans ses agents; et Cambon, avec plus de vigueur, contre l'étrange imputation qui incriminait non seulement son habileté, mais encore sa probité. Billaud-Varennes releva d'autres points du discours, et comme Robespierre réclamait la liberté de dire son opinion :

Robespierre a raison, dit-il, il faut arracher le masque sur quelque visage qu'il se trouve, et s'il est vrai que nous ne jouissions pas de la liberté des opinions, j'aime mieux que mon cadavre serve de trône à un ambitieux que de devenir par mon silence le complice de ses forfaits. Je demande le renvoi aux deux comités.

Cette réplique imprévue, qui était une attaque directe, changeait en même temps le terrain du débat.

Robespierre n'évita pas la lutte :

En jetant mon bouclier, dit-il, je me suis présenté à découvert à mes ennemis. Je n'ai flatté personne, je ne crains personne, je n'ai calomnié personne.

Mais l'envoi de son discours aux communes, remis en question par Pentabole, fut vainement défendu par Couthon qui l'avait fait adopter. Il ne s'agissait plus que de l'envoi aux comités. Au lieu de l'imposer au public on le soumettait à des juges, et à quels juges! Robespierre s'écria :

Quoi! j'aurais eu le courage de venir déposer dans le sein de la Convention des vérités que je crois nécessaires au salut de la patrie, et l'on renverrait mon discours à l'examen des membres que j'accuse! (*On murmure.*)

CHARLIER. Quand on se vante d'avoir le courage de la vertu il faut avoir celui de la vérité. Nommez ceux que vous accusez. (*On applaudit.*)

PLUSIEURS VOIX : Oui! oui! nommez-les.

ROBESPIERRE. Je persiste dans ce que j'ai dit, et je déclare que je ne prends aucune part à ce qu'on pourra décider pour empêcher l'envoi de mon discours.

Après de nouvelles récriminations d'Amar, de Thirion, et une volte-face de Barère qui, cette fois, traita le discours de déclamation, la Convention, sur la proposition de Bréard, rapporta le décret d'envoi aux communes.

La victoire que Robespierre croyait avoir remportée se trouvait remise en question.

VII

Soirée du 8 thermidor. Robespierre aux Jacobins. — Nuit du 8 au 9 : le Comité de salut public ; préparatifs de la lutte.

Le soir, il vint aux Jacobins, y lut son discours, et après les applaudissements sans mélange qu'il recueillit parmi ces amis dévoués, cédant à de sombres pressentiments, ou plus vraisemblablement prenant à son ordinaire son air de sacrifié pour stimuler leur zèle :

Ce discours, dit-il, est mon testament de mort. Je l'ai vu aujourd'hui, la ligue des méchants est tellement forte que je ne puis pas espérer de lui échapper ; je succombe sans regret. Je vous laisse ma mémoire, elle vous sera chère, vous la défendrez.

Et comme ce langage avait produit l'effet dont il ne doutait pas, comme on s'écriait autour de lui que l'heure d'un nouveau 31 mai avait sonné, Robespierre saisissant cette parole :

Eh bien, oui, dit-il, séparez les méchants des hommes faibles, délivrez la Convention des scélérats qui l'oppriment, rendez-lui le service qu'elle attend de vous comme aux 31 mai et 2 juin. Marchez, sauvez encore la liberté. Si malgré tous ces efforts il faut succomber, vous me verrez boire la ciguë avec calme.

— Je la boirai avec toi, s'écria David.

Et Couthon proposa et fit voter l'exclusion immédiate des députés qui avaient fait annuler dans la Convention le vote d'impression du discours de Robespierre. Collot d'Herbois et Billaud-Varennes qui se trouvaient dans la salle en furent chassés avec insultes[1].

Ils purent aller dire au Comité de salut public les résolutions qui venaient d'être prises aux Jacobins. Ils y trouvèrent Saint-Just qui, depuis le commencement de la soirée, était là, composant son discours pour le lendemain, et s'en prirent à lui des outrages que le discours de Robespierre leur avait valus. Saint-Just répliqua avec aigreur et serra ses papiers, voulant sortir. Mais ils s'en emparèrent, et voyant qu'ils y étaient attaqués, ils le retinrent lui-même, résolus à le garder à vue. Vers le matin pourtant Saint-Just se déroba, et les autres, ayant d'ailleurs à se concerter, ne paraissent pas y avoir fait sérieusement obstacle[2].

Selon Collot d'Herbois, on le laissa partir sur la promesse que vers onze heures du matin, avant la séance, il viendrait au comité lui donner lecture de son discours.

En dehors du comité, les montagnards menacés avaient songé aux moyens d'achever leur victoire incomplète de la veille et de prévenir un retour offensif de Robespierre. On n'ignorait plus ses vues. Un 31 mai! C'est à leurs dépens qu'il devait se faire, et l'on savait comment la masse de la Convention, bien que dominée par la Gironde, avait subi, avait fait le 31 mai! C'était cette masse inerte qu'il fallait remuer. C'est à cette plaine que la Montagne se voyait forcée de recourir, à ce *marais*, l'objet de tant de mépris. Qu'était-ce en effet que le *marais*? Un des conventionnels qui en étaient nous le dit:

« C'étoient des têtes froides et lentes, des hommes que

---

[1]. Buchez et Roux, *Hist. parlem.*, t. XXXIV, p. 2-3.
[2]. Toulongeon, t. XI, p. 502, et Buchez et Roux, *Hist. parlem.*, t. XXXIV, p. 6.

des erreurs avoient rendus prudents et timides, auxquels un long silence avait presque interdit le droit de parler, dont les oreilles retentissoient de menaces éternelles, dont les cœurs étoient maigris de terreur, à qui l'on avoit donné un nom qui les rendoit, pour ainsi dire, moites ; des hommes qui avoient appris à se taire, à l'école des plus grands périls, et qui savoient que les vaincus n'ont jamais raison avec les vainqueurs, composoient en grande partie cette majorité, semblable à une eau dormante que le souffle des vents n'agitoit qu'avec peine[1]. »

Les plus compromis allèrent donc trouver ceux qui passaient pour avoir quelque crédit encore sur les autres. Mais le succès ne paraissait pas si facile, car quels étaient les hommes qui venaient solliciter le concours de la droite ? Les hommes qui l'avaient toujours le plus persécutée. Et contre qui ? contre Robespierre qui était sans doute l'âme du régime de la Terreur, mais qui, en plusieurs circonstances, avait paru aller moins loin que ses adversaires actuels des deux comités, les Billaud-Varennes, les Collot d'Herbois du Comité de salut public, les Voulland, les Vadier, les Amar du Comité de sûreté générale : Amar qui avait réclamé, avec les têtes des Girondins, celles des soixante-treize ou soixante-quatorze députés signataires d'une protestation en leur faveur, et n'avait échoué que devant les résistances de Robespierre. Pourquoi enfin et quel était l'objet du débat ? Il s'agissait de soustraire au tribunal révolutionnaire ceux que Robespierre venait de signaler comme coupables des plus

---

1. Dussault, *Fragment pour servir à l'histoire de la Convention nationale*, cité par M. Ch. d'Héricault, *la Révolution de thermidor*, p. 170. — Sur l'abattement des courages à la Convention, voyez encore une brochure qui a suivi de près le 9 thermidor : *les Pourquoi ou le Catéchisme politique des bonnes gens*. Paris, an III, signé VÉIDE'RET (p. 26 et 28).

grands excès : n'allait-on pas le renverser du pouvoir quand il en allait user pour changer de système? L'un des principaux membres de la droite nous dit ses perplexités et celles de ses amis en cette circonstance et comment les promesses de la Montagne finirent par entraîner leur adhésion :

« Des émissaires nous abordèrent de leur part. Ils s'adressèrent à Palasne-Champeaux, à Boissy d'Anglas et à moi, tous trois constituants, et dont l'exemple devoit entraîner les autres. Ils mirent en usage tout ce qui étoit capable de nous déterminer. Ils nous dirent que nous étions responsables des nombreux assassinats de Robespierre, si nous refusions de concourir aux moyens de les faire cesser; que la protection politique que Robespierre nous avoit accordée n'étoit que passagère et que notre tour arriveroit.

« Renvoyés une fois, ils revinrent aussitôt à la charge et nous cédâmes à la troisième fois. »

L'impulsion excessive donnée par Robespierre au tribunal révolutionnaire fut ce qui les décida :

« Il n'étoit pas possible, ajoute-t-il, de voir plus longtemps tomber soixante, quatre-vingts têtes par jour sans horreur. Le décret salutaire ne tenoit qu'à notre adhésion, nous la donnâmes et dès ce moment les fers furent au feu[1]. »

Robespierre avait le pouvoir. Il avait dans les mains, comme le dit en ce passage Durand de Maillane, « les autorités de Paris, les clubs, la force armée. » S'il avait fait le 8 ce qu'il tenta le 9 thermidor; si, abandonné de la Convention, il avait mis en mouvement

---

1. Durand de Maillane, *Mémoires*, p. 198, 199.

la Commune, qu'auraient pu faire ses ennemis dispersés? Leur désordre le lendemain, quand ils se croyaient vainqueurs, l'imminence de leur défaite peu de moments avant leur triomphe définitif, tout montre assez quel en eût été le résultat. Mais s'il n'avait plus aucune illusion sur les montagnards, il espérait encore ressaisir la Convention : « Je n'attends plus rien de la Montagne, disait-il le soir en rentrant chez lui, ils veulent se défaire de moi comme d'un tyran, mais la Convention est pure; » et le matin du 9, comme Duplay, son hôte, lui témoignait de l'inquiétude, il le calmait : « La masse de la Convention est pure, rassure-toi, je n'ai rien à craindre[1]. » Il croyait donc encore à l'autorité de sa parole et, quoi qu'il en soit de ses motifs, il répugnait au coup d'État. Tenons-lui compte de ses scrupules.

1. Toulongeon, t. XI, p. 502, et Buchez et Roux, *Hist. parlem.*, t. XXXIV, p. 3.

CHAPITRE LI

LA RÉVOLUTION DU 9 THERMIDOR

I

La Convention, séance du matin : Saint-Just, Tallien, Vadier, Billaud-Varennes ; arrestation des deux Robespierre, de Couthon, de Saint-Just et de Lebas.

Le 9 thermidor, le tribunal révolutionnaire était régulièrement pourvu. Nous l'avons vu à l'œuvre ; nous avons énuméré ses victimes. Mais quelles seront celles du lendemain? Le débat est engagé depuis la veille. Malheur aux vaincus, *Væ victis*. Tout s'apprête pour le dénouement. Robespierre a parlé : c'est Saint-Just qui doit venir, comme pour les grands procès de germinal, dresser l'acte d'accusation contre ses ennemis.

Plusieurs de ceux que ce dénouement menace auraient bien voulu le prévenir par un coup de force. Mais les moyens leur manquent hors de la Convention et même l'accord entre eux pour un acte aussi risqué[1]. Il leur faut donc bien accepter le débat sur le terrain où il est posé depuis la veille, et leur unique espoir,

---

1. Le 8, à 9 heures du soir, Lecointre était allé au Comité de sûreté générale, et, y trouvant Lavicomterie, il l'avait pressé de faire arrêter Hanriot pendant la nuit. Cette nuit même, à une heure et demie, il revint au Comité pour renouveler ses instances. A une heure, Fréron y était venu aussi. Éconduit, il avait rencontré Cambon et avait insisté « pour qu'ils fissent arrêter avant le jour Hanriot, Boulanger, Lavalette *et toute la maison Duplay*, afin que le tyran, frappé de terreur, restât seul dans sa maison comme Néron dans sa caverne... »; et tous, ajoute l'auteur, restèrent libres ! « C'est le génie de la liberté qui devait nous sauver. » (Laurent Lecointre, *Robespierre peint par lui-même*, p. 5 et suiv.)

l'objet de tous leurs efforts, c'est de retenir dans leur cause, selon les promesses si avidement recherchées, si difficilement obtenues, les juges qui doivent prononcer en première instance.

« Le 9 thermidor, dit Durand de Maillane, quelques moments avant la fameuse séance, Bourdon de l'Oise me rencontra dans la galerie, me toucha la main en me disant : « Oh! les braves gens du côté droit! » Je monte à la salle de la Liberté, je me promène un instant avec Rovère; Tallien nous aborde, mais aussitôt il voit Saint-Just à la tribune et nous quitte en disant : « Voilà « Saint-Just à la tribune, il faut en finir. » Nous le suivons[1]. »

Nul n'aurait pu prévoir l'issue de cette journée. L'Assemblée qui en devait décider restait muette, impénétrable, après les votes contradictoires de la veille. Elle était comme sous le poids d'une atmosphère chargée de haines implacables qui se contenaient encore par leur opposition : mais que l'équilibre se rompe et la foudre éclate[2]. Où frapperait-elle? C'était le point.

1. Durand de Maillane, *Mémoires*, p. 198. Courtois dit encore : « Tallien, rencontrant dans la salle de la Liberté Goupilleau (de Montaigu), au moment où Saint-Just montait à la tribune, lui dit : *Voilà le moment d'attaquer Robespierre et ses complices; rentre dans la salle et viens être témoin du triomphe des amis de la liberté. Ce soir Robespierre ne sera plus.* (Courtois, *Rapport fait au nom des Comités de salut public et de sûreté générale sur les événements du 9 thermidor*, p. 39, note 1.)

2 Thibaudeau, qui était là, a fort bien rendu cette impression dans une page de ses *Mémoires* :

« Depuis quelque temps on voyait des nuages qui annonçaient une tempête; nous éprouvions ce malaise et cet accablement que l'on sent à l'approche d'un orage. Mais, le 9 thermidor, la grande majorité de la Convention ne s'attendait pas à ce qui arriva. Ce fut comme un coup de tonnerre. Il n'y avait pas plus de raison ce jour-là qu'un autre pour attaquer Robespierre, ni par conséquent pour espérer la fin de sa tyrannie. Depuis quelque temps il attaquait Billaud-Varennes, Collot-d'Herbois, Tallien, etc., ses émules et ses complices. La Convention était aussi indifférente à leurs dangers qu'elle l'avait été à la mort de Danton, et il est probable qu'ils eussent succombé, si Robespierre eût proposé leur

Collot présidait[1]. Saint-Just était à la tribune, et c'est lui qui avait jadis porté le coup dont se souvenaient les amis de Danton. Mais à peine avait-il prononcé quelques phrases qu'il fut interrompu par Tallien. A quoi tendait ce discours après le discours de Robespierre? « Il faut que le rideau soit entièrement déchiré, » s'écria l'interrupteur ; et Billaud-Varennes, réclamant la parole pour une motion d'ordre, rappela la scène de la dernière séance des Jacobins : les cris de mort contre une partie des membres de la Convention, la force armée de Paris confiée à un complice avéré du Père Duchêne, et Dumas, le président du tribunal révolutionnaire, se chargeant de retrancher de l'Assemblée (on sait par quels moyens) tous les hommes impurs, c'est-à-dire tous ceux que Robespierre lui aurait signalés. Les murmures, les cris

---

proscription. Mais le sentiment de leurs propres périls leur donna l'audace de le prévenir, et, comme je l'ai déjà dit, la victoire était toujours du côté de l'attaque. Tallien se lança le premier, les autres le suivirent, et la Convention se souleva tout entière. Ce fut une commotion électrique. » (Thibaudeau, *Mémoires*, t. I, p. 82.)

1. Il y a sur les actes de la Convention pendant ces journées un *Projet de procès-verbal des séances des 9, 10 et 11 thermidor, présenté au nom de la commission chargée de cette rédaction*, par Charles Duval, député à la Convention nationale par le département d'Ille-et-Vilaine, — *imprimé par ordre de la Convention pour être discuté trois jours après la distribution*. (Bibl. nat., L c ^{38} 875.) — Ce projet ne fut pas adopté, et c'était justice : non que les faits soient inexacts, mais parce que l'auteur y mêle des réflexions personnelles qui ne sont pas de la nature de procès-verbal. Qu'on en juge par ce début :

« La lecture de la correspondance étoit à peine achevée que Saint-Just se présente à la tribune un cahier à la main et demande la parole.

« Tous les esprits étoient encore pleins du discours prononcé par Robespierre à la séance d'hier, discours qui avait pour but d'avilir et de dissoudre le gouvernement, de diviser, d'accuser, d'égorger la représentation nationale, etc.

« C'est dans ces dispositions que Saint-Just trouve les esprits en arrivant à la tribune. Son air sinistre et sombre, son ton mal assuré, son regard farouche, etc. »

Tout est sur ce ton, et Tallien, Billaud, Vadier, quand ils paraissent à la tribune, sont cachés sous cette expression : *Un membre, un autre membre;* Barère, qui fait un rapport au nom des deux comités, qui présente la proclamation au peuple français, est appelé le *Rapporteur*. — Il semble que l'auteur redoute encore pour eux l'ombre de Robespierre.

d'indignation, les applaudissements accentuaient et appuyaient tour à tour les accusations portées par Billaud-Varennes. Robespierre s'élance vers la tribune; mais de toutes parts éclate le cri : *A bas le tyran!* Le voile n'était pas seulement déchiré, comme le demandait Tallien, le charme était rompu. Tallien, reprenant la parole, le constate et le prouve. Saint-Just est toujours à la tribune, mais muet et comme pour mieux recevoir les coups que son adversaire lui lance : « Nouveau Catilina » soutenu par de « nouveaux Verrès », etc. Sur la proposition de Tallien, l'Assemblée vote l'arrestation d'Hanriot et la permanence de ses séances jusqu'à ce que justice soit faite des conspirateurs, — car il y a partout des conspirateurs. D'autres arrestations : arrestation de Dumas, président du tribunal révolutionnaire; arrestation des lieutenants d'Hanriot : Boulanger, Dufraisse, Lavalette, sont encore décrétées.

Cependant Robespierre réclamait la parole. Nouveaux cris : *A bas le tyran! Barère! Barère!* On appelait Barère, Barère qui, le 5, avait été l'organe de la réconciliation des deux partis, qui le 7 avait commencé l'attaque et qui le 9, dit-on, avait deux discours dans sa poche, pour et contre Robespierre, prêt à user de l'un ou de l'autre selon les circonstances : c'est le discours contre Robespierre qu'il devait alors prononcer[1]. Il y signalait une nouvelle conspiration de l'étranger, dont

---

[1]. « Depuis que Robespierre et les siens s'étaient mis en hostilité avec le comité de salut public, les membres de ce comité devaient regarder chaque jour comme la veille d'un nouveau 31 mai, dont ils seraient probablement victimes. Ils continuaient pourtant les travaux; — seulement, quand le discours vague et astucieux du 8 thermidor les eut prévenus que le bras était levé pour les frapper, ils chargèrent Barère de rédiger pendant la nuit même les proclamations et les décrets destinés à repousser l'attaque. » (*Mémoires de Barère*, t. I, p. 113, notice de H. Carnot.)

le but était la ruine des deux comités, « bouclier, asile, sanctuaire du gouvernement central, du gouvernement unique, du gouvernement révolutionnaire », et il montrait comme une cause de péril les *réputations énormes*, incompatibles avec un régime d'égalité. La Convention venait de décréter l'arrestation d'Hanriot et de ses lieutenants. Il proposait un décret qui supprimait leur charge, et une proclamation signalant ce péril : « qu'une partie des citoyens se laisse conduire au précipice par l'ascendant de quelques réputations. »

C'était frapper Robespierre comme il était dans la nature de Barère de le faire, sans le nommer. Cela n'était plus dans la situation. Le vieux Vadier, venant à son tour (car Robespierre seul n'avait pas la parole), attaque directement le tyran, signale sa tactique et reprend, en articulant les faits cette fois, les griefs qu'il avait exprimés dans son rapport sur « la mère de Dieu ». Il commençait à divaguer quand Tallien s'écria : « Je demande la parole pour ramener la discussion à son vrai point. »

« Je saurai bien l'y ramener, » répliqua Robespierre. Mais sa voix fut encore couverte par les murmures, et Tallien, fort écouté au contraire, étalait les preuves de la conspiration du tribun, contenues dans son discours de la veille, les menées de son bureau de police générale, ses attentats contre les patriotes : quand Robespierre, ne se possédant plus... — Mais prenons la scène dans le *Moniteur* :

>ROBESPIERRE. « C'est faux ! je.... » (*Murmures, cris. — Robespierre arrête un moment ses yeux sur les plus ardents montagnards; quelques-uns détournent la tête, d'autres restent immobiles; la majorité le repousse. Alors s'adres-*

sant à tous les côtés de l'assemblée : « C'est à vous, hommes purs, que je m'adresse et non pas aux brigands..... » (*Violente interruption.*).... « Pour la dernière fois, président d'assassins, je te demande la parole.... » (*Bruit.*) — Collot cède le fauteuil à Thuriot.

Le Président. « Tu ne l'auras qu'à ton tour. » (Non! non! *reprend-on de tous côtés.... Le bruit continue : Robespierre s'épuise en efforts; sa voix s'éteint.*)

Garnier de l'Aube. « Le sang de Danton l'étouffe. »

Robespierre. « C'est donc Danton que vous voulez venger. » (*Bruit.*)

Louchet. « Je demande le décret d'arrestation contre Robespierre. » (*Les applaudissements, d'abord isolés, deviennent bientôt unanimes.*) « Ma motion est appuyée; aux voix l'arrestation! » (Aux voix! aux voix!)

Loseau. « Il est constant que Robespierre a été dominateur, je demande par cela seul le décret d'accusation. » (*De toutes parts* : Appuyé! aux voix.)

Robespierre jeune. « Je suis aussi coupable que mon frère : je partage ses vertus; je veux partager son sort. Je demande aussi le décret d'accusation contre moi. » (*Quelques membres paraissent émus; la majorité, par un mouvement d'indifférence, annonce qu'elle accepte ce vote général.*)

Robespierre veut parler sur le dévouement de son frère; il lui est impossible de se faire entendre; alors il apostrophe de nouveau le président et toute l'assemblée avec une grande véhémence.

Charles Duval. « Président, est-ce qu'un homme sera le maître de la Convention? » (*Une voix* : Il l'a été trop longtemps!)

Fréron. « Ah! qu'un tyran est dur à abattre! »

Loseau. « Aux voix l'arrestation des deux frères. »

Billaud-Varennes. « J'ai des faits positifs que Robespierre n'osera pas dénier. Je citerai d'abord le reproche qu'il a fait au comité d'avoir voulu désarmer les citoyens! »

Robespierre. « J'ai dit qu'il y avait des scélérats.... » (*On murmure.*)

Billaud-Varennes. « Je disais qu'il a reproché au comité d'avoir voulu désarmer les citoyens. Eh bien! c'est lui seul qui a pris cet arrêté. Il a accusé le gouvernement d'avoir fait disparaître tous les monuments consacrés à l'Être suprême; eh bien! apprenez que c'est par Couthon.... »

Couthon. « Oui, j'y ai coopéré. » (*Nouveaux murmures.*)

Plusieurs membres. « Aux voix l'arrestation. » — Le président met aux voix l'arrestation; elle est décrétée à l'unanimité.

Tous les membres se lèvent et font retentir la salle des cris de *Vive la liberté! Vive la République!*

Robespierre. « La République! elle est perdue, car les brigands triomphent! »

Pour renverser Danton, il n'avait pas fallu moins qu'un décret des trois comités, un discours en règle de Saint-Just et un discours de Robespierre. Pour abattre Robespierre, il avait suffi d'une motion de Louchet!

Louchet triomphe :

Louchet. « Nous avons entendu voter pour l'arrestation des deux Robespierre, de Saint-Just et de Couthon. »

Lebas. « Je ne veux pas partager l'opprobre de ce décret! je demande aussi l'arrestation. » (*Mouvements divers.*)

Élie Lacoste. « Je demande l'arrestation de Robespierre jeune; il est un de ceux qui ont sonné aux Jacobins le tocsin contre les comités. Il finissait son discours par ces paroles mémorables : « On dit que les comités ne sont pas corrompus; mais, si leurs agents le sont, les comités le sont aussi. »
— L'arrestation de Robespierre jeune est décrétée. (*Vifs applaudissements.*)

Fréron. « On voulait former un triumvirat qui rappelait les proscriptions sanglantes de Sylla; on voulait s'élever sur les ruines de la République, et les hommes qui le tentaient sont Robespierre, Couthon et Saint-Just. »

Plusieurs voix. « Et Lebas. »

Fréron. « Couthon est un tigre altéré du sang de la représentation nationale. Il a osé, par passe-temps royal, parler dans la société des Jacobins de cinq ou six têtes de la Convention. » (Oui, oui, *s'écrie-t-on de toutes parts*.) « Ce n'était là que le commencement, et il voulait se faire de nos cadavres autant de degrés pour monter au trône. »

Couthon. « Je voulais arriver au trône, moi ![1] »

Fréron. « Je demande aussi l'arrestation contre Saint-Just, Lebas et Couthon. »

Les représentants décrétés d'arrestation étaient restés à leurs bancs. Sur les cris d'un grand nombre de membres de l'Assemblée, ils descendirent à la barre, et ordre fut donné aux gendarmes de les emmener. On prête à Robespierre ce mot : « Sortons en masse, cela fera plus d'effet[2]. » — Personne ne les suivit, si ce n'est les membres du comité de sûreté générale, qui, ayant à s'occuper d'eux, se rendaient au lieu de leurs réunions. Collot-d'Herbois parlait sur la conspiration, sans trouver désormais de contradicteurs ; après quoi la séance fut suspendue à cinq heures et demie, pour être reprise à sept heures.

La Convention semblait croire que tout était fini : elle avait, en se séparant, décrété que la Commune était chargée de veiller sur elle !

Mais la Commune avait d'autres pensées, et la Convention, avant de s'ajourner, aurait pu en présager quelque chose. L'huissier chargé de porter au maire et à l'agent national le décret qui les invitait à venir rendre

---

1. J'accepte le mot *moi* substitué par MM. Buchez et Roux à *oui* qui est dans la leçon du *Moniteur*. Le mot *oui*, du reste, ne pourrait avoir qu'un sens ironique.
2. Courtois, *Rapport sur les évènements du 9 thermidor*, p. 45.

compte de l'état de Paris, avait fait ce rapport à son retour :

En portant deux décrets de la Convention nationale l'un au maire de Paris, l'autre à l'agent national, un aide de camp m'entendant demander un reçu au maire, me répond en me serrant la main : *Va, mon camarade, dans un jour comme celui-ci on ne donne pas de reçus ; dis hardiment à la Convention qu'elle soit tranquille, que nous saurons bien la maintenir, et dis à Robespierre qu'il soit tranquille et qu'il n'ait pas peur. Tu m'entends bien? Va, mon camarade, va!*
Ce 9 thermidor, à cinq heures de l'après-midi[1].

Signé : Courvol.

Et le président de cette heure, Thuriot, à qui il en rendit compte, n'y voyant sans doute que la mésaventure de son huissier, lui dit :

Allez vous faire f...; laissez-moi tranquille; tant pis pour vous[2].

---

1. Courtois, *Rapport fait au nom des comités de salut public et de sûreté générale sur les évènements du 9 thermidor, an II* (prononcé le 8 thermidor an III), n° xix, 4ᵉ pièce, p. 114.

2. Ce trait se trouve dans une note qu'il rédigea plus tard en apprenant que Courtois devait faire un rapport, note qui donne un peu plus de détails avec quelques variantes : Il était parti à midi : l'un des décrets était pour Lescot-Fleuriot et Payan, l'autre pour Hanriot. C'est Hanriot qui, à propos du reçu, joue le rôle de l'aide de camp :

« Au moment où le maire se disposait à me l'écrire, Hanriot lui arracha la plume de la main en me disant : je t'en f..., on n'en donne point dans un moment comme celui-ci ; va dire à tes j.... f.... de scélérats que nous sommes ici à délibérer pour les purger et qu'ils ne tarderont pas à nous voir (nota qu'il étoit déjà ivre); et au moment où j'allois sortir il dit aux gendarmes : gardez-moi ce drôle-là ; vous m'en répondez sur votre tête. Ce ne fut qu'à force d'astuce que je parvins, après deux heures et demie, à obtenir de ce monstre mon élargissement et en me disant [Hanriot] à moi-même : N'oublie pas de dire à Robespierre qu'il soit ferme, et à tous ses collègues bons députés qu'ils n'aient point peur ; que nous n'allons pas tarder à les délivrer de tous les f.... traîtres à la patrie qui siègent parmi eux.

De retour dans la Convention, Thuriot qui occupoit alors le fauteuil, à qui je rendis compte de ce qui venoit de m'arriver, me dit : Allez, etc.

Signé : Courvol,
huissier de la Convention.

(*Ibid.*, n° xxxv, 2ᵉ pièce, p. 199.)

II

La Commune : mesures énergiques pour soutenir son insurrection. Arrestation et délivrance d'Hanriot. Robespierre et ses collègues, tirés de prison, à la Commune

A cinq heures et demie, au moment où la Convention se séparait, le conseil général de la Commune entrait en séance.

La réunion s'était faite avec éclat. Ordre avait été donné par l'agent national Payan et par le maire Lescot-Fleuriot, à tout chef de légion de proclamer, au son de la caisse, dans son quartier, que les officiers municipaux eussent à se rendre sur-le-champ à la maison commune[1]. Un autre ordre prescrivait de fermer les barrières et de faire sortir de prison Lavalette et Boulanger, lieutenants d'Hanriot[2].

Quant à ceux que les deux comités ordonnaient encore d'arrêter, ils pouvaient être tranquilles. Les administrateurs de police, Faro et Lelièvre, écrivaient au maire : *Nous te prévenons que les ordres sont dans les cartons*[3], autrement dit *au panier*.

Sous l'inspiration du maire et sur la réquisition de l'agent national, la Commune prit des résolutions aussi

---

1. Un reçu de cet ordre par le citoyen Chardin, chef de la quatrième légion, petite rue Roch, porte la date de 5 heures 4 minutes. (Courtois, *Rapports sur les événements du 9 thermidor*, n° IV.)
2. L'ordre des administrateurs de police, en vertu du mandat reçu, porte la date de 5 heures un quart. (Courtois, *ibid.*, n° XIX.) Le même ordre comprenait le juré Vilate. Mais Vilate fut retenu sur un contre-ordre du Comité de sûreté générale, apporté par Dulac. (Courtois, *Rapport*, n° XXXIX; cf. Vilate, *Causes secrètes de la révolution du 9 au 10 thermidor*, etc., p. 211.)
3. Courtois, *ibid.*, n° XI.

promptes qu'énergiques[1] : proclamation au peuple contre les « scélérats » qui oppriment la Convention[2] ; désignation de deux membres pour aller sur la place « haranguer le peuple et l'inviter à se réunir à ses magistrats pour sauver la patrie[3]. » L'insurrection est proclamée[4] et la Commune s'est faite le centre du gouvernement[5]. Elle nomme dans son sein un comité d'exécution composé de neuf membres auxquels douze citoyens purs sont adjoints pour seconder leur action[6]. Elle annule les actes des comités et de la Convention elle-même et fait arrêter leurs messagers. Hanriot et son état-major viennent d'être décrétés d'arrestation : la Commune les met sous la sauvegarde du peuple. Robespierre, Couthon, Saint-Just, sont entre les mains des comités : la Commune ordonne d'aviser à leur plus prompte libération. Elle fait sonner le tocsin[7] ; elle renouvelle l'ordre de fermer les barrières[8] ; appelle aux armes les communes suburbaines[9] ; convoque devant la maison commune les chefs de légion ou adjudants géné-

---

1. Voyez le procès-verbal de la séance, publié par MM. Buchez et Roux, *Hist. parlem. de la Révol. française*, t. XXXIV, p. 45 et suiv. — Il est exposé au musée des Archives, vitrine 221, n° 1415. — Nous y joindrons l'indication des pièces insérées par Courtois dans son *Rapport sur les événements du 9 thermidor*. — Plusieurs se retrouvent aux Archives, F 7 4758, n° 40, pièces 1-5, etc. La première est un arrêté du conseil général de la commune de Paris du 9 thermidor (l'heure n'en est pas donnée) signé Payan, portant que les nommés Collot-d'Herbois, Amar, Léonard Bourdon, Dubarran, Fréron, Tallien, Panis, Carnot, Dubois-Crancé, Vadier, Javogues, Fouché, Granet et Moïse Bayle seroient arrêtés, pour délivrer la Convention de l'oppression où ils la retiennent. (Cf. Buchez et Roux, t. XXXIII, p. 356.)
2. Courtois, *Rapport*, p. 48.
3. *Ibid.*, p. 47.
4. *Ibid.*, et pièce n° v.
5. *Ibid.*, n° xvi.
6. *Ibid.*, n°ˢ xvi et xvii.
7. *Ibid.*, n° x.
8. *Ibid.*, n° ix.
9. Une lettre signée par les membres du comité d'exécution au maire et aux patriotes de Bercy peut en donner un échantillon. (*Ibid.*, n° xx.)

raux et toute la gendarmerie[1]; ordonne aux assemblées de section à se réunir pour délibérer sur le danger de la patrie[2]. Elle invite les commandants de la force armée des sections et les autorités constituées à venir dans son sein prêter le serment de sauver la patrie[3]. En même temps, elle envoie une députation aux Jacobins pour leur faire savoir qu'elle est insurgée contre les nouveaux conspirateurs et les inviter à correspondre avec elle[4].

Rien ne manquait donc à l'organisation de la résistance, on peut même dire de l'attaque, et la Convention était perdue si la Commune avait eu pour agir un homme égal en valeur à ceux qu'elle avait à sa tête pour tout organiser. Mais c'était Hanriot. Hanriot s'était pourtant mis de bonne heure en campagne; un billet d'un de ses aides de camp l'avait pressé de monter à cheval et de se montrer dans Paris[5]. A onze heures du matin, et par conséquent avant la séance de la Convention, si le rapport du commandant Dumesnil est exact, on le voit déjà courant les rues le pistolet au poing, arrêtant lui-même ou disant au peuple de désarmer et d'arrêter les gendarmes près les tribunaux, suspectant

---

1. Courtois, *Rapport*, n°s VII et VIII
2. *Ibid.*, pièce n° v.
3. *Ibid.*, p. 49 et suivantes.
4. Voyez de plus sur cette première partie de la séance *la déclaration positive de Michel Brochard*, concierge à la Maison commune depuis le 9 thermidor jusqu'au 10, *Rapport*, n° XXXVI. Le conseil a ouvert la séance « aux environs de 6 à 7 heures. On lui ordonne de sonner le tocsin. Il refuse, est traité de coquin et forcé de donner la clef, et le tocsin est sonné.
5.   Mon général,
Vu le raport qui vient de m'être fait, je crois que vous feriez bien de monter à cheval et de vous montrer dans Paris.
Votre attaché aide de camp,
L. Grou (?)

Au citoyen Hanriot, commandant g^lle à Paris.
(F 7 4436, L R n° 35, comm. 12, n° XLV, 58.)

tous ceux qui ne seraient pas sous sa main[1]. A quatre heures, un de ces gendarmes, Blanchetot, vint dire à son chef qu'Hanriot :

L'ayant aperçu, courut sur lui, le pistolet à la main, et le lui appuya sur la poitrine, en le poussant et en lui disant : « F... gueux, cours bien vite au palais et va-t'en dire à ton coquin de commandant qu'il se rende sur-le-champ au palais, et qu'il y assemble promptement toute sa troupe[2]. »

Le commandant Dumesnil s'empresse d'exécuter l'ordre ; mais à peine sa troupe est-elle réunie (cinq heures) qu'un agent d'Hanriot arrive avec douze canonniers pour l'arrêter lui-même. Dumesnil ne peut qu'ordonner à sa troupe de rester sous les armes et il se rend, pour éviter tout conflit, sous l'escorte de douze canonniers, à la maison de discipline, rue du Bouloi[3].

A peine était-il parti qu'un ordre arrivait d'Herman, lui enjoignant d'arrêter Hanriot et plusieurs de son état-major, selon le décret de la Convention. C'est le lieutenant Degesne qui, à sa place, ouvre le paquet. Il se rend à l'état-major siégeant à l'hôtel de ville, avec trente gendarmes. Mais là, personne. On le renvoie au conseil général de la Commune, et le maire, pour toute réponse, fait décider qu'il sera désarmé et arrêté :

Élevant alors le décret au-dessus de ma tête, dit le lieutenant, je dis d'une voix ferme : « Je vous avertis que c'est un décret de la Convention nationale, dont je suis porteur. » On

---

1. Courtois, *Rapport*, n° XXXI, pièce 2 (rapport de Dumesnil, commandant la gendarmerie nationale près les tribunaux, 12 thermidor).
2. Le lieutenant de service Degesne, en contresignant cet avis, y ajoute : *P. S.* Les grands mouvements que ce général paroît vouloir exciter dans ces moments délicats, me font un devoir d'en rendre compte au comité. (Courtois, *Rapport*, n° XXVIII.)
3. Courtois, *Rapport*, n° XXI, pièce 2 (rapport de Dumesnil).

me hua de toutes parts, en criant : « Résistance à l'oppression! » en déclamant contre la Convention. On m'arracha le décret de la main et la lettre du citoyen Herman, que Payan et Fleuriot chiffonnèrent avec colère. A l'instant le garde qui était là s'empara de moi avec zèle, me désarma et m'entraîna hors de la salle, tandis que les municipaux, de dessus leurs bancs, me poursuivoient par les cris de *vil esclave*.

Pendant ce temps-là, Hanriot, suivi d'une escorte de gendarmes, courait toujours les rues, sabre à la main, vociférant, appelant le peuple aux armes : divers rapports le signalent dans le faubourg Saint-Antoine et dans le quartier du Luxembourg[1]. Il n'était pas bon de le rencontrer alors. Merlin de Thionville qui se trouva sur son chemin, près du palais Égalité, fut arrêté et jeté au poste[2].

Mais un autre député, Robin (de l'Aube)[3], qui dînait avec Courtois, chez un restaurateur de la rue Saint-Honoré, fut plus habile. Le voyant passer ainsi, il cria aux gendarmes: *Arrêtez-le, il est décrété d'arrestation;* et six de son escorte l'arrêtèrent. On le mena au Comité de sûreté générale[4] : Amar qui s'y trouvait s'enfuit à toutes jambes. Robin pénétra avec son prisonnier jusqu'au Comité de salut public, et là, Billaud-Varennes et Barère montrèrent moins de peur qu'Amar, mais pas beaucoup plus de décision : « Que veux-tu que nous en fassions? dit Billaud. — Punir ces traîtres. — Mais enfin, dit Barère,

1. Courtois, *Rapport*, n° xix, pièce 9.
2. Courtois, *Rapport*, p. 60.
3. Voyez ce qu'il en dit séance du 9 thermidor, 7 heures du soir.
4. Un autre récit dit, qu'Hanriot arriva ainsi jusqu'à l'hôtel du comité de sûreté générale près du pavillon de Marsan et tout d'abord il mit l'alarme au camp. Mais un huissier cria : « Gendarmes, arrêtez-le, il n'est plus votre général, il est en arrestation; » et sur ce cri un des gendarmes le saisit. Un autre rapport fait aussi allusion à cette invasion du comité de sûreté générale à main armée par Hanriot vers 5 heures du soir. (Courtois, *Rapport*, n° xlii.)

que veux-tu que nous en fassions? Veux-tu qu'on nomme une commission militaire qui le juge prévôtalement? — Ce serait un peu vigoureux », reprit Billaud. Robin s'en allait murmurant qu'on était donc d'accord avec lui, quand Barère accourant sur ses pas : « Fais-le reconduire au comité de sûreté générale, nous allons nous occuper de son affaire. » On l'y ramena[1]; mais avant qu'ils eussent rien résolu, la Commune avertie avait agi.

Sur son ordre, un des hommes énergiques du parti, Coffinhal, vice-président du tribunal révolutionnaire, prend quelques artilleurs, arrive à son tour, force les portes, délivre le général tout ahuri. Un pas de plus et la salle de la Convention était forcée. Mais Coffinhal avait accompli sa mission et Hanriot, tout étonné de se retrouver général, ne sut pas comprendre la sienne[2]. Il se replia vers la maison commune où de nouveaux personnages entraient en scène[3].

Ces personnages nouveaux qui, par leur présence, attiraient tout à eux, c'étaient les membres des comités, frappés d'arrestation. Les comités les avaient envoyés en prison : Robespierre, au Luxembourg; son frère, à Saint-Lazare; Couthon, à Port-Libre; Lebas, à la maison de Justice du département; Saint-Just, aux Écossais.

---

1. Note de Robin communiquée à Courtois qui la publie dans son *Rapport*, p. 66; cf. la note de Dulac, *ibid.*, n° xxxix.
2. Un homme de résolution, dit Thibaudeau, se fût emparé du lieu des séances, eût fait tomber une douzaine de têtes et il eût de nouveau régné plus puissant que jamais. (*Mémoires*, t. I, p. 83.) Ce n'est certes pas un conseil qu'il eût donné, mais c'est son impression sur l'état des esprits dans l'Assemblée dont il était membre.
3. Sur la délivrance d'Hanriot, Courtois, *Rapport*, p. 66, et n° xxxi, p. 4, n°ˢ xxxix et xliii; G. Duval, *Souvenirs thermidoriens*, t. I, p. 218. — La Commune pendant l'arrestation d'Hanriot avait nommé Giot général provisoire. Giot fut, dit-on, assez maltraité par Hanriot à son retour. (Courtois, *Rapport*, n° xiv.)

Mais déjà était arrivé l'ordre de la Commune qui défendait de les recevoir. Robespierre n'avait donc pas été reçu au Luxembourg : un officier municipal était là qui semblait l'attendre et qui le fit conduire à la mairie[1], résidence du maire et lieu de dépôt pour les gens arrêtés (de huit heures et demie à neuf heures du soir[2]). Là le prévenu fut reçu en ami et ses gendarmes mis en prison[3]. De la mairie (préfecture de police) à l'hôtel de ville, il n'y avait pas loin, et il était libre. La Commune, ne le voyant pas venir, envoie, non pas un ordre à ceux qui le gardent, mais une invitation à lui-même, dans les termes les plus pressants :

Le Comité d'exécution nommé par le Conseil a besoin de tes conseils. Viens sur-le-champ. Voici les noms des membres :

---

1. Le rapport de celui qui était chargé de lui est presque inintelligible dans le désordre de sa rédaction :

Du 9 thermidor.

Étant chargé de conduire le citoyen Robespierre l'aîné, étant accompagné de Filleul, huissier, et Lemoine, gendarme, ayant conduit au Luxembourg, parlent au nom du comité de sûreté générale et de salut public, trouvent à la porte du Luxembourg un officier municipal seul, ayant voulu me manquer, et n'osant plus par mon caractère, lui disant que je respectois les rubans qu'il portoit et non sa personne ; frappant à la porte de la prison, je dis au guichetier, au nom de la Convention, de vouloir bien trouver de la place pour le prisonnier que je conduisois ; l'huissier en fit autant que moi, et nous le fit conduire à la mairie, où étoit le plan de nous arrêter tous pour nous faire assassiner ; que Robespierre nous fut enlevé, nous conduisant dans la maison d'arrêt, nous disant qu'il nous en coûteroit cher d'avoir porté une main téméraire sur le père du peuple.

Signé : CHANLAIN, LEMOINE.

(Courtois, *Rapport*, n° xix, pièce 3). Élie Lacoste, dans la séance du soir de la Convention, en accuse l'administrateur de police qui se trouvait là ; et Beaulieu (*Essais*, t. V, p. 365) nomme aussi Wiltcheritz. Il y devait concourir volontiers en effet, ainsi que Guyard le concierge.

2. Dépositions de Mallot, domestique à la mairie, et de Louise Picard, bonne d'enfant de la citoyenne Fleuriot. (Courtois, *Rapport*, n° xxxii.)

3. « Les administrateurs l'ont reçu avec beaucoup d'amitié en lui disant qu'il était avec ses frères, et on l'a mis en lieu de sûreté, et l'on a mis les gendarmes en arrestation. » (Déposition d'Olivier, inspecteur de police, *ibid.*, n° xix, 1.)

Châtelet, Coffinal, Le Rebours, Grenard, Legrand, Desboisseaux, Arthur, Payan, Louve.

Signé : PAYAN, MOENNES, substitut.

Le maire de Paris, LESCOT FLEURIOT.

Au dos : Au citoyen Robespierre à la Police[1].

Et il restait, se bornant à s'associer de loin à l'action de la Commune : il lui envoyait par les administrateurs de police, qu'il avait sous la main, ses recommandations : veiller à la fermeture des barrières, s'assurer de la poste, mettre toutes les presses sous les scellés et les journalistes en prison, les députés aussi, s'il se pouvait[2]; mais de venir, point de nouvelles. Était-ce par respect de la loi et par égard pour l'autorité de la Convention? C'est douteux. Dans ceux qui l'avaient frappé, il ne voyait que des ennemis dont l'autorité ne lui imposait guère. Mais en prison il assistait sans péril à la lutte qui allait s'engager; et il est certain qu'il n'aimait pas à se mettre, en pareil cas, trop en avant. La victoire le délivrait sans péril, la défaite ne l'exposait guère davantage. Que risquait-il? un jugement du tribunal révolutionnaire. Or, il avait, nous le savons, plus d'une attache avec ses membres, et il se rappelait l'exemple de Marat. Acquitté par le tribunal (et il ne pouvait en être autrement), il rentrait dans la Convention comme en triomphe, porté par un flot populaire qui eût tout balayé. Il avait donc toute raison pour vouloir rester comme en prison. Mais la Commune avait ses motifs pour l'en faire sortir, et elle revint à la charge[3]. Son nom

---

1. Archives, F 7 4436 L R, n° 38, com. de 12, n° XLVIII (pièce 61).
2. Courtois, *Rapport*, n° XIII : *Les administrateurs de police Tanchou, Faro, Bigant, Quenel à l'agent national de la Commune :* « C'est l'avis de Robespierre et le nôtre. »
3. Le « citoyen-maire demande qu'une députation soit chargée d'aller chercher

gardait un grand prestige, sa présence au siège de l'insurrection était une force qui pouvait lui gagner les faubourgs, même les sections de l'intérieur. Déjà son frère était à l'hôtel de ville[1]. C'était un argument, et Coffinhal, chargé du message, eut un autre moyen de vaincre ses hésitations : il l'enleva[2].

III

Séance du soir à la Convention : mesures prises pour la défense et pour l'attaque. Dispositions des sections de Paris. Invasion soudaine de l'hôtel de ville. Arrestation des insurgés.

La victoire était désormais à qui saurait agir.

La Convention était rentrée en séance à sept heures,

Robespierre aîné et de lui observer qu'il ne s'appartient pas, mais qu'il doit être tout entier à la patrie, au peuple. » (Extrait du procès-verbal de la commune de Paris, séance du 9 thermidor. Courtois, *Rapport*, n° xxxiii.)

1. Conduit à Saint-Lazare où on ne le reçut pas, « où il ne s'est pas trouvé de place secrète » (c'était sans doute le prétexte ; il y avait, on l'a vu, des ordres de la Commune), Robespierre jeune avait été mené à la Force où les gendarmes trouvèrent des officiers municipaux qui leur dirent : « On ne doit pas arrêter un député » ; et comme on leur exhibait l'ordre du comité de salut public ou de sûreté générale, ils répondirent : « Qu'ils n'avoient pas besoin de ces ordres et que c'étoit au nom du peuple qu'ils venoient le réclamer. » Ils refusèrent la décharge que demandaient au moins les gendarmes et emmenèrent Robespierre. Un des gendarmes, Surivet, qui réussit à s'échapper, en fit le rapport, daté de 9 heures et demie. (Courtois, *Rapport*, xix, 2).

2. Voyez Michelet, *Hist. de la Révolution*, t. VII, p. 477 et suiv. L'opinion de M. Louis Blanc (t. XI, p. 240) qui voit dans les facilités données à Robespierre pour s'échapper, « un artifice homicide » du comité de sûreté générale pour le perdre, est inadmissible. Le comité de sûreté générale, une fois l'insurrection déclarée, était trop peu sûr du succès pour jouer si gros jeu.

Un rapport fait à 10 heures et demie du soir au comité révolutionnaire de la section de l'Arsenal fait part de l'enthousiasme que l'arrivée de Robespierre et son discours avaient excité dans la Commune. (Courtois, *Rapport*, n° xxxiii, 1.) Son arrivée peut donc se placer entre 9 et 10 heures. A 10 heures on met des lampions pour éclairer la place. Entre 10 et 11 heures, des députations viennent prêter serment de fidélité au conseil général. (Rapport de Michel Bochard, concierge. (*Ibid.*, n° xxxvi.)

et beaucoup ignoraient ce qui s'était passé dans l'intervalle.

Bourdon de l'Oise le résumait en un mot : « On prétend que la Commune de Paris s'est liguée avec les Jacobins ; » et il proposait de mander à la barre la Commune de Paris ! Merlin (de Thionville), après avoir raconté son aventure, propose qu'on y mande aussi le département ; et les deux mesures sont décrétées.

On porte à la tribune les bruits qui arrivent du dehors. Merlin avait dit qu'Hanriot était arrêté ; d'autres annoncent que Payan l'est aussi ; mais bientôt on apprend qu'il ne l'est pas ; et tandis qu'on décrète qu'il le sera, ainsi que le maire Fleuriot, on apprend qu'Hanriot lui-même ne l'est plus. C'est celui qui l'avait eu entre les mains, c'est Billaud-Varennes qui l'annonce, et il fait savoir en même temps que le rebelle a décidé les canonniers réunis au Carrousel à tourner leurs canons contre la Convention. Cette nouvelle est confirmée. Collot-d'Herbois, montant au fauteuil, dit :

Citoyens, voici l'instant de mourir à notre poste : des scélérats, des hommes armés ont investi le comité de sûreté générale et s'en sont emparés.

Les tribunes eurent alors un mouvement superbe. Ceux qui les remplissaient s'écrient : « Allons-y. » On applaudit ;... et ils se sauvent. L'Assemblée eut une plus digne attitude. « Tous les membres de la Convention, dit Thibaudeau en racontant cet incident, tous les membres de la Convention, répandus dans la salle, reprirent leur place avec calme et dignité, pour attendre la mort sur leurs sièges. Ce mouvement fut imposant et sublime ; car, pour mon compte, je ne doutais pas que notre dernier moment ne fût arrivé[1]. »

J'ai dit comment Hanriot, redevenu général, avait manqué le coup qui tranchait la question.

Le département mandé à la barre y était venu, et son langage avait été assez équivoque :

Nous avons écrit à la Commune, dit l'orateur, pour savoir les mesures qu'elle avoit prises afin d'assurer la tranquillité publique. Nous attendons sa réponse pour prendre un parti[2].

Mais la réponse de la Commune courait les rues. Il fallait la prévenir, et pour cela donner un chef à la force armée. Sur la proposition de Voulland, organe des deux comités, Barras fut nommé, et on lui adjoignit six députés avec tous les pouvoirs des représentants en mission : Ferrand, Fréron, Rovère, Delmas, Boletti, Léonard Bourdon et Bourdon (de l'Oise). Puis, sur la proposition d'Élie Lacoste et le rapport de Barère, la Convention, cassant les actes révolutionnaires de la Commune, mit hors la loi tous ceux qui porteraient les armes contre elle-même ou s'opposeraient par la force à l'exécution de ses décrets, comme aussi « tous ceux qui, frappés de décret d'arrestation ou d'accusation, n'auraient pas déféré à la loi ou s'y seraient soustraits. »

Ainsi ce glaive, dont Robespierre avait frappé jadis les fugitifs de la Gironde, se tournait contre lui. Nulle arme plus redoutable ne pouvait être mise entre les mains de Barras. Ce cri terrible de *mis hors la loi* se répandit bientôt dans tout Paris. L'œuvre des délégués de l'assemblée fut comme à moitié faite.

1. Thibaudeau, *Mémoires*, t. I, p. 83-85. — Il se trompe, sans doute, en disant qu'il était minuit. La soirée ne devait pas être aussi avancée.
2. Séance du 9 thermidor au soir. (*Moniteur* du 12 = 30 juillet 1794.)

Les sections de Paris se trouvaient jusque-là partagées entre la Convention et la Commune, et Robespierre, à la Commune, faisait pencher le plus grand nombre de son côté[1]. Mais la mise hors la loi ébranla sur plus d'un point les résolutions ou les entraîna contre les proscrits. Les députations en ce sens-là se succédèrent à la Convention de plus en plus nombreuses, et, au bout de quelques heures (vers minuit), Barras, rentrant de sa tournée, put dire :

Citoyens, je viens de parcourir une grande partie de Paris; partout le peuple est à la hauteur de la liberté, partout on entend les cris de *Vive la République, Vive la Convention nationale*. Les canonniers de la section de la Fontaine-de-Grenelle nous ont accompagnés partout. (*Vifs applaudissements*).

Et il annonçait que des dispositions militaires étaient prises et que la Convention était entourée de tous les républicains de Paris.

Ce n'était pas assez de mettre les Tuileries en défense : il fallait enlever l'hôtel de ville. Billaud-Varennes, au milieu des bonnes nouvelles qui arrivaient de tous les quartiers, même du camp des Sablons[2], où l'on redoutait l'influence de Lebas, dit :

---

1. Voyez l'extrait des délibérations des sections (Courtois, *Rapport*, n° xxx) et pour les communes suburbaines l'adresse d'adhésion de Belleville (9 heures et demie), lue à la Commune par Charlemagne qui présidait le conseil général. (*Ibid.*, n° xxix, 1 et 2.) Cf. Louis Blanc, t. XI, p. 244 et suivantes, et Ch. d'Héricault, p. 462 et suiv., p. 486 et suiv. — Beaulieu signale avec justesse les effets du régime de la Terreur sur cette population naguère si prompte à s'émouvoir au nom de la liberté, quand il dit : « Paris est dans une agitation épouvantable; mais la longue terreur qui a pesé sur ses habitants, qui les accable encore, répand l'incertitude dans leurs intentions; ils ne savent à quoi se décider. (Beaulieu, *Essais*, t. V, p. 497.)

2. Nouvelle école militaire établie sous le nom d'école de Mars. Une lettre de Lebas à Labretèche, qui la commandait, avait été interceptée et Labretèche arrêté. Voyez Courtois, *Rapport*, p. 68 et la séance de la Convention du 9 thermidor au soir.

Il ne faut pas perdre en délibérations un temps précieux. Quand on est sur un volcan, il faut agir. Robespierre a dit tout à l'heure qu'avant deux heures il marcherait sur la Convention. C'est à nous à le devancer, nous dormirons quand les traîtres seront anéantis.

Les forces de la Convention marchèrent sur la Commune en deux bandes : l'une, sous Léonard Bourdon, par les quais, pour aborder de front l'hôtel de ville; l'autre, sous Barras, par la rue Saint-Honoré, pour le tourner et le surprendre : de faux bruits avaient retardé dans leur marche ou désorganisé les troupes du faubourg Saint-Antoine et du faubourg Saint-Marceau, les plus prononcées pour la Commune. La place de Grève était encore couverte de ses partisans. Une pluie d'orage avait un peu dispersé la foule; mais les artilleurs restaient avec leurs canons et, à l'intérieur, les chefs du mouvement étaient tous réunis : Saint-Just[1] et Lebas, tirés de leurs prisons, avaient rejoint les deux Robespierre. Couthon manquait d'abord à ce triumvirat, dont Robespierre jeune et Lebas étaient les deux satellites : mais il avait été pressé de venir par un billet signé des autres[2], et il était venu[3]. Dès son arrivée, il voulut que le gouvernement nouveau s'annonçât partout. On le sait par le récit d'un agent du comité de salut public, qui avait su pénétrer dans la salle des

---

1. Sur Saint-Just voy. le rapport de Blanchelaine, concierge de la maison de justice du département. (Courtois. *Rapport*, n° xix, 5.)
2. « Couthon, tous les patriotes sont proscrits, le peuple tout entier est levé. Ce seroit le trahir que de ne pas te rendre avec nous à la Commune où nous sommes actuellement.
    ROBESPIERRE jeune, ROBESPIERRE, SAINT-JUST. »
(Musée des Archives, vitrine 222, n° 1417.)
3. « Sur les une heure après minuit », rapport de Petit, concierge provisoire de Port-Libre. (Courtois, *Rapport*, n° xxxv, 1.)

séances, et jusque dans la chambre où Couthon conféra avec Robespierre :

Le premier mot, dit-il, que j'entendis de Couthon fut : « Il faut de suite écrire aux armées. » Robespierre dit : « Au nom de qui ? » — Couthon répondit : « Mais au nom de la Convention : n'est-elle pas toujours où nous sommes ? Le reste n'est qu'une poignée de factieux que la force armée que nous avons va dissiper, et dont elle fera justice. » Ici Robespierre l'aîné sembla réfléchir, il se baissa à l'oreille de son frère ; ensuite il dit : « Mon avis est qu'on écrive au nom du peuple français [1]. »

Si Couthon avait pu, comme les autres, circuler dans Paris, s'il eût pu descendre seulement sur la place, il aurait eu moins de confiance dans les forces dont il parlait. Déjà les commissaires de la Convention se glissaient dans les rangs, répandant les décrets de l'Assemblée ; et, à l'intérieur de la salle du conseil, Payan remplit le même office sans en prévoir le résultat. Ayant par bravade donné lecture du décret qui mettait hors la loi les membres de la Commune, il eut l'idée d'ajouter : « et le public des tribunes » ; il croyait, par ce subterfuge, lier plus étroitement le public à sa cause ; mais en un instant les tribunes furent évacuées, et le conseil resta seul comme placé déjà sous le coup du décret.

Quand Hanriot descendit sur la place (que faisait-il donc loin de ses troupes ?), il trouva ses artilleurs à moitié gagnés par les agents de la Convention [2].

---

1. Rapport de Dulac (Courtois, n° xxxix). — La Commune recevait beaucoup de députations (Courtois, *ibid.*, n° xxxvi) : des citoyens, au milieu de cette confusion, pénétraient assez facilement dans la salle des séances. (*Ibid.*, n° xxxiv, 2.) Voyez aussi un trait d'un récit intitulé *Faits recueillis aux derniers instants de Robespierre et de sa faction* aux appendices n° V.

2. Dulac s'attribue la meilleure part de ce résultat. (Courtois, n° xxxix) Il faut se défier de ces récits intéressés.

N'aurait-il pu tenter encore de se défendre? Ses adversaires, si l'on en croit Dulac, n'étaient pas fort ardents pour l'attaque. Léonard Bourdon (Léopard Bourdon), le premier qui déboucha sur la place, entendant deux coups de pistolet, dit à Dulac : « Que ces gens-là se défendraient sans doute jusqu'à la mort, et que peut-être ils avaient préparé des poudres pour faire sauter les assaillants. » Et cela lui donnait à réfléchir; mais l'affaire se décida sans lui comme sans Barras.

Au milieu du désordre que l'approche des troupes jetait parmi les adhérents de la Commune, un gendarme, nommé Méda, — qui avait été de l'escorte d'Hanriot; qui se vanta plus tard de l'avoir arrêté au début de l'affaire et s'attribue un rôle invraisemblable dans la conduite de l'attaque comme Dulac dans sa conclusion, — Méda pénétra dans la salle du conseil, se donnant, dit-il, comme une ordonnance secrète; et voyant Robespierre assis dans un fauteuil, « le coude gauche sur les genoux et la tête appuyée sur la main gauche », il lui cria : « Rends-toi, traître »; et au moment où il relevait la tête, lui tira un coup de pistolet qui lui brisa la mâchoire inférieure[1]. — Il tomba. Un papier où il mettait sa signature, un appel à l'insurrection où il annonçait le triomphe, porte, avec les deux premières lettres de son nom, la marque de son sang[2]. — Panique univer-

---

1. Méda, *Récit des événements du 9 thermidor*. — Selon d'autres, c'est Robespierre qui se tira un coup de pistolet; le concierge Bochard prétend même que la balle qu'il se tira faillit le tuer lui-même (Courtois, *Rapport*. n° xxxvi); mais la description que les médecins ont faite de la blessure de Robespierre et de la direction du coup (*ibid.*, n° xxxvii) doit faire admettre l'autre opinion qui diffère absolument du récit de Dulac (n° xxxix).

2. L'appel était adressé à la section des Piques, dont il faisait partie :
Courage, patriotes de la section des Piques! la liberté triomphe. Déjà ceux que leur fermeté a rendus formidables aux traîtres sont en liberté. Partout le peuple se montre digne de son caractère. Le point de la réunion est à la Com-

selle. Robespierre jeune, effrayé, enjambe une fenêtre, court le long de la corniche et se précipite sur le pavé où il reste comme brisé[1]. Cependant les grenadiers ont envahi la salle. Hanriot veut gagner un escalier de service. Coffinhal, furieux, le saisit, le jette par la croisée et se dérobe lui-même. Lebas, à qui Saint-Just dit : « Tue-moi », se brûle la cervelle. Saint-Just est arrêté ainsi que Dumas, président du tribunal révolutionnaire, que l'on trouve caché sous une table[2]. On ramasse Couthon dont un porteur est blessé, et on le traîne sur le quai Pelletier. Quelques-uns le voyant sanglant lui-même et le croyant mort, parlaient de le jeter « comme une voirie » à la Seine[3]. Toute la Commune a fui. Il était deux heures du matin.

La Convention était en séance; les Jacobins aussi, et ils avaient échangé plusieurs députations avec la Commune. Une première leur avait porté l'assurance « que les tribunes et la société avaient prêté le serment de

mune où le brave Hanriot exécutera les ordres du comité d'exécution créé pour sauver la patrie.
    Signé : LEGRAND, LOUVET, PAYAN, LEREBOURS, RO....
 M. Louis Blanc, qui reproduit cette pièce (t. XI, p. 254), y voir la preuve que Robespierre reculait devant cet appel à la force. Robespierre à l'hôtel de ville ne paraît pas avoir eu ces scrupules, et je persiste à croire que c'est l'appel de la dernière heure. Si la pièce lui eût été présentée à un tout autre moment, il aurait achevé sa signature, ou il l'aurait biffée.

1. Courtois, *Rapport*, n° xxxviii, rapport du comité civil de la Maison commune daté de 2 heures du matin [entre deux et trois heures].

2. Dulac se vante d'avoir arrêté Dumas muni d'un flacon d'eau de mélisse, et Saint-Just armé d'un couteau qu'il lui remit, comme Dumas son flacon, sans avoir eu l'idée de s'en servir. Il prétend aussi avoir arrêté Payan. (Courtois, *Rapport*, n° xxxix.)

3. Note fournie par Fréron (Courtois, *Rapport*, p. 72) : « Alors, ajoute l'auteur, Couthon dit d'un ton *jésuitique* : Citoyens, un instant, je ne suis pas encore mort. » — Pourquoi *jésuitique ?* Il avait bien le droit de dire cela. — Beaulieu prétend au contraire que Couthon faisait le mort : « Quelques personnes l'aperçurent et le prirent en effet pour un cadavre. Mais un homme croyant voir qu'il respirait, le retourne et reconnaît qu'il est très vivant ; il s'écrie : Ah ! le brigand, il n'est pas mort. On l'emporte sur une civière. » (*Essais*, t. V, p. 500.)

mourir plutôt que de vivre sous le crime », et le président du conseil général avait répondu « que les membres de la Commune étaient animés du plus brûlant patriotisme et qu'ils veilleraient jusqu'à ce que les ennemis de la liberté fussent anéantis[1]. » Une seconde avait été nommée « pour accompagner la députation de la Commune et s'unir avec elle pour veiller au salut de la chose publique : » mais il était « deux heures et demie du 10 thermidor[2]! » Tout était fini et bientôt Legendre, survenant le pistolet au poing, fit évacuer la salle et en ferma les portes.

IV

Robespierre et ses complices amenés aux Tuileries, à la Conciergerie. Procédure sommaire. Exécution de vingt-deux des mis hors la loi.

Charlier venait d'occuper le fauteuil à la Convention, quand les principaux des prisonniers arrivèrent au seuil du palais : Robespierre était sanglant sur une civière :

« Le lâche Robespierre est là, dit le président : Vous ne voulez pas qu'il entre? » (*Non! non!* s'écrie-t-on de toutes parts.)

THURIOT. « Apporter dans le sein de la Convention le corps d'un homme couvert de tous les crimes, ce seroit enlever à cette belle journée tout l'éclat qui lui convient. Le cadavre d'un tyran ne peut que porter la peste; la place qui est marquée pour lui et ses complices, c'est la place de la Révolution. Il faut que les deux comités prennent les mesures nécessaires pour que le glaive de la loi les frappe sans délai. »

Sans délai! mais l'agonie fut longue pour Robespierre.

1. Courtois, *Rapport*, n° XXI, 2; cf. n° XXI, 3. — 2. *Ibid.*, n° XXI, 2.

Il avait été porté au comité de salut public.

« Robespierre, dit un récit reproduit par Courtois, est déposé sur la table de la salle d'audience. Une boîte contenant quelques échantillons de pain de munition fut placée sous sa tête et lui tenait lieu d'oreiller. .... Il resta pendant près d'une heure dans un état d'immobilité qui laissait croire qu'il allait cesser d'être. Enfin, au bout d'une heure, il commença à ouvrir les yeux, le sang coulait avec abondance de la blessure qu'il avait à la mâchoire inférieure gauche; sa chemise était ensanglantée. Il était sans chapeau et sans cravate; il avait un habit bleu ciel, une culotte de nankin, des bas de coton blancs rabattus jusque sur ses talons. Vers trois à quatre heures du matin, on s'aperçut qu'il tenait dans ses mains un petit sac de peau blanche, sur lequel était écrit : *Au Grand-Monarque, Lecourt, fourbisseur du roi et de ses troupes, rue Saint-Honoré, près celle des Poulies, à Paris*. Il s'en servait pour retirer le sang caillé qui sortait de sa bouche; » — et l'on a supposé que ce petit sac, étui de pistolet, avait été mis perfidement à sa portée, soit pour accréditer le bruit qu'il s'était tiré lui-même, soit pour rappeler, par l'adresse du fournisseur, la royauté dont on l'accusait de poursuivre la restauration, sans trop dire si c'était pour un autre ou pour lui[1]. Beaucoup de monde venait

---

1. On sait la fable du cachet à fleur de lys trouvé sur la table des conjurés, fable accréditée dans le public et accueillie par Barère dans son rapport du 10 au matin (*Moniteur* du 12), avec la pensée de faire passer Robespierre pour royaliste. Merlin de Douai ne manque pas d'en parler dans la lettre qu'il écrit le 10 thermidor à la société populaire de Douai pour lui annoncer l'événement du jour :

Paris, ce 10 thermidor l'an II de la République, à midi.

Frères et amis,

Une horrible conspiration, etc.

J'ajouterai seulement un fait qui peint dans toute son horreur le complot qui

contempler dans sa chute cet homme naguère si puissant, si redouté, et plusieurs ne lui ménageaient pas les outrages. L'un disait : « Ne v'là-t-il pas un beau roi ! » Un autre : « Quand ce serait le corps de César ! pourquoi ne l'avoir pas jeté à la voirie[1] ? » mais d'autres en prenaient pitié et lui donnèrent (faute de linge), du papier blanc « qu'il employait au même usage que le sac, en se servant de la main droite seulement et en s'appuyant sur le coude gauche. »

« Vers six heures du matin, un chirurgien qui se trouva dans la cour du palais national, fut appelé pour le panser. Il lui mit par précaution une clef dans la bouche; il trouva qu'il avait la mâchoire gauche fracassée; il lui tira deux ou trois dents, lui banda sa blessure, et fit placer à côté de lui une cuvette remplie d'eau. Robespierre s'en servait de temps en temps, et retirait le sang qui remplissait sa bouche, avec des morceaux de papier qu'il ployait à cet effet en plusieurs doubles de sa seule main droite. Au moment où l'on y

vient d'avorter : c'est qu'au moment où nos commissaires, après s'être emparés de la maison commune de Paris, où était le siège de la rébellion, sont entrés dans la salle des délibérations présidées par Robespierre et ses infâmes complices, il s'est trouvé sur le bureau un grand cachet à fleurs de lys tout récemment fabriqué.

La joie est universelle à Paris. Je ne doute pas que vous ne la partagiez.
Salut et fraternité.

MERLIN.

Bibliothèque de Douai, *Recueil de M. Plouvain*, n° 50 bis.)

1. *Faits recueillis aux derniers instants de Robespierre*, p. 3. Merlin de Thionville se joint par l'intention aux insulteurs : « Une seule fois, dit-il, dans toute sa vie, il voulut marcher : il a fait un pas, un seul pas, sans appui, sans précurseur et sans guide, et ce pas l'a conduit.... à la mort. — Construisez une machine humaine faible et lâche, animez-la de la passion de l'envie, placez-la dans les circonstances où s'est trouvé Robespierre, et vous recommencerez Robespierre. On l'appela d'abord le patriote Robespierre, ensuite l'incorruptible Robespierre, ensuite le vertueux Robespierre, ensuite le grand Robespierre. Le jour vint où le grand Robespierre fut appelé tyran, et ce jour-là un sans-culotte, le considérant étendu sur un grabat au comité de sûreté générale, dit : *Voilà donc un tyran, ce n'est que ça ?* (*Portrait de Robespierre*, p. 10.)

pensait le moins, il se mit sur son séant, releva ses bas, se glissa subitement en bas de la table et courut se placer dans un fauteuil. A peine assis, il demanda de l'eau et du linge blanc. Pendant tout le temps qu'il resta couché sur la table, lorsqu'il eut repris connaissance, il regarda fixement tous ceux qui l'environnaient, et principalement les employés du comité de salut public qu'il reconnaissait ; il levait souvent les yeux au plafond, mais à quelques mouvements convulsifs près, on remarqua constamment en lui une grande impassibilité, même dans les instants du pansement de sa blessure, qui dut lui occasionner des douleurs très aiguës. Son teint, habituellement bilieux, avait la lividité de la mort[1]. »

Son frère avait été porté d'abord au comité civil de la maison commune où on l'interrogea quand il eut repris ses sens. Il dit qu'il s'était précipité volontairement, qu'il avait toujours fait son devoir ainsi que son frère, rejetant l'accusation de conspiration sur Paris, sur Collot-d'Herbois, sur Carnot. Les médecins qui le visitèrent avaient jugé qu'il ne pouvait être transporté sans péril pour ses jours. Mais les représentants délégués par la Convention avaient donné l'ordre de le conduire au comité de sûreté générale, et malgré les observations

---

1. Courtois, *Rapport*, n° XLI : *Notes relatives à Robespierre lorsqu'il fut apporté au comité de salut public*. Nous reproduisons intégralement, aux appendices n° 5, un curieux récit auquel M. Louis Blanc a emprunté plusieurs traits ; il est intitulé : *Faits recueillis aux derniers moments de Robespierre et de sa faction du 9 au 10 thermidor*. C'est le rapport d'un témoin, témoin peu sympathique. Mais si l'auteur recueille sur Robespierre les injures qui se disaient autour de lui, il n'en dit pas. — Le pansement du « scélérat Robespierre », comme l'appellent désormais les médecins dans leur rapport officiel, avait eu lieu à 5 heures du matin : « Il était tout couvert de sang, tranquille en apparence et ne témoignant pas éprouver beaucoup de douleurs. » (Buchez et Roux, t. XXXIV, p. 90.) — *Tranquille en apparence*. Le scélérat Robespierre ne pouvait être tranquille qu'*en apparence*.

qui leur furent faites, l'ordre fut renouvelé et exécuté[1]. Couthon y avait été apporté aussi à neuf heures du matin avec Goubault, un membre blessé de la Commune ; on y amena également Saint-Just et Dumas qui y était venu si souvent se concerter avec les membres du comité sur les fournées de son tribunal. Ordre fut donné de les transférer tous à la Conciergerie. Dans la salle d'audience du comité, Saint-Just, montrant le grand tableau des *Droits de l'homme* qui s'y trouvait exposé, dit : « C'est pourtant moi qui ai fait cela[2]. » — Les droits de l'homme ! qu'avait-il fait des droits de l'humanité ?

Quand Robespierre arriva à la Conciergerie, on dit qu'il demanda par signe au guichetier de lui apporter une plume et de l'encre. Et le guichetier brutal : « Que diable en veux-tu faire ? as-tu dessein d'écrire à ton Être suprême[3] ? » — C'est comme fanatique (nous emploierions un autre mot) qu'on avait remué contre lui les bas-fonds de la Révolution !

A la Conciergerie aussi avaient été amenés directement les membres arrêtés alors de la Commune, au nombre de quinze à vingt, et Hanriot qu'on avait découvert dans une petite cour où il était tombé. Un tas de fumier avait amorti sa chute ; on l'amena sale et sanglant avec les autres[4].

A la Conciergerie ! c'était donc au tribunal révolutionnaire qu'on les renvoyait tous : et Robespierre, Couthon, Saint-Just dont il avait été le si docile instrument, et Dumas qui le présidait encore la veille ! Mais la mise

1. Courtois, *Rapport*, n° xxxviii.
2. Courtois, *Rapport*, n° xli. Cf. *Faits recueillis aux derniers instants de Robespierre et de sa faction*, p. 5.
3. Nougaret, *Hist. des prisons*, t. IV, p. 312.
4. Courtois, *Rapport*, n° xl.

hors la loi supprimait toute alternative dans la sentence, et d'ailleurs le tribunal n'avait voulu laisser aucun doute sur ses dispositions. Le matin du 10 thermidor, il se présenta à la barre de la Convention, et dit :

Citoyens représentants, vous venez de vous couvrir de gloire ; nous venons joindre nos félicitations à celles que vous recevrez de la France entière ; nous venons nous glorifier nous-mêmes de notre constance inébranlable, et elle sera toujours la même, à rester attachés à la représentation nationale, malgré les efforts que n'ont cessé de faire cette nuit les conspirateurs pour nous associer à leurs crimes. Il s'était glissé dans notre sein quelques traîtres ; vous avez su les distinguer, et bientôt ils auront subi la peine due à leurs forfaits. Pour nous, toujours entièrement dévoués à la représentation nationale et à nos devoirs, nous venons prendre vos ordres pour le jugement des conspirateurs (*on applaudit*).

Au nombre des membres fidèles et dévoués, était Fouquier-Tinville. Il signala une difficulté qui se présentait pour l'exécution de Robespierre et de ses complices. Ils étaient hors la loi : pour les envoyer à l'échafaud, il ne s'agissait que de constater leur identité ; mais cette constatation devait se faire devant deux officiers municipaux de la Commune : or les officiers municipaux avaient été mis eux-mêmes hors la loi. Un membre proposait d'appeler les membres du département à leur place. Un autre représenta que, parmi les magistrats de la Commune, il y en avait trois qui s'étaient rendus la nuit précédente au sein de la Convention et qui, par suite, avaient échappé à la proscription dont les autres étaient frappés. Mais Thuriot, impatient de tout retard :

La Convention, dit-il, doit prendre des mesures pour que

les conspirateurs soient frappés sans délai. Tout délai serait préjudiciable à la République. Il faut que l'échafaud soit dressé sur-le-champ, qu'avec les têtes de ses complices tombe aujourd'hui la tête de cet infâme Robespierre qui nous annonçait qu'il croyait à l'Être suprême, et qui ne croyait qu'à la force du crime. Il faut que le sol de la République soit purgé d'un monstre qui était en mesure pour se faire proclamer roi.

Et il fut décrété que le tribunal se retirerait au comité de sûreté générale pour prendre ses ordres. Peu après, Élie Lacoste fit son rapport au nom des deux comités de salut public et de sûreté générale, et on décréta, sur sa proposition, que le tribunal serait dispensé de l'assistance des deux officiers municipaux et que l'exécution aurait lieu sur la place de la Révolution[1].

Le tribunal rentra donc en séance. Robespierre y fut amené sur son brancard; et deux employés du tribunal ayant attesté son identité, Fouquier-Tinville requit contre lui l'application de la loi : c'était tout le jugement[2]. Même formalité pour Couthon, Saint-Just, et Robespierre jeune; pour Hanriot et son aide de camp, Lavalette, l'ex-marquis jacobin; pour le cordonnier Simon, d'infâme mémoire, pour Vivier qui avait présidé les Jacobins pendant la lutte, pour Dumas lui-même, le président du tribunal, pour l'agent national Payan. Mais quand vint le tour du maire Lescot-Fleuriot, Fouquier-Tinville qui l'avait eu pour substitut et avait

---

1. Séance du 10 thermidor (28 juillet), *Moniteur* du 12. Cf. Archives, W 434, dossier 975, pièce 4. — Un autre décret prescrivit que le tribunal exécutât le décret de mise hors la loi le jour même. (*Ibid.*, pièce 3.)

2. Archives, W 434, dossier 975, pièce 39. Le jugement des vingt-deux porte les signatures de Scellier, président; Foucault, Maire, Bravet, Harny, juges; Wolff, commis greffier.

conservé avec lui des relations d'amitié, déposa son écharpe et laissa à son substitut Liendon, le soin de requérir : acte louable qu'on eut le tort de lui reprocher dans son procès et dont il eut la faiblesse de s'excuser alors, car il y avait eu courage à le faire.

Il y eut ce jour-là vingt-deux condamnés que la *Liste générale et très exacte* enregistre dans son funèbre catalogue du n° 2638 au n° 2659, sous ce titre :

GRANDE AFFAIRE DU TYRAN ROBESPIERRE ET DE SES COMPLICES EXÉCUTÉS PLACE DE LA RÉVOLUTION :

1. Maximilien ROBESPIERRE, né d'Arras, ex-député à la Convention nationale, 35 ans.

2. Georges COUTHON, ex-député à la Convention nationale, 38 ans, né d'Orzay (Puy-de-Dôme).

3. Louis-Jean-Baptiste-Thomas LAVALETTE, 50 ans, ex-noble, et depuis la Révolution commandant à Nancy, commandant de bataillon de la section des gardes françaises, général de brigade à l'armée du Nord.

4. François HANRIOT, 35 ans, ci-devant commis aux barrières, ex-général de la force armée de Paris.

5. René-François DUMAS, 37 ans, avant la Révolution homme de loi, actuellement président du tribunal révolutionnaire.

6. Antoine SAINT-JUST, 26 ans, sans état avant la Révolution, étudiant, ex-député à la Convention nationale.

7. Claude-François PAYAN, sans état avant la Révolution et depuis juré au tribunal révolutionnaire, ex-agent de la commune de Paris.

8. Jacques-Claude BERNARD, 34 ans, ex-prêtre, membre du conseil général de la Commune, et chef des bureaux de la mairie.

9. Adrien-Nicolas GOBEAU, substitut provisoire de l'accusateur public près le tribunal criminel du département de Paris, 26 ans.

10. Antoine GENCY, 33 ans, tonnelier et ex-membre du conseil général de la Commune.

11. Nicolas-Joseph VIVIER, ex-avoué et juge du tribunal du troisième arrondissement, 50 ans.

12. Jean-Baptiste-Edmond LESCOT-FLEURIOT, 43 ans, artiste, ex-maire de Paris.

13. Antoine SIMON, 58 ans, cordonnier, ex-membre du conseil général de la Commune.

14. Denis-Étienne LAURENT, 33 ans, sans profession, officier municipal.

15. Jacques-Louis-Frédéric WOUARMÉ, 29 ans, ex-commis aux domaines, puis employé à la commission du commerce et approvisionnements.

16. Jean-Étienne FORESTIER, 47 ans, fondeur, membre de la Commune.

17. Augustin-Bon-Joseph ROBESPIERRE, jeune, ex-député à la Convention nationale.

18. Nicolas GUÉRIN, receveur à la ville, membre du conseil général de la Commune, 52 ans.

19. Jean-Baptiste-Matthieu D'HAZARD, 36 ans, perruquier et membre de la Commune.

20. Christophe COCHEFER, ancien marchand tapissier, membre du conseil général de la Commune de Paris.

21. Charles-Jacques-Matthieu BOUGON, 57 ans, ex-garçon de bureau au timbre, ex-membre du conseil général de la Commune.

22. Jean-Marie QUENET, marchand de bois, membre du conseil général de la Commune, administrateur de police.

Les vingt-deux (nombre fatidique et vrai cette fois), furent conduits à la place de la Révolution.

« Ceux qui ont assisté à ce spectacle, dit Beaulieu dans ses *Essais*, m'ont assuré n'avoir jamais rien vu de plus odieux. Ils étaient dégoûtants de sang et d'ordures. Hanriot était encore chargé de la fange du cloaque où il s'était caché! Couthon, respirant encore, était étendu dans la charrette et foulé aux pieds par les autres. Les malédictions d'un peuple immense les accompagnèrent jusqu'à l'échafaud[1]. »

Les malédictions! chose tout autrement poignante que les insultes, misérables accessoires des exécutions de tous les jours. *Un peuple immense!* ce n'était plus le cortège habituel des condamnés. La rue Saint-Honoré, qui avait demandé et obtenu de n'être plus le chemin de la guillotine, qui fermait ses portes et ses fenêtres au passage des victimes, les avait ouvertes toutes grandes cette fois, pour voir passer la fin de la Terreur. *Malédictions!* mais ni les cris de : *Vive la République!* ni les outrages n'avaient manqué pourtant.

Un auteur rapporte (et il le dit sans une parole de blâme), que quand les charrettes furent devant la maison où logeait Robespierre, elle s'arrêtèrent, et « un groupe de femmes se mit à danser en rond[2]. » Un autre, qu'en ce moment aussi, un enfant trempant un balai dans un seau de sang de chez un boucher, en aspergea la maison[3]. Sur l'échafaud, Robespierre fut l'objet de nouvelles avanies. Le bourreau lui enleva l'appareil de sa blessure si brutalement qu'il poussa un cri ; — et, dit Beaulieu, on applaudit! Beaulieu s'élève, lui, contre cette cruauté, mais il relève un trait qui manifeste le sentiment de la foule endurcie aux exécutions de la Terreur : c'est que « la plupart de ceux qui assistaient à son supplice auraient voulu le voir souffrir le sup-

---

1. *Essais*, t. V, p. 501. — Voyez le récit du *Journal de Perlet*, qui reproduit les sentiments haineux de la foule, n° 675 (12 thermidor), p. 470.
2. Nougaret. *Hist. des prisons*, t. IV, p. 513.
3. Louis Blanc, *Hist. de la Révol.*, t. XI, p. 264.

plice de Damien auquel on a dit qu'il était affilié[1] : » bruit infâmant qu'on faisait clandestinement circuler contre lui aux jours de sa puissance, et qui s'affiche devant son échafaud.

On lui fit une épitaphe plus sanglante et plus vraie :

> Passant, qui que tu sois, ne pleure pas mon sort :
> Si je vivais, tu serais mort [2].

1. *Essais.* t. V, p. 501.
2. Comme souvenir de cette journée, on frappa, pour la répandre dans le public, une médaille d'étain, réunissant en face l'un de l'autre Robespierre et Cécile Renault se regardant avec la date du 10 thermidor. Autour de la figure de Cécile Renault on lit : *J'ai voulu voir comment était fait un tyran.* (Hennin, *Histoire numismatique de la Révolution française*, n°˙ 636 et 637.)

Dès le lendemain de la mort de Robespierre, Laurent Lecointre publiait contre lui une dénonciation qui aurait beaucoup mieux trouvé sa place la veille : *Robespierre peint par lui-même et condamné par ses propres principes, ou dénonciation des crimes de Maximilien-Marie-Isidore Robespierre et projet d'accusation* (11 thermidor). Et il affichait hautement le dessein qu'il avait formé dès le 5 prairial d'immoler le tyran « en plein Sénat : *Conjuration formée dès le 5 prairial par neuf représentants du peuple contre Maximilien Robespierre pour l'immoler en plein Sénat*. Rapport et acte d'accusation dont la lecture devait précéder dans la Convention cet acte de dévouement, par Laurent Lecointre, de Versailles (11 thermidor). — Mille pamphlets se disputèrent sur le même thème la faveur du public : *Le triomphe des Parisiens dans la journée des 9 et 10 thermidor.* — *Détails de l'horrible conspiration formée par Robespierre, Couthon et Saint-Just les 8, 9 et 10 thermidor.* — *Tableau de la vérité*, etc., par Roux, député de la Haute-Marne (11 thermidor). — *Horrible conspiration formée pour porter Robespierre à la royauté*. — *Capet et Robespierre*, par Merlin de Thionville. — *Dialogue entre Marat et Robespierre ;* — *Robespierre aux enfers*, pour faire suite au *Dialogue entre Marat et Robespierre ;* — *Robespierre en cage*, autre suite des deux précédents. — *Testament de S. M. Robespierre trouvé à la maison commune.* Il lègue, comme Élie à Élisée, son esprit à son bien-aimé disciple Billaud-Varennes. — *Le miroir du peuple, ou le peuple justifié des crimes du triumvirat. Au peuple français*, par un habitant de Versailles.

Et la poésie ne pouvait pas faire défaut à ce concert : *Hymne dithyrambique sur la conjuration de Robespierre et la révolution du 9 thermidor*, par Joseph Rouget de Lisle (l'auteur de la *Marseillaise*). — *La journée du 9 thermidor*, poëme historique contenant des détails sur la conspiration de Robespierre, Couthon, Saint-Just, Henriot et de tous leurs complices, précédé d'une épître dédicatoire aux vrais sans-culottes, lue à la Convention nationale et prononcée sur différents théâtres de Paris, par le citoyen Bellement. — *La nuit du 9 au 10 thermidor*, ode, par le citoyen Perreau. — *Sur la chute de Robespierre et complices*, ode à la Convention nationale, par le citoyen Dejean, chef du second bataillon du Calvados (par exception on y trouve quelques bons vers). — *La mort des triumvirs, ou la France sauvée*, ode. — *L'Horreur trium-*

CHAPITRE LII

LES SUITES DU 9 THERMIDOR
SUSPENSION DU TRIBUNAL RÉVOLUTIONNAIRE

I

Les prisons de Paris dans la journée du 9 et dans la nuit du 9 au 10 thermidor.
Les condamnés des 11 et 12 thermidor.

La journée du 9 thermidor avait été pour les prisons un jour d'angoisse. On redoutait quelque résolution sinistre. Depuis qu'on avait inventé la conspiration des prisons, et, sous ce prétexte, décimé le Luxembourg en messidor, les Carmes et Saint-Lazare en thermidor, entamé Port-Libre et jusqu'à la paisible maison des Oiseaux, le lendemain n'était plus assuré. On s'attendait au renouvellement des massacres de septembre, et ces dernières grandes journées, qu'était-ce autre chose, le comité de salut public se substituant aux agents de la Commune pour dresser les listes de ceux qu'il livrait aux juges, c'est-à-dire aux massacreurs? Les contemporains ne s'y sont point trompés : « Le système de la con-

---

virale. — *L'Ame triumvirale*. — *Les verrous révolutionnaires*, poésie héroï-comique en douze chants et en vers alexandrins, dédié au 9 thermidor, par Romain-Duperrier. — On peut ranger parmi les moins estimables l'épître de P.-A. *Tachereau-Fargues à Maximilien Robespierre aux enfers*. — Aux cachots de la Conciergerie, 1er fructidor an II de la République :

Je t'ai suivi longtemps sans pouvoir te connaître.

Il ne l'avait que trop connu et trop suivi, et c'est pour cela qu'emprisonné à son tour il cherche à se disculper en l'attaquant. Quelques-unes des notes dont ses vers sont le prétexte sont curieuses à consulter.

spiration des prisons, dit le conventionnel Blanqui, n'était au fond qu'une septembrisation renouvelée sous des formes juridiques¹ »; et Merlin (de Douai), le rapporteur de la loi des suspects, dans un autre rapport sur le renouvellement du tribunal révolutionnaire (nous aurons à y revenir), fait aussi ce rapprochement entre les massacres des prisons et les procédés du tribunal, à propos de ses jugements par amalgame².

Aucun scrupule ne pouvait donc plus arrêter le Comité de salut public, et les prisonniers le savaient mieux que personne. Aussi, dans cette journée du 9, quand on entendit sonner le tocsin et battre la générale dans tous les quartiers, quand on vit les envois multipliés de dépêches, l'agitation des guichetiers et des concierges, l'effarement des administrateurs de police, allant, venant, faisant prendre dans chaque prison des mesures de surveillance qui semblaient autant de menaces, on ne doutait plus qu'au premier moment les portes ne dussent s'ouvrir pour laisser entrer les égorgeurs. Au Luxembourg, dans l'après-midi, Hanriot avait paru jusqu'à trois fois, pour s'assurer de ses gendarmes; aux Carmes, il y avait des hommes sous les armes, prêts à obéir au signal que l'administrateur de police, Crépin, voudrait leur donner; à la Force, même terreur : « Nous sommes tous âgés aujourd'hui de quatre-vingts ans, » disait un des prisonniers à Vilate³.

Ils n'avaient pas conspiré jusque-là : mais dans plusieurs prisons ils songèrent à se concerter pour se défendre. Au Luxembourg et en d'autres maisons, les

1. *Hist. des prisons*, t. I, p. 166.
2. *Moniteur* du 14 nivôse an III.
3. Vilate, *Causes secrètes de la révol. du 9 au 10 thermidor*, p. 212.

prisonniers étaient décidés à faire arme de tout pour défendre leur vie. Au Plessis, il y avait même eu tout un plan de résistance à l'invasion : les femmes et les enfants devaient être abrités derrière une muraille de matelas, tandis que les hommes, armés du bois des lits, tiendraient tête aux assaillants. Mais la nuit s'était passée sans qu'on eût à relever rien autre chose que le mouvement des troupes, le tocsin, le tambour, jusqu'à une heure avancée, et le roulement des canons. Cependant le matin, un changement sensible s'était manifesté dans l'attitude des geôliers. Ils semblaient se dire qu'il se pourrait bien que d'autres vinssent prendre leurs clefs et les enfermer à leur tour. Et dans la ville c'était bien autre chose ! On ne tarda point à le savoir dans les prisons qui avaient vue sur le dehors : des correspondances par signes s'établissaient sans que personne y fît obstacle, et c'est ainsi qu'au Plessis, au Luxembourg, on apprit que Robespierre était abattu, qu'il allait être guillotiné[1]. Ce fut une immense explosion de joie dans les prisons. Partout on semblait renaître à la vie ; on comptait les instants où les portes s'ouvriraient. La chute de Robespierre devait avoir, en effet, ce résultat. La terreur s'était incarnée en sa personne. Lui mort, comment pouvait-elle lui survivre ? Il y avait là une force de logique qui devait finir par triompher.

Mais cette révolution n'était pas dans les vues de ceux qui venaient de renverser Robespierre. Le gouvernement révolutionnaire était toujours leur système, avec la Terreur pour âme et le tribunal du 10 mars pour instru-

---

[1]. Voyez Courtois, *Rapport sur les événements du 9 thermidor*, p. 3, notes, etc. J'ai décrit plus au long cette situation dans *la Terreur*, t. II, p. 326 et suivantes.

ment ; seulement ils avaient d'autres victimes à frapper d'abord. Robespierre et ses vingt et un compagnons avaient remplacé devant le tribunal les deux listes qui étaient déjà préparées pour la première audience[1]. Le lendemain, ce fut une tout autre fournée. Jamais on n'avait vu encore pareille hécatombe. Quelques membres de la Commune, ceux qu'on avait sous la main, étaient morts le 10 avec Robespierre. Le 11, on avait eu le temps de ramasser presque tous les autres[2]. Soixante-dix furent envoyés à l'échafaud[3]. Ils avaient comparu en deux séries de trente-cinq devant les deux sections du tribunal, et ils furent jugés comme les vingt-deux premiers, sur la simple constatation de leur identité[4]. Le lendemain, nouvelle série de douze, qui achève le triomphe de la Convention sur les rebelles de la Commune[5]. Et Fouquier-Tinville, au rapport d'un témoin, disait : « Le peuple doit être content ; la guillotine marche, elle marchera et cela ira encore mieux[6]. »

Parmi les soixante-dix condamnés du 11 thermidor signalons le second aide de camp d'Hanriot, BOULLANGER, compagnon joaillier, général dans l'armée révolutionnaire, et les administrateurs de police WILTCHERITZ, FARO

---

1. On en trouvera les noms au Journal.
2. Voy. divers rapports du 11 thermidor dénonçant ceux qui ont provoqué à faire serment à la Commune. (Archives F 7 4437.) On imprima une *Liste des noms et domiciles des individus convaincus et prévenus d'avoir pris part à la conspiration de l'infâme Robespierre*. Ils sont donnés par section.
3. Voyez leurs noms au Journal.
4. Archives, W 434, dossier 976 et 977. Dans la première section le tribunal compte Scellier, Maire, Bravet, Lohier, juges; Wolff, commis-greffier; — dans la seconde, Deliège, Barbier, Harny, juges; Ducray, commis greffier.
5. Archives. W 434, dossier 978. Le jugement est signé de Scellier, Harny, Laporte, Felix, et Wolff, commis greffier.
6. Joly, huissier du tribunal. (*Procès Fouquier*, n° 40, p. 3.) Fouquier nie le propos.

et BERGOT, si redoutés des prisonniers; Wiltcheritz qui avait contribué à empêcher l'emprisonnement de Robespierre au Luxembourg. Parmi les douze du lendemain, NICOLAS, juré et en même temps imprimeur du tribunal révolutionnaire.

II

Discussion sur le tribunal révolutionnaire (10 thermidor = 28 juillet 1794). La suspension décrétée, puis ajournée. Rapport de Barère (11 thermidor). Renouvellement des deux grands comités : David. Liste épurée des membres du tribunal : Fouquier-Tinville (14 messidor = 1ᵉʳ août 1794).

Le tribunal n'avait pas pu s'associer d'une manière plus docile et plus aveugle aux vengeances du 9 thermidor. Tout le monde pourtant dans la Convention ne se montrait pas disposé à garder cet instrument de mort comme il était. Dès le soir du 10 thermidor, le comité ayant fait décréter que les commissions populaires, nommées conformément au décret du 23 ventôse pour juger les détenus, seraient épurées par les soins des comités de salut public et de sûreté générale, Thibaut demanda que les comités réunis examinassent aussi l'organisation et la composition du tribunal révolutionnaire de Paris, « qui furent, ajouta-t-il, l'ouvrage de Couthon et de Robespierre. »

La discussion fut suspendue sur la nouvelle apportée par Tallien, que « les têtes des conspirateurs venaient de tomber sur l'échafaud. » Conformément à sa demande, toutes les propositions faites ou à faire furent renvoyées aux comités, et la séance levée au milieu des applaudissements et des cris de joie[1].

---

1. Séance du 10 thermidor, au soir (*Moniteur* du 13).

Le lendemain (11 thermidor), Élie Lacoste, reprenant la pensée de Thuriot, remontra qu'une partie des juges et des jurés du tribunal révolutionnaire étaient à la dévotion de Robespierre; qu'il fallait épurer ce tribunal; et il demanda qu'on le supprimât tel qu'il était, en le remplaçant par une commission provisoire.

Thuriot rappela en termes amers comment, dans cet odieux prétoire, sur la désignation de Robespierre, le juré prononçait et le juge condamnait. Il ne demandait pas qu'on le supprimât, mais qu'on y appelât des jurés pris de tous les départements et choisis parmi les plus honnêtes. Un membre dit que ce n'était pas à Paris seulement qu'on voyait de pareils juges et une semblable justice; qu'à Lyon, à Nîmes, les commissions établies pour juger les ennemis de la révolution ne se composaient que des amis de Robespierre; que dans tout le midi l'assassinat était à l'ordre du jour; et il fut appuyé par Bréard. Mallarmé ne recueillit que des murmures, quand il osa demander qu'on ne suspendît point précipitamment le tribunal révolutionnaire :

Il est d'autant plus nécessaire, dit Turreau, de suspendre sur-le-champ le tribunal révolutionnaire que Catilina-Robespierre scellait de son approbation les listes que lui présentaient les jurés (*Mouvement d'indignation*).

— Il n'est pas possible, ajouta Lacoste, que la Convention nationale puisse hésiter un instant sur la suspension du tribunal.

Et la suspension fut décrétée au milieu des plus vifs applaudissements.

Mais on n'entendait pas supprimer l'institution elle-même. Sur la proposition de Lacoste (Mallarmé s'y était rallié à l'avance), la Convention décréta qu'une commission provisoire remplacerait le tribunal, et les comités réunis furent chargés de dresser, séance tenante, la liste des citoyens qui devaient la composer. On voulait si peu la suppression du tribunal, que, sur la motion de Turreau, l'assemblée donna à la commission le nom de tribunal révolutionnaire provisoire. Toutefois cette mesure alarma ce qui restait de terroristes dans les comités. Billaud-Varennes, averti sans doute, accourut à la séance, et, prenant l'assemblée par la peur, il affirma que si le projet de Robespierre et de ses complices avait réussi, soixante mille hommes eussent été égorgés la veille : or, c'était au moment où on allait achever d'immoler ses complices, que le tribunal, prêt à les frapper, était suspendu! On voulait l'épurer : c'était aussi son avis; mais, dans quelques heures on allait apporter à la Convention le projet qui le réorganisait. Jusque-là, il ne fallait pas interrompre le cours de la justice. L'ajournement fut décrété[1], et le soir Barère vint lire son rapport.

C'est surtout là qu'on voyait bien que le comité de salut public, débarrassé de Robespierre, de Saint-Just et de Couthon, voulait garder son instrument redoutable. Après avoir fait le tableau de ce qu'eût été la République si Robespierre et ses complices avaient pu réaliser leur plan de domination tyrannique, le rapporteur ajoutait :

Je n'aurais pas rempli entièrement le devoir qui m'a été imposé par le comité, si je ne vous parlais du tribunal révolutionnaire, de cette institution salutaire qui détruit les ennemis de la République, et purge le sol de la liberté. Il pèse aux aristocrates; il nuit aux ambitieux; il déblaye les

---

1. Séance du 11 therm. (29 juillet 1794), *Moniteur* du 13.

intrigants et frappe les contre-révolutionnaires; il anéantit les espérances de la tyrannie : il faut donc un grand respect pour cette institution ; mais les hommes qui la composent ont dû attirer les plaintes et les regards de la Convention nationale.

Il a été compté parmi vos devoirs celui de reviser la formation de ce tribunal, mais avec cette sagesse qui perfectionne sans affaiblir, et qui recompose sans détruire...

Je viens présenter à votre nomination les juges et les jurés qui nous ont paru mériter la confiance de la Convention et des bons citoyens; puisse-t-elle être analogue à vos vues pour l'intérêt de la justice et de la Révolution !

Barère présentait en même temps les noms des membres qui devaient compléter le comité de salut public et ceux qui devaient former le tribunal réorganisé. L'assemblée remit la première opération au lendemain, et vota l'impression de la liste proposée pour le tribunal révolutionnaire, avec ajournement jusqu'à ce qu'on eût des renseignements sur chacun des noms qu'elle comprenait[1].

Le 13 et le 14, la Convention procéda à la réorganisation de ses deux grands comités. Ce fut une occasion de mettre en cause David, le grand peintre, le triste poli-

---

1. Séance du 11 thermidor au soir (29 juillet 1794), *Moniteur* du 14.
Il y a aux Archives des imprimés portant ce titre :
TRIBUNAUX RÉVOLUTIONNAIRES
Candidats proposés.
avec cet avis :
Note importante.
Chaque représentant est invité à écrire au bas du présent billet les noms des citoyens de son département ou de Paris qu'il croit propres aux fonctions de juges et de jurés du tribunal révolutionnaire, avec le lieu de la naissance, le nom et les qualités civiques des citoyens indiqués.
Il voudra bien renvoyer au comité de sûreté générale dans le jour la présente note avec la réponse.
Signé : Les membres des comités de sûreté générale
et de salut public, BARÈRE, etc.
Suit la note manuscrite sur chacun de ces bulletins.

tique, l'ami de Marat et de Robespierre qui, le 8 au soir, voulait boire la ciguë avec Robespierre, mais qui le 10 ne se souciait plus de le suivre à l'échafaud. Son enthousiasme de la veille pour le tribun ne fait que rendre plus pitoyable la platitude avec laquelle il le renia le lendemain de sa chute [1]. Quant à la liste des membres du tribunal révolutionnaire, ce ne fut pas sans surprise qu'on y trouva maintenu dans ses anciennes fonctions Fouquier-Tinville. Fréron se fit l'interprète de ce sentiment dans la séance du 14 thermidor (1er août 1794) :

> Vous avez envoyé, dit-il, au tribunal révolutionnaire, l'infâme Dumas et les jurés qui, avec lui, partageaient les crimes du scélérat Robespierre. Je vais vous prouver que Fouquier est aussi coupable qu'eux. Car si le président, si les jurés étaient influencés par Robespierre, l'accusateur public l'était également, puisqu'il rédigeait les actes d'accusation dans les mêmes vues. Je demande que Fouquier-Tinville aille expier dans les enfers le sang qu'il a versé. Je demande contre lui le décret d'accusation.

Mais comme on allait le mettre aux voix :

> Je m'oppose, s'écria Turreau, au décret d'accusation. Ce serait faire trop d'honneur à ce scélérat. Je demande qu'il soit mis simplement en arrestation et en jugement, traduit au tribunal révolutionnaire.

---

1. Séance du 13 thermidor (31 juillet 1794), *Moniteur* du 15. Il fut néanmoins mis en arrestation par décret du 15 (*Moniteur* du 17). Courtois, dans sa *Réponse aux détracteurs du 9 thermidor* (note p. 37) qui sert de préface à son rapport imprimé ne le ménage pas plus qu'il ne le mérite.

Bréard, Eschasseriaux l'aîné, Laloi, Thuriot, Treilhard et Tallien furent désignés pour compléter le comité de salut public. (Séance du 13 thermidor, 31 juillet 1794, *Moniteur* du 15.) — Le même jour, la Convention avait décidé que David, Jagot et Lavicomterie seraient remplacés au comité de sûreté générale. Le 14, elle nomma, pour compléter aussi ce comité, Legendre (de Paris), Goupilleau (de Fontenay), Merlin (de Thionville), André Dumont, Jean Debry et Bernard (de Saintes). (*Moniteur* du 15 thermidor.)

Et le décret fut voté aux applaudissements de l'assemblée[1].

Cette fois, ceux des terroristes qui, en renversant le triumvirat, avaient cru rester les maîtres, se trouvaient eux-mêmes débordés.

Fouquier-Tinville était au palais quand y arriva la nouvelle du décret rendu par la Convention. Quelqu'un vint l'en instruire. Il sortit : grand émoi! On craignait qu'il ne se fût échappé et l'on ouvrit une enquête qui motiva l'arrestation du nouvelliste trop empressé. Mais Fouquier n'avait point cherché à fuir. Et où aurait-il fui? Il vint se constituer prisonnier.

III

Fouquier-Tinville devant la Convention (21 thermidor = 8 août 1794).

Fouquier-Tinville ne pouvait pas être à la Conciergerie comme un prisonnier vulgaire. Trop de ressentiments s'étaient accumulés contre lui. Il fallut donc prendre des précautions pour l'en préserver. C'était pour lui une gêne de plus, et il était trop peu habitué à ce régime nouveau pour ne pas tâcher de mieux concilier son bien-être avec sa sécurité. Déjà le 17 thermidor il écrit à Louis (du Bas-Rhin), membre du Comité de sûreté générale :

Citoyen représentant,

Moyennant les nouvelles précautions prises par le con-

---

[1]. Séance du 14 thermidor = 1ᵉʳ août 1794 (*Moniteur* du 15). Le lendemain, 15, sur la plainte d'une députation de Cambrai, appuyée par Dumont, Joseph Lebon fut mis en arrestation provisoire. Furent arrêtés ce même jour, en même temps que David, Héron, agent du comité de sûreté générale, et Rossignol (*Moniteur* du 17). Herman et Lanne avaient été arrêtés le 12 (*Moniteur* du 14).

cierge pour éviter que je ne sois attaqué par les contre-révolutionnaires détenus à la Conciergerie, le gendarme mis près de moi devient inutile ; mais je jouirois d'un peu d'air[1], si le Comité vouloit autoriser le concierge à me mettre dans une pièce contiguë à son logement : cette pièce n'a aucun rapport aux pièces nécessaires pour le service. Je vous invite (il commande encore !) à donner des ordres pour cet objet, comme pour retirer le gendarme.

Salut et fraternité.

A.-Q. FOUQUIER[2].

Quatre jours après, il comparaissait devant la Convention.

C'était lui qui l'avait sollicité comme une faveur. Il avait, disait-il, à lui communiquer des faits importants pour la chose publique, en même temps que nécessaires à sa justification, et Lecointre convertit sa demande en motion, « non, dit-il, pour qu'il échappe au glaive de la loi, mais pour que la Convention puisse apprendre de sa bouche quels étaient les leviers qui le faisaient mouvoir ; » motion qui fut décrétée malgré l'opposition de quelques membres, et leur opposition avait ses motifs. Fouquier-Tinville ne pouvait parler que de lui ou des autres : de lui, c'était l'affaire du tribunal ; des autres, c'était un sujet plein de péril pour les survivants des deux grands comités.

Il comparut donc, séance tenante, et ébaucha le système de défense qu'il développa un peu plus tard dans un mémoire imprimé[3] et qu'il soutint ensuite devant le tribunal. Il n'avait rien fait que sous la direction du

---

1. Il avait écrit un peu plus d'air; le mot *plus* est barré.
2. Archives, W 500, 1ᵉʳ dossier, cote 108.
3. Il a été publié par lui-même (Archives, F 7 4435 — Bibl. nat. Lb⁴¹ 1711, in-4°), réimprimé à la suite du *Procès Fouquier*, et reproduit par Buchez et Roux, *Hist. parlem. de la Révol. française*, t. XXXIV, p. 233 et suiv.

comité de salut public et en particulier de Robespierre :

« Jusqu'à l'établissement du gouvernement révolutionnaire, disait-il, le tribunal et l'accusateur public n'avaient de rapport avec le comité de salut public qu'autant qu'ils y étaient mandés. Ils en avaient davantage avec le comité de sûreté générale, chargé des arrestations et de la police. Depuis, le comité de salut public voulut en prendre la direction. Quinze jours ne s'étaient pas écoulés que Fouquier-Tinville lui-même fut mandé au comité, et Robespierre, le prenant à part, lui fit une scène violente parce qu'il ne lui rendait pas compte de ce qui se passait au tribunal. A partir de ce moment, l'accusateur public dut se rendre tous les soirs au comité.

Fouquier se faisait encore un titre d'avoir empêché, avant la loi du 22 prairial, la réduction du nombre des jurés, à 7 ou à 9; d'avoir déploré cette loi; éludé plusieurs fois les instances de Robespierre et ainsi sauvé la vie à plusieurs, notamment au général Hoche. Pour les listes des accusés soumises au comité, il alléguait les arrêtés que l'on a vus. Mais la conspiration de l'étranger, celle des prisons? Merlin (de Thionville) invitait Fouquier à s'en expliquer, quand Tallien, qui présidait, fit observer que Fouquier n'était point là pour subir un interrogatoire : on ne l'avait admis que pour l'entendre sur les déclarations qu'il disait avoir à faire dans l'intérêt public :

Je pourrais aussi, ajouta-t-il, lui reprocher des faits ; mais il est inutile de l'accuser : toute la France l'accuse.

Fouquier répondit toutefois à la question de Merlin sur les cent soixante accusés du Luxembourg, que Dumas et Robespierre voulaient faire juger en une fois, et à une autre de Bréard sur l'affaire de Catherine Théot que Robespierre sut étouffer ; puis il fut ramené en prison[1].

IV

Le tribunal révolutionnaire suspendu. Coffinhal devant le tribunal criminel de Paris : son exécution. État des condamnations du tribunal révolutionnaire de Paris depuis son installation (3 avril 1793) jusqu'au 12 thermidor (30 juillet 1794).

Le décret sur le tribunal révolutionnaire, ajourné sur les instances de Billaud-Varennes en vue de la dernière fournée du 12 thermidor, avait pourtant eu son effet les jours suivants : le tribunal fut suspendu.

Un homme échappait ainsi à la honte d'y comparaître comme accusé, après y avoir siégé si longtemps comme juge, après y avoir présidé aux plus sanglantes hécatombes : c'était Coffinhal. Grâce à la confusion, qui avait suivi la chute de Robespierre, il s'était dérobé aux poursuites sous un habit de batelier et avait cherché un refuge dans l'île des Cygnes où il demeura deux jours et deux nuits, n'ayant à manger que des écorces d'arbre. Pressé par la faim, il prit le parti d'aller chez un homme qui était son obligé, qui le reçut en effet, l'enferma sous clef et alla chercher la garde.

Son jugement ne pouvait pas être long. Il ne s'agissait, comme pour les autres, que de constater son identité. Mais à qui l'adresser, le tribunal révolutionnaire étant

---

1. Séance du 21 therm., *Monit.* du 23 (10 août 1794). — Cf. Dulaure, *Esquisses de la Révol.*, t. III, p. 309. — De la Conciergerie, on le transféra bientôt à Sainte-Pélagie : le concierge de la Conciergerie avait été trop longtemps sous sa domination. Cela est dit dans la séance du 13 fructidor (*Moniteur* du 15 — 1ᵉʳ septembre 1794), et Lecointre, *les Crimes des sept membres des anciens Comités*, p. 108.

suspendu? On l'envoya au tribunal criminel de Paris; et comme le tribunal exprimait des doutes sur sa propre compétence, un décret rendu sur la proposition de Dubois-Crancé l'autorisa, vu la suspension du tribunal révolutionnaire, à prononcer l'application de la loi tant contre Coffinhal que contre tous ceux qui seraient dans une situation pareille[1].

Le jour même, Coffinhal, son identité étant constatée, fut livré aux exécuteurs. Le retard qu'avait subi son jugement lui valut un supplément de tortures (le peuple l'aurait moins remarqué auprès de Robespierre). On se rappelait la dureté avec laquelle il fermait la bouche aux accusés, et l'on criait : « Coffinhal, tu n'as pas la parole! » On racontait qu'un jour, ayant condamné à mort un maître d'armes, il avait dit : « Eh bien, mon vieux, pare-moi donc cette botte-là! » Et des hommes formés à cette école, toujours prêts à insulter les victimes, lui lançaient des coups de parapluie à travers les barreaux de la charrette, criant, hurlant avec un ricanement féroce : « Coffinhal, pare-moi donc cette botte-là[2]! »

On peut clore avec lui, bien qu'il soit comme hors cadre, la série des jugements à mort, des assassinats comme on le disait dès lors fort justement, dont le tribunal révolutionnaire du 10 mars se rendit coupable. On en peut faire la liste complète au moyen des dossiers que nous avons compulsés et des registres d'audience encore subsistants. En voici d'ailleurs le résumé dressé en forme authentique par le greffier du tribunal, avec la distinction des deux périodes avant et après la mort de Danton :

1. Séance du 18 thermidor (5 août 1794), *Moniteur* du 19.
2. Des Essarts, *Procès fameux*, 2ᵉ série, t. III.

Le greffier du tribunal certifie que, d'après le relevé fait sur le registre du greffe, le nombre des personnes condamnées à mort par le tribunal depuis le 5 avril 1793 jusqu'au 13 germinal 1794 (vieux style) se monte à cinq cent cinq, et depuis ledit jour 13 germinal jusqu'au 12 thermidor suivant, le nombre en est de deux mille cent cinquante-huit, ce qui fait un total de *deux mille six cent cinquante-trois*.

Ce 25 pluviôse de l'an III de la République une et indivisible.

PARIS[1].

V

Débats sur la réorganisation du tribunal révolutionnaire. Rapport de Merlin (de Douai). Décret rendu sur les propositions de Duhem, d'Élie Lacoste et de Bourdon de l'Oise (23 thermidor = 10 août 1794).

Les trois comités de salut public, de sûreté générale et de législation réunis s'étaient occupés de rédiger un décret pour la réorganisation du tribunal révolutionnaire. Dès le 17 thermidor (4 août 1794), Merlin (de Douai) avait déposé son rapport[2]. Le 22, on en commença la discussion et plusieurs articles furent votés. Le 23, Merlin apporta une rédaction qu'il espérait bien faire passer tout entière. Les terroristes tentèrent un

1. Archives, F 7, 4438, pièce 15.
M. Campardon a donné mois par mois le nombre des condamnations et des acquittements. Dans les premiers mois, d'avril en septembre 1793, le nombre des acquittements est généralement double de celui des condamnations. Depuis le mois de septembre (loi des suspects) jusqu'en pluviôse an II les deux nombres se balancent à peu près, sauf en brumaire, époque de la condamnation des Girondins, où il y a 65 condamnations à mort contre 45 acquittements et 11 condamnations à de moindres peines. Depuis ventôse, le nombre des condamnations est décidément plus grand. En germinal, il y en a 155 contre 59 ; en floréal, 354 contre 155 ; en prairial, du 1er au 22 (date de la loi), 281 contre 120 ; et du 22 au 30, 228 contre 44 ; en messidor, 796 contre 208 ; en thermidor, du 1er au 9, 342 contre 84. (Campardon, *le Tribunal révol. de Paris*, t. II, p. 217-224.)
2. *Moniteur* du 18 (5 août 1794).

dernier effort. La loi du 22 prairial avait été abrogée : ils n'entreprirent pas de la faire rétablir ; mais à ce prix, au moins, ils voulaient garder le tribunal avec son organisation antérieure. Charlier se plaignit de ce que le décret ne fixait point le terme où les débats devaient cesser, de sorte qu'il dépendait des jurés de faire durer indéfiniment un procès pendant six ans, je suppose. Duhem s'indigna de voir la révolution de thermidor exploitée au profit du modérantisme et des aristocrates. Il faisait bon marché de la loi du 22 prairial : il la sacrifiait d'autant plus qu'on en faisait le crime particulier de Robespierre et de Couthon :

Parce qu'un scélérat, parce qu'un dictateur a outrepassé les bornes de cette institution salutaire, faut-il la dénaturer entièrement ? Qu'avez-vous besoin d'un code volumineux qui fournira des armes à la chicane et assurera des moyens d'impunité aux coupables. Rappelons, et cela suffit, le tribunal à sa pureté primitive ; souvenons-nous, en un mot, des heureux effets qu'il a produits, et n'énervons pas sa vigueur.

Et parlant d'un voyage qu'il venait de faire dans le Nord, il montrait les patriotes près de succomber sous les efforts du modérantisme.

La Convention, qui n'avait plus à craindre Robespierre, craignait toujours cet autre péril. Duhem sut en profiter et, s'appuyant d'une parole de Merlin, « que la loi nouvelle était tirée mot à mot de l'ancienne et inspirée de son esprit, » il demanda qu'on remît purement et simplement cette ancienne loi en vigueur. L'ordre du jour réclamé contre sa proposition fut écarté, et Élie Lacoste, la reprenant lui-même, fit décréter que les nouveaux juges et jurés, nommés pour le tribunal révolutionnaire, entreraient en exercice sur-le-champ et suivraient les lois rendues pour ce tribunal antérieurement à celle du 22 prairial. Sur la proposition de Bourdon (de l'Oise), la question intentionnelle qui, le fait étant constant, pouvait faire acquitter l'accusé, devait être soumise au jury[1].

[1]. Séance du 23 thermidor (10 août 1794), *Moniteur* du 24.

CHAPITRE LIII

LE TRIBUNAL RÉVOLUTIONNAIRE DU 23 THERMIDOR
(10 AOUT 1794)

I

Composition du tribunal du 23 thermidor. Son installation par Aumont.

La pensée qui avait fait créer le tribunal révolutionnaire le 10 mars 1793 n'avait pas encore été répudiée. Le principe de la Terreur survivait au 9 thermidor, et après une suspension passagère le tribunal reparaissait, allégé de la loi du 22 prairial sans doute, mais rétabli dans son ancienne organisation et gardant plusieurs de ses anciens membres auprès des hommes nouveaux qu'on y avait fait entrer.

Le président était Dobsent[1], l'un des principaux acteurs dans la révolution du 31 mai, ancien juge au tribunal révolutionnaire[2] : mais le fait d'en être sorti au 22 prairial le rendait possible et les souvenirs du 31 mai n'étaient pas encore de nature à le faire écarter. Au-dessous de lui on trouvait de l'ancien tribunal : parmi les vice-présidents, Bravet, ancien juge du tribunal; Deliége qui avait rempli les mêmes fonctions depuis l'origine[3], et qu'un décret de la Convention, dès le 10 thermidor, avait nommé président de la deuxième

---

1. Son nom est souvent écrit *Dobsen*. On trouve même *d'Obsen* dans une brochure imprimée par lui le 29 mars 1791.
2. Décret du 24 thermidor, *Moniteur* du 26.
3. Voy. la composition du tribunal élu le 13 mars 1793 (*Moniteur* du 17).

section, en remplacement de Coffinhal; parmi les juges, Denizot, Hardouin, Maire. Dans le parquet, Leblois, accusateur public près le tribunal criminel des Deux-Sèvres, remplaçait Fouquier-Tinville et les substituts étaient tous hommes nouveaux. Fabricius (Paris), écarté depuis la mort de Danton, son ami, avait repris sa place au greffe. Parmi les jurés on ne retrouvait d'anciens que Sambat, Topino-Lebrun et Presselin. Un autre juré, Meyère, était devenu juge, et un juge, Paillet, juré[1].

Le nouveau tribunal fut installé le surlendemain 25 thermidor, par Aumont, qui avait succédé à Herman, l'homme de Robespierre, à la tête des administrations civiles, police et tribunaux[2]. Aumont dans son discours ne cherchait point, comme Duhem, à faire croire que la loi du 22 prairial était seule abrogée. Il n'osait pas braver l'opinion publique jusqu'à prétendre qu'à part cette loi meurtrière, l'ancien tribunal se trouvait purement et simplement rétabli. Il le répudiait avec les hommes qui en avaient été l'âme :

Avec eux, disait-il, devoit disparoître un tribunal que leur génie sanguinaire avoit transformé en instrument de mort; un tribunal devenu, sous leur terrible influence, l'effroi de de l'innocence bien plus que du crime.

Mais il ne reniait pas encore le principe du gouvernement de la Terreur :

Non, continuait-il, il n'est pas encore temps de le détendre ce ressort révolutionnaire, sans lequel le courage surnaturel des défenseurs de la patrie ne leur auroit procuré que des triomphes inutiles; sans lequel la France seroit devenue un

---

[1]. Décret du 23 thermidor, *Moniteur* du 27. Voyez la liste complète aux Appendices, n° VI.

[2]. Herman et Lanne, son adjoint, arrêtés le 12, avaient été remplacés le 14 thermidor. (Archives AF² 69, pièce 139.)

vaste champ de bataille qu'auroient inondé des flots de sang des patriotes, mêlé au sang impur des fanatiques et des royalistes.

C'était toujours l'extermination des nobles et des prêtres donnée pour garantie à cette félicité qu'on promettait à la France et à tout l'univers.

L'accusateur public n'ayant pu encore arriver à son poste, un de ses substituts prit pour lui la parole : c'était un hymne au 9 thermidor.

Dobsent fut plus bref, il s'engageait à observer la loi, à ne chercher que la vérité et à laisser toute liberté à la défense pour le coupable comme pour l'innocent; et il donna une sérieuse garantie à ses paroles en annonçant que le tribunal allait commencer l'instruction des procès à juger dans les prochaines audiences : instruction qui avait toujours été fort sommaire et dont on se passait complètement depuis la loi du 22 prairial[1].

II

Première audience : un juré exclu comme indigne. Premières condamnations : 1ᵉʳ fructidor (18 août 1794) : Saumont et A. Lavaux. — 5 (22 août) : Mitre Gonard. — 6 (23 août) : Baillemont. — 11 (28 août) : Servin.

La première audience du tribunal (29 thermidor, 16 août 1794) fut marquée par un incident qui pouvait laisser des doutes sur la bonne composition de son personnel. Jos.-René-J.-B. Bonnier, ci-devant comte de Terrières[2], accusé de désertion et d'émigration, allait être

---

1. Archives, W 532, registre 4.
2. Le *Moniteur* lui donne ces qualifications dont l'ensemble ne laisse pas d'être assez bizarre : Bonnier dit de Langle, âgé de 26 ans, né à Paris, ci-devant apprenti coiffeur, ci-devant volontaire au régiment des cuirassiers, ex-comte Desterrières, ex-marchand à la toilette. (12 fructidor an II, 29 août 1794.)

jugé quand les jurés refusèrent d'entrer en délibération. Il leur était revenu qu'un certain Mattey, ex-prêtre, qui siégeait parmi eux, avait été condamné aux galères par contumace pour assassinat. Il avait réussi en effet à se faire nommer juré, et malgré la dénonciation qui en avait été faite à la Convention par le député Vacquez, le 25 thermidor, malgré la suspension prononcée contre lui séance tenante jusqu'à plus ample informé[1], il avait osé venir occuper sa place au tribunal. C'était par trop d'audace. Le tribunal refusa d'entendre ses explications et arrêta qu'il en serait rendu compte à la Convention[2]. Les débats de l'affaire Bonnier furent annulés. Furent-ils repris? On n'en trouve plus trace dans le *Bulletin*, et le dossier n'existe pas davantage aux Archives.

Tout en se réduisant à des cas infiniment moins nombreux par la modération du nouvel accusateur public et des nouveaux jurés[3], la justice révolutionnaire n'en restait pas moins inique par la disproportion du délit à la peine. Le 1ᵉʳ fructidor (18 août), il y eut deux condamnés à mort pour un fait qui avait rarement trouvé grâce devant le tribunal : la résistance à la loi de recrutement.

1° Jean SAUMONT; son dossier porte : « excitation à la guerre civile et assassinats. »

Lors de la levée des 300 000 hommes, il avait voulu soustraire son fils au recrutement. Mis en prison, il s'en était évadé, et se barricadant dans son grenier il avait frappé de sa hache le commandant de l'escouade en-

---

1. *Moniteur* du 28 thermidor (15 août 1794).
2. Ce jour même sa radiation était prononcée sur le rapport de Merlin de Thionville. (*Moniteur* du 30 thermidor, 17 août 1794.)
3. Sur la réduction du nombre des détenus à la suite du 9 thermidor, voyez l'Appendice n° VII.

voyée pour l'y forcer¹. Sa femme, Catherine Maury, impliquée dans l'accusation, mais déchargée en séance publique, fut acquittée.

2° Antoine-Paul Lavaux, avocat à Bordeaux. Le grief était exposé ainsi dans son interrogatoire en date du 27 floréal :

D. S'il ne s'est pas mis à la tête de quelques jeune gens et s'il n'a pas crié, en dansant dans les rues, *Vive le roi*, et s'il ne s'est pas rendu avec eux auprès de l'arbre de la liberté et s'il n'a pas fait monter sur cet arbre deux citoyens à l'effet d'abattre le bonnet de la liberté qui y étoit attaché?

R. Que tous ces faits sont faux².

Les faits n'en furent pas moins repris dans l'acte d'accusation que Fouquier-Tinville devait faire et qui est au nom de P. Petit, substitut³; et ils trouvèrent à l'audience un témoin qui les confirma. Ce témoignage prévalut contre les dénégations persistantes de l'accusé, et le jury le condamna à l'unanimité⁴.

Le 5 fructidor (22 août), double crime bien plus irrémissible : fédéralisme et fanatisme, et le coupable était de ceux à qui on ne pardonnait guère : c'était un ancien religieux minime, J.-B. Mitre Gonard, devenu vicaire constitutionnel de l'évêque d'Aix, et en dernier lieu volontaire dans le 1ᵉʳ bataillon des Phocéens⁵. Nommé

---

1. Saumont, dans son interrogatoire particulier et en séance publique, dit qu'il n'avait fait que repousser la force par la force. — On lui objecta les menaces qu'il avait proférées avant l'événement. (Archives, W 435, n° 5, pièce 9 (interrog.), *Bulletin du tribunal révolutionnaire*, 6ᵉ partie, n° 1). — Les dossiers des Archives sont numérotés comme formant une nouvelle série. Le numéro du carton les distingue de la série précédente. Pour éviter plus sûrement encore la confusion, nous remplacerons, devant le chiffre, le mot *dossier* par *n°*.

2. Archives, W 435, n° 7, pièce 6.

3. Le nom d'Antoine-Quentin Fouquier est rayé de l'imprimé et remplacé par les mots P. Petit, substitut. (*Ibid.*, pièce 4.)

4. *Ibid.*, pièce 5, cf. pièce 2 (procès-verbal d'audience) et pièce 3 (jugement) et *Bulletin*, ibid., n° 2, p. 7. — 5. Archives, W 439, n° 35.

électeur, il avait été envoyé à Aix et à Marseille pour élire des représentants à l'assemblée qui devait se tenir à Bourges, en opposition à la révolution du 31 mai. Quant à ses « lettres fanatiques, » elles étaient d'une date un peu antérieure : c'était d'abord une lettre à l'Assemblée nationale où il protestait comme prêtre contre la persécution dont la religion était l'objet; puis deux lettres, l'une au comité de surveillance d'Aix, l'autre à une société populaire, « les antipolitiques républicains » de la même ville, à qui il adressait copie de cette même lettre, sans se dissimuler qu'elle pouvait le conduire à l'échafaud.

Arrêté lorsque le fédéralisme eut succombé, il fut interrogé d'abord devant le comité de surveillance auquel il avait adressé sa première lettre (14 prairial, 2 juin 1794). Il ne nia point la mission dont il avait été chargé, mission dont il s'était acquitté en patriote, et reconnut ses deux lettres, déclarant que les sentiments dont elles témoignaient étaient gravés dans son cœur[1]. Aussi le comité n'hésita-t-il point à le déférer à l'administration du district[2], laquelle, dès le 18, le renvoya devant le tribunal révolutionnaire. Chose curieuse! cet

---

1. Archives, W 439, n° 35, pièce 8.
2. *Ibid.*, pièce 9. — Voici son premier interrogatoire (14 prairial) devant le comité de surveillance d'Aix :

J.-B. Mitre Gonard (29 ans), prêtre catholique desservant l'église de Canet, près Marseille, servant depuis quatre mois dans le 1ᵉʳ bataillon des Phocéens, en cantonnement à Cette.

Il a quitté son église parce que l'église a été occupée par les sectionnaires.

D. Quelle commune il habitoit pendant le temps de la contre-révolution?

R. Qu'il résidoit dans la commune d'Ansouis, département de Vaucluse.

D. Si pendant le temps de sa résidence il n'a occupé aucune place dans les sections rebelles ou émanée d'elles?

R. *Avoir été député par la section provisoire d'Ansouis auprès de celles d'Aix* et de Marseille et y avoir manifesté des sentiments opposés à l'aristocratie dans un discours qui est consigné dans les procès-verbaux....

Avoir été de plus membre de la (soi-disant) *assemblée électorale et s'y être*

interrogatoire et cet acte de renvoi, si propres à fixer l'attention de Fouquier-Tinville, passèrent alors comme inaperçus, et l'affaire, quoique recommandée par Robespierre[1], ne fut instruite qu'après le 9 thermidor : mais ce fut une des premières dont le tribunal renouvelé s'occupa. Le 2 fructidor, on fit subir au prévenu un interrogatoire où il persista dans toutes ses déclarations[2], et

---

opposé autant qu'il était en son pouvoir et à sa connoissance à l'élection des aristocrates...

On lui représente ses deux lettres :

R. Reconnoître ces deux lettres ainsi que la signature, qui est au bas, pour la sienne, déclarant de plus que les sentiments exprimés dans ces lettres sont gravés dans son cœur.

L'interrogatoire est suivi de cet arrêté :

« Vu les interrogations et réponses du nommé J.-B. Mitre Gonard...; vu deux lettres datées de Cette et signées Gonard;

« Le comité, considérant que ledit Gonard a, pendant le temps de la contre-révolution, accepté la place d'électeur pour nommer des représentants à l'assemblée illégale et contre-révolutionnaire qui devoit se tenir à Bourges;

« Considérant que les principes qu'il manifeste dans les deux lettres écrites, l'une à la société populaire et l'autre au comité de surveillance, sont contraires aux lois de la République et que la manifestation de pareils principes entraîneroit infailliblement le peuple à un bouleversement général et à la guerre civile,

« Arrête que le mandat d'arrêt décerné contre ledit Gonard sera maintenu et que le présent procès-verbal sera envoyé à l'administration du district, conformément à la loi du 18 ventôse.

Délibéré à Aix en séance ce jourd'hui.

Signé : Gibelin, etc.

(Archives, W 439, n° 35, pièce 8.)

1. Voyez ci-dessus, t. IV, p. 137, la dénonciation au bureau de surveillance du comité de salut public et la note de Robespierre, à la fin de messidor.

2. D. S'il n'a pas été nommé électeur, et même député à Aix et à Marseille, pendant le temps qu'il s'y tenoit des assemblées soi-disant électorales pour nommer de nouveaux députés à la Convention, d'après la dissolution pro[jetée] par les fédéralistes de la Convention actuellement existante.

A répondu affirmativement, mais qu'il s'y est comporté en patriote.... Qu'il a cessé (ses fonctions ecclésiastiques) à la fin de nivôse dernier. Que ne pouvant servir la République comme prêtre, il a voulu la servir comme soldat.

A lui observé que cette intention paroît diamétralement opposée aux principes consacrés dans la lettre du 19 mai dernier, puisqu'il doit savoir que comme prêtre, il lui était défendu de répandre du sang.

R. Qu'ami de la patrie et soumis à ses lois, il n'a pas cru que, combattre les ennemis de la République, fût contraire aux principes de sa religion qui lui ordonne de verser son sang, s'il faut, pour la patrie.

D. S'il n'a pas eu plutôt l'intention de fanatiser le bataillon des Phocéens,

le 5 il comparut en audience publique. L'acte d'accusation insistait principalement sur les lettres. La religion, le fanatisme, comme on disait alors, c'était l'ennemi :

> Leur date, s'écriait l'accusateur public, leur suscription, les termes dans lesquels ces lettres sont contenues (conçues?) tout indique que, semblable aux chefs de cette horde de brigands de la Vendée, l'accusé cherchoit à alarmer les consciences timorées, à jeter le trouble dans les âmes faibles, en traitant d'apostats les prêtres constitutionnels, en feignant de déplorer la perte de la religion et la destruction prétendue de tout l'empire.

Et il en donne pour échantillon un extrait qui n'est pas textuel[1].

C'est sur ces lettres aussi qu'on porte particulièrement le débat à l'audience :

dans lequel il s'étoit glissé, et l'engag[er] à se réunir aux fédéralistes et aux brigands de la Vendée, que de combattre les ennemis de la République?
R. Qu'il persiste dans sa réponse et qu'il n'a eu d'autre intention que de défendre la patrie et assure que si ses frères d'armes ne l'avoient connu prêtre, on ne l'auroit jamais reconnu ni dans ses actions ni dans ses discours, qui ont constamment manifesté en lui l'ennemi de toutes les factions, sous quelque masque qu'elles se dirigeassent et surtout de celles qui, sous prétexte de religion, déchiroient dans la Vendée les entrailles de la patrie : ce qu'il se fait bon [fort] de prouver par une attestation signée de la grande majorité de son bataillon.
D. A lui représenté deux lettres datées de Cette, du 19 mai de l'an de l'incarnation de N.-S. J.-C. dans le sein de la vierge Marie 1794. Sommé de déclarer si ces deux lettres sont de son écriture et signées de lui?
R. Que ces deux lettres sont de son écriture et signées de lui.
D. S'il a un conseil?
(Archives, *ibid.*, pièce 6.)
1. « Religion auguste, et qui doit exciter nos plus profonds respects, te voilà donc détruite! Le plus grand malheur c'est de survivre à tant d'outrages faits à la majesté divine. Pauvre patrie! que vas-tu devenir? Je n'ose le dire, le théâtre de toutes les horreurs, de tous les crimes. J'ai prononcé mon arrêt de mort, je m'en réjouis. On me verra monter sur l'échafaud en héros, avec tout le courage digne de l'homme sensible et du chrétien fidèle à ses principes. » Voyez aux Appendices n° VIII les deux lettres au comité de surveillance d'Aix (19 mai) et à la société des antipolitiques républicains de la même ville, où se trouve également reproduite sa lettre à la Convention.

D. Que vouliez-vous dire par la suscription d'une de vos lettres ainsi conçue : « De l'an de l'Incarnation de N.-S. Jésus-Christ dans le sein de la vierge Marie ? »

R. Rien autre chose que de dater mes lettres conformément à mes principes religieux et à la tradition admise par le christianisme.

D. Ce mode de computation n'est pas celui des républicains, et si vous aimez sincèrement la République pourquoi n'adoptez-vous pas dans vos écrits la date de son établissement ?

R. Je suis l'ami et le partisan du gouvernement républicain autant qu'on peut l'être, et si j'ai employé un mode de date différent que celui reconnu par les républicains, il faut l'attribuer à une certaine habitude dont il est assez difficile de se défaire, si ce n'est par gradation.

Quant au rôle qu'il avait eu à remplir dans le mouvement de réaction du Midi contre la révolution du 31 mai, il ne le niait pas. Il l'imputait aux fausses nouvelles répandues par le journal de Gorsas qui représentait la Convention comme environnée de fer et de baïonnettes. (Était-ce si faux le 31 mai et le 2 juin ?) Mais, ajoutait-il :

Mon erreur a été momentanée. A l'arrivée du général Carteaux et des journaux patriotiques, la constitution a été acceptée par moi et d'autres victimes de l'artifice et de l'imposture aussitôt qu'elle a été présentée, et le 25 août nous étions aussi bons républicains que les Parisiens eux-mêmes.

D. Mais depuis l'acceptation de cette constitution, vous vous êtes permis d'écrire des lettres peu propres à faire croire à votre attachement à la République. Elles sont au contraire dans le sens le plus fanatique et le plus contre-révolutionnaire ; et lors même que vous étiez dans le bataillon des Phocéens, vous avez fait tous vos efforts pour fanatiser les défenseurs de la patrie.

R. J'avoue que fortement pénétré des dogmes fondamentaux de ma religion, j'ai quelque fois témoigné des regrets de les voir attaqués, mais je n'ai fanatisé personne : ferme dans mes principes je n'ai point cherché à les communiquer à d'autres ni à faire des prosélytes.

Les débats ont été fermés, et Gonard condamné, 5 fructidor (22 août 1794)[1] : exemple qui prouve qu'après comme avant le 9 thermidor la religion pratiquée autrement que ne l'entendait la Convention était un crime digne de mort.

L'échafaud à partir de ce jour fut rétabli place de Grève[2].

Avec les religieux, les émigrés ou leurs complices, les délits de parole, quand il s'agissait des assignats ou du recrutement, rencontraient toujours la plus grande rigueur au tribunal.

Par exemple :

Le 6 (23 août), Pierre-Thomas BAILLEMONT, agent de change, accusé d'avoir procuré de faux certificats à des émigrés; pris au piège par un homme de la police qui se faisait passer pour tel[3].

Le 11 (28 août), Jean SERVIN, ancien notaire à Étampes, âgé de 70 ans, pour avoir mal parlé des assignats; dit que la banqueroute était inévitable ; détourné les volontaires de partir en leur disant : « Pourquoi allez-vous vous battre? Comment est-il possible qu'un tas d'imbéciles se fassent égorger sans savoir pour qui? »

---

1. *Bulletin du trib. révol.*, n° 6, p. 21-23.
2. Archives, W 530.
3. Baillemont, dans son interrogatoire, convenait d'avoir reçu une somme de 6000 livres, non pour prix du certificat, mais à titre de dépôt. (Archives, W 440 n° 46, pièce 113.) Ce n'est pas ainsi que présente la chose le nommé Tirot qui le dénonça. (*Ibid.*, pièce 87; cf. *Bulletin*, p. 25-29.)

Propos qui dataient de 1792 et pour lesquels il avait déjà été accusé et absous. Il les niait d'ailleurs, et à l'appui de cette dénégation il disait qu'il avait fait partir ses fils comme volontaires, et il produisait la correspondance qu'il entretenait avec eux à l'armée[1]. Mais il était dénoncé par les administrateurs d'Étampes, et sa réputation d'aristocrate était notoire. On avait trouvé chez lui un écrit intitulé : *Catafalque élevé à la mémoire de Louis XVI, roi de France et de Navarre, par ordre de M. le prince de Condé et par la noblesse émigrée de France à Willinghen en Allemagne, en février* 1793. — « Un patriote, un républicain, dit le président, peut-il avoir en sa possession une pièce aussi marquée au coin de l'esclavage et de la bassesse ? »

Le pauvre vieillard fut déclaré conspirateur et envoyé à l'échafaud[2].

---

1. Archives, *ibid.*, n° 59, pièce 18 (envoi de Crassous) et pièce 20 (interrogatoire); cf. *Bulletin*, p. 31-34.

2. Voici comme les questions furent posées et résolues :

Il est constant qu'il a excité une conspiration contre la République, la liberté et la souveraineté du peuple français.

1° Jean Servin, ci-devant notaire à Champmoteur et ci-devant élu en l'élection de la commune d'Étampes, est-il convaincu de s'être rendu complice de cette conspiration en tenant des propos contre-révolutionnaires tendant à l'avilissement des autorités constituées et au rétablissement de la royauté; en employant des manœuvres tendantes à ébranler la fidélité des volontaires envers la République pour empêcher leur départ aux frontières; en cherchant à discréditer les assignats et en disant que la nation feroit banqueroute?

2° A-t-il tenu ces propos et pratiqué ces manœuvres dans des intentions contre-révolutionnaires?

DELIÈGE.

La déclaration des jurés de jugement est affirmative à l'unanimité sur les questions ci-dessus, 11 fructidor. (Archives, *ibid.*, pièce 22.)

III

Accusés du 9 thermidor : 5 fructidor (22 août) : Fr. Deschamps. — 12 et 13 (29 et 30 août) : les sept membres des comités attaqués à la Convention par Lecointre (de Versailles).

Le même jour que Gonard (5 fructidor), une affaire avait ramené le tribunal aux événements du 9 thermidor. Il s'agissait de François-Pierre Deschamps, un des aides de camp d'Hanriot. Arrêté comme les autres dans la journée du 9 thermidor, par ordre du comité de sûreté générale, et écroué aux Petits-Pères[1], il en avait été tiré par un officier de paix, sur un mandat de Faro, un des administrateurs de police, un des complices de l'insurrection, sous le prétexte d'un transfèrement à la mairie[2]. La mairie, c'était une terre amie pour les fidèles de la Commune : aussi Deschamps, apprenant de son garde que c'était là qu'il le menait, s'était-il écrié : « Tant mieux ! » Et en effet, il y trouva des administrateurs « en train de fricoter » qui le retinrent à boire[3]. Il avait échappé dans la bagarre. Mais en ces temps de comités de surveillance il était rare qu'un homme n'eût pas quelqu'un veillant sur lui. Or Deschamps avait attiré particulièrement l'attention sur sa personne par le grand train qu'il avait mené à Maisons, près d'Alfort. Il y occupait une superbe habitation d'émigré avec parc de quatorze arpents, où, disait-on, il venait souvent faire des orgies avec Robespierre (le fait est peu croyable à

---

1. L'ordre du comité de sûreté générale était pour Sainte-Pélagie. (Courtois, *Rapport sur les événements du 9 thermidor*, n° XIX, 6.)
2. *Ibid.*, XIX, 8.
3. *Ibid.*, XIX, 6.

son égard), Hanriot et les autres officiers d'état-major. Ils y arrivaient au galop de leurs chevaux, bride abattue, quatre ou cinq de front, renversant tout sur leur passage. Un enfant avait eu le bras cassé, un homme de graves blessures. C'est l'assemblée populaire et républicaine de Maisons-Alfort qui l'écrit au Comité de sûreté générale, ajoutant que Deschamps était fort lié avec Robespierre ; qu'il l'avait eu pour parrain d'un de ses bâtards, et elle exprimait son étonnement, à la date du 28 thermidor, qu'il ne fût pas arrêté[1]. Il le fut bientôt, et la procédure ne fut pas longue. Il était hors la loi : on constata son identité et on l'envoya à l'échafaud[2].

Ainsi le décret de mise hors la loi, rendu au milieu des périls de la lutte, restait en vigueur et trouvait son application près d'un mois après la victoire ! Mais plusieurs des vainqueurs étaient en ce moment-là même menacés, et l'accusation portée contre eux peut servir à mettre en lumière les vraies causes du 9 thermidor.

Dans la pensée des principaux auteurs de la Révolution, il ne s'agissait point de mettre un terme à la Terreur, de venger les victimes de la Terreur : le 2 fructidor, Louchet, qui avait fait voter l'arrestation de Robespierre, demandait encore que l'on mît la Terreur à l'ordre du jour[3] ; il s'agissait de prévenir le coup dont Robespierre menaçait les amis de Danton et de venger Danton. Les deux comités de salut public et de sûreté générale s'étaient unis pour perdre le fameux tribun. Mais dans le comité de salut public il y en avait trois qui, avec Robespierre, Couthon et Saint-Just, y avaient

---

1. Courtois, *Rapport*, n° 1.
2. Archives, W 439, n° 34, pièce 2.
3. Séance du 2 fructidor (19 août 1794), *Moniteur* du 3.

principalement concouru ; c'étaient Billaud-Varennes, Barère et Collot-d'Herbois; dans le comité de sûreté générale, il y en avait quatre : Vadier, Voulland, Amar et David, « le broyeur de rouge ». Ce sont les sept qu'un député, fort dédaigné pour son extérieur ridicule, Lecointre (de Versailles), prit à partie, et qu'il voulut faire envoyer à leur tour au tribunal révolutionnaire en les accusant devant la Convention, dans les séances des 12 et 13 fructidor (29 et 30 août 1794).

Le 11, il avait annoncé à la tribune son intention de venir le lendemain, à deux heures, accuser sept membres des comités, et il les avait nommés pour qu'ils fussent tous présents[1] ; le 12, en effet, la parole lui fut donnée, et il articula vingt-six griefs qu'il se fit fort d'établir par pièces authentiques et par témoins : les emprisonnements arbitraires, les menaces suspendues sur les représentants du peuple, la perpétuité des membres du comité de salut public dans leurs fonctions, la Convention rendue muette, les lois favorables à la liberté rapportées, des pouvoirs donnés en blanc à des agents méprisables, comme Héron, Senard ; la France couverte de prisons, de milliers de bastilles où gémissaient plus de cent mille citoyens ; la loi du 22 prairial votée d'urgence, et les instructions de la commission d'Orange prouvant la complicité du comité tout entier dans ce système abominable ; puis, comme faits particuliers, plusieurs des incidents fameux du tribunal révolutionnaire de Paris, Pache et Hanriot soustraits aux poursuites dirigées contre Hébert, la voix de Danton et de ses coaccusés étouffée, la pression exercée sur les jurés qui les condamnèrent ;

1. *Moniteur* du 13 fructidor (30 août 1794).

les jugements de cinquante et de soixante personnes à la fois, pour des délits divers (jugements par amalgame), les cent cinquante-cinq (cent cinquante-sept) qu'on voulut juger en un jour et tout le manège de la conspiration des prisons; ajoutez quelques traits relatifs à Lebon, à Robespierre, à Lavalette et autres aides de camp d'Hanriot; même la journée du 9 thermidor, où, grâce à leur négligence, on avait vu les décrets d'arrestation contre Robespierre et les autres rester sans effet, Hanriot enlevé par ses complices au sein même des comités et sous les yeux de la Convention nationale. — Voilà, en somme, les points de cette volumineuse accusation.

Goujon voulait écarter le débat; mais Billaud le retint: accusé de tant de griefs, il exigeait qu'on en fît la preuve. Il y en avait un qu'il ne niait pas, c'est celui d'avoir fait périr Danton. Il s'en vantait. Danton pour lui était un conspirateur, comme Robespierre au 9 thermidor; et les souvenirs de cette crise lui inspirèrent un beau mouvement :

On a reproché à Robespierre de vouloir mutiler la Convention, et en effet quelques jours avant sa mort Couthon avait demandé la tête de six représentants du peuple. Aujourd'hui le même système se renouvelle : il semble que l'ombre de Couthon plane encore à cette tribune, et que Lecointre ait ramassé le testament politique de Robespierre.

Et il réclama la lecture des pièces.

Mais ce procès ne touchait pas seulement sept membres; c'était le procès des comités, le procès de la Convention. Y avait-il un seul de ces griefs dont l'assemblée n'eût été la complice? Cambon le dit, Thuriot le répéta avec plus de force et coupa court aux débats en faisant voter un ordre du jour qui déclarait que les sept accusés « s'étaient toujours comportés conformément au vœu national et au vœu de la Convention » et que la Convention rejetait avec la plus profonde indignation la dénonciation de Lecointre.

C'était trancher la question et non pas la résoudre. Réflexion faite, ce résultat ne convint pas au plus grand nombre et, le lendemain, dès l'ouverture de la séance, un député demanda pour l'honneur de la Convention elle-même, que Lecointre relût ses griefs et fournît les pièces à l'appui : proposition qui, combattue par Tallien, par Bourdon (de l'Oise), n'en fut pas moins adoptée.

Après la lecture des pièces, les inculpés devaient être entendus.

Lecointre alla chercher son dossier qu'il avait laissé chez lui, croyant le débat clos, et, de retour, fit une nouvelle lecture de ses articles. Mais il n'avait pas de pièce pour tout article : souvent il invoquait la notoriété publique ou encore Fouquier-Tinville : triste témoin ; de là, réclamations, murmures, sans compter les répliques des membres incriminés et de leurs amis, et il y a là plus d'un trait précieux à recueillir pour l'histoire de la justice révolutionnaire. Ainsi à propos des instructions de la commission d'Orange, signées CARNOT, BILLAUD-VARENNES, COUTHON, Billaud dit :

« C'est Couthon qui est l'auteur de l'arrêté. Je ne sais si je l'ai signé, mais je déclare que si je ne l'ai pas fait, je le ferois tout à l'heure[1]. »

Il le ferait tout à l'heure! l'équivalent, le prototype de la loi du 22 prairial ! Plus tard néanmoins, dans sa réponse écrite, tout en rejetant toujours la responsabilité de

---

1. Laurent Lecointre, *les Crimes des Sept*, etc., p. 77.

l'acte sur Couthon, il paraît plus disposé à s'en excuser, ainsi que Carnot dont la signature tenait pourtant la première place :

Car on sait, dit-il, que dans un comité où l'on a quelquefois jusqu'à deux cents signatures à donner par jour, on ne peut répondre que de son travail personnel, parce que dans l'impossibilité de lire les autres pièces, on est forcé de les signer de confiance[1].

Faible excuse pour des actes d'une telle portée ! Une autre fois, à propos de l'article 21 où Lecointre lui reprochait d'avoir toléré que Robespierre restât si longtemps absent du comité sans le dénoncer :

L'absence de Robespierre du comité a été utile à la patrie, car il nous a laissé le temps de combiner nos moyens pour l'abattre. Vous sentez que s'il s'y étoit rendu exactement, il nous auroit beaucoup gênés. Saint-Just et Couthon qui y étoient fort exacts ont été pour nous des espions fort incommodes[2].

Enfin dans la discussion de l'article sur les 160 (157) accusés du Luxembourg que l'on voulait juger en une fois, Vadier, l'odieux Vadier, dont on a vu l'acharnement homicide contre les Darmaing et plusieurs autres personnes de son pays, ayant dit :

Fouquier ne rendit aucun compte de cette affaire ; mais ayant vu dans les journaux une liste immense d'ouvriers d'artisans qu'on avoit fait guillotiner, j'en fus scandalisé ;

Lecointre riposte à son tour :

Comment, Vadier, tu savois que ce tribunal faisoit guillotiner une quantité immense d'ouvriers, d'artisans, tu en es

---

1. *Réponse de J.-N. Billaud à Laurent Lecointre*, p. 57.
2. Lecointre, *les Crimes des sept*, etc., p. 170.

choqué jusqu'au scandale, et tu te contentes de demander à Fouquier s'il vouloit opérer la contre-révolution en faisant périr les gens du peuple, les patriotes, et tu ne dénonces pas ce scélérat à la Convention ! Tu sais tous ses crimes et c'est toi qui souffres que ce même homme nous soit présenté pour être continué accusateur public[1] !

Mais si d'autres que les accusés répliquent, d'autres aussi reçoivent des coups de boutoir de ce sanglier qui est seul à faire tête à la meute : Cambon, par exemple :

Cambon, ce chef directeur des finances de la République, qui défend avec tant de zèle les grands coupables que je dénonce, il y a quelques mois, au sortir d'une des séances de la Convention, disoit à haute voix, en présence du public, et de notre collègue Garnier (de l'Aube), qui m'a autorisé de citer ce trait dont il a été témoin :

Voulez-vous faire face à vos affaires? Guillotinez.

Voulez-vous payer les dépenses immenses de vos quatorze armées? Guillotinez.

Voulez-vous payer les estropiés, les mutilés, tous ceux qui sont en droit de vous demander? Guillotinez.

Voulez-vous amortir les dettes incalculables que vous avez? Guillotinez, guillotinez, et puis guillotinez, etc.[2].

Après l'épuisement du débat sur chaque article, Goupilleau (de Fontenai) et Élie Lacoste, prirent la parole pour s'élever contre l'ensemble de la dénonciation. Peu s'en fallut qu'un décret d'accusation ne fût rendu non plus contre les sept, mais contre Lecointre. Il s'en tira avec ce certificat d'un de ses accusés, Collot-d'Herbois :

« Je crois que cette séance a suffi pour nous convaincre que Lecointre n'est pas un contre-révolutionnaire, car un

---

1. Lecointre, *les Crimes des sept membres*, etc., p. 128.
2. *Ibid.*, p. 195.

contre-révolutionnaire ne serait pas assez bête pour se charger d'une pareille dénonciation. (*On rit.*) »

Et un décret confirmait l'ordre du jour de la veille, en déclarant la dénonciation fausse et calomnieuse[1].

Les sept échappèrent donc pour cette fois au tribunal révolutionnaire. Trop de représentants étaient intéressés à ce que l'on ne scrutât pas leur passé de la même sorte, et ils avaient encore trop de puissance. Mais les montagnards avaient cessé d'être revêtus d'un caractère sacré. Au nombre des acquittements prononcés dans ce même temps par le nouveau tribunal révolutionnaire (2 fructidor), on rencontre un garçon boulanger, François BLANC, sur le dossier duquel on lit :

Les propos tenus par Blanc, quoique graves, n'offrent pas néanmoins d'intentions contre-révolutionnaires. Il a crié un jour : *Vivent les braves montagnards ! ils perdront la république ;* et a ajouté : *ils iront à la guillotine.* On ne remarque dans ce propos qu'un sentiment de haine et d'indignation de la part de Blanc contre certains députés traîtres qui n'ont déjà que trop prouvé par leur conduite qu'ils cherchaient à perdre le gouvernement républicain, et sous ce point de vue, ce propos ne paraît pas contre-révolutionnaire[2].

---

1. Séance du 13 fructidor (30 août), *Moniteur* des 15 et 16 (1ᵉʳ et 2 septembre 1794). Ce débat s'est trouvé singulièrement étendu par ceux qui y ont pris part, d'un côté par Lecointre qui a imprimé le compte rendu des deux séances plus complet qu'il n'est au *Moniteur*, avec pièces à l'appui sous ce titre : *les Crimes des sept membres des anciens comités de salut public et de sûreté générale, ou Dénonciation formelle à la Convention nationale contre Billaud-Varennes, Barère, Collot-d'Herbois, Vadier, Vouland, Amar et David,* suivie de pièces justificatives, indication d'autres pièces originales, existantes dans les comités, preuves et témoins indiqués à l'appui des faits; — de l'autre, par Billaud, Collot-d'Herbois et Barère, qui y opposèrent des réponses soit collectives, soit individuelles, sur lesquelles nous aurons à revenir. — Comme le débat tendait au tribunal révolutionnaire, j'en ai dû parler; mais comme il n'y arriva pas, je l'abrège.

2. Archives, W 433, n° 11, pièce 1 *bis*.

Dans son interrogatoire (11 prairial) il avait dit qu'il ne se rappelait pas avoir tenu ce propos[1] et il le répète à l'audience. Le jury le déclara coupable du fait, mais l'acquitta sur la question d'intention, 2 fructidor (19 août 1794)[2]; et le 12 (29 août) le tribunal acquittait encore un armurier, Jean-Esprit CANAPLE, accusé d'avoir crié vive le roi (en 1792, il est vrai, étant de service aux Tuileries) et de s'être montré l'ennemi des sociétés populaires au point d'appeler son chien *Jacobin*[3].

IV

15 fructidor (1ᵉʳ septembre) : les adhérents de la Commune au 9 thermidor : Lemonnier, les frères Sanson, fils du bourreau, et autres sectionnaires de Paris.

A défaut du procès des sept membres des anciens comités de salut public et de sûreté générale, le tribunal en eut un autre plus considérable si on le mesure au nombre des accusés, mais de moins de conséquence et pourtant curieux : car il ramenait au 9 thermidor, et ne laisse pas que de mettre en lumière plusieurs incidents de cette journée.

Il s'agissait de savoir si après les chefs du coup d'État manqué, après les membres de la Commune, leurs complices, on enverrait aussi à l'échafaud ceux des membres des sections parisiennes qui, à des titres divers, s'étaient compromis dans le mouvement. Les dénonciations à leur égard étaient nombreuses, comme il arrive en toute

---

1. Archives, W 435, n° 11, pièce 11.
2. *Bulletin*, p. 11.
3. Archives, W 442, n° 65, et *Bulletin*, p. 35. Voyez au Journal.

réaction contre les vaincus de la veille. C'est ainsi que sur les registres du Comité de salut public, dans un rapport daté du 14 thermidor, on trouve cette note :

Sans date.

« Haurie, membre des Jacobins et garçon de bureau au tribunal révolutionnaire, écrit que le 9 thermidor des officiers de la gendarmerie des tribunaux sont venus dans la chambre du conseil du tribunal révolutionnaire, promettant de servir Robespierre, Fouquier, Coffinhal et autres.

« Les noms de ces officiers sont Dumesnil, Samson, Adnet, Degesne, Fribourg, Dubune et Chardon ; il est à remarquer que Dumesnil et Degesne ont été incarcérés par les rebelles. Le commandant de la gendarmerie à cheval est venu les assurer que tout son corps étoit pour Robespierre[1]. »

Cette dénonciation et d'autres encore sans doute firent traduire devant le tribunal, le 15 fructidor (2 août), quarante-trois membres des différentes sections de Paris. Les deux frères Sanson, fils du bourreau, l'un et l'autre officiers dans l'artillerie parisienne, étaient particulièrement signalés comme ayant aidé Coffinhal à délivrer Hanriot, acte audacieux qui faillit changer la fortune de cette journée. Mais ils le niaient et les autres produisaient des excuses que le tribunal n'était pas disposé à discuter trop sévèrement : ils étaient arrivés à l'hôtel de ville quand on jurait de défendre la République une et indivisible, ils avaient prêté le serment comme les autres, n'y soupçonnant rien de mal ; et des témoins attestaient leur patriotisme. Ils furent tous acquittés, excepté Joseph-Julien Lemonnier, de la section de la Fidé-

---

[1]. Archives, F 7, 4437.

lité, qui avait été dans cette journée un des agents les plus actifs de la Commune[1].

V

Condamnations nouvelles analogues à celles de l'ancien tribunal : intelligences, propos, etc.

Les jours suivants nous montrent des condamnations à mort bien moins justifiées : il s'agit de fraudes qui auraient dû être jugées par les tribunaux ordinaires, ou de propos qui pour la plupart ne méritaient même pas la police correctionnelle :

Le 17 (3 septembre 1794), Jean Paumier, commissaire dans l'administration pour les fourrages, accusé de vol et de dilapidation dans l'exercice de ses fonctions[2] ;

Le 18 (4 septembre), Jean Bouvret, ancien chanoine, desservant de la commune de Bouilly, à qui on imputait un langage fanatique et contre-révolutionnaire. Il avait dit « que les représentants étoient des gueux qui ne travailloient qu'à détruire la religion et la noblesse pour s'enrichir des dépouilles du ci-devant clergé et de la ci-devant noblesse; que les assignats n'étoient d'aucune valeur et que leur cours ne feroit pas longue durée. » Il était en outre prévenu d'avoir été intimement lié avec le ci-devant curé insermenté; « d'avoir rétracté son serment, d'avoir recélé et soustrait à l'inventaire de l'église de la commune de Bouilly un calice et un chandelier dépendants de la fabrique de cette commune. » On y aurait pu joindre une des deux cloches qui avait été

---

1. Archives, W 444, n° 72 et *Bulletin*, p. 38-53.
2. *Ibid.*, n° 77, et *Bulletin*, p 52.

enterrée dans sa grange à son insu, dit-il. Pour le calice, il allègue la crainte des voleurs et ce n'était pas sans raison[1].

Les témoins entendus, ajoute le *Bulletin*, ont déposé unanimement des faits imputés à Bouvret. Les débats ont été fermés[2] — et Bouvret condamné à mort; »

Le 19 (7 septembre), Jacques LOMBARD, avant la révolution notaire à Montfaucon, et depuis instituteur à Macé, près Grand-Pré (Ardennes); accusé d'avoir discrédité les assignats, parlé contre les décrets de la révolution et notamment contre la loi du divorce, et de plus (ceci eût été tout autrement grave si on l'eût prouvé), d'avoir donné des indications aux Prussiens lors de l'invasion du territoire français en 1792.

Il avait déjà été renvoyé pour ce fait devant le tribunal criminel de la Meuse : il y avait établi qu'il n'avait eu de rapport avec les ennemis que pour des contributions forcées; que loin d'avoir fait arrêter les autres, il avait été arrêté lui-même; et la preuve que sa démonstration avait paru concluante, c'est que la réponse du jury, affirmative sur le fait des relations avec l'ennemi, avait été négative sur la question d'intention criminelle : ce qui l'avait fait acquitter[3]. Il n'en avait pas moins été repris et envoyé au tribunal révolutionnaire où le juge Denizot lui fit subir un nouvel interrogatoire[4].

Après le 9 thermidor, il pouvait croire qu'en vertu de la chose jugée il serait remis en liberté : il n'en fut rien, et un mois à peine s'était écoulé qu'il reçut son

---

1. Archives, W 445, n° 78, pièces 5 et 32 (interrog.).
2. *Ibid.*, pièces 37-39 et *Bulletin*, p. 55.
3. Archives, W 445, n° 80, pièce 19 (interrog. du 29 ventôse); pièce 27 (déclaration des jurés à Saint-Mihiel, 16 floréal).
4. 18 prairial, *ibid.*, pièce 68.

acte d'accusation, signé Leblois, et sa mise en jugement, en date du 13 fructidor[1]. Il écrivit immédiatement à l'accusateur public la lettre suivante qui expose clairement son affaire :

> A la Conciergerie, 15 fructidor, à quatre heures du soir.
>
> Citoyen,
>
> L'acte d'accusation qui m'a été signifié à votre requête hier porte sur des faits dont je suis jugé et acquitté par le tribunal criminel révolutionnaire de Saint-Michel, département de la Meuse, par jugement définitif du 16 floréal. L'expédition de ce jugement, ensemble les pièces à ma justification, doivent se trouver en votre greffe, je les y ai déposées le 18 prairial, lorsque je fus interrogé par un juge que j'ai cru être le citoyen Dumas[2]. J'ai lieu de croire que cette expédition est égarée puisque vous n'en faites aucune mention dans l'acte d'accusation : car autrement vous y auriez remarqué qu'étant jugé sans recours et sans appel pour les mêmes faits, je ne suis pas dans le cas, aux termes des lois, de subir un second jugement.
>
> Ce n'est pas que je redoute l'effet d'un nouvel examen, au contraire, il ne pourrait qu'être fort avantageux ; mais les lois m'obligent à ne rien préjuger contre les dispositions d'une cause déjà jugée.
>
> Veuillez bien, citoyen, vous assurer si cette pièce se trouve dans le dossier, et, dans le cas où elle aurait été distraite, m'accorder un délai suffisant pour en faire venir une seconde expédition.
>
> Salut,
>
> LOMBARD[3].

L'affaire n'en suivit pas moins son cours. Il comparut le 19 devant le tribunal où il renouvela ses protesta-

---

[1]. Archives, W 445, n° 80, pièce 71.
[2]. C'était Denizot.
[3]. Archives, W 445, n° 80, pièce 70.

tions, récusant les témoins pour cause de haine et de vengeance. Le président reprit dans les questions toutes les charges pour lesquelles il avait été acquitté jadis, plaçant comme sur la même ligne les relations avec l'ennemi et l'attaque à la loi du divorce :

Il a existé une conspiration tendant à rétablir le despotisme en France, etc.

1. Jacques Lombard s'est-il rendu auteur ou complice de cette conspiration, en instruisant le commissaire général de l'armée prussienne, lors de l'invasion du territoire de la République en 1792 (v. st.), de la position de nos troupes, en lui montrant sur une carte qu'il lui avoit procurée les bois, les haies, les ravins, dont il devoit se défier, en désignant les patriotes aux fureurs de ses vils satellites, en disant que la loi du divorce et toutes celles que la Convention avoit faites depuis étoient subversives de la religion et autres propos?

2. Jacques Lombard a-t-il entretenu ces intelligences et tenu ces propos sciemment et dans des intentions contre-révolutionnaires.

LERIGET[1].

La déclaration du jury fut affirmative sur toutes les questions et Lombard condamné[2].

Le 22 (8 septembre), c'était Nicolas DEFFIES, cordonnier, accusé aussi de trahison comme ayant attiré les Prussiens à Vienne-le-Château, fait découvrir à l'ennemi des canons que les habitants avaient cachés en terre et indiqué pour le pillage les maisons de ceux qui lui déplaisaient[3] : toutes choses qu'il nia sans persuader le jury ni les juges.

1. Archives, W 445, n° 80, pièce 72.
2. *Bulletin*, p. 58.
3. Voyez son interrogatoire (29 frimaire), W 446, n° 89, pièce 13; cf. pièce 19 (jugement), et *Bulletin*, n° 26, p. 103, où il est faussement appelé Desficès, comme dans la *Liste très exacte* à la date.

Le 25 (9 septembre), Toussaint MENEGAUD, accusé d'émigration et de propos contre les patriotes :

D. S'il n'a pas dit que les patriotes devroient être non seulement pendus, mais qu'on devroit les brûler avec des fers chauds et rouges à plusieurs fois?
R. Non.
D. S'il n'a pas dit que la Convention nationale n'étoit composée que de voleurs, qu'on voloit les biens aux nobles, que les clubistes étoient des scélérats qu'il verroit dans peu égorgés?...
D. S'il n'est pas passé en Suisse en 1791 et 1792?
R. Qu'il y est allé *seulement pour son commerce* muni de passeport ;... que sa femme est de ce pays et qu'il y a des enfants.

Il niait qu'il eût été en rapport avec les émigrés. — Les témoins étaient contre lui et le firent condamner [1].

Le 26 (12 septembre), Nicolas SANNIÉ, perruquier, accusé, lui, de simples propos : d'avoir loué les prêtres réfractaires de leur refus de serment, approuvé la trahison de Dumouriez, condamné la mort du roi, témoigné de son admiration pour Charlotte Corday : crimes d'opinion et de paroles, mais cela suffisait toujours pour conduire au dernier supplice [2].

Le 28 (14 septembre), Louis GODINEAU dit *Flambart*, journalier, accusé d'intelligences avec les « brigands de la Vendée » ; il avait, à leur approche, voulu faire arborer le drapeau blanc dans sa commune et menacé de faire couper par morceaux, quand ils seraient arrivés,

---

1. Archives, W 448, n° 95, pièce 8 (interrog.); cf. pièce 4 (questions), pièce 2 (jugement), et *Bulletin*, n° 27, p. 107.
2. Archives, W 448, n° 101, pièces 9 et 10 (interrogatoire, 27 brumaire) : il nie les faits et dit qu'il déteste les traîtres; cf. pièce 8 (dénonciation) et pièce 5 (questions). Voyez aussi *Bulletin*, n° 28, p. 110.

quiconque lui aurait déplu : choses qu'il nia dans l'instruction et à l'audience, mais sans plus de succès[1].

VI

Encore une victime du 20 juin : papa Bousquet. Fin de l'an II.

Voici un autre cas où il ne s'agit ni des Vendéens ni des Prussiens, mais de nos troubles civils, des faits qui précédèrent la chute de la royauté et qu'on aurait pu croire enfin couverts par trois révolutions et l'établissement de la République.

Jean-Joseph BOUSQUET, marchand boucher, sous lieutenant de la garde nationale, était signalé comme aristocrate, partisan de Lafayette, signataire et colporteur de pétitions liberticides, par exemple celle qui protestait contre l'invasion des Tuileries au 20 juin. Il avait été particulièrement dénoncé en pluviôse comme ayant, le 20 juin, « baisé la main de la ci-devant reine; « on l'avait vu dans la salle de l'assemblée, « derrière ladite reine le 10 août 1792, tout le temps que le tyran y a resté. » Il avait dit, d'après la même enquête, « qu'il ne serait pas content qu'il ne meure pour son roi; qu'il défiait que la France devînt jamais une république[2]. » — Et on attendit jusqu'après la chute de Robespierre pour le traduire devant le tribunal!

Son interrogatoire nous reporte à la scène du 20 juin :

D. S'il n'a pas quelquefois parlé à la ci-devant reine?

---

1. *Bulletin*, n° 28, p. 112; Archives, W 449, n° 107, pièce 15 (interrogatoire, 27 fructidor); cf. pièce 20 (jugement). Le *fait est prononcé* vient à la suite d'un blanc d'une page, barré : continuait-on de signer les condamnations à l'avance? — Voyez aussi *Bulletin*, n° 28, p. 112.
2. Archives, W 450, n° 113, pièce 2.

R. Que le 20 juin 1792 (v. st.) elle lui demanda dans la salle du Conseil de quel bataillon il étoit.

D. Si ledit jour il n'a pas pris le petit Capet entre ses bras; s'il ne l'a pas montré au peuple en signe d'allégresse?

R. Que ledit jour, 20 juin, on avoit fait courir le bruit que le petit Capet étoit enlevé; qu'ayant été invité de monter sur une table pour le montrer au peuple assemblé dans un des appartements, il ne crut pas devoir refuser.

D. Si la ci-devant reine ne dit pas dans l'instant où il tenoit ledit enfant : « Mon fils, embrasse papa Bousquet? »

R. Que non.

D. Si la ci-devant reine ne lui a pas tendu la main, et s'il ne l'a pas baisée?

R. Que non; qu'à la vérité il lui a été demandé par un nommé Houet, dans un café, si ce fait étoit vrai; qu'il répondit par dérision que oui, mais que la vérité est qu'il ne l'a pas fait.

D. S'il n'a pas crié, lorsque Lafayette refusa de prendre le commandement : « Nous sommes perdus! »

R. Qu'il ne se le rappeloit pas.

D. Si le 10 août 1792 (v. st.) il n'a pas été dans le sein du Corps législatif, et s'il n'est pas toujours resté placé derrière la ci-devant reine?

R. Qu'il y a passé la journée, mais qu'il a erré çà et là dans ladite salle [1].

A l'audience (1re sans-culottide, 17 septembre), l'accusé chercha à justifier sa conduite en disant « qu'à l'époque où il paraissoit avoir de l'attachement pour la famille ci-devant royale, la constitution toléroit et faisoit même un devoir de cet attachement aux Français; que cependant, en plusieurs rencontres, il avoit fait preuve de son amour pour la liberté et de sa haine pour la tyrannie, tantôt en démasquant les agents du despo-

---

1. Archives, W 450, n° 113, pièce 7.

tisme, en poursuivant les fripons, tantôt en servant dans les armées républicaines[1]. »

Les débats fermés, la lutte reprit sur le même thème entre l'accusateur public et le défenseur :

« L'accusateur public, dit le *Bulletin*, a retracé, dans un résumé précis, le tableau rapide des délits reprochés à l'accusé : fayétiste, signataire de pétitions en faveur des fauteurs du despotisme, tout désigne en Bousquet l'esclave de la tyrannie, et c'est singulièrement dans les journées mémorables des 20 juin et 10 août 1792 qu'on le voit tout dévoué au tyran, à sa femme, dont il se glorifie d'avoir baisé la main et d'avoir reçu un sabre ; à son enfant, dont il s'honore d'avoir été nommé le papa ; dans l'Assemblée législative, où se réfugie l'assassin du peuple (Louis XVI !), lorsque investi par ce dernier de la souveraineté, comblé de la munificence nationale, il devoit être le père de son peuple.

« Réal, défenseur de Bousquet, dans un discours fort adroit, a d'abord annoncé pour son client, que pour juger sainement dans cette cause, il falloit se reporter en esprit aux époques des événements ; il a insinué qu'aujourd'hui, où les bases de la République sont affermies, il y auroit peut-être de l'injustice à juger les citoyens sur leurs opinions de 1789, 1790, 1791 et autres suivantes. Il a parcouru la vie révolutionnaire de l'accusé, cité différentes époques où il avoit signalé son patriotisme ; il en a conclu qu'on ne pouvoit regarder l'accusé comme le complice de la famille proscrite. Il a élevé quelques soupçons sur l'impartialité des témoins, argué leurs dépositions d'invraisemblance. Il a terminé en

---

1. *Bulletin*, n° 29, p. 115.

disant : « Si pendant quelques instants, Bousquet fut la
« dupe de certains intrigants devenus, comme Robes-
« pierre, l'idole du peuple, Bousquet ne fut qu'égaré,
« mais jamais criminel; d'ailleurs, il a lavé pour ainsi
« dire, dans le sang ennemi, les petites taches dont sa
« moralité révolutionnaire pouvoit être empreinte[1]. »

Le président dans ses questions au jury posa en fait, selon la formule d'usage, la conspiration du 20 juin et du 10 août.

QUESTIONS :

Il est constant qu'il a existé une conspiration contre la liberté et la sûreté du peuple français, soit en favorisant et secondant les complots liberticides du tiran Capet et de sa famille, notamment aux journées des 20 juin et 10 août 1792 (v. st.) pour faire massacrer les patriotes, soit, etc.

Jean-Joseph Bousquet est-il un des auteurs ou complices de cette conspiration?

L'a-t-il fait dans des intentions criminelles et contre-révolutionnaires?

Cette dernière question, qui devait être posée selon la nouvelle loi du tribunal, aurait pu provoquer l'absolution de l'accusé. Mais la déclaration du jury fut affirmative sur ce point comme sur les autres; et Bousquet fut envoyé à l'échafaud[2].

Le troisième jour des sans-culottides (19 septembre), pour le même crime de propos contre-révolutionnaires, en deux jugements séparés, un ancien noble et un ancien curé : Joseph GAUCHER-LAVERGNE, ex-sous-lieutenant au régiment de La Fère, et Joseph BLAT, ex-curé de Sireuil.

1. *Bulletin*, p. 115.
2. Archives, W 450, n° 113, pièce 9 (questions); cf. pièce 11 (jugement); même remarque que ci-dessus quant à la rédaction du jugement.

Lavergne était accusé en particulier d'avoir montré de la joie de nos revers, disant qu'on en verrait bien d'autres; — détourné les jeunes gens d'aller à la frontière; discrédité les assignats, « un f... papier, une pauvre drogue »; dit que les municipaux et les districts étaient « un tas de gueux, de fripons et de canailles qui nous voloient comme font les voleurs au coin d'un chemin » : propos qu'il nia dans son interrogatoire, et pour preuve qu'il n'avait détourné personne d'aller à la frontière, il citait ses deux frères qui étaient au service de la République[1].

Joseph Blat, le curé, avait spécialement à sa charge d'avoir proposé d'abattre un arbre de la liberté : mais il disait que ce n'était pas un arbre de la liberté, et qu'il avait pris l'avis de la commune. On l'accusait encore d'avoir répandu de fausses nouvelles le 10 août; témoigné de son mépris pour les lois en détournant des citoyens de lire des décrets de l'Assemblée nationale; discrédité les assignats, en disant : « Ces pauvres gens sont bien sots : il viendra un temps que pour un écu de six livres on aura mille livres en papier » (on en a eu davantage); désiré le retour de la monarchie et mal pensé de la République :

Que l'Assemblée constituante avoit voulu donner à la France une constitution et qu'elle y avoit réussi, et qu'actuellement l'Assemblée législative vouloit lui donner un gouvernement républicain, mais qu'il croyoit qu'elle n'y réussiroit pas; que ce n'étoit uniquement que dans l'intention de détruire la religion, ajoutant encore en parlant du tyran

---

1. Archives, W 451, n° 122, pièce 6 (interrog.); cf. p. 3 (jugement), et Bulletin, ibid., p. 125.

Capet : qu'on avoit fait mourir un bon roi, qu'ils avoient bien mal fait et qu'ils étoient des sacripants[1].

Le même jour était condamné à mort, par un troisième jugement, un invalide, Suisse d'origine, Pierre RIGOULET, âgé de 62 ans, accusé d'avoir dit, dans la commune d'Annet (Haute-Saône), lors de l'insurrection des départements contre la révolution du 31 mai, « qu'il attendoit des nouvelles d'Évreux pour se mettre à la tête de 10 000 hommes, — propos qu'il niait[2].

Trois condamnations à mort pour propos en un jour! La fin de l'an II n'était pas trop indigne de ses commencements, et le nouveau tribunal révolutionnaire aurait pu être avoué par celui de Dumas et de Fouquier-Tinville.

Citons pourtant à sa décharge le jour suivant (4ᵉ sans-culottide, 20 septembre 1794) un acquittement que l'autre n'aurait assurément pas prononcé.

L'accusé était un ex-noble, Érard-Louis-Guy CHATENAY-LANTY, ex-capitaine de dragons.

On lisait dans une lettre de lui, en date du 1ᵉʳ avril 1792 :

On me mande que le département de la Côte-d'Or vient d'enjoindre à tous les curés et prêtres non assermentés qui n'étoient pas domiciliés à plus de trois lieues de leur cure de se rendre à Dijon pour là s'y présenter chaque quinzaine à la municipalité. Jusqu'à ce que j'en apprenne la vérité par vous-même, mon cher et ancien collègue, je m'abstiendrai de le croire, et certes vous n'aurez pas souscrit à un acte aussi tyrannique, aussi illégal.

« Si la loi est l'expression de la volonté de la majorité, quelle étrange présomption, quelle funeste tentative que celle

---

1. Archives, W 451, n° 121, pièce 3 (jugement); cf. pièce 7 (interrog.) et *Bulletin*, p. 126.
2. *Ibid.*, n° 123, pièce 13 (interr.); cf. *Bulletin*, n° 51, p. 121

d'une petite portion de cette secte qui prétendroit substituer sa volonté particulière à celle de la majorité ?...

« Ne cherchez pas d'autre cause à l'anarchie dans laquelle la France est tombée; cessez d'en accuser seuls les prêtres, les aristocrates; c'est vous qui leur prêtez des armes, qui dictez leurs déclarations par votre intolérance et vos actes arbitraires. Vous parlez de liberté, comme les diables forcent à louer Dieu qu'ils n'aiment pas; vous voulez être libres, soyez justes. Voulez-vous éteindre et amortir les discussions religieuses?... Soyez tolérants... »

C'est pour cette lettre qu'il était accusé de vouloir « rétablir le despotisme et les privilèges de la féodalité et de l'orgueil. »

Sa défense devant le tribunal fut digne de la lettre pour laquelle il était accusé.

« Jamais, dit-il, je n'ai pu approuver les infractions à la loi qui prononce la liberté des cultes.

« Je n'ai donc pu garder le silence, lorsque j'ai appris les mesures extraordinaires que l'on employait contre les prêtres réfractaires, pour les mettre, disait-on, dans l'impossibilité de nuire; mais le plus souvent, pour servir des haines, des animosités particulières, ou les passions d'un parti quelconque.

« Un prêtre réfractaire qui sait s'abstenir de toute intrigue, qui ne cherche point à faire des prosélytes, a toujours été à mes yeux un citoyen dont la personne et les propriétés devoient être sous la protection de la loi; un homme qui devoit partager avec ses concitoyens tous les agréments, toutes les facilités que présente le commerce social. La tolérance dans les choses licites autorisées par la loi m'a toujours paru propre à ramener les esprits; jamais je n'ai pu me persuader qu'il fût permis de commenter, d'interpréter une loi qui n'admet pas de distinctions, et j'ai souvent remarqué que les

---

1. Archives, W 432, n° 128, et *Bulletin* n° 32, p. 128.

exceptions proposées contre une loi étoient peu d'accord avec les vues du législateur, et nous éloignoient ordinairement de son but.

« Ma lettre n'a donc eu d'autre objet que de rappeler les corps constitués au vœu de la loi, et de mettre fin aux persécutions exercées contre quelques individus qui ne me paroissent pas les avoir provoquées par leur désobéissance aux décisions du Corps législatif[1]. »

La leçon est toujours bonne.

L'impression que fit cette défense et les témoignages tout favorables rendus au caractère de l'accusé désarmèrent l'accusateur public lui-même. Son réquisitoire, si on peut l'appeler ainsi, ne laissait presque rien à faire au défenseur officieux. — L'accusé fut absous et mis en liberté.

VII

Vendémiaire an III : prisonnier des Vendéens, chanoines, fédéralistes, royalistes. Victime expiatoire de l'occupation de Dun par l'ennemi.

L'an III commençait sous d'assez fâcheux auspices. La première décade compta neuf condamnations à mort; et peu s'en fallut qu'on ne vît reparaître les fournées.

Le 5 vendémiaire (24 septembre 1794), c'est un fondeur âgé de 26 ans, Jean-Edme Étienne, qui, fait prisonnier par les Vendéens et contraint par eux au serment de fidélité à Louis XVII, se trouvait par là rendu complice de l'insurrection pour le rétablissement de la royauté. On lui attribuait, il est vrai, des propos qui aggravaient sa situation. A son retour à Paris, il avait

1. *Bulletin*, p. 129.

osé dire chez un marchand de vin, en buvant avec d'autres volontaires :

Qu'il ne retourneroit aux frontières que quand le feu seroit à la Convention; que s'il étoit maître il feroit couper la tête à quatre-vingts ou cent députés, qu'il nommeroit le fils de Capet roi et qu'il lui donneroit un régent jusqu'à ce qu'il fût grand.

« Ces propos sont d'autant plus dignes de toute l'attention de la justice, ajoutait l'accusateur public, qu'ils paroissent être la suite du serment qu'il paroît avoir prêté avec d'autres prisonniers de ne jamais porter les armes contre le prétendu Louis XVII, qu'ils ont reconnu pour unique et légitime souverain[1]. »

Le 4 (25 septembre 1794), cinq habitants de l'Isère et de la Drôme, compris dans une accusation de fédéralisme : deux furent condamnés, J.-M. Dorsat et Ant. Guignard, officiers municipaux d'Heyrieux, comme ayant été en rapport avec les Lyonnais[2].

Le même jour, deux prêtres : Pierre Leprince, ex-chanoine de Mantes, et Pierre Leforestier, ex-chapelain de l'Hôtel-Dieu de Paris, arrêtés à l'extrême frontière de France du côté de la Suisse, et suspects d'avoir voulu émigrer.

Leur interrogatoire datait du 21 floréal. Leforestier reconnaissait qu'il n'avait pas prêté le serment, excepté celui d'égalité, et niait qu'il eût voulu quitter la France :

D. N'étiez-vous pas sujet à la déportation, et n'y avez-vous pas été condamné?

R. Lors de la loi sur la déportation il s'est présenté à la section de Beaurepaire, sur laquelle il demeuroit alors; il leur a demandé s'il étoit dans le cas de la déportation, qu'il

---

1. Archives, W 453, n° 137, pièce 2 et *Bulletin*, p. 140.
2. Le procès, commencé le 1er, se termina le 4. (Archives, W 454, n° 147, 2ᵉ partie, pièce 65.)

se soumettoit à la loi : ils m'ont répondu qu'ils attendoient un décret, qu'au surplus il s'étoit soumis à la loi et que, s'il l'étoit, ils l'avertiroient.

Mêmes questions à Leprince :

D. N'avez-vous pas eu l'intention de passer dans le pays étranger?
R. Non.

Observé que dans son interrogatoire subi au district, il a dit que son intention étoit de passer à l'extérieur.

R. C'étoit son intention dans le cas où on le lui auroit permis[1].

L'intention fut tenue pour fait accompli et ils furent envoyés à l'échafaud.

Le 8 (29 septembre), Claude VUILHEM et Jeanne-Marie TOULLONE (c'est ainsi qu'elle signe), veuve CORDELIER, accusés avec trois autres : Pierre-François MATHEY, François-Michel LOTH et Anne-Baptiste DURAND, ouvrière en linge, de propos contre-révolutionnaires.

Vuilhem avait crié, disait-on : *Vive le Roi, vive la Reine, m... pour la nation;* la veuve Cordelier s'était vantée d'être aristocrate : elle avait souhaité qu'il tombât « autant de hallebardes sur les têtes des volontaires qui partaient, que de gouttes d'eau dans une forte pluie; qu'ils fussent tous à la gueule du canon. » — Vuilhem niait : il avait prêté tous les serments civiques ; la veuve Cordelier répondait qu'elle avait un fils volontaire[2]. Ils furent condamnés après des débats qui avaient duré deux jours (le 7 et le 8) ; les trois autres, acquittés.

Le 9 enfin, trente-cinq habitants de la commune de Dun, traduits devant le tribunal pour un fait qui remon-

---

1. Archives, W 454, n° 142, et *Bulletin*, p. 142.
2. Archives, W 457, n° 166, pièces 111 et 110 (interrogatoire), *ibid.*, pièce 3 (procès-verbal d'audience) et pièce 2 (jugement); cf. *Bulletin*, n° 40, p. 160.

tait à la première invasion (septembre 1792). On les accusait d'avoir accueilli les émigrés, arboré la cocarde et le drapeau blanc, etc. Un témoin affirmait que la ville avait 600 hommes capables de la défendre derrière la Meuse et qu'elle avait cédé à 100 hussards : la municipalité, dont l'accusé AUBLIN était le principal membre, ayant la veille fait enlever les fusils. Mais ces 100 hussards n'étaient que les éclaireurs d'une armée entière. Tous les autres témoins (et il y en eut trente-six) déclaraient que la ville avait été investie par des forces considérables et les habitants contraints de fournir à l'ennemi tout ce qu'il exigeait. Ils confirmaient donc la défense opposée par Aublin aux allégations du premier témoin, quand il disait :

Pour bien apprécier la déposition du témoin, il faut que le tribunal se représente la petite ville de Dun, comme une habitation ouverte de tous les côtés, sans portes, sans murs, sans canons, sans aucune espèce de retranchements ; il faut ensuite apprendre à ce même tribunal, que la petite commune de Dun, presque dans le même moment, a été investie, non pas par cent hommes, comme le prétend le témoin, mais bien certainement par quatre-vingt mille hommes environ, à la tête desquels étaient les émigrés, ne respirant que sang et carnage, menaçant de tout incendier, de tout ravager au moindre mouvement qui pourroit annoncer l'envie de faire résistance ; et, de quelle utilité eût été cette résistance de la part d'une poignée d'individus, contre une masse, contre une multitude effroyable d'ennemis, ayant à leur disposition des bouches à feu, maîtres de lancer contre nous toutes les foudres de la guerre ?

Ce n'est donc pas notre propre sûreté, notre salut personnel que nous avons cherché ; c'est la conservation des personnes et des propriétés de toute la commune qui a déterminé notre conduite avec l'ennemi [et] qui nous a engagés à lui accorder toutes les satisfactions que nous ne pouvions lui refuser ; ce que j'avance, je le dis sans crainte d'être démenti par les autres témoins, qui, pour rendre hommage à la vérité, seront nécessairement d'accord avec moi [1].

Aublin paya pour tous les autres avec la femme Jacquet. Celle-ci était accusée d'avoir crié : *Vive le roi, au diable la nation*, etc., agitant, en forme de drapeau, une serviette blanche [2].

VIII

12 vendémiaire (3 octobre) : un prêtre qui a rempli les fonctions du sacerdoce : Jacques Raux. Fournisseur révolutionnaire, mais infidèle : Ponce Davesne. Complices des brigands de la Vendée.

Les prêtres étaient toujours l'objet des plus grandes rigueurs :

Le 12 (3 octobre), comparaissait Jacques Raux, ex-chanoine, prévenu de n'avoir pas prêté les serments prescrits par la loi, et mis de plus en jugement par décret de la Convention, en date du 30 prairial an II, pour manœuvres tendant à égarer le peuple :

En tenant à cet effet chez lui des conciliabules et rassemblements de prêtres réfractaires et fanatiques, en y célébrant des messes et mariages, en y dressant des actes au mépris de la loi, et en outre en faisant distribuer des écrits et ouvrages tendant à corrompre l'esprit public et à égarer le peuple par la superstition.

Son interrogatoire porte l'empreinte d'une entière franchise :

1. *Bulletin*, p. 155.
2. Archives, W 458, n° 176, pièce 3 (procès-verbal d'audience), et *Bulletin*, p. 150-160.

D. S'il a prêté les serments prescrits par la loi?

R. Que quant au premier serment, n'étant plus fonctionnaire public, sa qualité seule de chanoine ne l'y obligeoit pas. Quand au second, il ne l'a pas prêté à la vérité, mais par pure délicatesse de conscience et par l'impression que lui faisoit l'idée d'un serment quelconque.

D. Si clandestinement il n'a pas célébré des mariages conformément aux rites de l'Église, après que la loi en exigeoit autrement?

R. Qu'effectivement un mariage ayant été célébré selon les formes constitutionnelles, les mariés s'étant présentés chez lui et l'ayant prié de leur donner la bénédiction nuptiale, il la leur a donnée, observant qu'il y a à peu près trois ans.

D. Si par ses discours ou par ses actions il n'a pas induit en erreur ou cherché à induire les citoyens, en employant les ressources du fanatisme; s'il n'a pas à cet effet distribué ou fait distribuer des ouvrages dont il était l'auteur?

R. Que non.

D. S'il a un conseil?

Rien ne lui servit d'être défendu. Sa domestique, Marie-Madeleine MARCHAND, jugée coupable d'avoir participé à ses manœuvres et colporté ses écrits, fut acquittée sur la question d'intention criminelle[1].

Le tribunal punit encore de simples fraudes comme crime de contre-révolution; et les révolutionnaires mêmes, au moins quand ils dépassaient la ligne du juste milieu, ne trouvaient pas grâce.

Le 13 vendémiaire (4 octobre), Ponce DAVESNE, se di-

---

[1]. Archives, W 459, n° 182, pièce 5, *Bulletin, ibid.*, p. 170. Parmi ces écrits on trouve un petit catéchisme sur le 9ᵉ article du symbole (*Je crois la sainte Église*) dirigé contre l'Église schismatique :

> Des intrus tu déploreras
> Le trop funeste aveuglement.
> Avec soin tu te garderas
> De te souiller par leur serment.

sant commissaire du pouvoir exécutif pour requérir la fabrication de hampes de piques dans le département des Ardennes, était accusé de fraude dans cette fabrication, avec huit autres, tenus pour ses complices.

Ponce Davesne avait fait fabriquer ces hampes du plus mauvais bois[1]; il retenait pour lui 3 sous sur 14 par pique, et couvrait ses fraudes du masque d'un patriotisme ultra-révolutionnaire; établissant dans sa commune un système de terreur, provoquant les dénonciations contre les meilleurs citoyens, prêchant l'athéisme, etc. Un nommé Hérard, qu'il avait chargé, à Rethel, d'une fabrication de ce genre, avait été condamné à mort, le 14 nivôse. Il eut le même sort. Ses coaccusés, les uns chargés du contrôle, les autres employés à la fabrication, furent acquittés.

Les affaires de Vendée donnèrent lieu à un procès qui eut les proportions d'une véritable fournée.

Le 17 (8 octobre), neuf habitants de Fontevrault étaient accusés de complicité avec les *brigands*. Ils les avaient reçus lors de l'occupation de Saumur : était-ce de gré ou de force? là était le débat entre l'accusation et la défense. La question fut résolue selon la défense en faveur de Louis-René GARREAU, ex-prêtre de l'Oratoire, et de Louis GUILLOU, marchand de vin. Elle fut tranchée selon l'accusation contre les sept autres :

Al. GUERRIER, curé de Fontevrault, avait lu en chaire la proclamation des Vendéens; il est vrai qu'il ne l'avait fait que par force, les rebelles environnant l'église;

Étienne-Philippe RENARD, juge de paix, avait organisé un comité royaliste : il alléguait aussi la contrainte et la

---

[1]. Archives, W 400, n° 187. *Bulletin*, p. 172-175.

nécessité de pourvoir à l'administration de la ville pendant l'invasion ;

Paul-Alexandre Chabrignac dit *Condé* avait accepté la présidence de ce comité : c'était un ancien militaire, noble, chevalier de Saint-Louis, qu'à tous ces titres on était allé prendre chez lui, en le forçant à mettre sa décoration pour présider le comité ;

François Drouin, procureur de la commune, Pierre Bourreau, ex-greffier, et Jean Billard, brigadier de gendarmerie, avaient aussi fait partie du comité : en outre, Drouin était particulièrement inculpé d'avoir mis en adjudication l'arbre de la liberté, qui avait été renversé, et Guillou, dit *Duplessis*, ex-religieux de l'abbaye de Fontevrault, de l'avoir acquis au prix de 85 livres : c'était, disaient-ils, pour le soustraire aux injures des brigands, et du reste l'argent avait été rendu et l'arbre remis en place avant leur départ. Billard ne niait pas qu'il eût pris la cocarde blanche, et s'en excusait mal en disant « qu'il avoit cru prudent de faire semblant de céder à la force pour avoir occasion de continuer ses services pour la chose publique et de diriger la surveillance de ses gendarmes sur les brigands[1]. »

IX

Un ancien ami de la royauté et un prêtre fidèle : le juge Marguet, le curé Beaufils, confesseur de la foi. Quelques autres condamnations plus rares en brumaire.

Les antécédents royalistes, et la fidélité au sacerdoce,

---

1. Archives, W 462, n° 204, pièces 40-49, et *Bulletin*, p. 182-195.

même constitutionnel, quand ils étaient dénoncés, n'étaient pas plus épargnés que jadis.

Le 21 (12 octobre) nous trouvons une nouvelle victime de la journée du 20 juin !

François-Antoine MARGUET, juge au tribunal du district de Mortagne-sur-Aisne (Sainte-Menehould), auteur d'une adresse au roi à ce sujet et d'une autre lettre qui ne le montrait pas plus zélé partisan de la journée du 10 août [1]. Il s'était pourtant rallié « au mouvement révolutionnaire » ; il avait « adhéré à toutes les adresses

---

1. « Je ne saurois vous dire, écrivoit-il, avec quelle satisfaction, mon cher ami, j'ai reçu de vos nouvelles; j'en avais souvent demandé à Monsieur Minette, surtout après la journée du 10 août, et si je ne vous ai pas écrit, c'est qu'il m'a assuré que vous n'y étiez pour rien.

« D'ailleurs les correspondances sont si peu secrètes, qu'on craint de se compromettre, soi et ses amis ; et en vérité, pour ne pas être libre de dire ce qu'on pense, il vaut presque autant garder le silence.

« Recevez mes sincères compliments pour les détails dont vous avez bien voulu me faire part; votre lettre est presque la seule où j'en aie reçu de pareils depuis quatre mois.

« Au reste, dans le tourbillon où nous sommes jetés, c'est peut-être un bien d'attendre les événements en silence, et de subir la destinée telle qu'elle soit.

« Pour moi, je me résigne à la mienne; et pour la concentrer de plus en plus, je me suis éloigné de toute espèce de place dans les nouvelles nominations, en sorte que je ne suis rien aujourd'hui, et je crois que vous m'en féliciterez.

« Tranquille dans l'intérieur de mon ménage, je suis aussi heureux qu'on peut l'être dans les circonstances actuelles, laissant dire et faire tout ce qu'on veut ; en attendant que des jours plus prospères succèdent aux ouragans que nous avons éprouvés depuis quatre ans.

« Je n'avois que trop prévu dans le temps, comme vous le dites, quel devoit être le résultat de l'esprit dominant.

« J'apprends avec plaisir que vous vous disposez à quitter Paris; je voudrois déjà voir vos projets se réaliser. » (*Bulletin*, p. 205.)

Cette lettre avait donné lieu aux questions suivantes dans son interrogatoire préalable :

D. Quel est le résultat qu'il dit dans sa lettre avoir prévu dans ce temps devoir être produit par l'esprit dominant ?

R. Que la Révolution seroit accompagnée de beaucoup d'orages, en raison des actions qui s'opposoient au bien que vouloit opérer l'Assemblée nationale.

D. Pourquoi il s'est retiré des fonctions publiques ?

R. Parce qu'il étoit affecté d'une surdité ancienne qui s'est accrue, notamment depuis qu'il a exercé les fonctions de juge. (Archives, W 465, n° 233, pièce 23.)

propres à asseoir les fondements de la liberté, et prêté tous les serments prescrits par la loi[1] ! »

On l'accusait bien encore d'avoir dit à la femme d'un de ses collègues, le 16 septembre 1792 : « C'est à tort que vous comptez sur les soldats français, c'est un composé de brigands qui ne sont propres à rien. » Mais cette déposition venait à deux ans d'intervalle. « J'ai pu dire, répondait-il, que nos armées étaient mal organisées, mais il est faux que j'aie traité ces armées de brigands. » Et la femme qui en déposait déclarait qu'elle ne lui avait pas supposé de mauvaises intentions. Ajoutons que nombre de témoins attestaient son civisme, et il y avait une foule de pièces à décharge, sur lesquelles l'accusateur public lui-même appelait l'attention du jury.

Le jury déclara :

1° Qu'il est constant qu'il a été fabriqué des écrits, et pratiqué des manœuvres tendant à l'avilissement de la représentation nationale, et au soutien de la royauté, pour favoriser le succès des ennemis ;

2° Que l'accusé est convaincu de s'être rendu l'auteur ou le complice de ces délits, en signant et gardant chez lui des adresses au tyran, en calomniant la révolution par des propos et écrits, et en traitant les troupes de brigands ;

3° Qu'il est également convaincu de l'avoir fait dans des intentions contre-révolutionnaires[2].

En conséquence, Marguet fut condamné à mort.

Le 24 (15 octobre), un prêtre républicain constitutionnel, mais resté catholique, François BEAUFILS, ex-curé de Saint-Christophe-sur-Loire. Il avait confessé sa foi en pleine Terreur : c'est du 16 pluviôse an II qu'est

---

1. Archives, W 465, n° 233 ; cf. *Bulletin*, n°ˢ 51-52, p. 204-208.
2. *Bulletin*, ibid., p. 208.

daté l'interrogatoire dont nous extrayons ces lignes :

A-t-il dit la messe le jour des ci-devant rois comme jour de fête?

R. Oui.

D. Comment pouvoit-il se faire qu'après avoir prêté le serment d'être fidèle à un gouvernement populaire, il peut encore entretenir l'esprit des habitants de cette commune dans le désir d'offrir des hommages aux rois?

R. Qu'il n'a point entendu parler de la fête des rois mais bien de celle de l'Épiphanie de Notre-Seigneur.

D. Qu'entends-tu par le mot Épiphanie?

R. Qu'il entendoit l'apparition de Dieu.

D. S'il considère le culte catholique comme la vraie religion de Dieu, ou bien comme *celui* d'un gouvernement politique?

R. Qu'il le considère comme celui du vrai dieu sans toucher à l'état politique.

D. S'il croit que sans professer la religion catholique on ne peut être sauvé?

R. Qu'il regarde comme impossible que celui qui ne professe pas le culte catholique puisse être sauvé et aller en paradis.

D. S'il pensoit que celui qui ne professe pas le culte catholique ne soit pas un honnête homme?

R. Que sans cela, il pouvoit être un honnête homme.

D. Ton intention est-elle de renoncer à ton état de prêtre?

R. Que non et qu'il ne le pouvoit pas sans manquer à Dieu.

D. Si son intention n'étoit pas de prêcher continuellement les principes de son culte?

R. Que s'il existoit dans sa paroisse, il le feroit encore.

D. S'il préfère le gouvernement monarchique ou le populaire?

R. Qu'il préfère un gouvernement républicain à un gouvernement monarchique, pourvu qu'il y soit tranquille.

D. Déteste-tu les rois?

R. Non, mais qu'il étoit fâché de voir les rois faire la guerre à ses concitoyens.

Dans son nouvel interrogatoire du 17 fructidor, il nia le fait de distribution d'écrits fanatiques, c'est-à-dire religieux, et déclara qu'il aimait la République. Elle l'envoya à l'échafaud[1].

En brumaire, les condamnations diminuent. On trouve pourtant encore, le 8 (29 octobre 1794), pour crime de fédéralisme, et malgré leurs dénégations, Pierre Moulin, ex-accusateur public près le district de Périgueux, Pierre Montel-Lambertie, ex-vicaire épiscopal à Périgueux et Pierre-Eléonor Pipaud, ex-procureur syndic du département de la Dordogne : un quatrième accusé, J.-B. Sirey, vicaire épiscopal, qui déclarait avoir « honoré la mémoire de Marat depuis qu'il étoit mort martyr de la liberté », fut acquitté[2].

Le 11 (1er novembre), François Bidau, maire de Plédran, pour propos et manœuvres contre-révolutionnaires. Il était accusé d'avoir dit que la Révolution ne durerait pas, et d'avoir favorisé un rassemblement dans une chapelle. Il niait les propos et soutenait qu'il avait refusé les clefs de la chapelle et fait appel à la municipalité

---

1. Archives, W 459, n° 257, pièce 12. — « Les témoins produits par le ministère public, dit le *Bulletin*, ont déposé, dans cette cause, du refus fait par l'accusé de lire un mandement du ci-devant évêque constitutionnel, en disant qu'il ne vouloit pas le reconnaître pour son évêque, et que ceux qui auroient foi en lui seroient damnés; des manœuvres pour empêcher la vente des biens nationaux, des messes par lui célébrées le jour des ci-devant rois, et de la prière par lui récitée en l'honneur du tyran, et de deux brochures contre-révolutionnaires, remises par ledit accusé à l'une de ses ouvrières.

« L'accusé a fait de vains efforts pour se disculper de tous ces faits; ses différents aveux, joints aux preuves acquises, ont opéré la conviction pleine et entière du jury, tant sur les faits imputés à Beaufils, que sur les intentions qui pouvoient en résulter. » (*Bulletin*, n° 54, p. 216.)

2. Archives, W 475, n° 321, cf. *Liste des guillotinés*, n°s 2782-2784, à la date.

pour empêcher ce rassemblement ; il fut condamné, et son coaccusé, Jacques Goupillier, procureur de la commune, acquitté[1].

Le 16 (6 novembre), Bénigne Arcelot, pour émigration. Il avait émigré au commencement de 1792, mais il était rentré au mois d'avril de la même année. Il ne tombait donc pas sous le coup de la loi : mais on avait trouvé chez lui une cocarde blanche, des cœurs de Jésus, insignes contre-révolutionnaires, et il avait été absent de sa commune du 8 au 15 août 1792. Il eut beau expliquer cette absence et dire que la cocarde et le reste avaient été trouvés dans sa maison après qu'il l'avait abandonnée ; il fut envoyé à l'échafaud[2].

X

Quelques exemples d'arrêt de non-lieu.

Pour corriger un peu l'impression que l'on doit ressentir de ces condamnations, moins nombreuses sans doute qu'autrefois, mais toujours aussi peu justifiées, signalons quelques affaires qui furent écartées du tribunal par les juges eux-mêmes et aboutirent à des arrêts de non-lieu.

Le 10 fructidor (27 août 1794) un artiste de quelque renom, Joseph Boze, peintre ordinaire du roi, commensal de Mme Roland, ami des Girondins au jour de leur puissance. C'était un grand péril au temps de leur chute. Arrêté, il n'hésita guère à répudier des relations compromettantes. Il écrit à l'accusateur public :

1. Archives, W 477, n° 333.
2. *Ibid.*, W 480, n° 360, pièce 10 (interrog.) ; pièce 6 (questions).

« Citoyen,

« Je viens à l'instant d'être conduit à la Conciergerie comme prévenu d'intelligences avec la faction liberticide. Veuillez bien m'entendre le plus promptement possible[1].

Et dans un mémoire justificatif, rédigé en son nom (1er du 2e mois), on lit :

... Un roi pervers trahissoit la patrie ; il vouloit enchaîner la liberté. Boze, animé du plus pur patriotisme et du plus beau zèle pour le bien public, veut empêcher ce grand attentat, écrit au tyran et l'avertit de la présence du peuple,[2] etc.

C'était Guadet qui lui avait fait écrire cette lettre patriotique dont l'objet était le renvoi des ministres qui gênaient les Girondins, lettre que d'ailleurs Boze n'avait pas signée, comme il l'avoue dans son interrogatoire du 13 brumaire[3].

On oublia fort heureusement cet interrogatoire dans les cartons et on ne l'en tira, après la chute de Robespierre, que pour le faire suivre d'un arrêt de non-lieu.

Le 30, un officier qu'un premier jugement n'avait pas garanti contre de nouvelles poursuites : Claude Destourbet, officier du 2e bataillon du 46e régiment.

On lui demande :

S'il n'a pas crié Vive le roi, la gamelle et les pois ?
R. Qu'il ne se rappelle pas, étant ivre.

A lui représenté que si véritablement il est patriote, la circonstance de l'ivresse ne peut pas l'avoir porté à exhaler un sentiment qui n'étoit pas dans son cœur ; que l'ivresse à la vérité échauffe le sang à un point excessif qui ôte la rai-

---

1. Archives, W 441, n° 55, pièce 6.
2. *Ibid.*, pièce 5.
3. *Ibid.*, pièce 7.

son, mais que l'homme dont le sang est patriote, dans l'ivresse même ne tiendra pas des propos aristocratiques, parce que ce sentiment ne peut naturellement naître dans une âme imbue de patriotisme.

R. Que depuis 29 ans il sait qu'il doit tout à son pays, qu'il aime la révolution.

Il avait été acquitté sur cette accusation par le tribunal criminel de l'Aisne (19 brumaire an II). Mais le jugement avait été cassé pour vice d'incompétence et il avait été renvoyé devant le tribunal révolutionnaire. Heureusement il n'y arriva qu'après le 9 thermidor : il fut mis en liberté en raison de son acquittement[1].

La 2ᵉ sans-culottide (18 septembre), c'est un officier d'une autre sorte, et le cas est assez sérieux :

Michel CARPENTIER ex-officier de bouche et depuis marchand de chevaux. Il avait tenu des propos extravagants : « que son père était occupé à la composition d'une poudre qui ferait sauter tout Paris. — (Son père était mort en 1779). Il paraît qu'il s'était vanté aussi de hanter l'aristocratie. On lit dans son interrogatoire :

D. Ne savez-vous pas que les hommes sont égaux et qu'il n'y a plus de titres de noblesse? Pourquoi avez-vous dit ce même jour que vous iriez dîner chez une baronne?

R. J'allais dîner chez la cuisinière d'une baronne[2].

Le 7 vendémiaire an III (28 septembre 1794), la citoyenne DESNOS, femme LABARRE, qui expiait à la Conciergerie, depuis le 6 octobre 1793, la fuite du citoyen Desnos, son frère, détenu d'abord dans le même lieu comme prévenu d'émigration. Elle exposait sa cause dans cette lettre adressée au tribunal :

1. Archives, W 450, n° 111.
2. *Ibid.*, n° 114, pièce 9.

« Le 11 juin 1795, lorsque mon frère fut arrêté, j'avois été conduit avec lui au comité de sûreté générale d'où le citoyen Ingrand, l'un des membres, m'avoit renvoyée chez moi.

« Avant comme depuis cette époque, jusqu'au moment de mon arrestation, je vivois du travail de mes mains dans l'état de brodeuse, pour élever une fille unique, maintenant âgée de 19 ans, qui ne m'avait jamais quittée.

« Citoyen, la fuite d'un frère accusé d'émigration peut-elle justifier une détention aussi dure et aussi peu méritée que la mienne! Languissant dans les fers, je n'ai pour y vivre que le seul travail de ma fille. Elle est heureusement dirigée par sa piété filiale qui ne se dément point, et dont le tribunal est témoin. Mais ma santé dépérit chaque jour et mes maux seront sans remède, pour peu qu'ils durent encore[1]. »

Et il n'y avait nulle preuve qu'elle eût aidé à la fuite de son frère !

Le 23 du même mois (14 octobre 1794), une affaire qui, un peu plus tôt, aurait eu les suites les plus graves.

Il s'agissait d'un jeune homme, Étienne Lahossois, qui avait été frère novice et avait exercé le métier de boulanger à la Chartreuse de Belazy.

Dans un premier interrogatoire du 27 prairial, il avait fait cet aveu :

« Étant commandé pour faire le service autour de la montagne élevée pour célébrer la fête de l'Être suprême qui devait avoir lieu le décadi dernier, j'ai pris le parti, crainte de déplaire à Dieu et d'être persécuté par mes concitoyens, de me réfugier en Suisse où j'espérois vivre tranquille.

Quelle est la bonne fortune qui l'empêcha d'être envoyé dès lors à Paris? On ne sait. Mais à une époque où

---

1. Archives, W 456, n° 159, pièce 4, sans date.

à Paris on n'interrogeait plus guère, le 3 thermidor, on lui fit subir ce nouvel interrogatoire à Cusset.

En marge on a écrit :

Essentiel à lire pour voir jusqu'à quel degré de scélératesse le fanatisme peut conduire ses imbéciles sectaires.

D. Y a-t-il longtemps que tu as quitté Cosne?

R. J'en suis sorti la veille de la fête célébrée en l'honneur de l'Être suprême.

D. Quel est le motif qui t'a fait quitter Cosne?

R. J'en suis sorti parce que j'avais été commandé pour monter la garde autour de la montagne dans la nuit du 19 au 20 prairial, jour où devait se célébrer la fête à l'Être suprême et que je craignois en montant cette garde de déplaire à Dieu.

On lui demanda s'il connaissait des prêtres. — Oui, entre autres Le Rale, prêtre insermenté et déporté.

D. Comment pouvois-tu craindre de déplaire à la Divinité en montant la garde la veille du jour consacré à la célébrer?

R. Je pensois que la fête ne lui étoit pas agréable et l'étois guidé par les lumières de l'Écriture.

D. As-tu connoissance de l'Écriture, et quel passage peux-tu citer en faveur de ton opinion?

R. Dieu a institué le sabbat qui est actuellement le dimanche, et l'homme ne peut pas changer l'ouvrage de Dieu.

D. Où te proposois-tu d'aller en sortant de Cosne?

R. Dans la Suisse.

D. As-tu des connoissances dans la Suisse?

R. Je n'en ai point d'autre que celle de Rale, déporté, que je présumois y être, et j'y allois pour y vivre tranquille.

D. Pourquoi allois-tu en Suisse?

R. Pour éviter la persécution que m'eût attirée mon refus de monter la garde.

D. Aimes-tu la révolution française?

R. Non, je ne l'aime pas.

D. Quel motif as-tu de ne pas aimer la révolution?

R. Parce qu'elle a changé les usages de l'Église.

D. Es-tu partisan du gouvernement révolutionnaire décrété le 14 frimaire?

R. Je ne le connais pas ; mais ma volonté est de désapprouver tout ce qui est contraire à la sainte Écriture.

D. De quel œil as-tu vu la mort du dernier tyran de la France?

R. J'ignore quels en sont les motifs. Je me résigne à tous les événements, parce que je suis convaincu que Dieu permet tout ce qui arrive.

D. Tu serois donc aussi content si Brunswick et tous les émigrés entroient en France, égorgeoient les patriotes et détruisoient la République?

R. Je suis soumis aux événements qui peuvent arriver d'un parti comme d'un autre, parce que la volonté de Dieu s'accompliroit dans l'un comme dans l'autre cas.

D. Aimerois-tu mieux combattre pour les émigrés et les prêtres déportés que pour la république?

R. Si j'étois forcé de combattre, je combattrois pour les droits de l'Église, parce que je suis convaincu que cette cause est plus agréable à Dieu que celle de la République dont vous me parlez.

Cette réponse, bien qu'elle ne s'appliquât véritablement qu'à la défense de l'Église, pouvait être interprétée comme un acte d'adhésion aux armées dirigées contre la République. Le juge se plaît à lui faire sentir le couteau de la guillotine :

D. Connoissois-tu Ch. Morand, maître de poste à Cosne?

R. Oui, je sais qu'il a été guillotiné.

D. Serois-tu bien fâché si tu subissois le même jugement que Morand?

R. Non.

D. Tu ne fais donc pas attention que la condamnation à mort ne s'applique qu'aux conspirateurs et aux ennemis de la République?

R. Si la nation me juge conspirateur et veut me condamner à mort je ne serois pas fâché de mourir[1].

On était, ne l'oublions pas, au 5 thermidor! S'il n'eut pas la gloire du martyre, il eut sans aucun doute celle du confesseur. Le tribunal ne le mit pas en jugement :

Mais attendu que cet homme est convaincu d'un fanatisme outré, ce qui le rendroit très dangereux dans la société,

l'arrêt porta qu'il serait détenu jusqu'à la paix.

Le 9 brumaire an III (30 octobre 1794), un autre témoignage à la foi rendu en un temps moins redoutable : mais il y avait toujours tout à craindre quand on avait affaire à cette justice : c'était une femme, Marie-Françoise CHEVALLIER, mercière, dont voici l'interrogatoire :

D. Quelle a été la cause de son arrestation?

R. Parce qu'elle a refusé de vendre un jour de dimanche.

D. Si elle n'a pas refusé de mettre des guirlandes de fleurs et de verdure à sa maison le jour de la fête de l'Éternel?

R. Qu'en effet elle n'a point décoré sa maison le jour de cette fête, attendu que tous les citoyens avoient été seulement invités à le faire.

D. Si elle se rappelle ce qu'elle a dit lorsqu'on a ordonné son arrestation et l'apposition des scellés sur ses papiers?

R. Qu'elle se rappelle avoir dit qu'elle étoit trop heureuse de souffrir pour la gloire de Dieu et qu'elle remercioit les déposants qui donnoient contre elle des déclarations.

Si elle a un défenseur[2]?

Sachons gré au tribunal de l'avoir dispensée d'en avoir un.

---

1. Archives, W 468, n° 248, pièce 14.
2. *Ibid.*, W 476, n° 326, pièce 2 (interrogatoire du 8 brumaire, 29 octobre 1794). Elle avait été arrêtée le 15 messidor.

Le *Bulletin* du tribunal révolutionnaire, n'a jamais eu à s'occuper des arrêts de non-lieu. Pour les affaires inscrites au rôle, il avait recommencé une série nouvelle avec le tribunal du 23 thermidor; mais ici encore il ne nous a pas longtemps donné l'avantage d'éclairer les résultats de l'instruction recueillie aux dossiers par les lumières des débats publics : il vient de nous faire encore défaut pour le commun des procès. C'est que depuis le 25 vendémiaire une grande affaire occupe la principale audience ; l'affaire du comité révolutionnaire de Nantes, qui entraîna celle de Carrier.

Après avoir donné tant de place aux victimes de la Terreur, il est temps que le *Bulletin* nous montre ce tribunal frappant aussi les terroristes. L'expiation a commencé avec Robespierre, elle se continuera par Carrier et finira par Fouquier-Tinville. Ces trois noms marquent en même temps le terme de chacune des trois phases que le tribunal révolutionnaire aura traversées avant d'être aboli.

CHAPITRE LIV

LE COMITÉ RÉVOLUTIONNAIRE DE NANTES ET CARRIER

I

La ville de Nantes au commencement de la République. Organisation du comité révolutionnaire et arrivée de Carrier. Les cent trente-deux Nantais envoyés au tribunal révolutionnaire de Paris.

Les exemples que nous venons de citer montrent que si les condamnations étaient infiniment moins nombreuses, surtout par rapport aux acquittements ou aux déclarations de non-lieu[1], c'étaient toujours devant ce tribunal révolutionnaire, tout *régénéré*[2] qu'il était, les mêmes délits, même de simples propos, qui entraînaient la peine de mort. L'affaire des quatre-vingt-quatorze Nantais ou plutôt celle du comité révolutionnaire de Nantes qui en fut le couronnement (25 vendémiaire-26 frimaire), fit voir au contraire quels crimes y étaient toujours impunis.

La ville de Nantes avait été fort exposée, fort compromise aussi dans les premiers mois de la République : exposée par le soulèvement des Vendéens qui aspiraient à l'occuper, compromise par les suites de la révolution du 31 mai contre laquelle elle avait pris parti avec

---

1. Voyez au Journal, reporté au t. VI, les acquittements et les déclarations de non-lieu dans le cours de cette période.
2. C'est ainsi que l'appelle Réal, défenseur officieux, dans les débats du *Procès Fouquier*, n° 15, p. 3.

Rennes, avec Caen et les principales villes de France. Néanmoins elle avait été épargnée alors par les vainqueurs des Girondins : car ils avaient besoin de son concours le plus actif contre l'insurrection vendéenne; et elle n'avait point failli à la tâche : en résistant à l'attaque des Vendéens (29 juin 1793), elle leur avait fermé la Bretagne, et sa constance avait été de plus en plus nécessaire au milieu des honteux revers qu'attirait à la République le fameux état-major de Saumur. Les anciens amis de la Gironde, qui du reste s'étaient excusés, auraient donc pu être tenus comme suffisamment réhabilités; mais les Jacobins avaient pris le dessus et, renouvelant un ancien comité de surveillance, ils avaient formé un comité révolutionnaire (11 octobre 1793) qui se rendit tristement célèbre dans l'histoire. Là se trouvaient : Goullin, créole de Saint-Domingue, domicilié à Nantes depuis vingt ans, Goullin, « connu avant 1789 par ses talons rouges, ses plumets, sa longue et innocente rapière[1] » : sa constitution frêle l'éloignait des armées; mais il ne s'en montrait que plus ardent, plus *patriote* dans les cafés et dans les clubs; Chaux, marchand de Nantes, son ami intime, et, en tout, on le verra, son complice; Grandmaison, ex-gentilhomme, devenu maître d'armes, gracié pour deux meurtres avant la révolution et à qui la révolution devra en pardonner beaucoup d'autres; Bachelier, homme de loi

---

1. *Phelippes, dit Tronjolly, accusé et détenu, ex-président des tribunaux criminel et révolutionnaire séants à Nantes à la Convention nationale, à la République française et à ses juges*, Paris, 12 fructidor an II, p. 17, cité dans l'ouvrage plein de faits puisés aux sources que M. A. Lallié, ancien député à l'Assemblée de 1871, a consacré à Goullin : *Le sans-culotte J. J. Goullin, membre du comité révolutionnaire de Nantes*, 1793-1794 (Nantes, 1880).

sous l'ancien régime, montagnard par peur et qui n'en sera que plus violent; Perrochaux, entrepreneur de bâtiments; Lévêque, maçon; Nau, boisselier; Bollogniel, horloger; Jolly, fondeur en cuivre, Pinard et Bataillé, ces trois derniers attachés au comité en qualité de commissaires, et plusieurs autres que nous retrouverons avec eux devant le tribunal révolutionnaire de Paris. Auprès d'eux on peut citer encore Lamberty, ouvrier carrossier, dont Carrier fera un adjudant général et Laveau, son aide de camp, un des prisonniers sauvés par Bonchamp à Saint-Florent; Fouquet, magasinier ou tonnelier, adjudant général sans brevet, chassé de la garde nationale en 1791, comme indigne de porter l'uniforme; Robin, jeune homme de vingt ans, autre aide de camp de Lamberty; O Sullivan, adjudant du commandant temporaire de la place, et une bande d'une cinquantaine de sicaires (on ne saurait les appeler autrement) instituée à la demande du comité sous le nom de « compagnie de Brutus », nom qu'elle échangea bientôt contre le nom plus vrai de « compagnie de Marat[1] ».

Avec ces hommes Nantes était toute prête à recevoir Carrier. Carrier eut bientôt connu tout le parti qu'il pouvait tirer et de ces gens et de ces institutions. Il confirma le comité révolutionnaire dans ses fonctions; il confirma la compagnie Marat[2] et la plaça sous les ordres du comité en lui donnant

---

1. 28 du 1ᵉʳ mois an II (19 octobre 1793). Voyez sur ces personnages un premier ouvrage publié par M. Alfred Lallié sous ce titre : *Les Noyades de Nantes*, 2ᵉ édition, Nantes, 1879. M. Lallié ajoute à ce que l'on sait par le *Bulletin* du tribunal révolutionnaire, par les *factums* du temps ou par les pièces conservées aux Archives nationales, des renseignements qu'il a tirés des Archives de Nantes, et ce n'est pas ce qu'il y a de moins précieux.

2. 7 brumaire an II (28 octobre 1793). Archives, W 493, n° 479, 2ᵉ partie, pièce 32.

par homme 10 francs par jour¹, et il se mit à l'œuvre.

La loi des suspects pouvait recevoir une large application avec de pareils moyens. Pour y aider, on imagina une conspiration (22 brumaire, 12 octobre) : royalistes, fédéralistes, patriotes tièdes, et riches surtout, étaient de droit des conspirateurs. On en dressa une liste à l'aide d'un almanach et des registres de la municipalité². Elle comptait cent trente-deux prévenus. Le comité les envoya au tribunal révolutionnaire de Paris (7 frimaire, 27 novembre 1793), et en les faisant partir on comptait même un peu qu'ils n'y arriveraient pas : leur feuille de route les signalait comme des *brigands*, des Vendéens; c'était affaire aux patriotes que les Vendéens avaient battus dans le pays, par toute la route qu'ils avaient à traverser, de prendre sur eux une facile revanche³. Dans tous les cas, s'ils arrivaient, la lettre d'envoi du comité recommandait de les expédier promptement⁴. Mais ses espérances furent déçues et ses recommandations sans effet; et avant qu'on les eût mis en jugement, ceux qui les avaient envoyés et qui devaient déposer contre eux

---

1. Arrêtés des 30 brumaire et 8 frimaire an II (20 et 28 novembre 1793). Lallié, *le Sans-culotte Goullin*, p. 33-35.
2. A. Lallié, *le Sans-culotte Goullin*, p. 39.
3. *Registre des déclarations*, témoignage de Mainguet, n° 124, et les témoignages de Badeau, de Bonamy, de Forget devant le tribunal révolutionnaire, cités par M. A. Lallié, *le Sans-culotte Goullin*, p. 41. « Cette qualification perfide de soldats vendéens, ajoute M. Lallié, les suivit jusqu'à Paris. On lit dans un journal, sous le titre de *Nouvelles de Paris* du 16 nivôse an II, janvier 1794) : « Nous avons vu arriver aujourd'hui cent vingt prisonniers faits « sur l'armée fanatique de la Vendée. Ils sont actuellement dans les prisons de « cette capitale et l'on s'attend à les voir paraître incessamment au tribunal ré- « volutionnaire (*Courrier républicain* du 17 nivôse an II.) — Voyez aussi le *Voyage des cent trente-deux Nantais envoyés à Paris par le comité révolutionnaire de Nantes* dans les *Mémoires sur les prisons*, t. II, p. 328 et suiv., collect. Baudouin.
4. *Bulletin* du tribunal révolutionnaire, 6ᵉ partie, p. 46. Récrimination de l'accusé Onfroy contre le témoin Goullin.

comme témoins, avaient été envoyés eux-mêmes à Paris comme prévenus. Il faut dire comment ils en étaient arrivés là et par quelles circonstances les bourreaux, pour cette fois du moins, allaient prendre la place de leurs victimes.

II

Les deux noyades de prêtres : 26 brumaire an II (16 novembre 1793) et 20 frimaire (10 décembre).

Quand le comité avait expédié ses proscrits à Paris, il n'en était encore qu'à ses débuts, et s'ils fussent restés à Nantes leur perte, sans aucun doute, eût été plus certaine. On y avait trouvé un moyen plus sommaire de se débarrasser des prisonniers. Ce moyen avait été expérimenté le 26 brumaire an II (16 novembre 1793) par Carrier, en une matière où tout semblait licite. Les prêtres de Nantes et des environs, qui avaient refusé de prêter le serment de la constitution civile du clergé, avaient été, au cours de l'année 1792, enfermés dans diverses prisons[1] et se trouvaient en 1793 détenus dans les prisons de Nantes. On les avait réunis en dernier lieu aux Petits-Capucins. On les en tira, au nombre de quatre-vingt-dix, pour les détenir sur un vaisseau appelé *la Gloire*. Le 26 brumaire, les deux principaux agents de Carrier, Fouquet et Lamberty, amenèrent une sapine, sorte de gabare, où des ouvriers, mis en réquisition, pratiquèrent des sabords, et dans la nuit du 26 au 27 ils y enfermèrent les prêtres. Un canonnier, placé en faction sur un ponton pour la garde de la Loire, dut s'incliner devant

---

1. M. A. Lallié a raconté *l'histoire de leur persécution* dans un écrit spécial publié à la suite des *Noyades de Nantes* (2ᵉ édition).

un ordre de Carrier qui autorisait Fouquet et Lamberty à passer partout avec un gabareau chargé de brigands, et peu après des cris horribles lui firent comprendre que le sacrifice s'accomplissait. C'est lui-même qui en a rendu témoignage[1]. Les noyeurs étaient encore novices : la gabare se trouvait si mal fermée qu'il y en eut quatre qui échappèrent; trois, recueillis par des matelots, furent repris, sur l'ordre de Goullin, par Lamberty, et on ne les revit jamais! Le quatrième fut caché par des pêcheurs dans leur barque et survécut à la Terreur[2].

La galiote qui avait servi de prison aux prêtres fut donnée à Lamberty pour prix de ses bons offices, et le lendemain il y donna un banquet où Carrier assista.

A quelques jours de là l'épreuve fut renouvelée : cinquante-huit prêtres étaient envoyés d'Angers pour être déportés selon la loi dont ils avaient accepté les rigueurs plutôt que de faire le serment. Ils se trouvaient donc dès lors sous la sauve-garde de cette loi qui les frappait. Mais la déportation était impossible. Quand ils arrivèrent à l'entrepôt, Richard, de la compagnie Marat, demanda à Carrier s'il fallait les y laisser : « Non, répondit-il, pas tant de mystère, il faut f... tous ces b...-là à l'eau. » C'est encore à Lamberty que Carrier voulait en confier le soin : mais cette sorte d'expédition avait des profits que l'autre lui envia. Il le prévint donc et ce fut à la pointe d'Indret que se fit cette fois la noyade. Neuf mariniers qui y servirent reçurent quatre livres chacun. Affilé, charpentier, qui avait travaillé à faire les sabords, n'avait pas été payé. Il s'en plaignit à Carrier qui lui fit ré-

---

1. Déclaration de Wailly (pièces remises à la commission des Vingt et un), p. 24 et 25. A. Lallié, *les Noyades de Nantes*, p. 13-14.
2. A. Lallié, *ibid.*, p. 15.

gler son mémoire : c'est un témoignage qu'Affilé lui rendit plus tard devant le tribunal. Quant à Richard, il s'était indemnisé lui-même en prenant les montres et les bijoux de ceux qu'il allait jeter à l'eau. Mais Lamberty trouva moyen de se faire encore une large part dans le reste des dépouilles (20 frimaire, 10 décembre 1793)[1].

C'étaient des prêtres : on pouvait, comme l'avait fait Carrier, dire : pas tant de mystère. Et en effet il n'avait pas voulu le laisser ignorer de la Convention. Le jour de la première noyade il lui avait écrit :

> Un événement d'un genre nouveau semble avoir voulu diminuer le nombre des prêtres. Quatre-vingt-dix de ceux que nous désignons sous le nom de réfractaires étaient renfermés dans un bateau sur la Loire. J'apprends à l'instant et la nouvelle en est très-sûre (il avait des raisons pour le savoir!) qu'ils ont tous péri dans la rivière[2].

Et dans la lettre où il annonçait que ses collègues d'Angers venaient de lui envoyer cinquante-huit prêtres, il ajoutait :

> Mais pourquoi faut-il que cet événement ait été accompagné d'un autre, *qui n'est plus d'un genre nouveau ?* Cinquante-huit individus, désignés sous le nom de prêtres réfractaires, sont arrivés d'Angers à Nantes ; aussitôt ils ont été enfermés dans un bateau sur la Loire ; la nuit dernière, ils ont été tous engloutis dans cette rivière. Quel torrent révolutionnaire que la Loire[3] !

Allusion qui ne trompait personne ; et la nouvelle avait été reçue avec applaudissements.

---

1. A. Lallier, *les Noyades de Nantes*, p. 21 et les textes qu'il cite.
2. Lettre du 27 brumaire lue dans la séance du 8 frimaire (*Moniteur* du 10 frimaire = 30 novembre 1793).
3. Lettre du 20 frimaire lue à la séance du 25 (*Moniteur* du 26 frimaire = 10 décembre 1793).

III

La conspiration des prisons à Nantes : la noyade du Bouffay.

Le procédé employé à l'égard de ces prêtres parut bon à être appliqué à tous.

Malgré l'envoi des cent trente-deux à Paris, les prisons de Nantes s'étaient bien vite remplies de suspects. Pour les vider, le comité révolutionnaire de Nantes, inspiré ou secondé de Carrier, peut se vanter d'avoir trouvé dès lors le moyen que le grand comité de salut public de Paris ne renouvela que plus tard : la conspiration des prisons. Six condamnés pour vol, détenus à la prison du Bouffay, avaient comploté une évasion. On en fit une conjuration où l'on prétendit envelopper tous les prisonniers politiques. Les Vendéens arrêtés devant Granville revenaient vers la Loire. On disait Angers menacé. Sous l'influence de cette nouvelle, le comité révolutionnaire se réunit avec les corps administratifs dans la soirée du 14 frimaire (4 décembre). Phelippes dit Tronjolly, président du tribunal révolutionnaire, fut mandé : il venait de condamner à mort les six voleurs qui avaient voulu s'échapper du Bouffay. On voulait suspendre leur exécution pour faire périr avec eux tous les autres comme étant leurs complices. Phelippes s'y opposa et fit exécuter ses condamnés, mais le comité révolutionnaire tenait à son projet, et Carrier, qui était avec lui, ajouta un argument nouveau pour le faire accueillir. Il parla de la nécessité de vider les prisons pour éviter la peste, et un jury, dit jury national, reçut mission d'aller immédiatement au comité pour faire des listes. Le jury se sépara sans rien faire ; mais Goullin avait travaillé de son côté et, dans la nuit du 14 au 15 frimaire (4-5 décembre 1793), il signa l'ordre au général Boivin de prendre ceux dont il lui remettait les noms (il y en avait soixante) et de les mener à l'Éperonnier pour les fusiller : c'était avec la guillotine le moyen appliqué jusque-là aux prisonniers, et de préférence quand ils étaient nombreux.

Le projet manqua cette fois par le refus du général. Sur la liste il y en avait qu'il connaissait comme ayant été enfermés au Bouffay pour délit d'ivrognerie. Il rejeta l'ordre comme illégal ; il allégua d'ailleurs qu'il n'avait pas de troupes, refusa de prendre de la garde nationale qu'on lui offrait et fit si bien que plusieurs membres du département avertis lui donnèrent l'ordre de surseoir.

Mais les prisonniers n'avaient échappé à la fusillade que pour trouver une autre mort. Dans la journée du 15, le projet de les faire périr en masse fut repris, sur la proposition du comité, dans une réunion des corps administratifs provoquée, à ce qu'il semble, par Carrier lui-même. Le président du tribunal révolutionnaire y fut de nouveau mandé, et sur son opposition les corps administratifs, cette fois encore, se retirèrent sans rien résoudre. Le comité ne se rebuta point. Il savait, on l'a vu, se passer de ceux dont il voulait s'autoriser, ayant d'ailleurs Carrier pour auxiliaire ou pour auteur. Goullin signe avec plusieurs autres l'ordre de préparer des gabares[1] ; Carrier donne un laissez-passer qui doit ouvrir

---

1. Les pièces originales en existent aux Archives :
    Au nom de la République française,

la rivière à l'exécution, et dans la nuit du 15 au 16, la compagnie Marat envahit la maison du Bouffay. On y boit, on y mange, et à minuit ils réclament les prisonniers. Mais le président et l'accusateur public du tribunal révolutionnaire sont là et font échouer ce dessein[1].

Ainsi à deux reprises, c'est le tribunal révolutionnaire (chose curieuse!) qui à Nantes arrête et dans la délibération et dans l'exécution ce projet de massacre. Les mesures prises par Carrier et par le comité ne furent pourtant pas sans effet. C'est du 15 au 16, on l'a vu, que les cinquante-huit prêtres d'Angers arrivèrent à Nantes, et c'est le 20 qu'on les noya. Mais le comité n'en avait pas moins juré de perdre les prisonniers du Bouffay prétendus conspirateurs, et le 24 enfin, il eut satisfaction. La liste du 14 fut reprise, définitivement ar-

---

Le comité révolutionnaire autorise le citoyen Affilé jeune, charpentier, demeurant à Chenne, de requérir le nombre de charpentiers qu'il jugera nécessaire à l'exécution de la mission qui lui est confiée.

Ce citoyen est requis d'y apporter la plus grande célérité et de payer généreusement les ouvriers qu'il y emploiera, si toutefois ils apportent dans leurs travaux tout le zèle et toute l'activité qu'ils méritent.

En comité révolutionnaire, Nantes, 16 frimaire, an 2 de la République indivisible.

Signé : Bachelier, président; Richelot, Goullin, Guillot, Prout aîné, Louis Nau.

(Archives, W 499, dossier 479, 3ᵉ partie, pièce 18.)

Le comité révolutionnaire autorise le citoyen Colas de prendre autant de barges ou autres embarcations qu'il jugera convenables pour l'opération dont il est chargé par le comité de Nantes 17 frimaire an 2 de la république française indivisible et impérissable.

Signé : M. Grandmaison (qui a écrit ce billet), Goullin, Prout aîné, Guillet, Louis Nau.

Et sur le revers :

Le citoyen Affilé est requis de faire exécuter l'ordre donné par le comité au citoyen Colas, et enjoint à tous bargers d'obéir à la réquisition dudit Affilé sous peine d'être déclarés mauvais citoyens. Nantes, 17 frimaire an 2.

Signé : Goullin (qui a écrit l'ordre), Louis Nau, Bollogniel. (*Ibid.*, pièce 19.)

1. A. Lallié, *le Sans-culotte Goullin*, p. 55 et suiv.

rêtée; un ordre signé de Goullin et autres enjoignait au concierge du Bouffay de les livrer à la compagnie Marat. Il y en avait cent cinquante-cinq. Mais comme la liste datait de plusieurs jours, plusieurs étaient transférés ailleurs. On prit ceux qu'on trouva et ils ne faisaient qu'une centaine : « Eh bien! dit Goullin, que l'on fasse descendre les quinze prisonniers que j'ai envoyés ici ce soir. » On les lia avec les autres. Il y en eut ainsi cent vingt-neuf. On les emmenait, disait-on, pour les déporter, ou encore pour les transférer à Belle-Isle où ils auraient des travaux à faire. Mais les Marats savaient où il s'agissait de les conduire, et plusieurs ne se donnaient guère la peine de dissimuler. Un prisonnier demandant un verre d'eau : « Ce n'est pas la peine, dit l'un de ces hommes au concierge, il n'en a pas besoin, dans un instant il va boire à la grande tasse » ; et Goullin pressait le départ, disant : « Dépêchons-nous, chers amis, la marée baisse[1]. »

L'affaire ayant manqué plusieurs fois, il s'ensuivit que charpentiers et mariniers n'étaient plus à leur poste. On ne trouvait plus les bateaux. On dut ramener les prisonniers en arrière, et ce fut sous leurs yeux que l'on prépara la gabare. On dut les délier pour les descendre à fond de cale, et l'échelle se trouvant trop courte, on les prenait par la tête et on les jetait en bas. C'était toujours à Belle-Isle qu'on avait l'air de les conduire : mais quand ils virent que l'on clouait au-dessus de leurs têtes des cercles sur les panneaux, il leur était difficile de garder un doute sur le véritable objet de l'expédition. Goullin présidait à tout. Affilé était à son

---

[1]. Déclaration de Bernard Laquèze, concierge (Archives mun.), citée par M. A. Lallié, *les Noyades de Nantes*, p. 31, 32.

poste sur la gabare; Grandmaison, Boulay, René Nau et d'autres membres de la compagnie Marat y étaient montés aussi pour contenir les prisonniers s'ils tentaient la révolte. Ils purent au moins se servir de leurs sabres pour couper les mains qui, désespérées, s'ouvraient un passage à travers les flancs du vaisseau entr'ouvert. Un des prisonniers, Leroy, qui échappa, fit des déclarations qui plus tard entraînèrent des aveux[1]. La liste des cent vingt-neuf a été perdue. Mais l'ordre de livrer les cent cinquante-cinq était resté aux mains du concierge, et il put l'opposer aux membres du comité qui croyaient avoir effacé la trace de leur complicité dans ce grand attentat.

La scène qu'on vient de voir en résumé est horrible, et ce n'est qu'un commencement. Les grandes noyades n'eurent lieu que le mois suivant.

IV

Les grandes noyades : mariages républicains, enfants noyés.

On avait noyé les prêtres à deux reprises. On avait noyé les prétendus conspirateurs du Bouffay : quelques marchands ou citoyens suspects, de simples voleurs, des ivrognes. Mais la grande masse des prisonniers de Nantes, c'étaient des Vendéens, hommes, femmes, enfants, ramassés par force ou par soumission volontaire, et ils affluèrent surtout dans les prisons après la bataille du Mans (22 frimaire, 12 décembre), et surtout après la

---

1. *Mercure français*, 10 brumaire an III, cité par M. A. Lallié, *les Noyades de Nantes*, p. 35.

déroute de Savenay (5 nivôse = 25 décembre 1793). Cet entassement de prisonniers était pour Nantes un double péril. On avait à les nourrir et le pain manquait ; ils se mouraient de maladies : et ce n'est pas là ce qui eût ému le comité ; mais leurs malades menaçaient de contagion la ville entière. Fallait-il s'exposer à la famine et à la peste pour des gens que la loi vouait à l'extermination? A cet égard, la conscience de Carrier et du comité se trouvait fort à l'aise et les exécutions en masse furent décidées.

Combien y eut-il de noyades et combien d'hommes y périrent? On ne l'a jamais bien su et on ne le saura jamais bien. Quelques-uns comptent jusqu'à vingt-trois noyades et jusqu'à neuf mille noyés, car c'est par centaines de victimes qu'elles se faisaient ; nous retrouverons à cet égard les témoignages divers dans les débats des procès, et des lettres écrites dans le temps même et sur les lieux en parlent comme de chose habituelle :

Le nombre des brigands qu'on a amenés ici depuis dix jours est *incalculable*. Il en arrive à tout moment. La guillotine étant trop lente, et attendu qu'on dépense de la poudre et des balles en les fusillant, *on a pris le parti d'en mettre un certain nombre dans de grands bateaux*, de les conduire au milieu de la rivière, à demi-lieue de la ville, et *là on coule le bateau à fond*. CETTE OPÉRATION SE FAIT CONTINUELLEMENT [1].

Ce qui paraît bien établi, c'est qu'il y eut, indépen-

---

[1]. *Journal de la Montagne* du 18 nivôse an II et *Moniteur* du même jour, A. Lallié, *les Noyades de Nantes*, p. 53. M. A. Lallié, dans cet ouvrage (p. 82-90) évalue le nombre des noyades à onze au minimum, et celui des noyés à 4860 : pour les noyades le calcul se fonde sur des faits certains ; pour les noyés, il est plus hypothétique. L'auteur retranche des 13283 emprisonnés à Nantes, le nombre des condamnés exécutés (1971), acquittés ou élargis (452), morts de maladie (3000), prisonniers vivants (3000). Il y a plus d'une cause d'incertitude dans ces chiffres.

damment des deux noyades de prêtres et de la noyade du Bouffay, une grande noyade le 3 nivôse (23 décembre) de 500 prisonniers, peut-être celle dite des dix-huit cents dont un autre a parlé, noyade en deux bateaux à laquelle Affilé travailla et dont il a fait le récit au tribunal révolutionnaire; une autre de trois cents le 4 nivôse (24 décembre 1793), et le lendemain (25 décembre) une de deux cents encore[1]. De plus, on imagina un procédé nouveau qui se pratiquait avec moins d'appareil. On transférait les détenus des prisons de la ville sur des galiotes : c'étaient des prisons flottantes, en quelque sorte supplémentaires. De la galiote à la gabare, quand on voulait faire une noyade, il n'y avait pas loin, et la chose se faisait sans bruit. On a pu relever authentiquement trois noyades de cette espèce, les 9, 16 et 20 nivôse (29 décembre 1793, 5 et 9 janvier 1794). Enfin de la galiote, il arriva que l'on jeta tout simplement les malheureux, bien garrottés, à l'eau. C'est en cette forme qu'ont dû se pratiquer ce qu'on appelle les mariages républicains, hommes et femmes liés nus deux à deux et jetés à la rivière : nous examinerons au procès les témoignages sur ce raffinement d'atrocité et de luxure. Réduites à ces termes et affranchies de l'emploi du bateau à sabord mobile, les noyades ne se comptent plus et on pourrait atteindre, dépasser même le chiffre de vingt-trois[2].

Y eut-il des noyades d'enfants? Avec les mariages républicains, c'est une chose qui est restée légendaire dans les souvenirs de cette odieuse époque. Il y eut des

1. A. Lallié, p. 50-55.
2. Voyez le tableau résumé que présente des diverses noyades bien établies M. A. Lallié, *les Noyades de Nantes*, p. 83, 84; cf. Berriat-Saint-Prix, *la Justice révolut.*, p. 61.

enfants noyés[1] : le fait résulte d'un grand nombre de témoignages même de noyeurs, comme Jolly, par exemple. On parle de femmes conduites à l'eau portant leurs enfants dans les bras. On en cite une qui jeta son enfant à une femme de la foule pour lui sauver au moins la vie. Mais des noyades spéciales d'enfants, nul témoignage contemporain ne les a établies. Il y avait un grand nombre d'enfants venus de Vendée et entassés avec les autres dans les prisons. Il y en eut après la déroute de Savenay, 3 nivôse, jusqu'à trois cents à l'Entrepôt ; ils mouraient par centaines : les corps trouvés flottants sur la rivière peuvent être pour la plupart, comme on l'a justement supposé à mon avis[2], des cadavres qu'on y avait jetés.

Les noyades avaient commencé en brumaire avec les 90 prêtres de Nantes ; elles s'étaient continuées en frimaire avec les prêtres d'Angers et les prisonniers du Bouffay ; elles se firent en grand surtout en nivôse et au commencement de pluviôse. La première résistance à ces immolations est du 9 pluviôse[3]. Vaugeois, accusateur public de la commission militaire, Vaugeois, dont les états de service à Nantes peuvent être cités encore après ceux de Fouquier-Tinville à Paris, s'opposa à un enlèvement de détenus que Lamberty, muni des ordres de Carrier, voulait faire encore à l'Entrepôt : on devinait pourquoi. Lamberty s'en plaignit à Carrier qui fit venir Gonchon, président de cette commission et l'accabla de si terribles menaces que le pauvre homme en

---

1. Voyez A. Lallié, *les Noyades de Nantes*, p. 71 et suiv. Nous retrouverons ces témoignages au procès.
2. M. Berriat-Saint-Prix, *la Justice révolut.*, p. 79.
3. M. A. Lallié établit cette date d'une façon très plausible, *les Noyades de Nantes*, p 69.

prit la fièvre et mourut peu de jours après. Et celui qui a raconté cette scène ajoute : « Les noyades n'en continuèrent pas moins[1]. »

V

Rappel de Carrier. Condamnation de Fouquet et de Lamberty. Renvoi au tribunal révolutionnaire de Phelippes-Tronjolly et des membres du comité.

Le rappel de Carrier devait plus sûrement que cette opposition mettre fin à ces forfaits abominables ; mais ce ne furent pas les noyades qui le firent rappeler par la Convention. Ses extravagances, son luxe insensé, ses violences envers tout le monde dont nous retrouverons les témoignages dans son procès, avaient choqué un ami de Robespierre, Marc-Antoine Jullien, fils du député de la Drôme, jeune homme de 19 ans, envoyé comme en inspection auprès des représentants en mission dans l'Ouest : fort de l'appui qu'il se sentait avoir, le jeune homme osa braver les menaces de Carrier jusque dans Nantes et décida son rappel. Ce ne furent pas non plus les noyades qui firent arrêter et condamner ses deux agents, Fouquet et Lamberty, après son départ. Ils furent arrêtés parce qu'ils avaient osé menacer le comité, et dans leur jugement on n'eut garde d'évoquer des actes où le comité n'était pas moins compromis que Carrier lui-même. A l'exemple de leur patron, ils prenaient volontiers dans les prisons les femmes qui servaient à leurs débauches[2] : on les condamna comme ayant soustrait des femmes contre-révolutionnaires à la vengeance natio-

1. *Pièces remises à la commission des Vingt et un*, p. 80, et A. Lallié, *les Noyades de Nantes*, p. 68.
2. A. Lallié, *le Sans-culotte Goullin*, p. 95.

nale. Si leur arrestation du reste avait suivi de près le rappel de Carrier, leur condamnation se fit attendre. Ce ne fut qu'après le supplice du père Duchesne et de Ronsin, quand il fut prouvé qu'il était permis de s'attaquer à cette sorte de patriotes que leur procès fut engagé et se termina brusquement par une condamnation à mort. Carrier ne put qu'en témoigner son ressentiment par des fureurs dont Vaugeois et Goullin, venus à Paris pour diverses affaires, ont rendu témoignage[1].

Lorsque Goullin revint à Nantes, il avait trouvé la situation singulièrement changée. Si le comité s'était vengé de Fouquet et de Lamberty, il trouvait un ennemi non moins acharné à perdre ses principaux membres dans Phelippes-Tronjolly, ancien président du tribunal révolutionnaire, que Carrier, sur leurs instances, avait destitué de ses fonctions. Phelippes-Tronjolly, par des réclamations incessantes, pressait le comité de rendre ses comptes. Le comité usait de représailles en évoquant le souvenir du passé fédéraliste de Phelippes-Tronjolly[2]. Le débat devait se résoudre ailleurs. A Prieur de la Marne, du comité de salut public, avaient succédé Bô et Bourbotte, qui avaient vraiment clos, à Nantes au moins, l'ère de la Terreur, telle que Carrier l'avait inaugurée. Ils prirent une mesure qui semblait inspirée de la fable :

> Car toi, loup, tu te plains, quoiqu'on ne t'ait rien pris,
> Et toi, renard, as pris ce que l'on te demande.

Le 24 prairial ils firent deux arrêtés dont l'un ordon-

---

1. A. Lallié, *le Sans-culotte Goullin*, p. 104 et suivantes. L'auteur suppose que, malgré ces fureurs de parade, Carrier ne fut pas fâché de la mort de Lamberty comme d'un homme sur qui il pourrait désormais tout rejeter et qui ne réclamerait plus (*ibid.*, p 107).
2. *Id., ibid.*, p. 109 et suivantes.

nait l'arrestation de Goullin et de plusieurs membres du comité, et l'autre renvoyait Phelippes-Tronjolly devant le tribunal révolutionnaire[1]. La mesure qui frappait ce dernier était plus grave que celle qui atteignait les autres. Ce n'était pas impunément qu'on pouvait comparaître alors devant le redoutable tribunal. Mais l'arrestation des premiers dissipa les craintes qu'ils inspiraient toujours, et alors les dépositions contre eux affluèrent à la municipalité. Les registres ouverts à cet effet en sont remplis ; et c'est un des plus précieux monuments qui soient restés de cette époque : une main habile y a largement puisé les traits dont plusieurs sont ici reproduits[2]. La conséquence fut que les membres du comité furent envoyés à leur tour au tribunal révolutionnaire (6 thermidor)[3].

Quand ils arrivèrent à Versailles, on y parlait de la chute de Robespierre. Ils avaient dans leur compagnie un capitaine de navire, nommé Abram, qui était, lui, envoyé au tribunal pour tout autre chose. On l'accusait d'avoir arboré la cocarde blanche et tenu des propos qu'on ne pardonnait guère, Robespierre étant au pouvoir. C'est par lui que l'on sait la vive impression que leur fit cette nouvelle. Goullin, se prenant la tête à deux mains, et la laissant retomber sur ses genoux, s'écria : « Ah ! ciel ! est-ce possible, Grandmaison ? Si cela est, nous sommes perdus. » Chaux s'arrachait les cheveux, pleurant, poussant des cris. Et comme Abram, qui n'avait pas lieu de partager ces sentiments, leur en demandait les motifs : « Robespierre, dit Chaux, est

1. A. Lallié, *le Sans-culotte Goullin*, p. 127 et 128.
2. *Id., ibid.*, p. 129 et suiv.
3. *Id., ibid.*, p. 136.

notre défenseur; s'il est perdu, nous sommes f... »

Ils arrivaient juste à point pour déposer dans le procès où Phelippes-Tronjolly, leur ennemi, venait d'être réuni à ce qui restait des cent trente-deux Nantais, leurs victimes. Mais ce procès était la préface du leur et il forme, en même temps, les préliminaires de celui de Carrier.

CHAPITRE LV

LES QUATRE-VINGT-QUATORZE NANTAIS ET LE COMITÉ RÉVOLUTIONNAIRE DE NANTES AU TRIBUNAL RÉVOLUTIONNAIRE DE PARIS

I

Le procès des quatre-vingt-quatorze Nantais (22 fructidor an II, 8 septembre 1794).

Les cent trente-deux, envoyés de Nantes au tribunal révolutionnaire de Paris, le 7 frimaire an II, étaient arrivés dans cette ville, trompant l'homicide espoir qu'avait conçu le comité de Nantes : non pas tous cependant. Malgré quelques adjonctions postérieures, ils n'étaient plus que quatre-vingt-dix-sept quand ils arrivèrent à Paris; le voyage avait duré quarante jours, et le récit que nous avons nous en fait un si affreux tableau, qu'on doit admirer qu'il n'en soit pas resté davantage, morts ou mourants, sur la route. A Paris où, dès leur arrivée (16 nivôse), ils furent distribués entre plusieurs maisons de santé, vu l'encombrement des prisons, il en mourut trois encore[1]. Ils étaient quatre-vingt-quatorze quand, le 6 thermidor, ils furent réunis au Plessis, pour

---

1. La maison de santé du docteur Belhomme, rue de Charonne; celle de Picquenot à Bercy; l'hospice de la Folie-Regnault, rue des Amandiers-Popincourt. Voyez Archives, W 449, n° 105, pièces 3-26, plusieurs indications de décès soit en route soit en prison; pièces 27-52, pièces concernant leur translation dans diverses prisons; pièce 59, lettre signée par vingt-trois d'entre eux, le 18 prairial, adressée de Bercy aux comités de sûreté générale et de salut public, et demandant justice.

être traduits au tribunal[1]. Leur nombre, qui ne permit pas de les comprendre dans les fournées parallèles à celles des conspirations des prisons, leur sauva la vie en leur faisant gagner le 9 thermidor.

Fouquier-Tinville (on doit l'en louer) y avait été pour quelque chose, en différant plus de six mois à les mettre en jugement. Recula-t-il alors devant un procès dont les proportions étaient sans précédent jusque-là, et les oublia-t-il par la suite? Il dit qu'il avait trouvé les pièces insuffisantes, et qu'il ajourna, espérant pour les accusés des circonstances plus favorables. Quoi qu'il en soit de cet espoir, le fait est acquis, et l'on peut admettre aussi, sur la foi d'un témoin[2], qu'il répugnait, comme accusateur public, à réclamer l'immolation d'une semblable hécatombe.

Le procès des quatre-vingt-quatorze commença le 22 fructidor (8 septembre 1794[3]).

---

1. Archives, W 449, n° 105, pièce 43.
2. Duchâteau, secrétaire du parquet, *Procès Fouquier*, n° 22, p. 2.
3. Voici leurs noms et qualités tels qu'ils sont donnés dans le *Bulletin du tribunal révolutionnaire* :

François-Louis PHILIPPE (Phelippes) dit *Tronjolly*, ex-avocat du tyran, ex-président du tribunal criminel révolutionnaire de Nantes.
  P.-J.-M. SOTIN aîné dit *Lacoindière*, administrateur du département de Nantes.
J -M. SOTIN le cadet, ci-devant marin.
Arthur-Charles POTHON, ex-administrateur de la Loire-Inférieure.
Jean-François BÉRANGER dit *Mercier*, ex-notaire.
Antoine PÉCOT, rentier et administrateur de département.
Sébastien-Augustin PINAU dit *Pavillon*, ex-avocat, accusateur public.
Florentin BILLARD, boutonnier-drapier.
J.-Marie DOUVO, procureur de la commune de Nantes, ex-avocat.
Pierre FOURNIER, ingénieur de Nantes.
Guillaume-Mathieu VILLENAVE, instituteur à Paris et ex-adjoint de l'accusateur public à Nantes.
  Jean PLANCHY, négociant à Nantes.
Jacques MARTIN, commissaire du conseil exécutif à Nantes.
Philippe-Robert VALLOT, ci-devant courtier.
Joseph BRIÈRE, commis de négociant à Nantes.
François-Marie PÉRICHON-KERVERSAU, ex-constituant à Paris, capitaine au 15ᵉ régiment des chasseurs à cheval, à Nantes.

L'acte d'accusation réunissait contre eux toutes les charges vagues ou futiles qui, depuis si longtemps, fai-

René-Alexandre Bourotte, ex-religieux et curé à Nantes.
Pierre Laporte, fripier à Nantes.
Jean-Baptiste Lemasne, négociant à Nantes.
François Cher, ex-secrétaire de l'église cathédrale de Nantes.
Guillaume Cassart, sellier à Nantes.
François-Amable Pouchet, chapelier à Nantes.
Philippe Biré, ci-devant agriculteur près de Nantes.
Alexandre Fleuriot, ex-noble, ex-militaire.
Salmont Monty, ex-noble, agriculteur à Nantes.
Toussaint Charbonneau, ex-noble.
Bernardin-Marie Pantin dit *Laguerre*, ex-noble, capitaine commandant à Ancenis.
René Estourbillon, ex-noble, militaire à Nantes.
René Martel, ex-noble.
Jacques Gazet, ex-noble, militaire.
Joseph Bruno dit *Lafouchais*, ex-procureur au présidial de Nantes.
François-René-Marie Varsavaux, notaire à Nantes.
Pierre-Julien Montblanc, négociant à Nantes.
François-André Poirier, négociant et tourneur à Nantes.
Jean-Henri Soquet, procureur de la commune de Nantes.
Nicolas Latoison, rentier.
François-Marie-Joseph Raymond, ex-greffier du présidial.
François-Marie Forget, ex-maître des comptes.
Jean-Marie Pichelin, chez son père.
Julien Pichelin fils, ex-juge de la monnaie.
Charles-Augustin Fauvel, marin à la Priaudière.
Pierre-Colas Malmuze, négociant.
Joseph-Michel Pelleriv, ex-constituant.
Timothée Arnoult, chez son père.
Pierre-Alexandre-Martial Latour, rentier.
André Delaunay, ex-avoué.
René-Charles Dreux père, conseiller au ci-devant présidial.
J.-B. Thébaut, négociant.
Jean-Pierre Défrondat, négociant.
Julien Leroux, ex-négociant.
Aignan Grignon, négociant.
Jean Castelan, bijoutier.
Dominique Dubrat, bijoutier.
J.-B. Duchesne, maître de langues.
Benoît Sue, chirurgien.
Thomas Desbouchaud, marin.
René-Julien Ballan, ex-trésorier.
Pierre-Augustin Pérotin, chez son père.
Jacques Issotier, commis aux vivres de la marine.
Pierre Mercier, négociant.
Charles-François Thomas, négociant.

saient envoyer les accusés à la mort : conspiration contre la République, la liberté et la sûreté du peuple français; adhésion ou assistance au fédéralisme; sentiments royalistes, intelligences avec les émigrés, les prêtres réfractaires et les brigands de la Vendée; manœuvres ayant pour but de discréditer les assignats, de causer la famine, etc.[1] Ce procès a vraiment une physionomie singulière. Les principaux témoins qui devaient être entendus sur les charges contenues dans l'acte d'ac-

Jean-Baptiste-François Rétau, ex-officier de marine.
Aubin-Léonard Taillebois, marchand d'ardoises.
René-Alexandre Garnier, avoué.
René-Claude Povderas, marchand de draps
Sébastien-Louis-Luc Tiger, ex-avocat.
Pierre-Dominique Chardot, ex-avocat au parlement de Rennes.
Théodore Geslin, marchand de toiles.
Charles-Joseph Dreux, cultivateur.
François Pussin, négociant.
François Briand, notaire.
Henri James, médecin.
M.-P.-Charles Bascher, ex-lieutenant particulier de l'amirauté.
Pierre-Louis Jailliant, négociant.
Pierre Charlemont, négociant.
Charles Baudin, médecin.
Paul Speckman, chirurgien marin.
Jean-Baptiste Bernard Onfroy dit *Bréville*, marchand.
Bonaventure Marguerin, ex-juge de la monnaie et négociant.
Jean-François Duparc, ex-directeur des vivres.
Jean Alloneau, ex-huissier.
Nicolas Huguet jeune.
Pierre-François Lainé-Fleury, négociant.
Antoine-Anne Espivent, ex-noble.
François Hervet, ex-avocat.
Augustin Hernault, horloger.
Louis Chaurand, négociant.
Pierre-Marie de Vey, ex-noble et militaire.
Pulchérie Lecomte, commis aux douanes.
François-Louis Durocher, ex-auditeur des comptes.
Charles-Antoine Crespin, ex-chanoine de la cathédrale de Montpellier et sergent-major du 11e bataillon révolutionnaire du département de Seine-et-Oise.
Jean Clerc-Mabille, rentier.
Pierre-Jean Marie, ex-avocat.
Joseph-Marie-Hyacinthe Chauvet, négociant. (*Bulletin*, 6e partie, n° 16, p. 61-63.)

1. *Ibid.*, p. 63.

cusation, étaient alors des prévenus eux-mêmes; c'étaient les membres du comité révolutionnaire de Nantes, Goullin, Chaux, Grandmaison, Bachelier, etc., renvoyés, comme on l'a vu, à Paris, pour y répondre de leurs excès. Amenés de leur prison devant le tribunal révolutionnaire pour y déposer comme témoins, il semblait qu'ils eussent surtout à répondre pour eux-mêmes. Une si grande masse d'accusés, envoyés par eux au tribunal — et c'était dans leur intention à la mort — était contre eux un témoignage écrasant; et les accusés, par leurs répliques, par leurs interpellations directes, avaient, à leur égard, presque le rôle d'accusateurs.

Parmi ces accusés, quelques-uns étaient suspects de royalisme, mais la plupart étaient traduits comme fédéralistes: c'étaient des républicains dont le crime avait été d'avoir cru la Convention violée, décimée, asservie par la révolution du 31 mai, et pris des mesures pour l'affranchir du joug. La Convention avait-elle été violée, décimée, asservie dans les journées des 31 mai et 2 juin? La chose n'était plus mise en question depuis le triomphe des adversaires de la Gironde. Qui l'avait cru, confessait son erreur; les accusés de Nantes en avaient fait depuis longtemps l'aveu, et ils avaient d'ailleurs, pour couvrir ce qu'ils appelaient leur égarement d'un jour, les grands services qu'ils avaient rendus à la République en arrêtant les Vendéens vainqueurs.

Le premier, celui contre lequel déposa tout d'abord le témoin Goullin, c'était Phelippes dit Tronjolly, ancien président des tribunaux criminel et révolutionnaire de Nantes[1], un accusé de modérantisme qui avait donné des gages même à la Terreur.

1. Voyez le mémoire qu'il publia de la prison du Plessis sous ce titre :

Goullin le signalait comme ayant provoqué la réunion des sections où fut pris, le 5 juillet, un arrêté portant « que la Convention n'était pas libre dans les journées des 31 mai, 1ᵉʳ et 2 juin ; qu'il serait envoyé une force départementale à Paris pour protéger la Convention nationale ; que les suppléants se rendraient à Bourges, etc. » ; et l'accusateur public fit donner lecture des pièces à l'appui.

Phelippes ne nia pas le fait :

Oui, dit-il, j'ai eu le malheur de figurer dans les assemblées de section dont on parle ; mais qu'est-il arrivé dans les délibérations ? Ce qui devoit arriver dans une commune où l'on cherchoit la vérité !

Les discussions politiques avoient trouvé peu de place dans le grand intérêt qui occupoit principalement tous les patriotes, celui de repousser les brigands, ou de s'ensevelir sous les ruines de Nantes.

On discutoit peu, on se battoit tous les jours ; journellement, le tribunal et la commission militaire jugeoient sans relâche les traîtres et les conspirateurs. On servoit, on sauvoit la République, lorsque les fédéralistes faisoient effort en tous

---

Phelippes dit Tronjolly, accusé et détenu, ex-président des tribunaux criminel et révolutionnaire séan!s à Nantes, à la Convention nationale, à la République française et à ses juges.
Avec cette épigraphe :
   Est-ce donc sur des morts qu'ils ont voulu régner ?
                                              . (Racine, *Thébaïde.*)
Daté et signé :
   Paris, maison de l'Égalité, le 23 thermidor l'an II.
.... Je suis dénoncé pour avoir fait mon devoir ; opprimé pour avoir poursuivi les oppresseurs. Je fus traduit au tribunal révolutionnaire à Paris au moment où ce tribunal étoit un tribunal de sang.... Et pourquoi ? Parce que je n'ai fait répandre que le sang des coupables, que celui des conspirateurs, etc.
   Voyez de plus un autre écrit de Phelippes-Tronjolly, publié à une date plus rapprochée encore de son procès : *Dénonciation des crimes et attentats commis à Nantes et dans tout le département de la Loire-Inférieure pendant la mission de Carrier,* par Phelippes dit Tronjolly, accusé et détenu, etc., et à la fin : Paris, maison l'Égalité, ci-devant Duplessis, ce 11 fructidor.

sens pour la détruire; on n'étoit donc pas fédéraliste à Nantes, on y étoit républicain et, on peut le dire, dans cette commune, l'erreur étoit bien près de la vertu; elle étoit la vertu même, si la vertu a ses erreurs[1].

A l'appui de cette allégation, Phelippes racontait la vigoureuse défense de Nantes dans la journée du 29 juin, et les actes par lesquels la municipalité et le département avaient rétracté « les mesures prises dans des moments d'erreurs » à l'égard de la Convention :

Maintenant, je le demande, continuait-il, des administrateurs du département, qui, en septembre 1792, félicitoient la Convention d'avoir décrété la République; des fonctionnaires publics qui, en décembre 1792, demandoient à la Convention le jugement du tyran, et en février 1793, la félicitoient sur la mort de ce despote; enfin ceux qui, en mars, faisoient décerner des honneurs funèbres à la mémoire de Michel Lepelletier, des amis aussi chauds de la liberté, des antagonistes aussi prononcés de la tyrannie peuvent-ils être considérés comme des fédéralistes?

Et reprenant l'offensive contre ses accusateurs, qui étaient à la veille eux-mêmes d'être accusés :

Il est de toute évidence que le comité révolutionnaire de Nantes, maintenant traduit au tribunal révolutionnaire et près d'expier ses crimes, a été l'origine et le moteur de toutes les vexations que les meilleurs républicains ont éprouvées; que l'acharnement de ce comité, de ses complices ou adhérents, est la preuve surabondante de l'innocence des patriotes qu'ils ont persécutés. Ce comité, à présent incarcéré et livré au bras vengeur de la justice, comme ultra-révolutionnaire et concussionnaire, s'est couvert de tous les crimes, et notamment le témoin Goullin. Je l'en accuse en face, je contracte l'engagement d'établir sans réplique tous ses délits, de déve-

1. *Bulletin*, p. 70.

lopper sa turpitude, toute cette chaîne de forfaits et d'atrocités qui lui ont valu l'exécration générale, et qui provoquent contre lui la vengeance des lois[1].

Cette défense fut, en substance, celle de tous les autres sur la question de fédéralisme; chacun opposait à l'accusation ses états de services révolutionnaires: car le plus grand nombre en avaient: adhésion au 10 août, adresse pour demander la tête du tyran, honneurs à Lepelletier, guerre aux instituteurs et institutrices fanatiques pour leur arracher les enfants et les remettre en des mains capables d'en faire des patriotes, etc.[2].

Ce n'étaient pas seulement les accusés, c'était le tribunal qui se tournait contre les témoins accusateurs:

D. Témoin, disait le président à Goullin, comment avez-vous pu, sans preuve matérielle, sans dénonciation, priver tant d'individus de leur liberté, leur faire éprouver tant de maux; enfin, ce qui paroît le comble des vexations, comment avez-vous pu traduire, sans aucuns renseignements, sans le

---

1. *Bulletin*, p. 72.
1. Voici la réponse de l'accusé Fournier qui avait conduit jusqu'à Versailles une force de cent hommes pour délivrer la Convention après le 31 mai :

« Il est vrai que j'ai amené à Versailles une force armée de cent hommes, dans la persuasion où j'étois alors que la représentation nationale étoit comprimée dans ses travaux, et qu'elle avoit besoin d'une force supérieure pour recouvrer sa liberté, et délibérer sans entrave ni contrainte; mais à peine suis-je arrivé auprès du soleil de l'opinion, que je me trouve éclairé par ses rayons. J'acquiers la conviction de mon erreur : je reconnois toute la liberté de la Convention, toute la suffisance de ses forces pour émettre librement son vœu et s'occuper de la prospérité publique. Mes camarades d'armes eux-mêmes ne tardent pas à partager mon opinion ; et par suite de leur dévouement pour la patrie, de cet élan sublime pour la liberté, qui n'envisage que le salut de son pays, et ne calcule pas les dangers, mes cent frères d'armes volent au poste le plus périlleux ; ils marchent contre les rebelles de la Vendée : mais auparavant ils fraternisent avec les sections de Paris et notamment celle de la Cité; ils y renouvellent le serment de défendre la République une et indivisible : mais auparavant, et dans leur route, ils fournissent une nouvelle preuve de leur attachement à la représentation nationale en arrachant à Orléans Léonard Bourdon des mains des factieux qui vouloient l'assassiner. Si à ces traits on peut reconnoître un fédéraliste, je me fais gloire de l'être (*Bulletin*, p. 87-88).

moindre indice, tant de citoyens au tribunal révolutionnaire?

R. L'intention du comité n'étoit pas de traduire les accusés en jugement, mais seulement de les ranger dans la classe des gens suspects, de les retenir en arrestation et de les mettre ainsi dans l'impuissance de nuire.

D. Et les noyades avoient-elles pour objet les mêmes mesures de sûreté. Est-ce ainsi que la République se délivroit de ses gens suspects?

R. Je réponds que le comité révolutionnaire n'a pris aucune part à ces noyades, qu'il n'a fait qu'exécuter les ordres du citoyen Carrier, commissaire[1].

Le nom de Carrier ne pouvait pas manquer de venir dans ces débats, et il était difficile qu'il ne fût pas lui-même appelé en témoignage. Plus son rôle avait été grand, plus il devait tâcher de s'effacer alors, accusant peu pour prévenir les récriminations. Aussi son langage est-il d'une modération qui serait surprenante, si elle n'eût été calculée :

J'ai pris, dit-il, peu de part à la police de Nantes; je n'y ai été présent que passagèrement; tantôt à Rennes, ensuite à l'armée de l'Ouest; j'étois principalement chargé de surveiller et pourvoir à l'approvisionnement de nos troupes, et j'ai alimenté pendant six mois deux cent mille hommes pour la marine, sans qu'il en coûtât rien à la République; j'ai donc peu de renseignemens à donner dans cette affaire; je ne connois que peu ou point les accusés; je m'expliquerai cependant sur le compte de quelques-uns, soit d'après moi-même, soit d'après des ouï-dire, des rapports à moi faits.

A son arrivée, il avait voulu renouveler les autorités constituées, réorganiser le comité révolutionnaire; mais la commission populaire s'y était opposée, déclarant

---

1. *Bulletin*, *ibid*, p. 88; cf. *Moniteur*, 5 vendémiaire an III, 26 septembre 1794 réimpression, t. XXII, p. 45 et 46.

« qu'on ne saurait trouver de meilleurs patriotes ». Il les avait donc maintenus. Il se fit depuis lors beaucoup d'arrestations, mais il y était resté absolument étranger ; et quant à ceux qu'il fut question d'envoyer au tribunal révolutionnaire, il avait fortement insisté pour qu'on discernât les innocents des coupables.

Le comité, ajouta-t-il, étoit mon flambeau, ma boussole ; je ne connoissois les patriotes et les contre-révolutionnaires de Nantes que d'après ses rapports ; il m'assura donc de la coupabilité de tous les accusés présens, me demanda un ordre de les envoyer à Paris ; l'ordre fut expédié, et, contre le vœu du comité, les femmes furent autorisées à accompagner leurs maris dans la route, pour leur fournir tous les secours et l'argent dont ils pourroient avoir besoin dans leur état de détention...

Quant à la longue détention des accusés, je leur déclare que moi seul l'ai prolongée sous différens prétextes, et ce, dans la persuasion où j'étois qu'il viendroit un temps où ils seroient jugés plus équitablement [1].

Cette longanimité ne désarma pas l'accusé Phelippes.

Il faut, dit-il, que je sois bien changé puisque le représentant Carrier ne me reconnoît plus ; je le prie de déclarer ce qu'il sait sur mon compte.

CARRIER. Je ne te croyois pas ici, je vais dire ce que je sais à ton égard.

Phelippes m'a été proposé pour président du tribunal révolutionnaire de Nantes ; je l'ai d'abord refusé à cause de ses opinions fédéralistes ; mais ensuite, considérant les talents de l'accusé et la pénurie des sujets, je me suis déterminé à le nommer à la présidence.

PHELIPPES. Pourquoi le citoyen Carrier m'a-t-il destitué ?

---

1. *Bulletin*, p. 93 ; cf. *Moniteur*, t. XXII, p. 46. Sa déposition est du second jour du procès, 24 fructidor an II, (Archives, W 440, n° 105, pièce 84 procès-verbal d'audience).

Le représentant. On m'avoit dit que tu étois attaqué d'une maladie grave, qui donnoit peu d'espérance pour tes jours, et qui, dans tous les cas, ne te permettoit pas de longtemps de reprendre tes fonctions ; c'est ce qui m'avoit engagé à te nommer un successeur.

Phelippes. J'étois seulement convalescent. Maintenant j'invite le tribunal à demander au témoin s'il étoit ou non présent aux séances des 13, 14 et 15 frimaire, provoquées par les corps administratifs, pour délibérer si l'on feroit périr en masse tous les accusés [1].

Et continuant de diriger le débat :

Le témoin sait-il si le comité révolutionnaire a signé un ordre de faire fusiller les accusés ?

Le témoin. Je n'ai pas connaissance de cet ordre.

L'accusé. Le témoin sait-il si Naud est venu dire aux accusés : « C'est ici la guerre des gueux contre les riches, c'est le moment de faire des sacrifices : vous avez devant vous un exemple qui doit vous faire trembler ; vous connoissez le sort des quatre-vingt-dix prêtres embarqués sur des chaloupes coulées à fond ; redoutez le même traitement. »

Le témoin. Je n'ai connu ni les noyades ni les fusillades, encore moins les menaces de Naud ; et si j'eusse eu la moindre notion de ces horreurs, de ces actes de barbarie, ils n'eussent pas été mis en exécution.

L'accusé Phelippes. Malgré l'opiniâtreté, la persévérance du témoin à dénier toute part directe ou indirecte aux actes inhumains aux scènes de sang qui se sont réalisées sous ses yeux, je n'en persiste pas moins dans mon opinion énoncée contre lui, au bas de mon mémoire justificatif [2].

Toutefois les accusés n'avaient pas intérêt pour le moment à insister contre un homme qui ne les attaquait pas, et le tribunal était fort éloigné de vouloir l'impliquer

---

1. *Bulletin*, p. 94 ; cf. *Moniteur*, t. XXII, p. 46 et 47.
2. *Bulletin*, p. 94-95 ; cf. *Moniteur*, ibid., p. 47.

plus que de besoin dans l'affaire. Il était trop puissant encore. Les débats se continuèrent (25 fructidor) par la déposition, j'allais dire par l'interrogatoire du témoin Chaux, qui prétendit que tous les accusés envoyés à Paris n'étaient pas destinés au tribunal révolutionnaire. Mais son assertion était démentie par la lettre d'envoi qui les donnait tous comme des complices des Vendéens, et invitait à les expédier au plus tôt. Quant à Grandmaison : « Ce témoin, dit de lui le *Bulletin*, a été convaincu de l'immoralité la plus révoltante, d'avoir participé à toutes les vexations et cruautés exercées contre les détenus. Les noyades, les fusillades, les incarcérations arbitraires, tous ces attentats, d'après son aveu, sont communs à Grandmaison; d'ailleurs noble, père et beau-père d'émigrés, servant les rebelles de la Vendée; plus de vingt mille incarcérations, tant d'hommes que de femmes, d'enfants à la mammelle, se sont réalisées sous le gouvernement contre-révolutionnaire de Grandmaison, qui n'a pu désavouer la dénonciation faite à ce sujet[1]. »

Le témoin Bachelier, autre membre du comité[2], qui imputait aux accusés d'avoir signé l'arrêté du 5 juillet, l'avait signé lui-même : c'est ce que tous lui crièrent :

Le président. Qu'avez-vous à répondre? Avez-vous ou non signé l'arrêté fédéraliste que vous opposez aux accusés?

R. Au milieu d'une foule d'actes qui m'étoient présentés journellement à signer, j'ai pu, sans en prendre la lecture, signer cet arrêté par erreur, mais j'affirme ne pas me le rappeler.

Le président. Inutilement vous chercheriez à révoquer en

---

1. *Bulletin*, p. 97.
2. Audience du 26 fructidor (12 septembre 1794).

doute votre signature ; la preuve en existe dans les pièces envoyées à l'accusateur public.

Le témoin. Je ne nie pas le fait, mais je le soutiens le fruit de la surprise[1].

Le comité avait, on l'a vu, pour agents d'exécution une compagnie de bandits, la compagnie dite de Marat, qui avait porté la terreur dans la ville tout entière.

Le président demanda au témoin :

Le comité délivroit-il des mandats d'arrêt à cette compagnie ; en a-t-il été notifié aux accusés?

Le témoin. Cette compagnie arrêtoit et incarcéroit de sa propre autorité, et je ne sais s'il y a eu ou non des mandats d'arrêt lancés contre les accusés, et s'ils leur ont été notifiés.

Sur cette déclaration, de la part du témoin, tous les accusés se lèvent d'un mouvement spontané, et affirment qu'il ne leur a été notifié aucun mandat d'arrêt.

Le président. C'est une chose bien inconcevable qu'un membre de comité révolutionnaire, chargé de la partie des dénonciations, comme le témoin, et qui d'ailleurs, par son aptitude personnelle, conduisoit les opérations principales du comité, ne soit pas en état de nous donner le oui ou le non sur la question de savoir s'il a été lancé des mandats d'arrêt contre les accusés, et si ces mandats ont été notifiés : de l'ignorance invraisemblable du témoin, nous devons en conclure que la formalité du mandat, comme toutes les autres, a été négligée et que le comité révolutionnaire de Nantes se comportoit, moins comme autorité constituée qui doit compte de ses actions à la nation entière que comme des despotes sacrifiant journellement l'existence de leurs concitoyens à leurs caprices et à l'arbitraire le plus révoltant. — Mais continuons l'instruction, ajoute le président[2].

---

1. *Bulletin*, p. 99.
2. *Ibid.*

C'était en effet une véritable instruction que ce procès, une instruction contre les témoins, à l'aide des accusés qui ne devaient pas tarder à leur céder la place. L'accusé Phelippes, reprenant la parole, dit encore :

Lors de la réunion des autorités constituées pour délibérer, par oui ou par non, si on feroit périr en masse les détenus, y a-t-il eu un procès-verbal rédigé?

Le témoin. Il n'a été pris que des notes en cette occasion.

Le président. Quoi! lorsque vous vous proposez de fixer, d'une manière irrévocable, le sort de vos concitoyens; quoi! lorsque vous mettez en question leur existence, et que, peut-être, vous allez prononcer leur arrêt de mort, vous ne procédez qu'avec des notes à une délibération aussi sérieuse! Il faut convenir que la vie de vos concitoyens est à vos yeux d'une bien faible importance, et que le plaisir cruel de les sacrifier les uns après les autres, quoique [ce fût] la jouissance des Néron, des Tibère, des Caligula, étoit peut-être celle du comité! D'après des délibérations aussi lestes dans des cas aussi graves, quelle idée voulez-vous que nous nous fassions de votre justice, de votre humanité ; comment parviendrez-vous à nous persuader que vous n'avez pas participé aux noyades?

Le témoin. La vérité est cependant que je n'ai pris aucune part directe ni indirecte à ces actes barbares et iniques.

Le président. Vous m'obligez de venir au secours de votre mémoire, et de vous représenter le reçu du 25 frimaire, par vous donné, des cent vingt-neuf détenus noyés, l'ordre de route donné par le commandant de la place : ces pièces prouvent que les noyades ne vous étoient pas inconnues, et que vous y avez peut-être participé plus qu'un autre.

L'accusé Phelippes. J'observe que dans ces noyades ont été enveloppés des enfants de guillotinés, de l'âge de 10, 12 et 13 ans; en vain de toutes parts demandait-on à s'embarquer, presque tous ont été refusés. Bachelier, homme fourbe et artificieux, menoit tout le comité; c'est lui qui a fait emprisonner six notaires [il avait été notaire lui-même] dont trois sont morts dans les cachots; il étoit l'agent de Robespierre qui vouloit bouleverser la République, et si nous fussions restés à Nantes, nous aurions tous été noyés, comme nous devions être fusillés, si le chef de brigade n'eût pas refusé d'exécuter l'ordre sanguinaire qui lui avoit été donné, et si le département lui-même n'eût pas défendu l'exécution de cet ordre.

Mais les témoins, dans cet étrange procès, oubliant les accusés, en étaient venus à se charger les uns les autres.

« Les témoins Pérochot, Levêque, Bologniel, Halon, Roulier, Durassier, Joly et Mainguet, dit le *Bulletin*[1], ont succédé à Bachelier; ils se sont accusés les uns après les autres d'avoir partagé les scènes d'horreurs et de cruautés commises envers les détenus; ils sont convenus d'avoir signé les ordres de noyades et de fusillades, sans en connoître les motifs; les prêtres noyés, au nombre de cent soixante-deux, ont d'abord été mis à nu, dépouillés de tous leurs effets, dont le partage s'est fait entre les barbares exécuteurs de ces ordres; ces expéditions, tout inhumaines qu'elles sont, ont été commandées par Carrier et les corps administratifs de Nantes. On apportoit au comité l'argenterie des détenus, et on se la distribuoit. La cupidité la plus dévorante, la férocité la plus inouïe, l'ambition la plus démesurée, l'esprit de manœuvres et d'intrigues pour parvenir à son but et exercer des vengeances particulières, un goût singulier pour les repas somptueux, les orgies bachiques, ne sont pas les seules passions propres à caractériser les membres du comité révolutionnaire : ces monstres, semblables aux animaux malfaisants, à ces harpies qui

---

1. *Bulletin*, p. 100.

gâtent tout ce qu'elles touchent, attentoient encore à la pudeur des femmes, des filles qui venoient réclamer leurs pères, leurs époux : il falloit se livrer à la brutalité sensuelle de ces modernes sultans, pour les rappeler aux principes de justice et d'humanité, et obtenir de leurs caprices un jugement d'absolution. Une compagnie dite de Marat, créée soit par le comité, soit par le représentant Carrier, compagnie composée d'êtres immoraux, crapuleux, et pour ainsi dire l'égout de la ville de Nantes, étoient les instruments fidèles de la barbarie du comité ; ces hommes, sur le front desquels le sceau de la réprobation étoit empreint, s'étoient introduits dans les sociétés populaires, où ils s'étoient fait nombre de partisans ; ils y exerçoient la domination la plus tyrannique, et flétrissoient à leur volonté dans l'opinion des despotes investis du droit de vie ou de mort, les honnêtes citoyens qui avoient eu le malheur de déplaire aux agents suprêmes du comité[1]. »

Le procès, commencé le 22 fructidor (8 septembre), avait été marqué le 25 par la question que le président, après trois jours, devait adresser au jury : « S'il était suffisamment instruit ? » Sur sa réponse négative[2], les dépositions de témoins continuèrent jusqu'au 27. Ce jour-là, les débats étant clos, l'accusateur public abandonna l'accusation à l'égard du plus grand nombre des accusés, la maintenant contre les principaux, mais évidemment sans une conviction bien ardente :

Vous examinerez le tout dans votre sagesse ordinaire, disait-il en terminant, et je ne puis mieux faire que de m'en rapporter à vous, citoyens jurés, dont les décisions sont

1. *Bulletin,* p. 102.
2. Archives, W 449, n° 105, pièce 84 (procès-verbal d'audience).

toujours marquées au coin de la justice et de l'impartialité.

Après cela, la tâche des défenseurs était facile.

Citoyens, disait l'un deux s'adressant aux accusés, comme Marat, vous fûtes calomniés et traduits au tribunal qui n'est redoutable que pour les conspirateurs; encore un instant et comme Marat vous entendrez proclamer votre innocence, comme lui vous recouvrerez la liberté, comme lui vous descendrez ces degrés en triomphe et couverts des applaudissements et des acclamations de vos concitoyens[1].

Marat demeura jusqu'à la fin le grand saint, le patron de ce tribunal!

Le jury donna satisfaction à l'accusateur public, en déclarant Phelippes-Tronjoly et ceux qui avaient été retenus par l'accusation, auteurs ou complices de la conspiration contre l'unité, l'indivisibilité de la République, la liberté et la sûreté du peuple français, etc.; mais il donna satisfaction au sentiment public en déclarant « qu'ils n'étaient pas convaincus de l'avoir fait méchamment et avec des intentions contre-révolutionnaires; » et on les mit en liberté[2].

II

Procès du comité révolutionnaire de Nantes (25 vendémiaire an III, 16 octobre 1794).

Le jugement qui renvoyait absous les quatre-vingt quatorze Nantais était pour les membres du comité de Nantes, alors détenus, d'un triste présage. Sans doute ils ne devaient pas perdre tout espoir lorsque, en vertu d'un

---

1. *Bulletin*, ibid., p. 86.
2. *Ibid.*, p. 87 et Archives, *ibid.*, pièce 90.

décret rendu l'avant-veille (26 fructidor = 12 septembre 1794), ils purent voir l'apothéose du grand précurseur de la Terreur, les cendres de Marat transférées au Panthéon (5ᵉ sans-culotide, 21 septembre 1794). Mais chaque parti se disputait encore Marat ; et, malgré ces apparences, la réaction s'accentuait de plus en plus. Les terroristes, comme Billaud-Varennes et autres membres des anciens comités, n'étaient pas fort rassurés du résultat provisoire de l'attaque de Lecointre, et les Jacobins qui, après leur aventure du 9 thermidor, avaient encore relevé la tête, qui avaient expulsé de leur sein trois des grands thermidoriens, Lecointre, Tallien et Fréron (17 fructidor[1]), les Jacobins que l'on accusait du coup de pistolet tiré sur Tallien (nuit du 23 au 24 fructidor[2]), étaient désormais trop vivement pris à partie pour se lier à une cause si compromise. C'est le moment où commençaient à se produire contre eux ces petites feuilles de libelles ou de chansons, si répandues alors dans le public et qui sont devenues si rares dans les bibliothèques[3].

1. *Moniteur* du 21 fructidor (7 septembre 1794).
2. *Moniteur* du 26 (12 septembre 1794).
3. Les Jacobins, c'étaient *la Queue de Robespierre* : il y a beaucoup de pamphlets qui se rattachent à cette idée : *la Queue de Robespierre ou les dangers de la liberté de la presse*, signé Felhémesi (anagramme de Meuée fils. — *Les Anneaux de la queue ou Coup d'œil du moment.— Défends ta queue*, par l'auteur de *la Queue de Robespierre. — Coupons-lui la queue*, signé J. Baralère. — *Renvoyez-moi ma queue ou Lettre de Robespierre à l'Assemblée nationale*, du Tartare le 25 fructidor an I de l'abolition de la dictature. — *Rendez-moi ma queue ou Lettre à Sartine Thuriot sur une violation de la liberté de la presse et des droits de l'homme*, par l'auteur de *la Queue de Robespierre. — La tête à la queue ou Première lettre de Robespierre à ses continuateurs. — Jugement du peuple souverain qui condamne à mort la queue infernale de Robespierre* (sorte de prosopopée : le Peuple siège ; la Terreur veut le séduire ; mais la Liberté apparait : la Terreur est confondue), par Saintomer, de la section du Muséum. — En sens opposé : *Réponse à la queue de Robespierre*, par un franc républicain. — *Ode à la calomnie ou Réponse à la queue de Robespierre. —* Ajoutez : *Le front de Robespierre et de sa*

Un mois environ après l'acquittement des Nantais, le 25 fructidor (11 septembre 1794), leurs accusateurs

clique ou *la Nécessité de la liberté de la presse*. — *Nouvelles observations sur le caractère, la politique et la conduite de Robespierre, le dernier tyran*, adressées au peuple français et particulièrement aux sections de la commune de Paris, avec un *Avis donné aux Terroristes jacobins par le sans-culotte* Lesenscommun, demeurant aux faubourgs Saint-Antoine et Saint-Marcel, dans toutes les rues, à tous les numéros, à tous les étages (20 vendémiaire, l'an 3 de la République). — *Les Jacobins démasqués*, par Baraly. — *Les Bêtes féroces de la Révolution* (pendant le procès du comité de Nantes).— *Les battus payent l'amende* ou *les Jacobins jeannots*, par Gracchus Babeuf.— *Bibliothèque choisie des Jacobins* ou *Catalogue des principaux ouvrages publiés par cette société;* le pamphlet finit par ces mots : Question devenue difficile : qui de Cartouche ou des Jacobins doit se trouver le plus offensé de cette phrase devenue triviale : 99 Jacobins et Cartouche font 100 ? J. Nomophile. — *Abjuration des petites filles jacobites des départements à leur maman jacobite de Paris* (l'auteur signe : l'Écho de 54 000 sociétés départementales). — *Encore les Jacobins. Peuple, qu'en veux-tu faire ?* — *Fermez vos boutiques, les Jacobins ouvrent les leurs.* — *Frères, tout est perdu* ou *Cri de détresse des Jacobins.* — *Coupez les griffes au parti féroce.* — *Le dernier mot du peuple aux Jacobins*, avec cette épigraphe : Morgué n'nous z'y faites pas mettre. — *Encore une scélératesse des Jacobins.* — *La grande détresse des Jacobins qui n'ont plus le sol* ou *Avis aux valets des émigrés pour aller échanger leurs douze francs contre une carte de Jocobin.* — *Grande épuration des Jacobins par le tribunal révolutionnaire*, signé Boreillard, secrétaire de l'épuration. — *Les grandes prouesses des Jacobins* ou *Réponse au libelle intitulé : les Jacobins traités comme ils le méritent.* — *Les grandes litanies des Jacobins avec leur mea culpa.* — *La Jacobinière en déroute* :

> De la Jacobinière
> Voici l'heure dernière,
> La mort de Robespierre
> Les met hors de combat.
> A a a a.

(dix strophes, deux pour chaque voyelle). — *Les Jacobins hors la loi*, signé Martainville. — *Les Jacobins partant en masse pour la Vendée, fait incroyable.* — *Justification complète de plusieurs membres de la société des Jacobins et leurs fureurs contre Merlin de Thionville qui a osé demander leur fermeture. Preuves de leur utilité*, par un Jacobin à la vie et à la mort : « L'eusses-tu cru, Français, on ose attaquer les Jacobins, » etc. — *La mèche découverte* ou *le Dernier mot des Jacobins*, signé Petit. — *Pendant que la bête est dans la pièce il faut l'assommer* ou *le Moyen infaillible d'utiliser les sociétés populaires, notamment le club des Jacobins.* — *Première séance des Jacobins aux Enfers, sous la présidence de Mirabeau.* — *Tableau des noms, âges, qualités et demeures des principaux membres des Jacobins avec l'état de leur fortune*, etc., par une société de Jacobins. — *Toute la vérité* ou *Histoire impartiale des Jacobins.* — *Le fin mot des Jacobins*, récit en forme de dialogue : l'auteur veut imiter les *Provinciales;* il en parle à la fin. En voici quelques traits. « Ne me suffit-il pas d'être Français? —

comparaissaient à leur tour comme accusés devant le tribunal. C'étaient :

Jean-Jacques Goullin, né à Saint-Domingue ;
Pierre Chaux, marchand ;
Michel Moreau dit Grand-Maison ;
Jean-Marguerite Bachelier, notaire public ;
Jean Perrochaux, entrepreneur de bâtiments ;
Jean-Baptiste Mainguet, épinglier ;
Jean Lévêque, maçon ;
Louis Nau, boisselier ;
Antoine-Nicolas Bollogniel, horloger,
(tous les neuf membres du comité révolutionnaire).
Pierre Gallon, raffineur ;
Jean-François Durassier, courtier pour le déchargement des navires venant de Saint-Domingue ;
Augustin Bataille, ouvrier en indienne ;
Jean-Baptiste Jolly, fondeur en cuivre ;
Jean Pinard,
(ces cinq derniers, commissaires du comité révolutionnaire[1].

L'accusation déroulait à leur charge tous les crimes qu'un comité révolutionnaire, établi à côté d'un représentant comme Carrier, pouvait commettre de complicité avec lui : concussions, dilapidations, vols, brigandages, abus d'autorité, jusqu'à se jouer, non seulement de la liberté, mais de la vie des citoyens, sans jugement :

Tout ce que la cruauté a de plus barbare ; tout ce que le crime a de plus perfide ; tout ce que l'autorité a de plus arbitraire ; tout ce que la concussion a de plus affreux, et tout ce

Bon ! Français, tout le monde l'est. Si j'étais resté Français comme tant d'autres, tu me verrais encore enseveli dans la poussière des bureaux. — Vous croyez-vous mieux affermis que les Jésuites ou plus féconds en moyens de parer les coups qu'on vous porte ? — Il mordit légèrement ses lèvres.... Tu fais de mauvais rapprochements, reprit-il, mais ne touchons pas cette corde-là, pour cause. »

1. *Bulletin*, 6ᵉ partie, p. 217, et *Moniteur*, 26 vendémiaire an III, où l'on trouve aussi l'acte d'accusation.

que l'immoralité a de plus révoltant, compose l'acte d'accusation des membres et commissaires du comité révolutionnaire de Nantes.

Dans les fastes les plus reculés du monde, dans toutes les pages de l'histoire, même des siècles barbares, on trouveroit à peine des traits qui pussent se rapprocher des horreurs commises par les accusés.

Néron fut moins sanguinaire, Phalaris moins barbare, et Syphane fut moins cruelle [1].

Après quelques autres phrases, marquées du même caractère de déclamation, l'accusateur public énumérait en gros les faits : le tribunal révolutionnaire de Nantes, menacé « parce qu'il ne faisoit pas égorger les accusés sans les juger; » les cent trente-deux Nantais envoyés à Paris dans la pensée de les faire expédier plus vite (7 frimaire, et bientôt des expéditions bien plus nombreuses, opérées sans prendre la peine d'aller si loin : le 15, cent trente-deux autres prisonniers destinés à être fusillés : l'ordre du moins en fut signé par Goullin, Grandmaison et Mainguet; dans la nuit du 24 au 25 frimaire, cent vingt-neuf, réunis dans une seule et même noyade, hommes, femmes et enfants : c'est la noyade où l'on voulait comprendre cent cinquante-cinq personnes ; les preuves matérielles en existaient [2]; et il y en avait eu beaucoup d'autres. De l'aveu des accusés il y en avait eu de quatre à huit; au dire d'un témoin, il y en aurait eu jusqu'à vingt-trois [3]. L'accusation signalait encore dans ces exécutions le concours de la compagnie de Marat, gens sans aveu, que le comité s'était attachés en leur donnant une sorte d'impunité dans les

[1]. *Bulletin*, p. 217-218.
[2]. Nous les avons données ci-dessus, p. 333.
[3]. La question a été discutée ci-dessus, p. 338.

arrestations, dans les exactions et dans le vol. Puis elle reprenait les charges propres à chacun des accusés, et on les retrouve confirmées et singulièrement accrues dans le cours des débats. Déjà deux des principaux auteurs de ces crimes les avaient expiés, on l'a vu, par jugement du tribunal révolutionnaire de Nantes : Fouquet et Lamberty, agents de Carrier. C'est de Carrier qu'ils s'étaient réclamés alors; c'est sur eux que les membres du comité révolutionnaire de Nantes, mis à leur tour en jugement, rejetaient la responsabilité des actes les plus odieux. Mais il en restait encore assez à la charge de chacun.

Goullin, en raison de son intimité avec Carrier et de l'ascendant qu'il avait sur tous les autres, a la plus large part de ces griefs. Les prisons de Nantes, on l'a vu, étaient encombrées de Vendéens qui, pris en combattant ou enlevés à leurs demeures, y avaient été jetés en masse. Elles en étaient infectées. Le médecin Laennec, premier témoin entendu[1], portait à dix mille le nombre de ceux qui y avaient péri; Goullin le réduit à deux mille[2] : c'est un beau nombre encore. Ordre avait été donné par Carrier d'épurer les prisons. Mais comment? Ce n'était pas en rendant la liberté aux détenus, à coup sûr. Goullin était accusé d'avoir eu la principale part dans la confection des listes de ceux qui étaient voués à la mort. Il s'en prend à Carrier, mais il ne craint pas d'en faire l'apologie :

Il faut, dit-il, apprendre au tribunal qu'à cette époque les prisons étoient remplies de brigands, et que le dessein d'immoler tous les détenus étoit suffisamment justifié par les

---

1. Audience du 25 vendémiaire an III (16 octobre 1794). Archives, W 493, dossier 479, 3ᵉ partie, pièce 45 (procès-verbal d'audience).
2. *Bulletin, ibid.*, p. 224 et 226.

circonstances, puisqu'on ne parloit que de conspiration dans les prisons ; je soutiens que ces mesures, tout extrêmes qu'elles paroissent, étoient inévitables. Parisiens! si vous avez jugé nécessaire la journée du 2 septembre, notre position étoit peut-être encore plus délicate que la vôtre ; ces noyades, toutes révoltantes qu'elles vous semblent, n'étoient pas moins indispensables que le massacre du 2 septembre auquel vous vous êtes livrés [1].

Il faut que le président lui rappelle que les Parisiens ne se tiennent pas pour responsables des massacres de septembre, et « que le vrai patriote n'a jamais été septembriseur. »

Il renvoyait les noyades à Carrier, et il n'avait pas tort, sans doute ; mais ces cent vingt-neuf victimes avaient été livrées à la mort sur une liste de cent cinquante-cinq détenus, signée de sa main ; et comment avait été dressée cette liste ?

Nous avons opéré, dit Goullin, sur une liste de conspirateurs fournie par Hubert, par le greffier, l'accusateur public du tribunal révolutionnaire, et la femme du concierge des prisons : voilà nos garants et d'après lesquels nous n'avons pas hésité à frapper les détenus de la peine qui leur a été infligée [2].

La femme du concierge ! Le président a raison de trouver que pour faire la liste des coupables de cette prétendue conspiration des prisons et les vouer à la mort, ce n'était pas une autorité suffisante [3]. Bien plus, avec Grandmaison il avait dirigé lui-même l'exécution. Un

---

1. *Bulletin*, p. 227.
2. *Ibid.*, p. 22.
3. Mais Carrier était là : c'est ce qu'il résulte de ce qu'il dit plus tard sur la confection de la liste au sein du Comité. (*Ibid.*, n° 100, p. 409).

gardien de la maison du Bouffay, Bernard Lacaille, raconte ainsi cet acte monstrueux :

Dans la nuit affreuse du 24 au 25 frimaire, deux membres de la compagnie Marat, que je ne connois pas, apportent au Bouffay deux paquets de cordes; vers les neuf heures du soir, ils demandent à enlever cent-cinquante-cinq détenus. pour les transférer à Belle-Isle, à l'effet d'y construire promptement un fort. Ils se retirent, et vers les dix heures du soir, leur succèdent trente ou quarante soldats de cette compagnie, et plusieurs autres particuliers dans le courant de la nuit; ils renouvellent la demande des cent-cinquante-cinq détenus, faite précédemment par les deux membres de la compagnie Marat. Je ne puis, leur répondis-je, vous les livrer sans ordre. Aussitôt deux de ces particuliers se rendent, je crois, au comité : ils m'apportent une liste de cent-cinquante-cinq détenus, avec un ordre signé de Goullin et Lévêque, de les leur livrer. Je leur observe que plusieurs des individus portés sur la liste des détenus sont en liberté, ou malades dans les hospices, ou morts.

Les soldats de la compagnie Marat demandent à boire et à manger; et après s'être bien rassasiés, bien désaltérés, développent leur paquet de cordes et s'amusent entre eux à se lier, pour connoître ceux qui, en ce genre, seroient les plus habiles, et c'est l'accusé Joly qui remporte le prix. Ensuite les portes des chambres des prisonniers s'ouvrent, on les amène à la geôle...

Joly se met en exercice; il leur lie les mains derrière le dos, et les attache deux à deux; comme il suoit sang et eau, quelques-uns de ses acolytes partagent ses travaux et ses exécrables fonctions.

Grandmaison entre dans la cour, et fait faire diligence. Goullin fait peste et rage de ce qu'on ne peut compléter la liste de cent cinquante-cinq prisonniers; car calcul fait de ceux restant et portés sur la liste, il ne s'en trouve qu'une centaine, non compris les morts et les absents. « Je t'en ai envoyé quinze ce soir, me dit Goullin, qu'en as-tu fait? » Je lui réponds qu'ils ont été logés dans les chambres d'en haut : « Eh bien, répond Goullin, qu'on me les fasse descendre. » J'obéis, ils sont descendus, liés et garrotés comme les autres : au lieu de cent cinquante-cinq, Goullin se contente de cent vingt-neuf; mais ce nombre n'étant pas encore complété, le sensible, l'équitable Goullin, ordonne de prendre indistinctement les premiers venus, parce que le temps presse. Il jure, il demande où ont été envoyés les autres; je réponds que pour cause de maladies, ils ont été transférés aux Frères Quatre-Bras : « Dépêchons-nous, répète Goullin, la marée baisse, il faut aller prendre les autres à l'hôpital » ; et c'est précisément ce qu'ils oublient, au milieu du désordre et de la confusion qu'ils mettent dans leur expédition. Enfin, c'est à quatre heures du matin, que s'acheminent ces malheureuses victimes dévouées à la mort, sous le commandement de Goullin et de Grand-maison. Plusieurs de ces détenus n'avoient pas encore subi de jugement, les autres avoient été condamnés par la commission militaire à quelques années de détention, d'autres à quelques mois, et cependant je crois que tous, sans exception, ont été noyés [1].

Cette addition de quinze noms à la liste dressée par le comité est un des traits les plus révoltants de cette abominable histoire. Comment les comprendre parmi les prétendus conspirateurs de cette prison? Ils y étaient arrivés de la veille, plusieurs jours après que la liste des conspirateurs avait été arrêtée. Et le fait n'était pas contestable; il y en avait une preuve toute matérielle : ces quinze noms étaient écrits sur la liste d'une autre main et d'une autre encre. Richard, un des accusés, avait déclaré qu'ils étaient de son écriture; « qu'il les avait écrits sous la dictée de Goullin, à mesure qu'on les

---

1. *Bulletin*, p. 271 (audience du 1er brumaire, 22 octobre 1794).

faisait descendre »; et Goullin se borne à dire qu'il ne se rappelle pas ce fait[1]. C'étaient donc quinze hommes que, de sa seule autorité, cette fois, il envoyait à la mort.

Goullin ne put nier rien de tout cela. Et parfois ses aveux sont d'une singulière impudence. Quand le président demande quel a été le terme de ces noyades, Grandmaison dit : « C'est ce que j'ignore. » Goullin : « Le comité n'a participé qu'à une noyade, je le certifie sur mon honneur[2]. »

Cette attestation d'honneur en pareille matière fut assez mal goûtée de l'auditoire.

Il y a dans son interrogatoire d'autres mots où se trahit une âme d'une atrocité qui s'ignore. Comme on l'accusait d'avoir dit à la tribune de la société de Sainte-Croix : « Prenez garde de recevoir parmi vous des modérés, de faux patriotes. Il ne faut admettre que des révolutionnaires, des patriotes ayant le courage de boire un verre de sang humain », il dit :

Qu'on avoit empoisonné ses observations, et que dans tous les cas, il se faisoit gloire de penser comme Marat qui auroit voulu pouvoir s'abreuver du sang de tous les ennemis de la patrie[3].

Et un autre jour il dit aux jurés :

Vous aurez pitié de pauvres sans-culottes qui abhorrent à tel point les ennemis de la République qu'ils voudroient n'en former qu'une seule tête pour l'abattre d'un seul coup[4].

Chaux était celui qui, après Goullin, avait eu le plus

---

1. *Bulletin*, p. 338 (audience du 14 brumaire an III, 4 novembre 1794).
2. *Ibid.*, p. 231 (16 octobre 1794) ; cf. p. 271 (audience du 29 vendémiaire 20 octobre).
3. *Ibid.*, p. 292 (audience du 4 brumaire an III, 25 octobre 1794).
4 *Ibid.*, p. 379 (audience du 25 brumaire, 15 novembre 1794).

de part à tous les excès du comité, à toutes ses inventions homicides; comme, par exemple, la conspiration du 22 brumaire, où l'on impliqua ceux dont on voulait se débarrasser en les envoyant à Paris[1], et la conspiration du Bouffay, qui servit de prétexte à la noyade du 24 au 25 frimaire[2]. Ajoutez la dévastation, le pillage et l'incendie des plus opulentes maisons du voisinage; mais il s'en faisait un titre : « Vous avez donc oublié, s'écriait-il, le décret lancé contre les asiles des riches et des privilégiés : « Guerre aux châteaux, paix aux chau-
« mières![3] » — Les chaumières elles-mêmes étaient-elles épargnées?

Grandmaison avait eu un rôle particulièrement odieux dans la noyade du 24 au 25 frimaire. Les malheureux avaient été jetés dans une gabare que l'on ferma en clouant des planches. On faisait courir le bruit qu'on les menait à Belle-Ile — mais tout bas on disait : à l'île *chaviré* (Cheviré) :

Avant d'arriver, dit un témoin envoyé sur la gabare avec cinq autres pour contenir les détenus, j'entendis des cris épouvantables; ces malheureux crioient : « Sauvez-nous, il est encore temps. » Ils s'étoient détachés, ils passoient leurs mains et leurs bras entre les planches et crioient miséricorde. J'ai vu Grandmaison avec son sabre abattre les bras de ces victimes... Dix minutes après j'entends des charpentiers placés dans des batelets frapper la gabare à grands coups de hache. La gabare enfonçoit; nous ne fûmes pas avertis. Je me crus perdu, nous sautâmes dans des batelets qui nous conduisirent à terre. Je vis Goullin sur le port.

Affilé me dit qu'on avoit pratiqué à la gabarre deux petits

1. *Bulletin*, p. 282.
2. *Ibid.*, p. 326.
3. *Ibid.*, p. 352 (audience du 21 brumaire (11 novembre 1794).

sabords de dix-huit pouces qu'on déclouoit à coups de hache[1].

Grandmaison essaya de nier la barbarie qu'on lui imputait. Il en rejeta le crime sur les volontaires[2] ; mais d'autres témoins l'en chargèrent encore, et il n'essaya plus de se justifier qu'en disant :

Au surplus si je m'étois permis de pareils excès, je serois en quelque sorte excusable, parce que j'étois dans une espèce d'ivresse et que je me battois à mon corps défendant contre des gens qui vouloient me couler à fond avec eux[3].

Ils vouloient le couler à fond avec eux. Les assassins ! n'était-il pas en droit de les sabrer !

Bachelier qui sauva le malheureux Leroy dans cette circonstance, Bollogniel, Nau et les autres n'ont pour cette noyade comme pour les suivantes que cette excuse : « C'est Carrier qui les a toutes ordonnées. »

Perrochaux avait offert à une jeune fille la vie de son père au prix de son honneur. Et dans les débats il ose dire devant la jeune fille qui repoussa ces honteuses propositions, que c'est elle qui lui avait été offerte par sa mère, et que c'est lui qui rappela la mère à la pudeur[4] !

Parmi les commissaires du comité, exécuteurs de ses ordres et complices de ses crimes, Jolly avait été, on l'a vu, à la suite d'une sorte de concours, chargé, comme le plus habile, de lier les détenus avant qu'on les menât à la gabare. L'un d'eux, Julien Leroy, ayant réussi à se dégager de ces liens et à s'évader au moment où s'enfonça la gabare, fut repris et ramené au département,

---

1. *Ibid.*, p. 314. Tabouret, voilier à Nantes (audience du 9 brumaire an III, 30 octobre 1794).
2. *Ibid.*
3. *Ibid.*, p. 358 (audience du 21 brumaire, 11 novembre 1794).
4. *Ibid.*, p. 293 (audience du 4 brumaire, 25 octobre 1794).

et Jolly opina pour « qu'il fut ref... à l'eau. » Ce furent ses expressions, dit Leroy, qui en dépose[1].

Pinard, accusé d'avoir volé, entre autres choses, une montre d'or, répond : « Elle était d'argent[2] ». Simple peccadille! Nul ne montra plus de perfidie, de violence et d'avidité dans le pillage. Il recevait de l'argent pour épargner les maisons et les laissait ensuite brûler par les siens :

J'ai reçu les huit cents livres, dit-il en réponse à l'accusation de la veuve Careil, ex-noble, dans l'espérance où j'étois que c'étoit le moyen de sauver (prévenir) l'incendie en leur promettant le partage de cette somme. Au reste on en a usé avec la famille Careil comme avec tous les brigands que nous étions autorisés à dépouiller et à tuer[3].

Cet homme qui est pourtant signalé comme ayant bravement combattu à Ancenis, à Savenay (sa présence dans les combats valait cinquante hommes, disent deux témoins[4]), montra, dans les campagnes de dévastation qui suivirent la victoire, la férocité la plus lâche. Là il faisait la guerre aux enfants et aux femmes. Un témoin, Mariotte, horloger, jeune volontaire de vingt ans, envoyé avec plusieurs de ses camarades pour protéger un convoi de vivres, était allé loger chez une femme nommée Chauvette :

Cinq jours après arriva Pinard, vers une heure du matin, qui nous dit que nous étions chez des brigands, qu'il avoit déjà tué six femmes, et que la Chauvette seroit la septième. Il la menaça et crut la rassurer en lui disant : « Console-toi ; ton

1. *Bulletin*, p. 250 (audience du 28 vendémiaire); cf. p. 231.
2. *Ibid.*, p. 232.
3. *Ibid.*, p. 35 (audience du 19 brumaire).
4. *Ibid.*, p. 310 et 347, Renaudot et Hicqueau (audiences des 8 et 18 brumaire, 29 octobre et 8 novembre 1794).

enfant sera expédié avant toi : c'est Pinard qui te parle ; c'est Pinard qui fait la guerre aux femmes : » Je tirai mon sabre, poursuit le témoin, et je dis à Pinard : « Tu ne parviendras à elle qu'après m'avoir marché sur le corps. — Tu es un crâne, me répondit Pinard, ignores-tu que cette femme a été servante chez le seigneur du lieu, et qu'il faut qu'elle m'indique où sont cachées soixante mille livres ? » Cette femme tremblante assura Pinard que ce dépôt avait été enlevé. Pinard fut forcé de se retirer, d'autant que nous lui déclarâmes qu'il y avoit de la force armée dans ce lieu, et qu'elle nous soutiendroit.

Nous partîmes, continue Mariotte. Arrivés près de la forêt de Princé, nous entendons un homme qui crioit « au secours » dans un taillis ; nous accourons, Pinard étoit là avec deux cavaliers, tenant chacun une pièce de toile : « Les brigands sont ici, » nous dit-il. Nous le laissons en embuscade et nous entrons dans le bois : nous vîmes deux hommes s'enfuir. En marchant sur des broussailles, je sentis quelque chose, je le soulève avec ma bayonnette, j'aperçois deux enfants ; j'en donnai un, âgé de sept ans à Cedré, je gardai l'autre pour moi qui n'avoit que cinq ans ; tous deux pleuroient : deux ou trois femmes nous supplièrent de ne point les tuer. En sortant de ce taillis je vis Pinard qui massacroit des femmes ; j'en vis une succomber sous ses coups.

« Que veux-tu faire de ces enfants ? me dit-il. Des hommes, » lui répondis-je. Pinard, écumant de rage, réplique : « Ote-toi de là, que je leur brûle la cervelle. » Je m'y opposai. Dans le même temps deux volontaires amenèrent un vieillard aveugle. C'était le grand-père de ces deux enfants : « Otez-moi la vie, me dit-il, mais conservez-la à mes deux petits-enfants. » Je lui répondis qu'un de mes camarades et moi nous nous en étions chargés ; il m'en témoigna la plus vive reconnaissance ; il pleuroit et me serroit les mains. J'ai appris depuis que ce vieillard fut tué...

Pinard s'écartoit de la route pour égorger les femmes et les enfants ; tout le monde connoît ces traits nombreux ; il étayoit sa férocité sur un arrêté qui, disoit-il, ordonnoit de ne rien épargner ; aussi des volontaires sans principes, sans mœurs, sans humanité, pilloient, massacroient, égorgeoient hommes, femmes et enfants [1].

Dans le cours de ces débats, un certain nombre de témoins, prévenus de complicité, furent arrêtés, séance tenante, et mis au rang des accusés :

Le 27 vendémiaire an III (18 octobre 1794), Nau l'aîné, de la compagnie de Marat [2], qui avait eu son rôle dans la noyade du 25 frimaire ;

Le 3 brumaire (24 octobre), Joseph Vic, commissaire du comité révolutionnaire, impliqué dans le même forfait [3]; Pierre Foucault, commandant temporaire de Paimbœuf, et ci-devant tonnellier, inventeur et fabricant des fameuses soupapes ou sabords factices qui servirent aux noyades [4]; Julien Charretier, de la compagnie de Marat, qui avouait avoir conduit à la gabare ceux qu'on allait noyer, et qui avait montré à le faire une joie insultante, et un zèle homicide : « Sont-ils joliment c... ; allons, dépêchons-nous, la marée baisse [5]; » et Claude Richard, qui après avoir aidé à la noyade des prêtres, s'en était approprié en partie les dépouilles [6] ;

Le 4, O Sullivan, maître d'armes, nommé par Carrier adjudant de la place de Nantes : il reconnaissait « qu'il avait été commandé pour conduire des femmes dans une galiotte; qu'il avait été témoin oculaire de noyades de brigands et de femmes », ajoutant il est vrai que toutes

---

1. *Bulletin*, p. 406-407 (audience du 29 brumaire, 9 novembre 1794).
2. *Ibid.*, p. 248.
3. *Ibid.*, p. 285.
4. *Ibid.*
5. *Ibid.*, p. 286.
6. *Ibid.*, cf. p. 374.

ces expéditions se faisaient par les ordres de Carrier, qui traitait les Nantais de contre-révolutionnaires et disait qu'il ferait venir cent cinquante mille hommes pour les exterminer tous[1]; mais voici ce qu'un témoin postérieur, Guedon, capitaine de navire et juge au tribunal de commerce, racontait de ce bon apôtre. Un jour qu'il était à dîner chez Ducrois avec Carrier, Robin et quelques autres, Sullivan placé à ses côtés, lui montra un couteau en lui disant qu'avec cette arme on pouvait couper le cou à un homme :

> Je lui témoignai mon indignation, continue le témoin, sur les souffrances horribles qu'un pareil assassinat devoit causer aux malheureux sur lesquels on se le permettoit. Sullivan me répondit qu'il s'étoit déjà servi de son couteau, et qu'il avoit fait l'épreuve dont il me parloit, et Robin affirma le fait. Sullivan me détailla même la manière dont il s'y prenoit : « J'avois remarqué, me dit-il, comment les bouchers saignoient les moutons, je mettois la main sur l'épaule du prisonnier, et je lui disois : « Toi, tu es un bon républicain, regarde un tel, il ne te ressemble pas. » Je lui faisois tourner la tête sur cette observation, et je profitois de ce moment pour lui plonger mon couteau dans le cou[2]. »

Après ce monstre furent encore mis en accusation :

Le 5 Paul Ducout, et le 8 François Coron, tous deux de la compagnie de Marat et de l'expédition du Bouffay; Coron qui dans l'audience du 4 chargeait si bien les autres[3];

Le 21 Boussy, et le 24 Boulay, aussi complices des noyades ;

Le 27 Jacques Gauthier, coutelier, aussi un des Marats,

---

1. *Bulletin*, p. 291.
2. *Ibid.*, p. 399.
3. *Ibid.*, p. 311 ; cf. p. 292.

qui avait transmis des ordres à Lamberty pour de semblables expéditions[1];

Le 28 Pierre GUILLET, membre du comité révolutionnaire, qui avait signé avec Goullin, Bachelier, Grandmaison, etc., les ordres des 16 et 17 frimaire an II, et la liste des prisonniers noyés dans la nuit du 24 au 25 du même mois[2];

Le 3 frimaire (23 novembre 1794), Jules PROUT aîné, un des signataires des mêmes ordres, et Jean-Antoine CRESPIN, un des Marats, qui avait aidé à les exécuter dans cette même nuit du 24 au 25[3].

Mais il y avait un homme bien plus chargé que ces misérables, transférés journellement des rangs des témoins à ceux des accusés : c'était Carrier. Il n'y avait pour ainsi dire pas une déposition où il ne fût impliqué, soit pour un fait à lui personnel, soit comme principal auteur des faits reprochés aux autres; tout y montrait de quelle façon il entendait ses pouvoirs de représentant du peuple en mission : un despotisme dont on ne vit jamais tant d'exemples que depuis que les rois étaient appelés communément despotes. Carrier à Nantes parlait à la tribune le sabre nu à la main[4], symbole énergique : car sa parole était un glaive qui abattait les têtes. Les autorités les plus hautes de la ville, les agents mêmes du régime de terreur qu'il y faisait dominer osaient à peine se présenter devant lui. Le président de la commission militaire, une commission qui fit périr trois mille Vendéens, fut comme foudroyé par une de ses

---

1. *Bulletin*, p. 373 et 385.
2. Voyez ci-dessus, p. 335 et *Bulletin*, p. 405.
3. C'est un de ceux qui avaient chargé le plus Grandmaison. *Bulletin*, p. 335.
4. *Bulletin*, p. 223.

paroles. Un jour, on l'a vu, que la commission s'était refusée à l'exécution de ses cruautés, il en fit venir le président :

C'est donc toi, j....-f.., lui dit-il, qui ose donner des ordres contraires aux miens. Apprends que si dans deux heures l'Entrepôt n'est vidé, je te fais guillotiner, toi et toute la commission.

Ce pauvre vieillard, continue le témoin, nouveau président de la commission militaire, vient me trouver à la maison du Bouffay où j'instruisois une procédure. Il m'invite à venir avec lui : la fièvre chaude le saisit et il périt. On l'entendoit crier dans ses accès : « Carrier ! gueux ! scélérat ! es-tu donc parti ? As-tu donc délivré notre ville de ta présence[1] ? »

L'accusateur public de la même commission, Vaugeois, n'était guère plus rassuré pour lui-même. Il avait plusieurs fois réclamé que les enfants des Vendéens pris et voués à la mort, fussent transférés dans une maison où on les fît élever. S'étant enfin hasardé d'en parler à Carrier : « Tu es un contre-révolutionnaire, s'écria l'autre avec fureur, point de pitié : ce sont des vipères qu'il faut étouffer. »

« J'étois sûr, ajouta Vaugeois, d'être noyé si je parlois ou agissois[2]. »

Le Vendéens, les brigands comme on les appelait, étaient hors la loi, et malheur à qui parlait seulement de les juger :

A l'époque du 26 frimaire, dit Phelippes-Tronjolly, Carrier ordonnoit de faire guillotiner indistinctement les brigands rendant les armes, comme ceux qui étoient pris les armes à la main ; il m'enjoignoit à moi, président du tribunal révolu-

1. *Bulletin*, p. 234.
2. Audience du 28 vendémiaire (19 octobre 1794), *Bulletin*, p. 261.

tionnaire, de faire guillotiner ces brigands sans jugement : et lorsque je lui demandois s'il signeroit de pareils ordres, il me répondoit froidement : « Cela ne fait pas la moindre difficulté. » « Mais, lui fis-je observer, il y a des enfans, qui, par leur âge, ne sont pas sujets à l'exécution de la loi. » Carrier n'en persista pas moins à vouloir faire guillotiner tous, sans exception [1].

La guillotine était un instrument familier à Carrier, comme au témoin Tronjolly et à beaucoup d'autres : mais pour vider les prisons, on vouloit l'extermination en masse; et c'est Carrier qui est signalé comme l'ayant proposée au comité révolutionnaire de Nantes. Pour cela il y avait la fusillade, moyen connu et déjà pratiqué à Angers, à Laval aussi bien qu'à Lyon, et c'est à quoi on avait aussi songé d'abord; mais il y en avait un autre que Carrier avait inventé personnellement et qui marquera son nom d'une éternelle infamie : la noyade. C'est lui seul qui avait imaginé ces noyades de prêtres à déporter, « la déportation verticale » comme le disaient ceux qui se faisaient un jeu de ces atrocités [2]. C'est sur lui que les membres du comité de Nantes rejetaient aussi l'idée de la noyade du Bouffay à laquelle ils avaient pris, on l'a vu, une si grande part; et les noyades, grandes ou petites, qui suivirent en dérivèrent. On ne manquait pas de rappeler aussi la confirmation qu'il avait donnée à la compagnie de Marat, étrange police qui pillait ceux qu'elle arrêtait et arrêtait pour piller. Mais il y avait d'autres passions à assouvir, et le farouche représentant du peuple savait en prendre sa part. Les témoins racontaient les orgies auxquelles il se livrait : ce banquet fa-

1. Audience du 26 vendémiaire (17 octobre 1794), *Bulletin*, p. 238.
2. Berriat Saint-Prix, *la Justice révolutionnaire*, p. 73.

meux célébré sur la galiotte d'où les quatre-vingt-dix prêtres avaient passé sur la gabarre; et ces femmes qui lui étaient livrées et qu'il envoyait à la guillotine quand il n'en voulait plus[1].

Toutes ces charges qui montraient en Carrier l'auteur principal de tous les crimes dont les accusés présents avaient à répondre, leur offraient un moyen de défense dont ils ne pouvaient manquer de profiter. Après la déposition de Phelippes-Tronjolly, un juré, saisi d'indignation, dit le *Bulletin*, demanda à grands cris que Carrier vînt éclairer le tribunal sur les délits qui lui étaient dénoncés. Mais le président répondit que cette réquisition n'était pas du ressort des jurés, qu'au tribunal seul il appartenait de juger s'il était nécessaire d'appeler Carrier; et le jury insistant, les juges se retirèrent, et après délibération le président déclara que le tribunal connaissait ses devoirs et n'avait pas besoin qu'ils lui fussent rappelés[2].

Les dépositions se succédant avec le même caractère, l'accusé Goullin lut le 1er brumaire (22 octobre 1794) une requête ainsi conçue :

Citoyens juges et jurés, depuis assez longtemps les humiliations, les haines et les murmures grondent sur nos têtes; depuis assez longtemps des soupçons horribles, accrédités par quelques faits, nous livrent journellement à mille morts, et l'auteur de toutes nos angoisses jouit encore de la liberté.

L'homme qui électrisa nos têtes, guida nos mouvements, despotisa nos opinions, dirigea nos démarches, contemple paisiblement nos alarmes et notre désespoir. Non, la justice réclame celui qui, nous montrant le gouffre où nous nous jetâmes aveuglément à sa voix, est assez lâche pour nous abandonner sur le bord. Il importe à notre cause que Carrier

---

1. *Bulletin*, p. 237-238 et 247.
2. Audience du 27 vendémiaire (18 octobre 1794), *Bulletin*, p. 239.

paroisse au tribunal ; les juges, le peuple enfin doivent apprendre que nous ne fûmes que les instruments passifs de ses ordres et de ses fureurs.

Qu'on interpelle tout Nantes : tous vous diront que Carrier seul provoqua, prêcha, commanda toutes les mesures révolutionnaires.

Carrier força le président du tribunal de faire guillotiner, sans jugement, quarante Vendéens pris les armes à la main ; Carrier força la commission militaire de fusiller légalement trois mille brigands qui empoisonnoient la cité.

Carrier donna droit de vie et de mort sur les rebelles à Lamberty et Fouquet, qui abusèrent de leur pouvoir pour immoler jusqu'à des femmes enceintes et des enfants.

Carrier, lors d'une insurrection au Bouffay, et de la menace d'une invasion de l'armée catholique, proposa aux administrations réunies de faire périr les prisonniers en masse.

Carrier ordonna de noyer cent quarante-quatre individus, dont le sacrifice importoit, croyoit-il, au repos de la prison et de la cité. Carrier seul donna enfin cette impulsion terrible, qui jeta hors des bornes, des patriotes ardents, mais égarés.

Citoyens jurés, vous dont le maintien calme annonce l'impartialité, vous ne prononcerez pas sur le sort de tant de victimes égarées, sans avoir entendu l'auteur de tous nos maux et de toutes nos fautes. Que Carrier paroisse ; qu'il vienne justifier les malheureux agents, ou qu'il ait la grandeur de s'avouer seul coupable [1].

L'accusateur public demanda que la pièce, signée de Goullin à toutes les pages, fût déposée sur le bureau et envoyée au comité de sûreté générale, et le tribunal, y faisant droit, en ordonna l'envoi séance tenante.

La Convention se trouvait donc officiellement saisie d'une plainte contre Carrier : il n'était pas possible qu'elle tardât plus longtemps à prendre un parti.

---

1. *Bulletin*, p. 251.

JOURNAL

DU TRIBUNAL RÉVOLUTIONNAIRE

DU 21 MESSIDOR AU 12 THERMIDOR
(9-30 juillet 1794)

Messidor.

21 (*9 juillet*).

Deuxième *journée* de la conspiration du Luxembourg. Voy. t, IV, p. 434.

Louis Frémont, boulanger. Voy. t. V, p. 7.

Noël Drouin, marchand fripier. Voy. *ibid.*

Ch. Voillemier,. Voy. p. 8.

Henri Mauvoizin, de Verdun (il signe H. Mvvirn), accusé d'infidélités comme infirmier et de ce propos invraisemblable : « qu'il mèneroit les Prussiens dans toutes les bonnes maisons pour les piller[1]. »

J.-B. Duhaut (de Gray) cloutier :

D. Si le 20 janvier dernier, étant dans un cabaret, il n'a pas porté la santé de Louis Capet, le bon roi des Français, et s'il n'a pas dit qu'avant quinze jours il seroit sur son trône et que le roy de Prusse et Brunswick viendroient pour l'y rétablir?

R. Que non[2].

Simon-François Cœur d'Acier[3], gendarme, pour des propos indécents et orduriers sur la nation.

Georges Lardin, volontaire de la première réquisition qui,

---

1. Archives, W 410, dossier 942, 1re partie, pièce 73.
2. *Ibid.*, pièce 91.
3. Il signe *Cœur Dasiez, ibid.*, pièce 5.

pour se soustraire au service, avait fabriqué de faux certificats[1].

Grégoire GUÉRIN, volontaire à l'hospice de Clamecy, avait dit « qu'on étoit sot d'aller à la frontière[2] ».

Antoine BARON, horloger, avait approuvé le meurtre de Lepelletier[3].

Marie-Anne-Louise BRUCK (67 ans), fille de Joseph Bruck, ci-devant marquis de Courtanvaux :

« Si nous avions un roi. — Si ce gueux de Marat fût mort depuis longtemps[4]. »

J.-B. GOUIN, charpentier, arrêté sans papiers, avait insulté le corps de garde : « S... gueux, s... voleurs! donnez-moi un arpent de terre, je ne mendierai pas[5].

François BELLŒIL, ex-curé de Colleville, accusé d'avoir volé des registres (probablement mis en sûreté les registres de sa paroisse) en 1789; colporté une pétition contre-révolutionnaire en 1790; recommandé au prône, en 1793, le roi et la famille royale. — Il le niait; il avouait seulement que pour l'évêque et le pape il avait pu les recommander quelquefois[6].

Un seul fut acquitté : Louis-Joseph YVON, boucher, accusé par le district de Dourdan[7].

22 (10 *juillet*).

Salle de la Liberté. — La troisième fournée du Luxembourg, Voy. t. IV, p. 439.

Jacques JOBERT, acquitté.

Salle de l'Egalité. — Neuf accusés, six condamnés :

Joseph FOUGERAT, cultivateur. Voy. t. V, p. 8.

Jean-Jacques CHOPPLET, lieutenant-colonel. Voy. p. 9.

---

1. Acte d'accusation reproduit au jugement. Archives, *ibid.*, pièce 115.
2. *Ibid.*, pièce 4.
3. *Ibid.*, pièces 29 et 31.
4. *Ibid.*, pièces 96 et 104.
5. *Ibid.*, pièce 52..
6. *Ibid.*, pièces 107, 108, 112, et 2ᵉ partie, pièce 58.
7. *Ibid.*, 2ᵉ partie, pièce 113.

Jacques-Claude-Martin Marivaux. Voy. p. 9.

André Paris, ci-devant palefrenier de la veuve de Brissac, trouvé possesseur de diverses chansons, entre autres : *Louis dans sa prison*[1].

Antoine-Isidore Faron Bossut, arpenteur, autrefois feudiste, rédigeant des terriers : il était soupçonné de vouloir disposer des titres qu'il avait entre les mains[2].

Jacques Thomeret, curé, sur lequel on a ce rapport de Baude, employé au bureau de surveillance de la mairie :

« Étant à Noisy-le-Sec, le 10 juillet dernier, pour mettre à exécution un mandat d'amener, décerné contre un citoyen de l'endroit, nous entrâmes dans une auberge, afin d'attendre l'instant propice à notre opération. Là nous trouvâmes le nommé Thomeray, curé de l'endroit, à table avec plusieurs citoyens... Il parloit des affaires et surtout contre le 31 mai... Il parloit contre les Jacobins ;.. il peignoit Marat et Robespierre comme des cannibales,... faisoit l'éloge de Vergniaud. »

Tous condamnés sous ce titre commun, quels que fussent leurs délits particuliers :

« Participation à la journée du 10 août ; refus d'obéir aux lois de réquisition et de fournitures de la viande et du pain aux citoyens[3]. » — Véritable amalgame.

On acquitta ce jour-là un boucher, Nicolas Bernardin, accusé d'avoir répondu à un acheteur :

« Que ce morceau n'étoit pas pour lui ; que ceux qui voudroient faire de la soupe n'auroient qu'à mettre un caillou dans la marmitte ; qu'il se f... du *maximum* ; que ceux qui ne voudroient pas de sa viande au-dessus du maximum mangent de la ....[4] »

Il est à croire qu'aucun de ces propos ne fut prouvé.

---

1. Archives, W 411, dossier 944, pièce 20, cf. pièces 26-28.
2. *Ibid.*, pièce 97 (interrogatoire du 12 pluviôse).
3. Archives, W 411, dossier 944, pièce 126 (questions posées au jury); cf. pièce 128 (jugement).
4. *Ibid.*, pièce 32.

Furent aussi acquittés : Pierre Nοτ, vigneron, et J.-B. Chevalier, gendarme.

23 (11 *juillet*).

Une seule section : six condamnés[1].
Émile Gohier. Voy. p. 10.
Louis Ancelin dit *Lagarde*. Voy. *ibid*.
Joseph Royère dit *Béziers*. Voy. p. 11.
Paul de Lille-Dumolard. Voy. *ibid*.
J.-J.-Louis Gleise, prêtre, dans le cas de la déportation, envoyé au tribunal par l'accusateur public de Vaucluse avec Joseph Villelongue, secrétaire greffier à Saint-Marcelin, Cosme Peyre, maire, et Joseph-Marie Guintrand, procureur de la commune, comme coupables d'un faux ayant pour objet de le soustraire à la déportation[2].

Gleise soutenait qu'il avait prêté serment[3] et s'était fait donner un passeport et des lettres de recommandation pour Genève, mais il ne s'en était pas servi. Depuis mars 1793, il était resté dans sa commune à Valence ; par une lettre datée du camp devant Lyon il avait sollicité un emploi dans l'armée[3].

Villelongue disait qu'il n'avait pas commis de faux, puisque Gleise avait prêté serment et qu'en lui donnant des lettres de recommandation pour Genève, il croyait que c'était une ville neutre[4].

L'un et l'autre n'en furent pas moins condamnés.

Cosme Peyre et Joseph-Marie Guintrand qui, nonobstant leur dignité, avaient eu un rôle tout à fait passif, furent acquittés.

On acquitta en même temps :

Joseph Martin, capitaine de hussards, mis en jugement parce qu'il avait été forcé dans le poste où il avait été placé :

---

1. Archives, W 412, dossier 946.
2. *Ibid.*, 3ᵉ partie, pièce 15.
3. *Ibid.*, pièce 52.
4. *Ibid.*, même pièce 52.

on reconnut qu'il n'était pas responsable du choix malheureux de cette position[1];

François Guyard, forcé de marcher avec les rebelles, mais qui s'était évadé dès qu'il l'avait pu;

A. Grignon, accusé de prévarication[2];

Armand Clartan, maire d'Étampes, de complicité avec Hébert[3];

Trois habitants du district de Blanc, accusés de propos et de mouvements contre-révolutionnaires : Léon Gillet, Jean Léger et Sylvain Blanchard;

Charles-François-Nicolas Chanot-Batel et Marie-Madeleine Colin, sa femme, faussement accusés d'émigration, et neuf autres d'avoir été leurs complices : Louis Sauvé, menuisier, à Paris; — Louis-François Bertrand, homme de loi; — Jean-Pierre Chrétien, tailleur; — Jean-Marie Vacossin, tailleur; — Pierre Geuse, traiteur; — Charles Bertrand, tailleur; — Pierre Chinardet, fruitier; — J.-B. Couder, traiteur; — et J.-B. Rapalli[4].

24 (12 juillet).

Marie-Antoinette Bourret-Grimaldi. Voy. p. 12.
Charles Macdonald, ancien lieutenant-colonel. Voy. *ibid.*
Étienne-Louis Montarly et sa femme. Voy. p. 13.
Jean-François Rapin-Thoyras[5], capitaine d'artillerie. Voy. *ibid.*

Louis Suzan, gendarme à cheval, et François-Pierre Lefebvre, maréchal des logis au 18ᵉ régiment des chasseurs à cheval, « convaincus d'être les ennemis du peuple » : Suzan, « en servant d'instrument aux ennemis du peuple et provoquan

---

1. Archives, W 412, dossier 966, 3ᵉ partie, pièce 83.
2. *Ibid.*, 2ᵉ partie, pièce 12.
3. *Ibid.*, pièce 39. — Il est quelquefois appelé *Charton*. Il signe *Clartan* dans son interrogatoire au comité de sûreté générale, 5 germinal; *ibid.*, pièce 42.
4. Cf. le certificat de résidence, pièce 53, et la signature des neuf témoins, pièce 58.
5. Il signe ainsi. Archives, W 412, dossier 947, pièce 128.

l'assassinat de Marat, et se montrant l'agent furieux des traîtres[1] »; Lefebvre, « en prenant différents noms et qualités, même des qualifications supprimées, excroquant de l'argent, désertant de différents corps et provoquant par ses discours le rétablissement de la royauté en France ». — La liste des questions rédigées par Dumas était un vrai réquisitoire contre chacun d'eux[2].

Quatre autres accusés de divers propos : Cyr Rivon, tuilier; Isabelle Paris, femme Boyau, aubergiste; Marie Douville, dentelière; J.-B. Delepierre, journalier, étaient acquittés[3].

II⁰ section. Les fédéralistes du Doubs et du Jura :

J.-B. Vivian, médecin;

Christophe Sorlin, juge au tribunal d'Orgelet, et membre du comité de salut public du Jura;

Jean-François Grand, médecin;

Charles-Xavier Bourrelier de Mentry, ex-noble;

Claude-François Vaillant, receveur du district de Lons-le-Saulnier;

Claude-Ignace-Joachim Clermont, de Salins;

Pierre-Claude Gauthier, clerc de notaire de Franc-Amour (ci-devant Saint-Amour);

Claude-Étienne Guyon, ex-procureur au ci-devant bailliage de Poligny;

J.-B. Robelin, huissier;

Alexis Machet, secrétaire greffier de Franc-Amour.

Désiré Ruffet, commis à la saline de Montmorot[4].

Avec eux : François-Michel Guiraud, médecin, ex-administrateur du département du Jura; Rose Pietrequin, veuve Trestoudas, accusée d'avoir fait passer des effets à des émigrés (un paquet contenant une robe, un jupon, des manchettes et un mouchoir de cou, commission qu'elle avait reçue d'une dame suisse);

---

1. Un témoin l'accusait de s'être vanté d'avoir sabré le peuple en 1788 (Archives, W 413, dossier 948, 1ʳᵉ partie, pièce 34.
2. *Ibid.*, dossier 947, pièce 140; cf. *Liste très exacte*, 24 messidor.
3. *Ibid.*, pièce 145.
4. Archives, W 413, dossier 948, 1ʳᵉ partie, pièce 1, et 3ᵉ partie, pièce 65.

Barthélemy VIGNAULT, ancien clerc de procureur, suspect d'opinions royalistes; Gilles-Michel LECOMTE, avoué; Pierre FIELVAL, employé de la régie de l'enregistrement; Thomas BAUDRY, chef de bureau aux affaires étrangères, accusés d'intelligences avec les fédéralistes[1];

François-Théodore LACROIX, homme de loi, et François IMBERT, officier de maréchaussée, accusés de correspondances[2]. Il y avait une lettre de Roland à Lacroix, du 28 novembre 1792, où il était question de la coupable indifférence apportée à la recherche « des prêtres perfides et fanatiques[3] »;

Roch MARCANDIER, ex-journaliste, et sa femme M.-A. CONKARNAU. Voyez p. 15.

Acquittés : Jean-François CHAFFIN; Antoine-François BILLOT; Pierre BOUVENOT; Charles-François JEANSON; Georges-Louis KILG et Antoine RENAUD, qui faisaient aussi partie des fédéralistes envoyés par le représentant Lejeune; Philibert BLANCHARD, maire, et Louis THOMEY, ex-noble[4].

25 (13 juillet).

Le marquis de FAUDOAS, sa fille et sa sœur. Voyez p. 17.

Louis-Joseph-Samson BRICOGNE, ancien curé de Port-Marly. Voyez p. 20.

René-Joseph NICOLAIS. Voyez ibid.

Louis-Antoine-Benoit SUZANNE, ancien curé. Voyez p. 23.

Charles VANHOFF et J.-B. LEGUAIN, étrangers. Voyez p. 24.

Joseph BENANT, ex-curé. Voyez ibid.

François et Joseph LENTAIGNE. Voyez p. 25.

Le curé GRANDJEAN. Voyez p. 27.

Jean-Claude PELCHET, inspecteur des ciments pour les bâtiments du ci-devant roi. Voyez p. 28.

---

1. Archives, W 414, dossier 948, 3ᵉ partie, pièces 62 et 78.
2. Ibid., 1ʳᵉ partie, pièces 52, 82 et 92.
3. Ibid., pièce 84.
4. Ibid., 3ᵉ partie, pièce 65; cf. pièce 63 (jugement de condamnation), et pièce 64 (arrêt d'acquittement).

J.-Marie-Julien Laquedec, payeur de l'armée du Nord, prévenu d'avoir répandu des bruits tendant à jeter l'alarme dans une des divisions de l'armée, à la bataille de Fleurus[1]. Le dossier contient la défense écrite[2]. Il est douteux qu'elle ait été produite devant le tribunal.

Jean-Joseph Laville, commis aux affaires étrangères, signalé par son dénonciateur comme un des chevaliers du Poignard[3].

Mathurin Lambert, ci-devant curé de Gidy, accusé d'avoir tenu, au sujet de la mort du roi, des propos tendant à l'avilissement des autorités constituées[4].

Nicolas Fredericq, ci-devant tailleur des pages de la maison du roi, et Jean-Pierre Larosée, ci-devant palefrenier, accusés d'avoir fait passer des habits aux émigrés[5];

Jean-Élisabeth-Barthélemy Cousin, ci-devant receveur des états de Bourgogne, de leur avoir envoyé des fonds[6].

Augustin-Bernard-Louis-Joseph Rousseau « maître d'armes des enfants de Capet », épargné le 3 septembre 1792, à l'Abbaye au milieu des massacres[7], avait depuis lors vécu à Remi-lès-Chevreuse. Le certificat de bonne conduite que lui délivrèrent les habitants et qui est au dossier ne lui servit de rien[8].

Le représentant Crassous, dont on a déjà vu l'activité plus haut, envoya de même au tribunal Jean-Noël Deluche de Lacroze, ci-devant curé d'Ergny, et Renouvin, vicaire de la même commune, comme coupables de s'être maintenus en fonctions après la rétractation de leur serment et pour complicité dans le crime d'avoir donné asile aux prêtres réfractaires[9].

Qu'arriva-t-il de Renouvin? On le trouve sous le n° 15, dans

---

1. Archives. W 414, dossier 949, 1re partie, pièce 43.
2. *Ibid.*, pièce 44.
3. *Ibid.*, pièce 47.
4. *Ibid.*, pièce 50.
5. *Ibid.*, pièce 65.
6. *Ibid.*, pièce 72.
7. *Ibid.*, 2e partie, pièce 88.
8. Comme pièce contre lui, une remise de la moitié du droit de confirmation de noblesse qui lui est accordée (*ibid.*, 3e partie, pièce 5).
9. *Ibid.*, 3e partie, pièce 6.

la liste des accusés, reproduite au jugement sous cette forme incomplète : '

15... Renouvin, ex-vicaire, âgé de...

Et jusque dans les questions posées aux jurés : mais ici, en marge, on a écrit *inconnu*[1].

Il échappa donc à la condamnation.

Vincent Rossignat, ex-noble et prêtre ; Marie-Anne Lasuderie femme de Lasuderie-Gamory, et Julie-Agathe Saint-Priest, femme Dassier des Brosses[2] ; on les accusait d'avoir correspondu avec leurs maris émigrés. Aucune lettre n'est au dossier. La première des deux accusées avoue une lettre écrite avant la loi, pour engager son mari à rentrer en France ; la seconde, n'ayant pu décider le sien à le faire, avait demandé le divorce depuis qu'elle était détenue. — C'était trop tard.

Souchet Dalvinart, ci-devant gouverneur des pages, était prévenu de propos tendant à l'avilissement de l'habit national ; — il appelait les habits des gardes nationaux des habits de singe[3] ! et le dossier réunit contre lui des lettres qu'il avait reçues en mai et juillet 1792, avant la chute de la royauté, de la part des parents émigrés de ces enfants.

Henri-Anne Macquenem d'Artoize écuyer, de la ci-devant d'Artois, dénoncé comme fanatique, ayant gardé chez lui le curé réfractaire de Villepreux, et fait opposition au recrutement de l'armée du Nord[4]. — Il attesta en vain tout ce qu'il avait fait pour la patrie, son exactitude à monter sa garde, quoique âgé de 74 ans[5]. Ce grand âge, qui l'eût pu dispenser de ce service, ne le sauva pas de l'échafaud.

Jean-Évangéliste Rose, parent et subdélégué de Rouillé-Dorfeuil, ex-intendant de Champagne, prévenu de s'être déclaré l'ennemi du peuple, « en favorisant l'évasion de Capet lors de la fuite à Varenne[6]. »

1. Archives, W 414, dossier 949, pièces 93 et 102.
2. *Ibid.*, pièce 19.
3. *Ibid.*, pièce 53.
4. *Ibid.*, pièces 66 et 67.
5. *Ibid.*, pièce 64.
6. *Ibid.*, pièce 69.

Claude-Henri BOISMAIGRE, ex-curé de Chatou, prévenu d'avoir tenu des registres de naissance après la loi qui le défendait, d'avoir excité le retour au fanatisme et abusé pour cela de la confiance des femmes de la commune[1]. — A l'appui, le dossier contient un cahier sous le titre de sermons, baptêmes, mariages et sépultures, 18 novembre 1792-26 novembre 1793[2].

Le même jour, dans l'autre section[3], dix condamnés de divers pays :

Du district de Billon, Pierre RAYNAUD, cultivateur, et Benoît COUDERT, domestique, accusés : le premier, « d'avoir été à la tête des attroupements formés par les aristocrates, insulté les patriotes et la cocarde nationale, détourné de l'enrôlement, » etc. Il avait, disait-on, appelé les patriotes « f.... canailles, dit qu'on avoit volé les biens du clergé, mais que ceux qui les achetoient ne les garderoient pas longtemps[4]. »

Le second : « que si les émigrés gagnoient, il serviroit de bourreau pour exterminer les patriotes; qu'il avoit un pistolet et un fusil; qu'il en tueroit bien une douzaine[5]. »

Inutile de dire que ces propos étaient niés.

De la Dordogne, Naillas MAUMONT, laboureur à Montagnac, qui avait montré le poing au maire et aux officiers municipaux, disant : « que le grand diable les enlève tous; que la municipalité étoit cause de la disette, que c'étoit elle qui avoit fait enlever les grains, » etc[6].

De l'Ariège, J. DELPY, dit *Goudelle*, tailleur : « qu'on ne seroit tranquille que quand on auroit mis dehors la cochonnerie qui compose la Convention nationale[7]. »

Du Mont-Blanc, Benoît BRAGOT : « que tout ce que les municipaux savoient et exécutoient des lois de la Convention...

---

1. Archives, *ibid.*, pièce 29.
2. *Ibid.*, pièce 40.
3. Archives, W 415, dossier 950.
4. *Ibid.*, pièce 9.
5. *Ibid.*, pièces 12 et 16.
6. *Ibid.*, pièce 58.
7. *Ibid.*, pièce 51.

étoient des cochonneries; que les Français étoient des *francs sots;* que les Piémontais ne tarderoient pas à revenir, » etc. — Il ne maintenait que son jeu de mots, mais en l'appliquant à un individu et non à tous les Français[1].

Françoise PÉRIER veuve SAINT-HILAIRE, et Marie BIDAULT veuve TRICARD. Voy. p. 30.

Du Rhône, dix prévenus pour propos et participation aux troubles de la commune de Buis. Trois furent condamnés et complètent le nombre indiqué ci-dessus : Joseph-Jacques THUNE, ci-devant juge; Charles-François-Alexandre LEBARBIER, receveur de l'enregistrement, et Charles-Antoine CLÉMENT, médecin[2].

Les sept acquittés étaient : Christophe DURIEU, menuisier; Laurent ESMENARD ou MENART, laboureur; Jean PETIT, chapelier; Jean MOURETTE, dit le *Danseur;* Jean GIROT; Joseph MOURETTE, dit *Sans-peur,* et Jean LIOTARD.

Furent acquittés en même temps :

Pierre COUBRET, envoyé avec Reynaud et Coudert, par l'agent national de Billon, et Jean FEMINOT, accusé par l'administration de Périgueux d'avoir crié : *vive Louis XVII.* — Fait prisonnier par les Vendéens, il l'avait crié, disait-il, sous la menace de la mort, « pour sauver sa vie et reprendre les armes contre ces scélérats[3]. »

26 (14 *juillet*).

Anniversaire de la prise de la Bastille : — relâche.

27 (15 *juillet*).

I. Huit condamnés :

Yves-Louis ROLLAT. Voy. p. 32.

Jean ROLLAT, ci-devant fermier de la veuve Caponier,

1. Archives, W 415, dossier 950, pièces 41 et 48.
2. *Ibid.*, pièces 87 et 113.
3. *Ibid.*, pièces 26, 70 et 111.

émigrée, avait dit qu'il allait lui porter de l'argent à Chambéry. L'avait-il fait? On aimait à le croire. Il était aussi accusé d'avoir dit, en voyant le bonnet rouge que la société populaire d'Aigueperse avait placé au sommet du beffroi : « que le prince de Brunswick viendroit le renverser[1]. »

Jean BERNIAUD, maçon et charpentier, dans une enquête faite le 20 août 1793, était accusé d'avoir dit, quinze jours auparavant, que dans le délai de quinze jours il y auroit du nouveau : que les patriotes seraient f.... et l'Assemblée détruite. — Il convenait d'avoir répété (à l'occasion sans doute de la capitulation de Mayence ou de Valenciennes, ou des événements de Vendée), le bruit « que les aristocrates avoient gagné, qu'on avoit tué 20 000 patriotes; » mais il niait qu'il eût dit que les patriotes étaient f... [2].

Claude PARAT, ex-vicaire de Rosière;

Jost-Nicolas GROSS (dans les pièces, son nom est traduit par *Legrand*), employé dans les charrois, envoyé par l'accusateur militaire de l'armée de la Moselle, comme ayant dit :

« Laissons l'armée. Si nous gagnons, c'est bon; si nous perdons ce sera tout de même. »

Il était accusé aussi d'avoir parlé des forces de la Vendée, des rebelles de Normandie et d'avoir dit que la Convention nationale avait demandé d'aller à Orléans[3].

Il avouait quelques-uns de ces propos, mais en les expliquant :

D. S'il n'a pas dit que notre armée, devant Valenciennes, avoit mis bas les armes, et que bien loin que les rebelles de la Vendée fussent détruits, ils étoient encore au nombre de 200 000, et que toute la Normandie se joignoit à eux?

R. Qu'il avoit réellement tenu ces propos, mais qu'il les avoit entendu dire par un carabinier[4].

---

1. Archives, W 415, dossier 951, 1ʳᵉ partie, pièces 56 et 57. Il le nie : *ibid.*, pièce 58.
2. *Ibid.*, pièces 88 et suivantes.
3. *Ibid.*, pièce 93.
4. *Ibid.*, 2ᵉ partie, pièce 18.

Nicolas-Antoine FARIOT, dit *Martin*, ancien employé aux postes, accusé aussi de propos. Le principal locataire de la maison de son père déposait ainsi sur son compte :

« Cet enfant, élevé, nourri dans la maison de Vinot, ci-devant procureur au parlement, à sucé dans cette maison un poison aristocratique qui lui a vicié le cœur, au point qu'il est forcé de se démasquer à chaque instant. »

Il ajoutait que Fariot était contraint de sortir de partout, ayant partout querelles pour ses opinions. On l'accusait d'avoir blâmé la mort du roi[1].

Nicolas RENYÉ, carrier, avait dit « qu'il se f.... de Marat et de Lepelletier, ainsi que de toutes les affaires que l'on faisoit » etc[2].

J.-B. SALLENAVE, agriculteur du Puy-de-Dôme, employé dans la ci-devant compagnie des Indes, mis en jugement pour ces propos :

« Tu es du parti de Marat. Je connois Marat, c'étoit un gueux : je l'ai vu à Paris, il n'avoit pas le moyen de payer sa tasse de café. Je l'ai vu faire sauter par la fenêtre, faute par lui de payer son café. »

Il était aussi accusé d'avoir dit :

« Que la Convention n'étoit pas libre, — qu'il n'y avoit qu'un moyen de la délivrer de la tyrannie des Parisiens : — c'étoit de fondre sur Paris ; » et, à propos du grand livre de la dette publique : « que c'étoit une banqueroute adroite[3]. »

Il niait ces propos : c'étaient imputations d'ennemis, et il s'en était fait à Aigueperse, par l'énergie et le patriotisme qu'il avait montrés à Paris, où il avait demeuré dans les premiers temps de la Révolution ; il donnait cette preuve de son attachement au nouveau régime : c'est qu'il ne possédait que des biens nationaux[4].

---

1. Archives, 6W 415, dossier 951, 2ᵉ partie, pièce 23 et 24.
2. *Ibid.*, pièce 27 (dénonciation devant le comité de surveillance de la commune de Saint-Maur, près Paris, 12 germinal).
3. *Ibid.*, pièce 70.
4. *Ibid.*, pièce 80 ; cf. pièce 71.

Il y eut cinq acquittements pour propos :

Michel LAFOND, ancien curé; Jean-Pierre ANGLADE, cultivateur; Jean LAGUZET, gendarme; François LACAUX, journalier[1].

II. Dans la seconde section (salle de la Liberté), vingt-deux condamnations[2] :

Louis-François DESREAULX, ex-noble : lettres de famille, nulle correspondance au dehors. Il s'était opposé à l'émigration de ses enfants et n'avait pas correspondu avec eux;

HUET D'AMBRUN et J.-J. LYON, son domestique. Voy. p. 32;

François-Denis MILLET, ex-chanoine. Voy. p. 34;

Jeanne FOUGÈRE femme CHADOTEAU. Voy. *ibid.*

Jacques LAMBRIQUET, garçon de chambre de Monsieur. Voy. *ibid.*

Claire-Thérèse BOURDELOIS veuve d'AUBIGNY (cinquante et un ans), et sa fille Jeanne-Claire-Scholastique d'AUBIGNY (trente ans), femme divorcée de Joseph LE MAILLOT DE PONT, maître particulier des eaux et forêts, étaient coupables des mêmes crimes : correspondances (elles n'en avaient pas eu à l'étranger); fanatisme : on avait trouvé chez elles diverses reliques, entre autres une image du Saint Clou, imprimée sur soie[3].

Charles-Gilbert LACHAPELLE, ci-devant premier commis du ministre Laporte, et tout naturellement son complice[4].

Joseph CHABRAN, palefrenier du ci-devant général Laferrière, condamné le 9 floréal : il était accusé de complicité avec lui. Une aubergiste déposait que, feignant d'être de son opinion, elle lui avait fait exprimer ses sentiments sur les prêtres insermentés, sur l'insurrection religieuse et sur les dispositions du général Laferrière, son maître, qui n'attendait qu'un bon moment pour tomber sur les républicains[5].

André-Dominique BOURBONNE, ex-colonel de gendarmerie;

---

1. *Ibid.*, 1re partie, pièces 1 *bis* et 8; 2e partie, pièces 30 et 46.
2. Archives, W 416, dossier 952.
3. *Ibid.*, 1re partie, pièce 85.
4. *Ibid.*, pièce 49.
5. *Ibid.*, 2e partie, pièces 48 et 56.

Marie-Colombe Legris sa femme, et Edme-Antoine Legris (soixante et onze ans), son beau-père, accusés d'avoir poussé des parents à l'émigration. Bourbonne, dans un mémoire justificatif, montrait combien cette imputation était dénuée de fondement[1].

François Paris, employé au bureau d'état-major du 2ᵉ bataillon, accusé « de manœuvres tendant à soustraire des effets appartenant à la nation et provenant des émigrés : » on le soupçonnait d'être agent de l'émigré Mandat, pour lui faire parvenir de son avoir tout ce qu'il pourrait[2].

Louis-René Vauquois, employé aux fermes, pour abus de pouvoir ;

André-François Fortin, ex-capitaine de la gendarmerie des tribunaux ;

Marie-Cécile Tarin, femme Brunelle, noble.

Enfin, cinq des prévenus envoyés par le comité révolutionnaire de Donzy, comme coupables de correspondances et de manœuvres contre-révolutionnaires : J.-B. Faiseau, agent du duc de Nivernais ; Augustin-Edme Frappier, juge fiscal ; Jean-Pierre Laurent, ex-curé ; Jeanne Fardy, femme Rapin ; Marie-Edme Binet, vieille fille de cinquante ans[3].

Furent acquittés :

Deux de ce dernier groupe, Pierre Merlot et Antoine Limoges[4] ;

Claude Moulin et Louis-François Nortier, bouchers, accusés de conspiration « en tuant des brebis pleines pour détruire l'espèce[5] ; »

Claude Thirion et Charles-Louis-Mathias Hu, juges de paix, accusés d'avoir fait abus de leurs fonctions pour causer du trouble ;

François-Claude Pécantin, armurier, pour des propos[6] ;

---

1. Archives, W 416, dossier 952, 1ʳᵉ partie, pièce 98, et 2ᵉ partie, pièce 1.
2. Ibid., 3ᵉ partie, pièce 9.
3. Ibid., pièces 111 (procès-verbal d'audience), 109 (questions), 106 (jugement) ; cf. pour Vauquois, le carton W 525.
4. Archives W 416, 952, 1ʳᵉ partie, pièce 36.
5. Ibid., 1ʳᵉ partie, pièce 34.
6. Ibid., pièce 22, et 3ᵉ partie, pièce 105.

François Pierry, Joseph Contamin et Antoine Menu, ancien curé, devenu membre d'un comité révolutionnaire, pour participation aux affaires de Vauquois, délits qui ne furent pas jugés constants [1].

Thirion, acquitté, fut rétabli, dès le lendemain, dans ses fonctions de juge de paix [2].

28 (16 *juillet*.)

Du district de Confolens : Michel Beisseriet, dit l'*Eveillé*, braconnier, pour avoir « dit que si c'étoit lui qui gouvernoit, ça iroit beaucoup mieux ; que si les émigrés gagnoient, ce ne seroit pas aux gens de la campagne qu'ils feroient du mal [3]. »

Simon Audigier, ancien curé de Saint-Laurent. Voy. p. 35.

Du district de La Rochefoucault :

Joseph Brebion-La-Haye, médecin, accusé d'avoir donné le conseil de sortir du territoire [4] ;

Marie-Rose Chamborant, veuve Duplessis, et Catherine Duplessis-Lamerlière. Voy. p. 35 ;

Jean Gellé. Voy. *ibid.*

Du dictrict de Cognac : Pierre Poirier et Marguerite Loradour, sa femme. Voy. p. 36.

De l'armée des Ardennes : Alexandre-Casimir Geoffroy, officier au 11e régiment de chasseurs, présenté par l'accusateur public près de cette armée, comme ayant dit lors de la retraite de Belgique : « qu'il étoit satisfait d'aller à Paris et qu'il ne sortiroit pas de la Convention qu'il n'eût du sang jusqu'aux genoux [5]. »

L'accusateur public de l'Ain envoyait Pierre Pinet, ci-devant agent de Ferrary, ex-noble, comme ayant dit :

1° En parlant de l'abolition des ordres : « Vous filez bien

---

1. Archives, W 416, dossier 952, pièce 108, cf. W 523.
2. Archives, A F ii, 22, dossier 69, pièce 127.
3. Archives W 419, dossier 954, première partie, pièce 1 *bis*.
4. *Ibid.*, pièce 43.
5. *Ibid.*, pièce 86. Sa femme, interrogée, dit qu'elle ne sait rien de ce qu'on reproche à son mari (*ibid.*, pièce 93).

à présent; mais le fil est si menu que vous ne filerez pas toujours. »

2° En parlant de l'incendie d'un château : « Celui de mon maître ne craindroit pas deux cents hommes ; »

3° « Que si les ci-devant avoient le dessus, les compagnies seroient épargnées, mais non les villes du département, etc.

8° « Qu'il ne reconnoîtroit jamais pour souverain la nation[1]. »

L'accusateur public de la Moselle envoyait Pierre PERIN, ci-devant procureur de sa commune, et Louis ADNET, secrétaire de la municipalité de Fresnoy, pour de prétendues intelligences avec les ennemis[2].

L'agent national de Cognac adressait Charles GABORIAU, officier municipal de sa commune, comme aristocrate, s'étant opposé à la fédération du 10 août et à la levée des volontaires.

Dans son interrogatoire, on lui demande encore :

S'il n'a pas commis un délit de soustraction de dix-sept à dix-huit dindes qu'il a fait conduire chez lui, lors de l'inventaire chez le citoyen Bouy?

R. Que non; que cependant les scellés étant apposés dans cette maison, il y avoit fait élever ces volailles à ses frais.

D. S'il a pris part aux principes de fédéralisme?

R... Qu'il les a au contraire désapprouvés[3]. »

Meaulle, représentant du peuple, en avait envoyé quatre autres :

Claude SANGUE; — Claudine LEVRAT femme Garnier; — Fanchette ROCHON; — Théodore GIROUX, laboureur, maire de Mirbel : les trois premiers pour propos, le dernier pour intelligences criminelles, abus de pouvoir et complicité dans la conspiration lyonnaise; mais tous les quatre furen acquittés[4].

II. Salle de la Liberté. — Dix-huit condamnés, les uns

---

1. Archives, W 419, dossier 954, 2ᵉ partie, pièce 87. — 2. Ibid., pièces 96, 98-102.
3. Ibid., pièce 119. Il y a quelques autres pièces relatives à son affaire dans le dossier suivant, n° 955. 1ʳᵉ partie, pièces 49-63.
4. Archives W 419, dossier 954, 2ᵉ partie, pièce 126.

comme ayant été affiliés au mouvement insurrectionnel dont le foyer était Jalès[1] :

C'étaient Joseph-Julien MARAVAL père, accusé particulièrement de correspondances avec les émigrés ; Marie-Antonin de SEUILHAC ou FEUILHAC, soupçonné d'avoir fait émigrer un de ses frères ; Vincent EXBRAYAT dit *Lablache*, qui avait refusé le serment et engagé à le refuser ; provocateur d'un rassemblement de mille deux cents personnes à Saint-Front, sous prétexte de tenir tête aux brigands ; Jean-Pierre SOUCHE-DUPRÉ, qui excitait des émeutes dans la commune du Fay ; Pierre SIGOT-LESTANG, autre agent de « l'infâme Desaillant » qui avait ourdi une conspiration dont Jalès était le foyer et le point de ralliement[2].

Les autres, accusés soit de dilapidations, soit d'intelligences, de correspondances ou de propos :

Dans la première catégorie, cinq ou six administrateurs ou notables du district de Monestrol : Damien PAILLET, Jean-Antoine TERME et Antoine DUTREUIL, administrateurs ; Jean MOREL père, notaire ; Vital OLLIER, ex-curé, dont l'accusateur public fait un portrait peu édifiant. Dans ces enchères ouvertes sur les biens des nobles et des prêtres, ils savaient s'entendre avec des commissaires de leur choix, comme Edme-Claude DARLOT, concierge, et Masselin RULLIÈRE, commissionnaire, pour faire tourner la confiscation à leur profit[3] :

« Terme, Paillet, Morel, Dutreuil et Olivier (Ollier) avaient des personnes à leur dévotion pour se faire adjuger ce qui leur convenait.

« L'ex-curé Olivier (Ollier), qui vouloit comme les autres avoir sa part aux dilapidations, avoit bien soin, lorsqu'il faisoit la vente en l'absence d'un de ses complices qui étoit malade, d'avoir à côté de lui sa fidèle servante qui, dès

---

1. Archives, W 417, dossier 953. La 1ʳᵉ partie de ce dossier comprend diverses pièces du département de la Haute-Loire, relatives au camp de Jalès, etc.
2. Les 4ᵉ, 5ᵉ et 6ᵉ parties de ce dossier renferment des pièces qui les concernent.
3. *Ibid.*, 5ᵉ partie, pièce 88.

qu'elle enchérissoit un objet, étoit bien sûre qu'il lui étoit sur-le-champ adjugé. »

Le faux et le vol venaient en aide à ce système d'escroquerie : un lit adjugé 1200 liv. avait été porté à 800 liv. sur le registre; l'ancien archevêque avait du beau linge : on y substitua, pour l'adjudication, de la grosse toile[1].

Les autres venaient, à des titres divers, compléter la fournée :

Louis LABBÉ, cultivateur et aubergiste; Étienne LEVASSEUR, meunier, et Léonard MESNARD, manouvrier, avaient fraudé sur des grains destinés à la marine[2];

Jacques-Louis VERGÈSE, ex-maire, ex-juge de paix de Sauges :

« Vergèse, après s'être enveloppé du manteau du patriote, pour se faire nommer successivement maire et juge de paix à Sauges, n'a cessé d'insulter la représentation nationale. »

Jacques BOUCHET, juge au tribunal d'Issingeaux, « un de ces hommes que soudoyaient les aristocrates. » — Il faisait courir le bruit que Mayence était pris, à une époque sans doute où la place n'était pas encore perdue.

Claude LOUYAU s'observait bien moins encore dans son langage : il disait « qu'il se f... de la garde nationale et que la Convention étoient des gueux[3]. »

Nicolas PAPAS, volontaire, avait abandonné son drapeau sans congé; et, revenu chez lui, il disait « que les décrets de la Convention étoient faux et que la représentation nationale ne se soutiendroit pas[4]. » Il niait le propos dans sa teneur et le réduisait à des termes qui ne le compromettaient guère moins. Il avouait que, comme on disait qu'il y avait un décret pour détruire les croix, il avait dit que

---

1. Archives, W 417, dossier 953, 3ᵉ partie, pièce 73.
2. *Ibid.*, 2ᵉ partie. pièce 63. Levasseur avait été acquitté (23 pluviôse), et Labbé condamné à 12 ans de fer (27 germinal) par le tribunal de Seine-et-Oise. La Convention annula ces jugements pour cause d'incompétence sur la proposition de Pons de Verdun (séance du 19 prairial) : la conclusion fut la présente condamnation à mort.
3. *Ibid.*, 3ᵉ partie, pièce 73. — 4. *Ibid.*

ce décret ne pouvait être que faux comme bien d'autres[1].

Le jury rendit un verdict affirmatif pour les dix-huit qui viennent d'être nommés et négatif pour neuf :

Marcelin RULLIÈRES, accusé de malversations comme Darlot, les deux frères Louis et Ludovic BOBBA, et J.-B. VIGNA, déserteurs sardes; Joseph PASCAL, déserteur espagnol, et Pierre JACQUENIER ou JACQUEMIN[2], suspects d'espionnage; Dominique PARMENTIER, coquetier; Louis COMBE et Claude CONTANT, vignerons, coupables de propos[3].

Ces neuf furent régulièrement acquittés[4]; mais pour les autres on ne peut pas dire qu'ils aient été condamnés, car la pièce qui devait en faire foi est un de ces jugements qui sont restés en blanc[5].

29 (17 juillet).

I. Salle de l'Égalité. — Dix condamnés, parmi lesquels cinq sont désignés par l'accusateur public « comme ayant excité des troubles, chacun dans leurs cantons respectifs, à l'époque de la destruction des croix[6]. » Cela s'applique uniquement au premier :

J.-B. BROLLIART, ci-devant curé de Marsillac. Il avait dit : « Si la religion est perdue, tout est perdu » et avait demandé s'il ne conviendrait pas de faire un attroupement pour empêcher le renversement des croix[7].

Léonard MESNARD dit *Dubois*, cultivateur, et sa sœur Paule MESNARD, veuve de Jean DABRET dit *Pradot*, étaient plus spécialement accusés de mépris pour les décrets de la Convention.

---

1. Archives, W 417, dossier 953, 3ᵉ partie, pièce 55.
2. Il est appelé, dans la liste des questions, Jacquenier. Mais dans son interrogatoire il est nommé Jacquemin Il déclare qu'il ne sait pas signer, et toutefois, dans une autre pièce (63), il signe Jacomin.
3. Archives, W 417, dossier 953, 1ʳᵉ partie, pièces 60, 65 et 77.
4. *Ibid.*, 3ᵉ partie, pièce 75.
5. *Ibid.*, pièce 76. Deux feuilles blanches au registre l'attendent toujours.
6. Archives, W 420, dossier 955. — 7. *Ibid.*, 2ᵉ partie, pièce 24.

On demande à la sœur : « Si le 10 floréal elle n'a pas arraché des mains du maire un décret de la Convention?

R. Que oui; mais qu'elle croyoit que c'étoit pour rétablir la dîme. »

Léon Mesnard dit aussi qu'il n'avait pas voulu aller en entendre la lecture dans l'église, « parce qu'on a dit que c'étoit pour le rétablissement de la dîme (il y en avait bien peu d'apparence) et que d'ailleurs ils devoient être lus par le maire et non par le curé[1]. »

Pierre LEJEUNE, dit *Ramonet*, qui s'était opposé au départ de son fils comme volontaire, parce qu'il en avait besoin, et avait menacé de son fusil celui qui venait pour l'y contraindre[2].

André PETIT, mégissier, accusé d'incendie et de propos contre-révolutionnaires, comme d'avoir dit « qu'il n'attendoit que le moment de la guerre civile pour piller plusieurs maisons qu'il a désignées. » — C'eût été plutôt le langage et les actes d'un renverseur de croix. Il niait du reste les deux choses[3].

Jean LABROUSSE DU BOFFRAND l'aîné, ex-noble, accusé d'autres propos, et quatre autres ou militaires ou attachés au service des armées, savoir :

Michel HUBERT, instructeur des jeunes gens de la première réquisition, pour quelques paroles, grossièrement soldatesques d'un homme vexé, sur la nation et la société républicaine[4].

Pierre PRUNAIRE, caporal. Voyez p. 36.

Pierre-François CHASSELOUP, armurier, accusé d'avoir soustrait des armes — on en faisait un acte de conspiration[5]; — et Louis HELLOT, capitaine en second dans les charrois, attaché au prince de Tarente en 1780 : il l'avait suivi au dehors et l'avait quitté lorsque le prince voulut lui faire prendre les

---

1. Archives, W 420, dossier 955, 1ʳᵉ partie, pièce 87.
2. *Ibid.*, pièce 78 et 82.
3. *Ibid.*, 2ᵉ partie, pièce 78.
4. *Ibid.*, 1ʳᵉ partie, pièce 42. — 5. *Ibid.*, pièce 12.

armes contre sa patrie; il avait perdu le passeport avec lequel il était rentré de Vienne en France. C'était plus qu'il n'en fallait pour le faire traiter comme émigré[1].

Le tribunal acquitta Anne THIERRY-DEVIENNE. Voyez p. 36; Étienne GAULTIER, cultivateur, et Laurent LEGAULT, journalier, accusés d'avoir résisté à une réquisition de grains; J.-B. LEGAL, matelot, d'avoir été dans l'insurrection de Toulon; Adrien MASSUEL dit *Bellot*, vigneron, d'avoir provoqué des moissonneurs à demander une augmentation de salaire; Jean FOURNIER dit *Carré*, cultivateur, d'avoir tenu des propos tendant à jeter l'alarme, et abusé du nom d'un représentant; Jean GAUTRON dit *Bailly*, vigneron, pour quelques autres propos[2].

Seconde section, — trente condamnés :

1° MULOT DE LA MENARDIÈRE et les seize religieuses carmélites de Compiègne. Voyez p. 40.

Plusieurs habitants de Strasbourg, accusés de complicité dans la conspiration des prisons de Paris : Jean YUNG, etc. Voyez p. 37.

Jacques-Charles MICHELOT père, caissier principal de l'armée du Rhin, fut seul acquitté.

Puis diverses affaires isolées, émigration ou rapports avec les émigrés :

J.-André DELAMEL-BOURNET (22 ans). Voyez p. 37.

Clément BOREL, homme d'affaires de la citoyenne Pujolès, émigrée :

On lui demande « d'où proviennent les 596 louis 1/2 en or et les 54 liv. en argent et les bijoux, montres, lettres de change et autres effets dont il était porteur. »

— L'argent était à lui; les bijoux à la citoyenne Pujolès.

« Interrogé où il a pris le mouchoir de linon brodé, à deux

---

1. Archives, W 420, dossier 955, 1re partie, pièce 30. Lejeune, malade, avait dû sortir de l'audience; le tribunal ordonna que sa sentence lui fût lue à la Conciergerie (*ibid.*, pièce 101), ce qui arrivait du reste bien des fois pour tous les condamnés.
2. *Ibid.*, 1re partie, pièces 31, 35, 10; 2e partie, pièces 53 et 70.

rangs de fleurs de lys, ayant dans les joints le bâton royal et la main de justice?

R. Que la citoyenne Pujolès l'a donné pour plier dedans tous les bijoux dont il était porteur[1]. »

Louise Riquet femme Blaiseau, dont le mari avait été cuisinier de l'ambassadeur d'Angleterre, qu'il avait suivi à Londres. Elle avait fait des démarches pour la levée des scellés apposés chez lord Kerry, et on la supposait complice de Laffilard, caissier de la maison du roi, condamné le 2 prairial, qui lui payait pension[2].

Théophile Keppler père, ci-devant syndic de l'abbaye d'Andlau qui, à la date du 26 janvier 1793, avait écrit au ci-devant recteur du chapitre de cette abbaye :

« La misère qu'on croyoit à son comble a augmenté depuis le malheureux sort du roi. »

Et il parlait de la persécution des prêtres orthodoxes, il plaignait le sort des émigrés[3].

Ferdinand Morel, perruquier, et Louis-Joseph Yvon, courrier de la malle. Voy. p. 38.

D'autre part, un ultra-révolutionnaire, étranger de naissance et naturalisé en 1769, Antoine-Louis-Isaac Calmer, ci-devant président du comité de surveillance de Clichy. On l'avait dénoncé comme arrêtant arbitrairement les citoyens et gardant pour lui ce qu'on trouvait chez eux[4]. Mais de plus, il osa insulter les autorités constituées de son endroit. Il envoya demander par un de ses ouvriers, « si son âne n'étoit pas dans [le conseil de] la commune[5]. » Cet outrage lui fut fatal.

Charles-Honoré Tellier, ancien greffier du tribunal de paix à Marseille. On avait trouvé chez lui ce billet compromettant :

« Il est instant que vous sortiez de l'endroit où vous estes

---

1. Archives, *ibid.*, 3ᵉ partie, pièce 35.
2. *Ibid.*, 1ʳᵉ partie, pièces 1 *bis* et 4.
3. *Ibid.*, 2ᵉ partie, pièce 103.
4. *Ibid.*, 1ʳᵉ partie, pièce 18.
5. *Ibid.*, pièce 7.

sans y laissé aucune trace de votre céjour. Ne vené poin à Paris ni à Marseille. Vous y este hors la loy. Brûlé ceci [1]. »

On le soupçonnait d'avoir joué un rôle dans le mouvement insurrectionnel de Marseille, soit comme membre de la commission populaire, soit comme secrétaire de l'accusateur public. On avait de plus une lettre du 15 octobre 1791, dont il reconnaissait la signature et où il disait :

« Je vous avois témoigné par ma dernière qu'il ne me faisoit pas plaisir que ma sœur reçût la bénédiction nuptiale par un jureur [2]. »

Dans son interrogatoire, on lui demande compte de ces sentiments :

R. « Que c'est sa femme qui l'avait engagé à écrire ces paroles.

D. Pourquoi dans une autre lettre du 7 septembre 1791 [3], il écrit : « Tout vicieux qu'étoit l'ancien régime, je le regrette « infiniment et tout être pensant le regrette de même? »

R. Qu'il a dit cela dans un moment où il venoit d'éprouver de grands malheurs [4]. »

Jean-Laurent AUDIBERT-ROUBAUD. Voyez p. 38.

Furent acquittés avec Jacques-Charles MICHELOT, dont il a été parlé, J.-B. DEBAUNE et J.-B.-François DEPONT, accusés pour fausses nouvelles touchant les subsistances, et Jean BERGERAT, pour autres propos [5].

Thermidor.

1 (19 *juillet*).

1re section : Les familles MAGON LA BALUE, SAINT-PERN, CONEN-SAINT-LUC, le greffier LEGRIS, etc. Voyez p. 54.

1. Archives, W 420, dossier 956, 1re partie, pièce 98.
2. *Ibid.*, pièce 94.
3. *Ibid.*, pièce 92.
4. *Ibid.*, pièce 103 (interrog.).
5 *Ibid.*, 1re partie, pièce 67, et 2e partie, pièce 10 ; cf. 3e partie, pièces 123 et 124.

A la famille Conen-Saint-Luc (père, mère et fille)[1] il faut joindre aussi plusieurs personnes poursuivies comme complices des frères Laroque déjà condamnés (6 nivôse) : les deux sœurs Françoise et Floride LAROQUE naturellement suspectes d'intelligence avec eux[2]; et à la famille Magon et Saint-Pern, deux hommes accusés pour leurs relations avec Magon Lablinaye : Christophe GARDY et Jean COUREUR[3].

Aimé-Marie ALÉNO, dit *Saint-Alouart* ou *Saint-Alouarn*[4], soupçonné d'avoir pratiqué des manœuvres contre-révolutionnaires sous le prétexte de son commerce de bœufs.

Même jour, dans la seconde section[5], onze condamnés, et d'abord quatre femmes :

Marie-Françoise PUZEL veuve VARIN, ses deux servantes, Françoise MAREY et Anne OUDET, et Jeanne-Baptiste BLANDIN, servante d'un prêtre, envoyées au tribunal par l'accusateur public du Doubs pour avoir, de peur d'être volées, enterré un peu d'argent[6].

Guillot-Érasme VANCAPELLE, curé constitutionnel de Teleghem, qui avait dit « que ceux qui n'alloient pas à confesse pouvoient se dispenser d'entrer dans l'église; que ceux qui n'étoient pas catholiques feroient mieux de rester chez eux que de venir gêner les autres dans l'exercice de leur culte[7]. »

Un autre ancien curé, des environs de Joigny, Pierre GUY, accusé d'avoir dit « que les membres qui étoient à la Convention étoient des fripons et des scélérats, qu'ils ne cherchoient qu'à faire périr le roi et la reine et à faire leur fortune, qu'ils enlevoient tout et après qu'ils nous en feroient autant[8]. »

---

1. Voyez de nombreuses pièces relatives à Saint-Luc. (Archives, W 423, dossier 958, 2ᵉ partie, pièces 46 et suivantes, et 3ᵉ et 4ᵉ partie du même dossier.
2. *Ibid*, pièces 57 et 71.
3. *Ibid.*, 1ʳᵉ partie, pièce 1 *bis*. — 4. *Ibid.*, 2ᵉ partie, pièce 36.
5. Archives, W 422, dossier 957.
6. *Ibid.*, 2ᵉ partie, pièce 24, et leurs interrogatoires à Besançon, pièces 26-29.
7. *Ibid.*, 2ᵉ partie, pièce 19. Le rédacteur de cette pièce est un Flamand qui savait bien peu le français.
8. *Ibid.*, 1ʳᵉ partie, pièce 60.

Henri-Geneviève GAUCHER, ancien major du régiment de Bassigny, envoyé par le tribunal criminel de la Haute-Marne pour crime d'embauchage : il affirmait au contraire qu'il avait engagé les jeunes gens à s'enrôler ; mais il était dénoncé comme partisan des prêtres réfractaires[1].

Pierre DESHUISSARDS, cultivateur, accusé d'avoir dit dans un cabaret, le 3 août 1792 : « que le manifeste de Brunswick étoit admirable et qu'il alloit venir à Paris. » C'est après quinze mois écoulés qu'on lui impute ce propos : de deux témoins cités l'un dit le tenir de l'autre, et l'autre le désavoue[2] !

J.-B. GREMONT, ex-huissier, de Chaumont (Oise), défenseur officieux : « qu'il falloit attendre les Prussiens, et que les autorités constituées de Chaumont étoient un tas d'intrigants et de coquins[3]. »

Pierre RATIÉVILLE. Voyez p. 61.

Marie-Florence-Angélique-Joseph OLIVIER. Voyez *ibid*.

Il y eut cinq acquittements ce jour-là : dans la 1re section, Marguerite RUELLE veuve de BENOIST, aubergiste ; dans la seconde, Philippe HERBIN, épicier ; Jacques LEGENDRE, garçon de restaurateur ; Chrétien LAMBERT, laboureur ; et Joseph MOREAU, meunier, pour des propos de diverses sortes[4] ;

Et arrêt de non-lieu en faveur D'ARNOULD, procureur syndic de la Côte-d'Or[5].

2 (20 *juillet*.)

Seize accusés, tous acquittés dans une section. Nous en avons dit les raisons (p. 64) ; nous donnons leurs noms ici :

Alexandre ROUSSELIN, 23 ans et demi, chargé de mission par le conseil exécutif ; — Louis-Joseph RONDEAU fils, 37 ans,

---

1. Archives, W 422, dossier 957, pièce 112.
2. *Ibid.*, pièces 75 et 87. Il y a plusieurs attestations en sa faveur, pièces 90-94.
3. *Ibid.*, pièce 49.
4. *Ibid.*, 1re partié, pièces 21, 66, 97 et 2e partie, pièce 112, cf. pièce 119.
5. Archives, W 423, dossier 958 *bis*.

agent national de Troyes; — Barthélemy Hadot, 34 ans, membre du comité central révolutionnaire; — Louis Lefebvre l'Américain, 61 ans, officier municipal de Mesnil (Aube); — François-Nicolas Thomas, 25 ans, membre du comité révolutionnaire; — Antoine Pequereau, 31 ans, id.; — Antoine Baucheron, 34 ans, id.; — Jacques-J.-B. Déhan, 28 ans, membre du district; — Jean-Antoine-Étienne Garnier, 24 ans, id.; — Pierre Bajot, 44 ans, instituteur; — Jacques Ridez, 26 ans, ancien moine, employé dans l'administration; — Denis Bourdon-Chérot, ex-prêtre et juge au tribunal du district; — Edme Debarry, 43 ans, instituteur, adjoint au comité révolutionnaire; — Louis-Théodore Meunier, 38 ans, commissaire aux accaparements; — Armand-Nicolas-Marie-Aubain Rambourg fils, 17 ans; — Henri Forgeot, 46 ans, membre du comité révolutionnaire[1].

Même jour, quatorze condamnés :

Cazès, etc. Voyez p. 63.

J.-B. Vuillemin, ex-curé, 25 ans, Jean-Antoine Tissot; François Lallemand, capitaine, 25 ans, accusés d'avoir favorisé l'émigration d'une femme[2].

Claude-Ignace Vuillemin, 19 ans, François-Joseph Tisserand, et Claude Guyon, envoyés avec eux au tribunal pour la même cause, furent acquittés.

Acquittés aussi :

Jean-Jacques Dormoy, jeune prêtre éclos sous la Révolution 22 ans et demi, qui avait signé une pétition tendant à se libérer de fournir du grain; Georges Mongin, ex-ministre du culte salarié, accusé de négligence dans ses fonctions non de prêtre, il est vrai, mais de commissaire.

Antoine Dupuis, journalier, Thérèse Bouvet femme Morel, Claude-Alexis Monnot, juge de paix, faussement accusés de propos, d'émigration ou de complicité d'émigration; Claude-

1. Archives, W 426, dossier 960, pièce 45 (questions); cf. pièce 46 (procès-verbal d'audience) et pièce 38 (jugement d'acquittement). Dumas présidait.
2. Archives, W 424, dossier 959, 2e partie, pièces 80 et 81, cf. carton 425, même dossier, 4e partie, pièce 36.

François Dumont, fermier, Anselme Vareschon, cultivateur, d'intelligences avec l'ennemi; Jeanne-Baptiste Voinet, J.-B. Mozère et Thérèse Guay[1].

3 (21 *juillet*).

Louis-Jean-Alexandre Drême. Voyez p. 67.

François Blandin, fabricant de mouchoirs à Chollet qui, ayant commandé une compagnie contre les Vendéens, avait été fait prisonnier et était dénoncé comme ayant servi dans l'artillerie des rebelles : ce qu'il niait[2].

Renée Launay femme Voile, de Beaumont-sur-Sarthe, qui avait dit, le pays étant menacé par les « brigands » (les Vendéens) :

« Je m'en f... je me mettrai toujours du côté du plus fort. »

Et encore :

« Je ne serois pas surprise si on me mettoit à la guillotine : on n'y fait passer que d'honnêtes gens[3]. »

J.-B.-Charles Renou ; Gaspard-Joseph-Aloyse Gebistroff ; Pierre-Paul Saint-Romain, gendarme ; Charles Platré dit Bellecourt. Voyez p. 67.

J.-B. Mézières, gendarme comme Saint-Romain, était accusé d'avoir dit :

« Je ne périrai jamais que pour venger la mort du roi. »

Propos qu'il ne se rappelait pas, il était ivre.

Claude Ostalier, ancien jardinier, recueilli à Bicêtre comme pauvre — et jugé ennemi de l'État !

On acquitta deux ivrognes : Louis Champenois, boulanger, et Pierre-Marie Lecomte, vigneron, pour propos ou blasphème contre l'arbre de la liberté; et quatre volontaires : François Namon, Jean Boullessière, Louis Massoneau, et René Fillon, accusés d'avoir arraché et outragé leur plumet tricolore[4].

1. Archives, W 424, dossier 959, 1re partie, pièce 85 ; 2e partie, pièces 7 et 81 ; carton 425, même dossier, 3e partie, pièces 64 et 65, 4e partie, pièces 36, 59 et 69.
2. Archives, W 429, dossier 961, pièces 10 et 12.
3. *Ibid.*, pièce 129. — 4. *Ibid.*, pièces 79, 84 et 121.

Même jour, dans la seconde section, envoi de Lecarpentier :

Condamnés :

Adrien-Jean-Nicolas DELAMARE dit *Plémont*, 52 ans, ex-juge commissaire enquêteur au bailliage de Coutances ;

Pierre-François-Casimir SORIN dit *Lepaine*, ex-noble, 45 ans :

Charles LESCANDEY, 44 ans, substitut au ci-devant bailliage présidial de Coutances, accusateur public au district de la même ville ;

Pierre POTIGNY-LANCEY, 34 ans, rentier ;

J.-J.-Gervais COUILLARD, domestique de Tanquery, 25 ans ;

Marie-Charlotte-Louise-Élisabeth HÉBERT, femme divorcée de CADOT, ex-capitaine de dragons, émigré ;

Louis-Léon CUSSY, ex-noble ;

Charles-Antoine TANQUERY, ex-noble, 51 ans, capitaine de dragons ;

Henri LEFORESTIER, ex-noble, ex-comte, sous-lieutenant d'infanterie ;

Jean-Nicolas JUHEL dit *Bonusé*, ex-chevalier, ex-capitaine des dragons, 56 ans ;

J.-B.-Hyacinthe-Désiré COSTEL D'AUTRESOUL, ex-officier au 7ᵉ d'artillerie ;

J.-J.-Nicolas GUICHARD, ex-vicomte de GAVREY, 62 ans :

Pierre MAUDUIT, sous-chef à l'administration de la marine, 42 ans ;

Julien-François-Léonard DEMONTS, ex-noble, ex-chanoine de Coutances ;

Jean-François GUICHARD-MAUDITRY, ex-noble, 54 ans ;

Jeanne-Catherine BEROUVILLE, femme de GUICHARD-MAUDITRY, 45 ans ;

Pierre-Anne BOUDIER, marchand, ex-procureur de la commune de Gavrey, 31 ans ;

François-Robert LEPIJON, président honoraire de l'ex-élection de Coutances, 66 ans ;

N.-L.-Léon CUSSY, ex-noble, ex-prêtre, ex-archidiacre de

Coutances, 58 ans : — omis au jugement, mais exécuté avec les autres.

Acquittés :

Charles-Albert-Marie-Hue Caligny, ex-chevalier ;

Jean-François Gobillet, cultivateur ;

Jacques-François Kalop aîné, ex-greffier de la commune de Gavrey[1] ;

Thomas-Henri Piennes, ex-noble.

Partisans d'Euloge Schneider, accusés de malversations et acquittés :

François-Xavier Lambla, maire de Schelestadt ;

Dominique Michel, aubergiste, ex-officier municipal ;

Marie Probst, ex-bénédictin, officier municipal ;

Jean Grosjean, officier municipal ;

Jean Moissette, meunier ;

Charles-Joseph Chapeleur, ex-aide garde-magasin.

4 (22 *juillet*).

Dans la 1re section, la quatrième fournée du Luxembourg (dix-huit du Luxembourg et neuf autres) : les dames de Noailles, etc. Sur les vingt-sept, deux seulement acquittés. Voyez p. 72 et suiv.

Le même jour, dans la seconde section, vingt-six accusés de la Nièvre.

Vingt et un furent condamnés :

Étienne de Laroche-Lupy, ex-noble, 64 ans ;

Antoine-Henri de Remigny, ex-noble, 37 ans ;

Antoine-Charles Pra-Comptat, ex-noble, 61 ans ;

Jean-Pierre Bergère des Barres, 55 ans, ex-contrôleur des actes ;

Antoine Gauthier, « ex-commissaire du tyran », 53 ans ;

J.-B.-Pierre Esrat, ex-gendarme national ;

Philippe-Benoît Marion Lamolle, ex-noble, 59 ans ;

---

1. Kalop est porté par erreur dans le registre au nombre des condamnés. Il se trouve, et plus justement cette fois, dans l'arrêt d'acquittement.

Claude-Antoine Pricy-Limoux, officier municipal, 37 ans;

Claude-Philibert Canuzet, 60 ans, juge au bailliage de Nevers;

Marie-Édouard L'Empereur, « ex-garde du tyran », 60 ans;

Louise Gascoing, femme Laroche-Lupy, 56 ans;

Charlotte Boyau, veuve de Charles Amiral, 72 ans;

Jacques-Joseph Haly, père, ex-procureur et notaire, 56 ans,

Jean Laxalde, commis aux ponts-et-chaussées;

Claude-Édouard-François-de-Paul L'Empereur-Bissy, ex-juge au bailliage de Nevers, 74 ans;

Suzanne-Thérèse Séguier, veuve Remigny, ex-noble, 66 ans;

Pierre Chambrun d'Usseloup, ex-noble;

Jean-Sébastien-Louis Dubois, père, président à la ci-devant chambre des comptes de Nevers, 58 ans;

Jean-Pierre Robillard, 33 ans, officier municipal;

Claude-Laurent Chambrun d'Usseloup, père, auditeur de la chambre des comptes de Metz, 56 ans,

François Tréchaut, 26 ans[1].

Cinq acquittés :

Étienne Depierre, ex-aide garde-magasin des subsistances:

Jean-Louis Gauterot, modeleur et peintre en porcelaine;

Charles Amiral et son fils Auguste Amiral, âgé de 21 ans, et Lazare Gaudry, boulanger[2].

5 (23 *juillet*).

Conspiration des prisons : les détenus des Carmes. Voy. p. 78 et suiv.

Le même jour, dans la seconde section, neuf condamnés, soit pour propos, soit pour émigration.

Pour propos :

Pierre O Brenan, ancien curé, avait dit :

---

1. Archives, W 428, dossier 964, pièce 62 (jugement).
2. *Ibid.*, pièce 60.

« Que les districts étoient des gueux et des mendiants »,
et il avait voulu empêcher qu'on n'enlevât des titres seigneuriaux[1].

Benoît MILLOT, dit *Benoist*, huissier :

« Que ceux qui avoient voté la mort du roi étoient des gueux ; la Convention, des brigands, » etc.[2].

Marie-Anne MALICORNET, ancienne domestique de curé.

Plusieurs témoins entendus l'accusent d'avoir dit :

« Qu'elle ne seroit pas fâchée que les nobles et les prêtres l'emportassent ;

« Que les ennemis étoient ses amis ;

« Le diable emporte toute la nation » ; en disant « que c'étoit la nation qui étoit cause du mal ;

« Qu'on seroit plus heureux d'avoir un roi que d'avoir affaire à plusieurs têtes. »

On entend les témoins, et elle-même n'est pas interrogée ! Et cependant le procès-verbal constate qu'on s'est présenté chez elle pour apposer les scellés et qu'elle a dit « qu'elle n'avoit aucun meuble à elle appartenant, fermant à clef[3]. »

Pour émigration, quatre ou cinq domestiques qui avaient suivi leurs maîtres à l'étranger et semblaient oubliés dans leur prison :

Jean-David-Gabriel SOULAVIER, pendant quinze ans commis aux affaires étrangères, puis au service du ministre de Russie. Il l'avait suivi en Russie et l'avait quitté pour entrer dans la maison de Crawford, Anglais, à Dusseldorf : il avait obtenu une permission pour venir voir sa famille, et c'est au moment où il avait la simplicité de demander un passe-port pour retourner à son service qu'il avait été arrêté[4].

J.-B. DIDIOT, ancien domestique de M. de la Bourdonnais.

1. Archives, W 430, dossier 966, 1re partie, pièce 2. Il y a plusieurs mémoires justificatifs de lui dont les jurés assurément ne connurent rien, pièces 14-21.
2. *Ibid.*, pièces 60 et 61.
3. *Ibid.*, 5e partie, pièce 85.
4. *Ibid.*, 1re partie, pièce 89 (note de sa femme du 25 mars 1793) ; cf. pièces 90, 100 et 108.

Après l'avoir quitté, il était allé à Bordeaux, à Bayonne, et de là à Saint-Sébastien, avec passe-port d'ailleurs, pour réclamer de son ancien maître ce qu'il lui devait[1].

Louis BRISON, attaché autrefois au duc de Fleury qui l'avait emmené en Italie. Il était rentré avec lui dans les délais fixés par la loi; il l'avait suivi à Londres, parce qu'il lui était dû aussi de l'argent; mais il l'avait quitté, préférant renoncer à son argent qu'à son pays et était entré au service de Rosset de Fleury, — frère de son ancien maître : — frère d'émigré, médiocre patronage. Le tribunal ne lui tint nul compte du sacrifice qu'il avait fait à son pays[2].

Nicolas PARENT, qui, lui aussi, avait quitté la France pour suivre ses maîtres à Genève. Il était rentré en février 1793, par Bâle, et avait obtenu un passe-port à Huningue, mais ce passe-port par sa date déposait contre lui[3].

Louis-Étienne BONNEVAL, ci-devant valet de chambre d'une dame polonaise qui l'avait conduit en Russie : il avait pourtant refusé le serment qu'on exigeait de lui de ne pas rentrer en France qu'il n'y eût un roi, et d'aider à son rétablissement; il avait été, à cause de cela, déporté à Lubeck, puis à Hambourg; mais il n'avait pu, faute d'argent, revenir plus tôt dans son pays. Il y revenait pour le servir et le défendre[4]. — Il y revint pour aller à l'échafaud.

Enfin François MOREAU, perruquier, dénoncé comme étant allé en Suisse[5].

Douze acquittés :

Christophe SAINTAIN, cultivateur; — Edme MARTINOT, boucher; — Pierre GUILLOT, cordonnier; — Louis LEMERÉ, sellier; — Louis-Paul LEBLANC et Jean-Louis LEBLANC, son fils, cordonniers; — Jean STOURNÉ, laboureur; — Jean-François BOULOGNE, étapier; — Pierre RENAUDIN, ancien curé, chef d'atelier à la fabrication du salpêtre; — Marie-Marguerite-

1. Archives, W 430, dossier 966, 2ᵉ partie, pièces 2 et 4.
2. *Ibid.*, pièces 14, 41 et 42. — 3. *Ibid.*, pièces 50, 66 et 67.
4. *Ibid.*, pièces 45 et 49 (interrogatoires).
5. *Ibid.*, pièces 68 et 72.

Françoise Hébert, femme Quesnel ; — Marie-Anne Leduc, femme Valentin et Marie Meunier, blanchisseuse[1].

6 (24 *juillet*).

1re fournée de Saint-Lazare. Voyez p. 109.

Même jour, dans l'autre section, l'affaire de la *Muette*. La famille Longrois ; Mme Filleul et sa mère ; la fille de Joseph Vernet, femme Chalgrin, etc. Voyez p. 143.

7 (25 *juillet*).

2e fournée de la conspiration de Saint-Lazare :

Roucher ; André Chénier, etc. Voyez p. 116.

2e section : dix-huit accusés, douze condamnés, six acquittés.

Parmi les douze condamnés :

Jean-Antoine Rouilhac ; Jean-François Antié dit *Léonard* ; Jean-Louis de Guibert, Michel Voyenau et Joseph Vérine. Voyez p. 148.

Pierre-Gauthier Vinfray était accusé d'avoir fait charger des canons à mitraille pour tirer sur les citoyens (sans doute dans les journées des 5 et 6 octobre), et aussi d'avoir fait jeter du sel à l'eau[2].

J.-B. Sévin, ancien premier commis de la guerre, avait été rencontré à Rouen, coiffé d'un chapeau rond, sans cocarde : — il était suspect d'avoir porté la cocarde blanche[3].

Jacques-François Ringueney-Latoulinière, employé dans l'artillerie, ex-officier de goblet, — donc homme de cour.

Jean Raoul, « ci-devant pourvoyeur des tantes de Capet », était accusé d'avoir suivi ces princesses à Rome[4].

---

1. Archives, W 430, dossier 966, 2e partie.
2. Archives, W 432, dossier 970, 1re partie, pièce 68.
3. *Ibid.*, pièce 74. Il y a une attestation des habitants de Garches qui le donne comme un bon républicain, *ibid.*, pièce 52.
4. *Ibid.*, pièce 76.

Étienne-François Varenès, ancien capitaine de dragons, avait un fils émigré et s'était plaint de ne pouvoir se rendre auprès de son roi; on lui attribuait de plus certaines lettres suspectes[1].

Élie-François Labrousse-Belleville, ex-noble, avait regretté la suppression « de la ci-devant qualité de noble » et manifesté l'intention d'aller à Coblentz[2].

Jean Saugeon, homme de loi, avait tenu divers propos :
« Qu'il falloit un roi et qu'il parioit qu'avant qu'il fût six mois, il y en auroit un[3]. »

Les six acquittés sont : Charles Langlois, limonadier; Simon Lorget, postillon; Jean Fleuriot, instituteur; Pierre Martin, menuisier; Jean Roudy, fondeur, et Louis Valas dit *Bourolle*, ouvrier.

8 (26 *juillet*).

3e fournée de Saint-Lazare. Le marquis d'Usson, les frères Trudaine, Loiserolles père et fils. Voyez p. 134.

Les trente accusés, tous condamnés, de la seconde section. Voyez p. 165.

Acquittés : Amé-Jean-Baptiste-Félix Duclos; — Michel-Pierre-Louis Pranpain; mais réintégrés dans leur prison comme détenus pour autre cause.

9 (27 *juillet*).

1re section : vingt-quatre condamnés; un seul acquittement : Thérèse-Charlotte Coriolis femme Blanchard. Voyez p. 168.

2e section : vingt-trois accusés; vingt-deux condamnés.

Sur Aucane, Béchon d'Arquian, Courlet-Beaulop, compris parmi les condamnés de cette section, voyez p. 172.

---

1. Archives, W 432, dossier 970, 1re partie, pièces 78 et 80.
2. *Ibid.*, 2e partie, pièces 75 et 74.
3. *Ibid.*, pièce 122 et 130.

Parmi les vingt autres, les trois prêtres Cl. Bernard, J. Guyot de Lijoux ou de Rijoux et Brumeau-Beauregard, étaient envoyés par l'accusateur public de la Vienne : Clément Bernard, pour correspondance et comme ayant « foulé aux pieds les décrets de la Convention ; » J. Guyot de Lijoux, pour correspondance aussi et rébellion : il avait commenté le serment de liberté et d'égalité, et montré combien il était différent de l'autre, ce qui n'était pas recommander l'autre ; Brumeau-Beauregard, comme complice des troubles de la Vendée : il n'avait pourtant pas eu de peine à prouver qu'éloigné de la Vendée, il n'avait pu y prendre part. On lui avait aussi demandé s'il avait prêté le serment, et il avait répondu négativement « parce qu'il était contraire à sa conscience et que la loi ne l'y obligeait pas » ; en effet, il avait renoncé à ses fonctions, mais ce n'était plus une raison suffisante[1].

Cluny était poursuivi comme complice de l'insurrection de Marseille : il y avait été chef de bataillon, puis membre du conseil du département provisoire pendant huit jours, mais il niait qu'il eût pris part à la révolte[2].

François-Nicolas-Louis de Rouvière était accusé d'un tout autre crime : il avait voulu, disait-on, attenter à la personne de Robespierre. Son interrogatoire à la police (11 messidor) dit sur quel fondement :

D. « Pour quelle raison, en entrant dans l'allée où se trouvoit Robespierre, il s'est approché de lui avec vivacité en disant qu'il vouloit conférer un moment avec lui en particulier ?

R. Qu'il ne l'avoit pas reconnu ; qu'il ne croyoit pas avoir demandé à lui parler en particulier.

D. Ce qu'il faisoit de deux rasoirs, d'un couteau et d'un canif qu'il avoit dans sa poche ?

R. Qu'il avoit pris tous ces objets pour son voyage[3]. »

1. Archives, W 439, dossier 974, 2ᵉ partie, pièces 26, 27, 30, 35, 47, 52, et 1ʳᵉ partie, pièces 66, 68 et 74.
2. *Ibid.*, 1ʳᵉ partie, pièce 92, et 2ᵉ partie, pièce 21.
3. *Ibid.*, pièce 88. On avait de plus trouvé sur lui deux médailles à face royale.

Un seul fut acquitté dans cette section comme dans l'autre, un cultivateur, Aviat-Turot, et l'on se demande comment il eut cette bonne fortune. On lit en effet sur son dossier : « fanatique repentant, mais qu'il est prudent de ne pas mettre de suite en liberté, — il n'y a lieu à accusation et dans trois mois l'on examinera s'il y a lieu à élargissement (11 floréal)[1]. »

On le reprit en effet deux jours avant l'expiration des trois mois. Il avait dit : « qu'il donneroit cent écus pour avoir une messe et qu'il en parioit deux que sa femme iroit si on en disoit[2] » ; et dans l'acte d'accusation on l'accusait d'autres propos à l'occasion de la fermeture de l'église :

« Que s'il y avoit un rassemblement de femmes pour faire ouvrir les portes de l'église, il y enverroit la sienne », etc.[3].

Il niait, il est vrai, les propos, ce qui généralement ne servait guère, mais on attestait son patriotisme, et cette fois l'attestation l'emporta[4].

10 (28 *juillet*).

Robespierre, etc., voy. p. 252.

Nota : Ce jour-là devaient comparaître devant le tribunal, et probablement remplacer Robespierre et les autres à l'échafaud, les accusés suivants, dont le dossier était tout prêt :

F.-Xavier de Villemandy, ci-devant intendant de l'ex-duc de Luynes, 33 ans.

Sophie Dauphin, belle-sœur de Villemandy, 26 ans.

François-Marie Paris, ci-devant homme de loi, 27 ans.

Charles-Pierre Domain, huissier au ci-devant bureau des finances, 62 ans.

Sébastien-Jean Fournier, marchand de vins, 43 ans.

Bénigne Bidaut, limonadier, 38 ans.

Louis Tavaux, mercier, 40 ans.

Jean-Étienne Lenoble, ex-receveur des rentes, âgé de...

---

1. Archives, *ibid.*, 2ᵉ partie, pièce 73 et 74.
2. *Ibid.*, pièce 74.
3. *Ibid.*, pièce 90. — 4 *Ibid.*, pièce 75 ; cf. pièce 83.

Pierre LEBRET, domestique de la belle-sœur du tyran, 46 ans.

Michel DECAVELEY, lieutenant de vétérans nationaux, et chevalier de Saint-Louis, âgé de...

Louis CHRISTICH, homme de loi, 26 ans.

Charles-Alexis-André LEGRAND, se disant homme de loi, âgé de...

Pierre PERRAUD, élève en chirurgie, 27 ans.

Jacques-Nicolas BELLANGÉ, 53 ans.

René-François GUYARD, tapissier, 51 ans[1].

11 (29 *juillet*).

Ce sont maintenant les victimes du 9 thermidor :

Première section :

1. Bertrand ARNAUD, 55 ans, lecteur secrétaire, membre du conseil général de la Commune.

2. Jean-Baptiste-Crépin TAILLEBOT, 58 ans, maçon et officier municipal.

3. Servais-Baudouin BOULLANGER, 38 ans, compagnon joaillier, général de brigade.

4. Prosper SIJAS, 35 ans, commis à l'administration de la régie.

5. Pierre REMY, 45 ans, tabletier, administrateur de police.

6. Claude-Antoine DELTROIT, 43 ans, ancien menuisier, officier municipal et membre de l'état civil.

7. Jean-Guillaume-François VAUCANU, 37 ans, marchand mercier, membre de la Commune.

8. Claude BIGANT, 40 ans, peintre et membre du conseil général, et membre de l'administration de police.

9. Jean-Charles-Pierre LESIRE, 43 ans, cultivateur et membre du conseil de la Commune.

10. Jean-Baptiste-Emmanuel LEGENDRE, 60 ans, agent national des postes, ex-officier municipal.

---

1. Archives, W 434, dossier 974 *bis*.

11. Jean-Philippe-Victor CHARLEMAGNE, 26 ans, instituteur et officier municipal.

12. Pierre-Nicolas DELACOUR, 57 ans, ex-notaire et officier municipal.

13. Augustin Germain JOBERT, 50 ans, négociant et officier municipal.

14. Pierre-Louis PARIS, 35 ans, ex-professeur de belles lettres, officier municipal.

15. Claude JONQUOY, 44 ans, tablettier et administrateur.

16. René-Toussaint DAUBENCOURT, 53 ans, coffretier.

17. Jean-Baptiste VINCENT, 36 ans, entrepreneur de bâtiments, membre du conseil général et agent de la grosse artillerie de la République.

18. Martin WILTCHERITZ, 48 ans, cordonnier et administrateur de police.

19. Pierre HENRY, 48 ans, receveur des loteries, et depuis administrateur de police.

20. Jean CAZENARD, 38 ans, commis marchand, officier municipal.

21. Jean-Louis GIBERT, 43 ans, pâtissier, ex-membre de la Commune.

22. Pierre GIROD, 27 ans, marchand mercier, ex-membre du conseil général de la Commune.

23. François PELLETIER, 33 ans, marchand de vins, notable et membre de la Commune.

24. Nicolas JÉRÔME, 44 ans, tourneur, officier municipal et directeur des postes.

25. Jean-Baptiste COCHOIX, 53 ans, commis marchand, et depuis employé au bureau civil et criminel dans les bureaux du commissaire Herman, et membre de la Commune.

26. Jean-Léonard FARROT (FARO), 31 ans, peintre, administrateur de police.

27. René GRENARD, 45 ans, fabricant de papiers, membre du conseil général de la Commune.

28. Jacques LASNIER, 52 ans, homme d'affaires, officier municipal de la commune de Paris.

29. Marc-Martial-André Mercier, 43 ans, libraire, ex-directeur des imprimeries de la fabrication des assignats.

30. Jean-Pierre Bernard, 38 ans, domestique, membre de la Commune.

31. Étienne-Antoine Souars, 56 ans.

32. Dominique Mettot, 45 ans, agent d'affaires et secrétaire greffier-adjoint de la municipalité aux archives de l'état civil.

33. Louis-Joseph Mercier, 40 ans, menuisier, notable de la Commune et administrateur des Quinze-Vingts.

34. Jean-Jacques Baurieux, 45 ans, horloger, officier municipal.

35. Antoine Gemtelle, membre du conseil général de la Commune[1].

Deuxième section :

1. Ponce Tanchon, 32 ans, graveur, administrateur de police.

2. Marc-Louis Desvieux, 44 ans, ex-avocat, président du tribunal de 3° arrondissement, et notable.

3. François-Auguste Paff, 41 ans, marchand bonnetier, et notable.

4. Jacques-Mathurin Lelièvre, 40 ans, graveur en pierres et administrateur de police.

5. Louis-François Dorigny, 36 ans, charpentier, membre du conseil général de la Commune.

6. Pierre-Alexandre Louvet, 33 ans, peintre, ex-administrateur des subsistances.

7. Jean-Jacques Lubin, 29 ans, élève de l'Académie de peinture, et depuis, juge du tribunal du premier arrondissement, et substitut de l'agent national de la Commune.

8. Jacques-Pierre Coru, 63 ans, marchand grainier, membre de la Commune, officier public à l'état civil.

9. Pierre-Simon-Joseph Jault, 30 ans, artiste, membre de la Commune.

1. Archives, W 434, dossier 976.

10. Jean-Baptiste Bergot, 56 ans, employé à la Halle aux cuirs, administrateur de police.

11. Jacques-Nicolas Lumière, 45 ans, musicien, juré au tribunal révolutionnaire, membre du conseil général de la Commune.

12. Jean Paquotti, 48 ans, ciseleur, et officier municipal.

13. Jacques-Nicolas Blin, 63 ans, écrivain-expert, secrétaire greffier-adjoint de la Commune.

14. Marie-François Langlois, 37 ans, papetier, officier municipal.

15. Jean-Nicolas Langlois, 49 ans, serrurier, membre du conseil de la Commune.

16. Jean-Pierre Eude, 31 ans, tailleur de pierres, membre de la Commune.

17. Pierre-Léon Ladmiral, 38 ans, fruitier, depuis employé à la poste, au bureau des départs, et membre du conseil général.

18. Pierre-Jacques Legrand, 51 ans, homme d'affaires, et membre du conseil général de la Commune.

19. Pierre Haener, 52 ans, imprimeur, membre de la Commune.

20. Martial Gamorry, 46 ans, coiffeur, membre du conseil général de la Commune.

21. André Marcel, 73 ans, maçon, membre du conseil général de la Commune.

22. Charles-Huant Desboisseaux, 39 ans, juré du tribunal révolutionnaire.

23. Jean-Baptiste Charigny, 55 ans, commis, puis commissionnaire de roulage, chargé des transports militaires, membre du conseil général de la Commune.

24. Jacques Moyne, 39 ans, commis teneur de livres, substitut de l'agent national de Paris.

25. Joseph Ravel, chirurgien, membre du conseil général de la Commune.

26. Jacques Morel, 55 ans, écrivain, membre de la Commune.

27. Claude Besnard, 28 ans, ex-juré au tribunal révolutionnaire, administrateur des établissements publics.

28. Pierre-François Devaux, 53 ans, jardinier fleuriste, membre de la Commune de Paris.

29. Joseph Alavoine, 63 ans, tailleur pour femmes, membre du conseil général de la Commune.

30. François-Laurent Chatelin, 43 ans, professeur de l'Ecole nationale de dessin, administrateur des établissements publics et membre de la Commune.

31. Jacques-Louis Cresson, 49 ans, ébéniste, officier municipal et administrateur de police.

32. Jean-Claude Girardin, 48 ans, éventailliste, membre du conseil général de la Commune.

33. Joseph Dumontiers, 51 ans, tailleur, officier municipal, administrateur de police.

34. Pierre Dumez, 37 ans, ingénieur, membre de la Commune et administrateur des subsistances.

35. Edme-Marguerite Lauvain, 60 ans, ex-avocat, et maintenant commissaire national du tribunal central des directeurs du jury d'accusation, et membre du conseil général de la Commune[1].

12 (30 *juillet*).

1. Charles-Nicolas Leleu, 40 ans, perruquier et membre du conseil général de la Commune.

2. Léopold Nicolas, 37 ans, imprimeur et juré du tribunal révolutionnaire.

3. Jean-François Lechenard, 37 ans, tailleur et juré du tribunal du 17 août, membre du conseil général de la Commune.

4. François Tortot, 31 ans, horloger, administrateur de police.

5. Pierre-François Queniard, 54 ans, ébéniste, membre du conseil général de la Commune.

6. Pierre Cietty, 41 ans, peintre et membre de la Commune.

1. Archives, W 434, dossier, 977.

7. Jean-Étienne LAHURE, 38 ans, bijoutier, commandant en second de la section de Popincourt.

8. François-René CAMUS, 47 ans, négociant avant la Révolution, membre de la Commune.

9. Pierre-Eutrope GILLET-MARIE, 41 ans, paveur, et membre du conseil général de la Commune.

10. Antoine FRÉRY, 62 ans, membre du conseil général de la Commune.

11. Jean-Jacques ARTHUR, 33 ans, fabricant de papiers, membre de la Commune.

12. Jean-Baptiste GRILLET, 67 ans, peintre en portraits, et membre de la Commune [1].

18 (5 août 1794).

Pierre-André COFFINHAL, ex-médecin, ex-homme de loi, ex-vice-président du tribunal révolutionnaire, mis hors la loi le 9 thermidor et envoyé à l'échafaud par le tribunal criminel du département de Paris sur la constatation de son identité (voy. p. 268).

1. Archives, W 434, dossier 978.

APPENDICES

I

(Page 18.)

Pièces diverses relatives à la famille de Faudoas.

TABLEAU DE PARIS.
SONNET (MAI 1792).

On ne rencontre dans les rues
Que députés ou soi-disants,
Des Brissotins aux mains crochues
Qui dévalisent les passants ;

Des femmes, des filles perdues,
Des Jacoquins, des vagabonds,
Portant culottes mal cousues,
Armés de piques ou bâtons ;

Un soldat fesant sentinelle,
Qui se sauve quand on l'appelle,
Des ivrognes au Gros-Cailloux ;

Des scélérats aux Thuilleries,
Criant contre les seigneuries,
Voilà Paris : qu'en pensez-vous [1] ?

C'EST TRÈS BIEN FAIT, C'EST TRÈS MAL FAIT.
Sur l'air : *Chansons, chansons.*

Pour rétablir la paix en France
Qu'on abolisse la licence,
   C'est très bien fait ;

---

[1]. Archives, W 414, dossier 919, 1re partie, pièce 15. La troisième strophe est passée dans l'acte d'accusation, (pièce 101) signé de Fouquier. Il ne se doute pas qu'il transcrit un sonnet.

Mais que toujours dans l'anarchie
Un citoyen passe sa vie,
 C'est très mal fait;

Si ce roy que tout le monde aime
Conserve le pouvoir suprême,
 C'est très bien fait;

Mais qu'on lui ôte sa puissance
Le traitant avec indécence,
 C'est très mal fait;

Que le diable à jamais confonde
Des Jacobins la troupe immonde,
 C'est très bien fait;

Mais que partout on les tolère
Sans craindre de Dieu la colère,
 C'est très mal fait[1];

Notons la strophe incriminée plus particulièrement par l'accusateur public dans cette pièce : ce n'est pas celle qui exprime un vœu pour le maintien du roi; c'est celle qui envoie au diable les Jacobins. Cette pièce est de la même main que le plus grand nombre des lettres adressées à Mlle de Faudoas. Elle se trouve à la suite de la lettre du 8 mai 1792 (feuille détachée).

Voici la lettre d'où sont extraits les vers cités, p. 9.

      Le 29 décembre 1792.

Je vous remercie, Mademoiselle, de votre émission poétique. J'en ai fait part à M. le maréchal qui, après lecture, m'a dit : « J'approuve les vers faits pour Malesherbe, ainsi que ceux « pour Seise (Sèze) et Tronchet. Mais l'épigramme contre « Target ne vaut pas mieux que lui. J'ai dans mon porte- « feuille quelque chose de meilleur. Lisez sans prévention, « et, si vous pensez comme moi, envoyez cela à Éléonore afin « qu'elle décide. » J'ai lu et me suis aperçu que votre compère avait toujours une grande facilité pour *brissoter* les ouvrages des autres. Je n'ai point voulu applaudir ny contredire sa versification. Je me suis contenté d'aprouver son inten-

---

1. Archives, W 414, dossier 919, 1re partie, pièce 16.

tion de rendre justice au mérite et je lui ai promis de vous en faire une adresse :

> Lorsque Malesherbes prend de Louis la défense,
> On dit que c'est Thémis qui défend l'innocence ;
> Et chacun rend justice aux vertus, aux talents
> De Sèze et de Tronchet qui sont ses adjudants.
> Le gros Target, dit-on, s'est fait républicain,
> Après avoir écrit et signé de sa main
> Que la France devoit estre une monarchie.
> J'ignore d'où lui vient pareille fantaisie,
> Mais quelqu'un qui le sçait et n'en est étoné
> M'a dit que c'est de peur d'estre guillotiné[1].

Il plaisante ailleurs sur le maréchal de la Digue dondaine (le maréchal *Podagranbos* comme il l'appelle ailleurs, 16 septembre 1792, pièce 27), sur son amour pour Éléonore, etc. (pièce 9, 10).

Ces lettres fort contre-révolutionnaires, sans doute, que l'on a recueillies au dossier sont écrites à elle et non par elle. En voici quelques échantillons :

Le 19 avril 1792.

Je sais, Mademoiselle, l'intérêt particulier que vous prenez à votre compère, le maréchal de la Digue dondaine et combien vous avez désiré le posséder dans la capitale des Jacoquins, afin de pouvoir rétablir l'ordre et la paix, la tranquillité et l'harmonie si nécessaires au bonheur, à la satisfaction de ceux qui vous entendront jouer du forte piano organisé. Ne doutez plus du rétablissement de tout ce qui a été détruit. Vous alez désormais jouir du bon maréchal ; secondé par les pituiteux Lutéciens il parviendra certainement au but qu'il désire, celui de donner de bons avis et sages conseils aux ennemis du bien public, afin d'opérer le changement qui doit arriver dans la révolution, etc.

Dans une lettre du 14 avril 1792 (pièce 13) :

« Je vous félicite du beau temps qu'il fait. Promenez-vous, mais ne vous exposez jamais aux regards des Jacoquins. On

---

1. Archives, *ibid.*, pièce 5.

anonce icy que le gouvernement anglican a fait notifier au roy des Français qu'il adhéroit à la ligue des autres puissances pour anéantir l'anarchie jacoquine, crainte de perdre ainsi leurs colonies.

II

(Page 51.)

Repas fraternels.

NOUVELLE CATÉGORIE DE SUSPECTS

A propos des repas fraternels une lettre non signée, adressée à Robert Lindet y signale une nouvelle cause d'arrestation et elle jette aussi quelque jour sur ces comités révolutionnaires qui étaient les principaux pourvoyeurs du tribunal.

Au citoyen Robert Lindet,
Député à la Convention et membre du Comité de Salut public,
à Paris.

Soupers fraternels et *infraternels*.

Ces orgies bizarres, si elles ne sont pas coupables, ont été pour la plupart *arrêtées, ordonnées* dans les sections par les *tripots* qu'elles appellent assemblées générales; et si quelques-unes se sont servi du mot *invitation*, on sait ce que vaut cette expression quand on peut être traité comme *suspect* pour ne s'y être pas rendu. Qui a pu leur suggérer une pareille idée? Il est difficile de ne pas croire que c'est Henriot, quand on a lu son ordre du 23 inséré dans le journal de Feuillant du 24, et surtout quand on sait que dans certaines sections, ce sont les commandants de bataillon qui, de leur seule autorité, ont fait battre la caisse pour appeler les citoyens à la célébration de ces *orgies*. Et cette conjecture est d'autant plus probable qu'il y auroit de l'imbécillité à douter qu'Henriot ne soit absolument dans les principes de ses anciens *protecteurs* et *endoctrineurs* Bouchotte, Ronsin, Vincent, Pache, Chaumet et Hébert.

Mais, dira-t-on, comment les assemblées de section ont-elles pu donner dans ce piège? Comment n'ont-elles pas senti qu'elles n'avoient pas le droit d'*ordonner* ces saturnales ni même celui d'*inviter* à s'y livrer? O le voici. Quand il s'agit de quelque chose qui tient à l'esprit d'intrigue ou à des intérêts particuliers, la proposition en est toujours faite par un membre du comité révolutionnaire de la section ou par un de ces *patriotes* énergumènes et *hébertistes* qui ne font qu'un avec le comité et qui ordinairement lui servent d'espions. A l'instant les hommes ignorants à qui le scélérat Danton a fait accorder 40 s. par séance et qui depuis vont en foule aux assemblées où ils n'alloient pas auparavant, accueillent la motion par des applaudissements bruyants et en criant *aux voix*; et l'arrêté est pris à l'unanimité, quoique les citoyens instruits et bien intentionnés soient d'un avis différent. Si quelqu'un d'eux *osoit* s'y opposer, il auroit tout à craindre d'être incarcéré comme *suspect*, après avoir été traité d'*aristocrate*, de *modéré*, de fédéraliste (et nombre de citoyens gémissent dans les prisons pour pareille cause); ou tout au moins on lui refuseroit un certificat de civisme, s'il avoit le malheur d'en avoir besoin, sa subsistance en dépendît-elle, soit comme employé, soit comme pensionnaire.

Voilà comme dans les assemblées des sections les opinions les plus éclairées, les plus pures et les plus utiles sont enchaînées, opprimées par la terreur qu'inspire l'autorité *arbitraire* des comités révolutionnaires et par le crédit qu'ils donnent à certains fripons *hébertistes* comme eux, car ils le sont pour la plupart. Aussi les meilleurs citoyens se taisent dans ces funestes assemblées, ou, s'abstenant d'y aller, les arrêtés les plus absurdes, les plus injustes, les plus impolitiques y sont pris à chaque instant; et de plus on ruine les citoyens par des dépenses *sectionnaires* sans bornes, qui excédent les impôts ordinaires et les dépenses communales qui cependant sont déjà très fortes. Tantôt c'est une salle qu'un menuisier, un serrurier, membre du comité révolutionnaire, *veut* qu'on construise, qu'on agrandisse ou qu'on embellisse, et il faut le vouloir avec lui ; tandis que si les opinions étoient libres on se contenteroit de lui répondre : *Vous êtes orfèvre M. Josse.* Tantôt c'est un mauvais discours plein d'exagération et d'impolitique dont on ordonne l'impression par 3, 4, 5 et 6000 exemplaires, etc. Puis, pour combler la mesure et à l'exemple de la commune, *jamais de compte* ou si on [en] rend pour la forme, défense d'y trouver rien à redire sous peine de *suspicion*, etc. Et tout cela se passe sous tes yeux et ceux de tes collègues ! et vous vous opiniâtrez à laisser subsister les assemblées de section et les certificats de civisme ! Hélas ! ou voulès-vous donc nous mener ?

(*Pas de signature*[1].)

Mais le Comité de salut public s'alarma de ces repas fraternels à un autre titre. Il craignit que les aristocrates ne profitassent de ces réunions pour séduire le peuple par leurs libéralités. Ce fut l'objet d'un rapport de Barère le 28 messidor (16 juillet 1794) :

« Les banquets sont remplis d'hommes patriotes et de braves républicains, de citoyennes vertueuses ; mais sous les tables fraternelles se cachent l'aristocratie hideuse, l'artificieuse contre-révolution et les vices qu'elles traînent à leur suite. »

Peu s'en fallut qu'on ne traitât en suspects, non plus seulement ceux qui refusaient d'y contribuer, mais ceux qui y prenaient part. Pour le moment le rapporteur se contentait de réclamer un « décret moral » contre les banquets et le renvoi de son exécution « au tribunal révolutionnaire de l'opinion publique. »

La convention ordonna l'impression du rapport et l'envoi aux départements et aux armées[2].

---

1. Archives, F 1 c Seine, n° 23.
2. Séance du 28 messidor (*Moniteur* du 29.) Garnier-Launay, juge au tribunal révolutionnaire, qui avait engagé à y prendre part, s'empresse de s'en excuser par une lettre au « républicain Robespierre. » (*Papiers inédits trouvés chez Robespierre et omis par Courtois*, t. I, p. 231).

III

(Page 102.)

Enquête à Saint-Lazare.

COMMUNE DE PARIS
DÉPARTEMENT DE POLICE.

Ce jourd'huy vingt-trois messidor an II de la République une et indivisible.

Nous administrateurs de police, nous sommes transportés à la maison Lazare à l'effet d'y interroger divers citoyens sur le complot constament suivi de bouleverser la République en établissant la révolte dans les maisons d'arrêts, en provoquant la dissolution de la représentation nationale dans la personne de ses membres composant le comité de salut public et de sûreté générale, avons pour cet effet fait comparoître le citoyen Manini, l'avons interpellé de nous déclarer avec franchise quels sont les détenus qui conspirent dans la ditte maison, leurs noms, leurs discours, leurs actions et leurs moyens de correspondance.

« A répondu que le nommé Allain a cherché à entraîner avec lui le citoyen Isnard. »

Il devait s'évader à l'aide de ses draps, une nuit de pluie; des individus devaient l'attendre avec une échelle de corde.

« Quelques jours après, ayant entraîné dans son opinion le citoyen Celle et Gautier, et leur ayant perdu la tête par ses discours liberticides, en leur disant que tous les individus qui étoient dans les prisons passeroient tous à la guillotine, que telle étoit l'opinion définitive des deux comités réunis, et surtout du scélérat Robespierre, il a entraîné ses deux derniers individus, c'est-à-dire Celle et Gautier à faire des offres réelles de neuf mille livres à Coqueri pour les aider à coupe des barreaux afin d'exécuter leurs évasions, » etc.

Avant de s'en aller, voyant des bouteilles, il dit qu'il les reconnaît comme ayant été données par Selle au concierge.

« Et de suite avons fait comparoître le citoyen Coquery.

A répondu qu'il connoissoit le nommé Allain depuis La Force où il étoit détenu avec lui;... que dès le commencement Allain cherchoit à se sauver, à ce qu'il fit connoître par ses discours... que dans diverses conversations qu'Alin a eu avec le répondant il lui a dit que s'il tenoit Robespierre il l'étrangleroit, que c'étoit un scélérat... »

Coquery rapporte en outre les conversations d'Allain et de Scelle, leurs projets d'évasion :

« Il a toujours tenu les mêmes propos et sollicité les citoyens Celle et Gautier de se sauver avec lui, et que si je voulois sortir avec eux, ils me donneroient neuf mille livres; à quoy je répondis que les portes seroient ouvertes, pour moi je ne me sauverois pas pour cela, et lui demandois comme ils pourroient se sauver; alors il me dit que s'il me donnoit neuf mille livres que c'étoit pour couper les barreaux du premier étage du corridor vis-à-vis la terrasse, qu'il se chargeoit d'avoir du monde dehors.

« .... Qu'il a connoissance que Celle porta un jour une bouteille de vin dit du pape audit concierge...

« .... A lui demandé ce qu'il pensoit de l'administrateur,

« A répondu ni bien ni mal, que cependant qu'il sait qu'il se soûle avec le concierge, que toutes les fois qu'il vient il mange avec lui, et qu'il croit que ce n'est pas ainsi que doit se conduire un administrateur, » etc.

. . . .

Interrogatoire de Scelle qui dit n'avoir eu aucune relation avec Allain que pour dîner.

« A lui demandé s'il n'a pas été question entre eux de scier un barreau d'une fenêtre du corridor du premier, donnant sur la terrasse.

« A répondu qu'un jour étant à dîner avec les citoyens Gautier, Isnard, Allain, Coquery, il fut dit que si on vouloit s'évader de la maison, il seroit fort aisé en mettant une planche qui correspondroit de la fenêtre du corridor du premier à la terrasse; que Coquery, présent, dit : « Mais il faudroit scier au « moins un barreau, et pour le faire, il faudroit une scie « d'horloger. » Ce propos est tombé et je n'en ai jamais entendu reparler. »

Il nie l'offre des neuf mille livres.

Gautier, interrogé sur les projets d'évasion d'Allain :

« A répondu qu'il avoit souvent montré de l'impatience d'être détenu, mais que c'étoit de n'être pas jugé, et non contre les autorités constituées. »

Il témoigne en faveur de l'administrateur de la prison.

Desisnard (Isnard) compagnon de chambre d'Allain :

R. ... Qu'il connoissoit le citoyen Allain comme étant son compagnon de chambre; qu'il a pu parler contre Robespierre, même qu'il l'a entendu parler souvent contre ce député dans des mouvements de vivacité.

D. « Ce qu'il lui a entendu dire contre ce député?

R. ... « Que Robespierre n'étoit pas juste...

« A lui demandé s'il n'avoit pas entendu dire par Allain que Robespierre étoit un scélérat, que tous les détenus seroient guillotinés, tel étoit le vœu des deux comités réunis,

« A répondu qu'Allain l'avoit dit diverses fois. »

Il cite comme présents un jour avec lui Scelle et Gautier.

Il a entendu parler de neuf mille livres offertes; mais ne sait pas personnellement par qui, et ne veut compromettre personne sans en être sûr.

Il avoue que le concierge a plus d'égards pour les riches; il rend bon témoignage de l'administrateur.

Interrogatoire d'Allain :

D. « Avec quelles personnes il correspond à l'extérieur?

R. « Avec sa sœur seulement.

« A lui demandé s'il n'avoit pas eu des relations avec Valady,

« A répondu que oui, et que c'étoit celle de l'amitié.

« A lui demandé s'il n'a pas communiqué à quelques détenus le désir ardent de s'évader de la maison Lazare,

« A répondu que non. »

Et il nie les détails produits à cet égard.

« A lui demandé quelles sont ses opinions sur Robespierre.

« A répondu qu'il n'avoit point d'opinion sur Robespierre, que d'ailleurs on n'a pas d'opinion en prison...

« A lui demandé quel étoit le citoyen avec lequel il étoit fort lié, il y a environ trois mois, et avec lequel il étoit détenu.

« A répondu que ce citoyen se nommoit Aubert, imprimeur, demeurant rue des Prêtres-Saint-Paul.

« A lui demandé pourquoi il a dit lors qu'il a su la liberté de ce citoyen : « Mon ami est en liberté, je ne serai plus long-
« temps en prison »,

« A répondu qu'étant en prison pour la même cause et que ne s'étant pas trouvé de charges contre son ami, il croyoit pareillement être mis en liberté.

. . . .

« A lui demandé quelle opinion il a émis sur les journées du 31 mai, et sur différents troubles qui ont eu lieu dans la République, ainsi que dans les sections.

« A répondu qu'il n'avoit point parlé le 31 mai, malgré qu'il eût demandé la parole ; que quant aux troubles qui ont eu lieu dans la République il n'avoit point émis d'opinion, et que dans sa section il a cru devoir parler en homme libre, qu'il se seroit dispensé de parler, si son opinion eût été générale...

« A lui demandé quel est le sens de ses discours,

« A répondu que son opinion étoit à lui et qu'il s'est cru libre de l'émettre dans le sens que la raison lui a dicté.

« A lui demandé s'il a fréquenté les Jacobins, et s'il étoit de leurs opinions,

« A répondu qu'il n'a jamais été aux Jacobins, et quant à leurs opinions, cela le regardoit.

« Lecture faite, etc. »

Interrogatoire du concierge Semé :

« A lui demandé quel est l'ordre qui s'observe dans la maison, s'il a soin de faire des visites continuelles à l'effet de retirer toutes armes, couteaux, ciseaux, rasoirs, outils tranchants, comme le veut l'arrêté du comité de sûreté générale,

« A répondu que depuis la visite faite par les administrateurs, il a ôté à tous les détenus arrivans dans cette maison tout ce dont il est question, que quant à la visite qu'il a fai*t* dans les chambres, il a cru devoir leur laisser à chacun un couteau cassé ; que cependant il n'y avoit qu'un couteau *que* pour cinquante personnes.

« A lui demandé s'il n'avoit connoissance qu'il y eut quelque conspiration *d'Hourdy* (ourdie) dans la maison, quelle démarche il a faite pour s'en assurer et instruire l'administration, et pourquoi les communications par lettres sont établies avec autant de facilité?

« A répondu qu'il n'a appris que par Manini, qui écrivit au comité de sûreté générale une dénonciation contre un nommé Allain qui devoit profiter d'une nuit sombre pour s'évader, et qu'à cet effet il fit poser deux sentinelles de plus à l'endroit indiqué par le nommé Manini, qu'il en donna*t* avis au citoyen Bergot, administrateur ; que quant à la correspondance, s'il est parvenu quelques lettres, ce n'a été qu'à la faveur de la nourriture, et que lorsque la table commune sera établie toute communication sera invariablement interceptée.

« A lui demandé pourquoi, dans les fonctions délicates à lui confiées, il se prend souvent de vin?

« A répondu qu'il ne boit jamais, que ce ne peut être que par un excès de fatigue et un verd de vin qui peut l'avoir *pu*t faire paroître étourdi, et que cela ne se répète pas. »

— Il nie avoir reçu des bouteilles de vin, et affirme qu'il traite tout le monde de la même manière ; promet de redoubler de zèle pour retirer aux détenus armes, couteaux, et outils tranchants.

« Lecture faite....
     Signé : « SEMÉ (concierge) [1]. »

---

[1]. Archives nationales, W 431, dossier 968, pièces 21-21 quater. — La pièce entière a été publiée par M. Becq de Fouquières dans la préface des *OEuvres en prose d'André Chénier*, p. LXIV-LXXII.

IV

(Page 178.)

Le dernier exploit d'Hanriot.

M. Louis Blanc (t. XI, p. 267), attaquant sur ce point M. Michelet (t. VII, p. 473), lui oppose le silence de Toulongeon (t. II, p. 512). Je lui réponds par le récit de Beaulieu :

« Henriot parcourt les rues comme un furieux; mais il est ivre et sa barbarie révolte. Il vient de faire conduire au supplice une foule de malheureux condamnés par le tribunal révolutionnaire, et presque tous de Paris, à qui un instant de répit eût sauvé la vie. Le peuple, voyant la Révolution qui se prépare, a voulu arrêter les bourreaux, mais Henriot est accouru à la tête de ses satellites, le peuple a été dissipé et les malheureux assassinés[1]. »

On aurait pu invoquer un *alibi* pour Hanriot. Un nommé Foureau (et c'est un texte qui n'a pas été produit dans ce débat), interrogé le 14 thermidor au comité révolutionnaire de la section de Mucius Scævola, et répondant sur l'emploi de sa journée, le 9 thermidor, dit qu'à six heures et demie du soir il était au Palais, et il ajoute :

« J'y ai resté jusque vers les sept heures que j'ai vu sortir les condamnés; je les ai accompagnés le long des quais[2].

A sept heures Hanriot avait été arrêté, et quand il fut délivré il est probable qu'il n'alla pas courir le quartier Saint-Antoine. Mais tous les autres témoignages sont d'accord pour fixer l'heure du départ des charrettes vers trois heures ou trois heures et demie. C'est le témoignage de l'huissier Simonet; le témoignage de Wolff commis greffier, et de Contat employé au tri-

---

1. Beaulieu, *Essais*, t. V, p. 497.
2. Courtois, *Rapport sur les événements du 9 thermidor*, n° VI, 1re pièce, p. 92.

IV. LE DERNIER EXPLOIT D'HANRIOT.

bunal[1]; et Fouquier-Tinville les confirme indirectement dans son mémoire justificatif. Il y déclare qu'il est sorti du palais à trois heures pour n'y rentrer qu'à six heures[2]. Il n'est pas probable qu'il en soit sorti avant d'avoir pourvu à l'exécution des jugements. J'ajoute que Fouquier ne pouvait pas ignorer, comme il le dit, ce qui se passait dans Paris à cette heure, puisque Dumas (la pièce même du jugement auquel il avait présidé le prouve), avait été, avant la fin de l'audience, arrêté sur son siège. A cette heure-là Hanriot était encore libre; et l'on n'a donc pas de raison pour rejeter le bruit recueilli par Beaulieu sur son dernier exploit.

1. *Procès Fouquier*, n° 29, p. 3; n° 22, p. 4; n° 42, p. 2. Je les ai cités plus haut (p. 178), à propos de Fouquier.
2. « Ce même jour (9 thermidor), comme rien n'avoit encore transpiré à trois heures de ce qui se passoit à la Convention (ce fait ne peut être révoqué en doute, car ce qui se passoit à la Convention ce jour-là n'a commencé à transpirer au palais de justice que vers 4 heures et demie, au moment de l'arrestation du citoyen Dumesnil, lieutenant-colonel de la gendarmerie près les tribunaux), à trois heures, dis-je, nous nous sommes rendus avec deux autres de mes collègues, en passant l'eau, en la demeure du citoyen Vergne, située en face du ci-devant Pont-Rouge. Coffinhal y étoit; au bout d'une heure de notre arrivée, le rappel battant, j'ai fait demander quel en étoit l'objet. On vint me dire que c'étoit à cause du rassemblement des ouvriers sur le port relativement au maximum. Environ une heure après, le rappel continuant, je m'informai de nouveau. Alors j'appris que la cause réelle de ce rappel étoit l'arrestation des frères Robespierre, Couthon, Saint-Just et Lebas décrétés par la Convention. A l'instant même je suis sorti et suis revenu directement à mon cabinet au palais. (*Mémoire par Antoine-Quentin Fouquier, ex-accusateur public, etc., rendu volontairement à la Conciergerie, le jour du décret qui a ordonné son arrestation*, in-4°, p. 6-7, Bibl. nat., Lb[41], 1711.) — Debune, officier de gendarmerie, après avoir conduit les victimes au supplice, vit Fouquier à sept heures du soir et lui rendit compte de l'exécution (*Procès Fouquier*, n° 8, p. 2). Ce témoignage se concilie mieux avec l'heure de trois heures qu'avec celle de sept heures pour le départ des condamnés.

V

(Page 248.)

Robespierre et ses complices ramenés de l'Hôtel de ville.

FAITS RECUEILLIS
AUX DERNIERS INSTANTS DE ROBESPIERRE ET DE SA FACTION
DANS LA NUIT DU 9 AU 10 THERMIDOR.

1° Robespierre a pendant la nuit parlé à sept ou huit reprises dans la salle de la Commune au milieu de ses officiers. Ses discours avaient peu de suite. Il invitait au ralliement autour de lui et de la Commune, et traitait d'assassins tous les membres de la Convention.

Les tribunes étaient publiques et l'on pouvait entrer à la maison commune en montrant sa carte de citoyen comme à l'ordinaire. Quelqu'un qui s'y était introduit par ce moyen simple et qui en sortit sans éprouver de difficulté, s'approcha d'un groupe de canonniers qui restaient dans la place de Grève; comme il cherchait à entendre ce qui s'y disait, il fut prié de passer son chemin.

2° Les canonniers reçoivent l'ordre de quitter la place, et la place n'est bientôt plus occupée que par des citoyens qui accompagnaient les représentants du peuple.

Les canonniers ont quitté la place d'après un ordre du comité révolutionnaire de chacune de leurs sections.

On pénètre dans l'intérieur de la maison commune; on trouve Robespierre dans une salle voisine du lieu des séances; il est étendu par terre, blessé d'un coup de feu qui lui a traversé la mâchoire. On le relève et des sans-culottes le portent par les pieds et la tête; ils sont douze au moins autour de lui; on lui déchire la manche de son bras droit et le dos de sa redingotte qui était bleue.

Pendant ce temps-là un gendarme avait trouvé Couthon et

lui tira un coup de pistolet au corps. On est à la recherche des autres conjurés.

3° On amène Robespierre au comité de salut public, il est toujours porté de la même manière par les mêmes hommes. Il se cache la figure avec son bras droit. L'espèce de cortège s'arrête un instant au pied du grand escalier ; des curieux viennent augmenter la foule ; plusieurs d'entre eux qui en étaient le plus près lèvent son bras pour voir sa figure. L'un dit : *Il n'est pas mort, car il est encore chaud.* Un autre dit : *Ne v'l'à-t-il pas un beau roi?* Un autre dit : *Quand ce seroit le corps de César! Pourquoi ne pas l'avoir jetté à la voierie?* Les porteurs ne veulent pas qu'on le touche et ceux qui tiennent les pieds disent à ceux qui sont à la tête de la tenir bien élevée, dans l'intention de lui conserver le peu de vie qui lui reste.

L'on monte enfin avec le fardeau jusque dans la grande salle du comité ; on le dépose sur une grande table, à l'opposé du jour ; on pose sa tête sur une boîte remplie de morceaux de pain de munition moisis.

Il ne remue pas ; mais il respire beaucoup, il pose sa main droite sur son front ; on voit qu'il cherche à se cacher le visage ; quoique défiguré il donne encore quelques signes d'affectation. Quelques fois les muscles frontaux se rapprochent et son front devient ridé. Quoique ayant l'air assoupi, l'on voit que ses blessures lui font ressentir de grandes douleurs.

Il entre du monde pour voir Robespierre, chacun en dit ce qui lui vient à l'idée.

Parmi ceux qui l'avaient amené il y avait un pompier et un canonnier qui ne cessaient de lui parler. Ils avaient toujours quelques mots plaisants à lui adresser. L'un lui disait : *Sire, Votre Majesté souffre.* L'autre : *Eh bien, il me semble que tu as perdu la parole, tu n'achèves pas ta motion, elle était bien commencée. Ah il faut que je dise la vérité : tu m'as bien trompé, scélérat.* Un autre citoyen a dit : *Je ne connais qu'un homme qui ait bien connu l'art des tyrans ; cet homme est Robespierre.*

On amène Saint-Just, Dumas, Payan, tous trois garottés ; ce sont des gendarmes qui les escortent. Ils restent un bon quart d'heure debout à la porte de la salle du comité ; on les fait asseoir dans l'embrasure d'une fenêtre ; ils n'ont encore proféré aucune parole. Des plaisants font écarter les personnes qui environnaient ces trois hommes et disent : *Retirez-vous donc que ces messieurs voient leur roi dormir sur une table tout comme un homme.* Saint-Just a tourné la tête pour voir Robespierre. Saint-Just avait une figure abattue, humiliée, ses yeux grossis peignaient le chagrin.

Dumas dont la figure est naturellement maigre et décharnée, et nullement colorée, ne paraissait pas très affecté ; il avait un air rêveur, un regard fixe et ne faisait aucun mouvement. Il agitait seulement ses doigts proche de sa cuisse.

Payan avait un air quelquefois moqueur ; on le voyait sourire ; étant assis, il fit un signe de tête comme pour dire, je ne crains pas la mort. Mais ce sentiment ne reste pas longtemps peint sur sa figure ; la peur se répand parmi ses traits, et son visage devient abattu.

Dumas dit : *Pourrais-je avoir un verre d'eau, gendarme?* On lui va chercher ce qu'il demande et Payan regardant Saint-Just : *Vous pouvez bien en apporter trois.* Il n'y avait d'eau que pour deux ; et il se passe quelque temps avant d'en avoir donné autant à Saint-Just. C'est alors que ce dernier parle. Il avait depuis quelques instants les yeux fixés sur l'acte constitutionnel qui est affiché dans la salle. Il avance le bras comme pour le montrer et dit d'un ton de voix fort bas : Voilà pourtant mon ouvrage... et le gouvernement révolutionnaire aussi. Il en dit davantage et proféra même une phrase d'assez longue haleine, mais il ne fut entendu que par le gendarme qui était le plus proche de lui. Le gendarme lui répondit sur un ton assez ironique. On lui apporte un verre d'eau, il n'en boit qu'une petite partie et rend le verre en disant : *merci.*

Peu de temps après, Élie Lacoste arrive, on lui montre les captifs, il dit : *Il faut les mener à la Conciergerie, ils sont hors de la loi.* On les emmène.

Il parle ensuite à un chirurgien et lui dit *de panser Robespierre afin de le mettre en état de pouvoir être puni.*

Ceux qui environnaient le corps continuaient à se venger en propos libres; et pendant ce temps on prépare du linge et de la charpie. Lorsque tout est prêt le chirurgien s'avance et dit : Portez le blessé sur le bord de la table. On le lève sur son séant. Il se porte lui-même sur ses mains. Le chirurgien lui lave la figure. On le tourne du côté du jour pour le panser facilement. Le chirurgien lui met une clef entre les dents, il cherche avec les doigts dans l'intérieur de la mâchoire, il trouve deux dents déracinées et les prend avec une pince. Il dit que la mâchoire inférieure est cassée. Il enfonce dans la bouche plusieurs tampons de linge pour pomper le sang dont elle est remplie; il passe à plusieurs reprises un lardoir par le trou de la balle et le fait sortir par la bouche; il lave encore la figure et met ensuite un morceau de charpie sur la plaie; sur quoi il pose un bandeau qui passe autour du menton : il coëffe la partie supérieure de la tête avec un linge. Pendant cette opération chacun disait son mot; lorsqu'on lui passe le bandeau sur le front, un homme dit : *Voilà que l'on pose le diadème à Sa Majesté;* un autre dit : *Le voilà coëffé comme une religieuse.*

Il devait entendre toutes ces choses, car il avait quelques forces et ouvrait souvent les yeux.

Le pansement fini, on le recoucha, en ayant soin de remettre la boëte sous sa tête pour lui servir, disait-on, d'oreiller, *en attendant qu'il aille faire un tour à la petite fenêtre.*

Nota. — Les vêtements que Saint-Just portait n'étaient aucunement endommagés; sa cravate même était bien mise, il avait un habit de couleur chamois, un gilet fond-blanc et une culotte de drap gris-blanc.

Dumas avait une cravatte de couleur en soye dont les bouts passaient dans sa chemise, de manière qu'on lui voyait le col à découvert. Il avait une redingotte d'un fond noirâtre, d'une étoffe pareille à du voile; l'on pouvait croire que cette redingotte venait d'une de ses anciennes soutannes.

La mise de Payan n'était nullement endommagée. Il portait un col blanc, un habit de couleur grisâtre, un gilet fond blanc et une culotte rembrunie.

Pour Robespierre, il était sans souliers, ses bas étaient rabattus jusqu'aux malléoles, sa culotte déboutonnée et toute sa chemise couverte de sang[1].

VI

(Page 274.)

Tribunal révolutionnaire du 23 thermidor.

Président.

DOBSENT, ancien juge au tribunal révolutionnaire avant le 22 prairial.

Vice-présidents.

BRAVET, auparavant juge au tribunal du district de Sèvres, département des Hautes-Alpes, et juge au tribunal révolutionnaire.

DELIÉGE, président du tribunal du district de Montagne-sur-Aisne.

LERIGET, du département de la Charente-Inférieure, actuellement à Paris.

RUDLER, juge à Colmar.

Juges.

ABRIAL, juge au Puy, département de la Haute-Loire.

BIDO, président du tribunal du district de Sancoins, à Dieu-sur-Oron.

DENISOT, ci-devant juge au tribunal révolutionnaire.

DEJOUX, citoyen d'Aurillac.

DUMOULIN, président du district de Douai.

FORESTIER, juge de paix à Ravières, département de l'Yonne.

---

1. De l'imprimerie de Pain, passage Honoré (Bibl. nationale, Lb[41] 1140 ou 5965, deux exemplaires de la même brochure).

Godinet le jeune, membre du directoire du département de la Haute-Marne.

Gau, commissaire national au tribunal du district d'Avesne.

Gourmeaux, ci-devant juge de Réthel, à Château-Porcien.

Hardoin, ci-devant juge au tribunal révolutionnaire.

Joly, ci-devant procureur général-syndic du département de la Haute-Saône.

Lafond, juge au tribunal du district de la Souterraine.

Lavallée, officier municipal à Dammartin.

Laplante, président du tribunal du district de Blamont.

Maire, juge du tribunal revolutionnaire.

Meyère, ex-juré au tribunal révolutionnaire.

Perrin, juge au tribunal du district de Marseille.

Poulnot, juge suppléant au tribunal du district de Champlitte.

Savary, de Cholet.

Accusateur public.

Leblois, accusateur public près le tribunal criminel du département des Deux-Sèvres.

Substituts de l'accusateur public.

Bordet, ex-procureur général-syndic du département de la Moselle.

Couturier, accusateur public près le tribunal criminel du département de l'Isère.

Granger, substitut de l'accusateur public près le tribunal criminel du département du Nord.

Petit, juge du tribunal du cinquième arrondissement de Paris.

Sembrauzel (d'Agen, département de Lot-et-Garonne).

Greffier.

Fabricius.

Jurés.

Paquin, ci-devant commis au comité de sûreté générale.

Nadeau, commis au district de Saintes.

Dery, de Montargis.

Cherel, de Bourg.

Beaufils jeune, ci-devant administrateur de la Nièvre, à la Charité.

Saulnier, section de Bondy, rue Lancry.

Dumas, ingénieur, section de Bondy.

Métivié, juge au tribunal du cinquième arrondissement de Paris.

Royolle, rue Antoine, section de l'Arsenal.

Bonnetier, rue Antoine, maison Rémi.

Delrautteau, rue du Parc, n° 506.

Legras, rue Antoine, n° 251.

Redon (d'Avignon).

Labroux, rue Guénégaud, à Paris, n° 22.

Jean Jacques Poux, demeurant à Saint-Antonin, département de l'Aveyron.

Dordelu, apothicaire à Ligny, département de la Meuse.

Sambat, juré au tribunal révolutionnaire.

Les Bazeilles, maire de Sézannes.

Mattey (de Montroan [Montereau?]-sur-Yonne).

Saturnin-Rivoire (de Pont-sur-Rhône).

Aubert, administrateur du département du Var, à Grasse.

Nicolas Catteux (de Chaumont, département de l'Oise).

Dutil, du comité révolutionnaire de la section du Temple.

Magendy, section de la Fontaine de Grenelle.

Prat fils, agriculteur (de Bourg-sur-Rhône, département de l'Ardèche).

Nantil (de Pont-à-Mousson).

Capella, juge de paix de Nicolas, district de Grenade.

Belhoste, administrateur du département de la Seine-Inférieure.

Raimbaut, administrateur du département de la Côte-d'Or.

Boule, aubergiste à Tulle, département de la Corrèze.

Lecour, commis à l'administration du district d'Avranches.

Reynes (de Rabasteins, district de Gaillac, département du Tarn).

Paillet, juge du tribunal révolutionnaire.

Maupin, architecte à Versailles.

Duval, perruquier, rue de Verneuil, section de Fontaine-de-Grenelle.

Domer (de Metz), ébéniste.

Petit-Tressin (de Marseille).

Topino-Lebrun, peintre, juré au tribunal révolutionnaire.

Jolly (de Nancy) à Bar-sur-Ornain.

Guillon, officier municipal à Blois.

Pérès, cultivateur à Bagnère, district de Ladour.

Devère, ci-devant membre du conseil général de la commune de Paris.

Salmon, médecin à Lille.

Lamothe (d'Oléron, département des Basses-Pyrénées).

Vaillant aîné, architecte du département de la Côte-d'Or.

Roussel l'aîné, commis à la conservation des biens de la ci-devant liste civile.

Aizelin, commis au district de Dijon.

Lebreton, tailleur, rue Helvetius.

Bazaine, commis au bureau de la commission des finances.

Quichaud-Lion, administrateur du département de la Charente.

Forceville, officier vétéran, aux Invalides.

Rambourt père, administrateur du district de Besançon.

Libre, ci-devant *Leroy*, officier vétéran aux Invalides.

Dubuisson, juge du district de Jussey.

Tourette, ancien administrateur du département de la Charente.

Delapierre (de Thionville).

Presselin, juré au tribunal révolutionnaire.

Bouret, horloger, maison Égalité.

Duplais, juge de paix du canton de Saujon, département de la Charente-Inférieure[1].

---

1. *Moniteur* du 27 thermidor, 14 août 1794.

VII

(Page 276.)

État des prisons à la suite du 9 thermidor.

Le 18 thermidor (5 août 1794), la Convention décréta sur les propositions de Gossuin, de Bourdon (de l'Oise) et de Bentabole, plusieurs mesures tendant à prévenir ou à réparer les effets des arrestations arbitraires[1], et le comité de sûreté générale renouvelé ordonna un assez grand nombre de mises en liberté : ordres quelquefois inutiles. Au rapport de Naulin qui se trouvait alors prisonnier aux Carmes, une foule de détenus à qui l'on envoyait ces grâces avaient péri sur l'échafaud[2]. Il n'en fut pas ainsi, heureusement, des comédiens de la Comédie française qui devaient être mis en jugement le 13 messidor, qui furent ajournés parce qu'on avait réussi à soustraire leurs pièces, et qui obtinrent leur liberté le 18 thermidor[3].

Laurent Lecointre, dans sa publication sur *les Crimes des sept membres des anciens comités* (p. 48), estime qu'en un mois le nombre des détenus fut réduit de huit mille cinq cents à trois mille cinq cents. Cette estimation est exagérée. Un *état des prisons* au 13 fructidor an II, dressé par les administra-

---

1. *Moniteur* du 19 messidor (6 août 1794).
2. *Procès Fouquier*, n° 16, p. 2.
3. Georges Duval, *Souvenirs thermidoriens*, t. I, p. 284-286. — Le 7 thermidor vingt-huit suspects, arrêtés par le représentant Lecarpentier, avaient été tirés des prisons d'Avranches et envoyés au tribunal révolutionnaire : c'était à la mort quelques jours plus tôt. Mais le convoi n'était qu'à Lisieux quand on apprit la chute de Robespierre; il continua sa marche sur Paris et ceux qui le composaient furent envoyés à la maison du Plessis, dite maison Égalité. Mais leurs parents s'empressèrent de faire des démarches à Paris, et sur l'intervention des représentants du peuple Sauvé, Pinel et Enguerran, ils furent remis en liberté le 8 vendémiaire an III (29 septembre 1794). Leurs noms, qui les rattachent aux familles les plus honorables d'Avranches à cette époque, sont donnés par Mgr Joseph Deschamps du Manoir, *Feuilles détachées* (2ᵉ édition, Naples, 1878), p. 16.

ÉTAT DES PRISONS A LA SUITE DU 9 THERMIDOR.

teurs de police, le 14 fructidor, nous donne le tableau suivant :

Maison de justice du département	606
Petite Force	260
Pélagie	147
Madelonnettes	136
Abbaye	41
Bicêtre	724
La Salpêtrière	435
Chambre d'arrêt à la mairie	33
Luxembourg	425
Maison de suspicion, rue de la Bourbe	344
Picpus, faubourg Antoine	91
Les Carmes, rue de Vaugirard	182
Les Anglaises, rue Victor	153
Les Anglaises, rue de l'Oursine	91
Les Anglaises, faubourg Antoine	73
Écossais, rue des Fossés-Victor	76
Lazare, faubourg Lazare	281
Belhomme, rue Charonne, n° 70	19
Bénédictins anglais, rue de l'Observatoire	115
Maison du Plessis	406
Maison de répression, rue Victor	46
Maison de Coignard, à Picpus	35
Montprin	47
Fermes	»
Caserne des Petits-Pères	143
Caserne rue de Sèvres	120
Caserne des Carmes, rue de Vaugirard	182
Vincennes	291
Total	5106

Certifié conforme aux feuilles journalières, à nous remises par les concierges de justice et d'arrêt du département de Paris.

Signé : Olivier et Merey [1].

---

1. Saladin, *Rapport au nom de la commission des Vingt et un*, Pièces, n° 1, p. 106. — L'addition donne 5480.

Et d'autres pièces sur la situation des prisons de Paris du 20 fructidor an II au 13 vendémiaire an III (6 septembre-4 octobre 1794), nous donnent encore :

Le 19 fructidor en 27 maisons 5251
Le 1ᵉʳ vendémiaire an III 4950
Le 14 vendémiaire. . . . . 4445 [1]

VIII

(Page 325.)

Lettres de Mitre Gonard

I

Aux citoyens membres du comité de surveillance à Aix, département des Bouches-du-Rhône.

> Cette, le 19 mai de l'an de l'incarnation de N. S. J.-C.
> dans le sein de la Vierge Marie 1794.

Citoyens, frères et amis,

Vous trouverés ci-jointe la copie de la lettre que j'adresse au comité de salut public de la Convention, et qui contient la déclaration solennelle et authentique de mes sentiments sur la religion dont je suis le ministre. Puisse-t-elle vous inspirer le respect et l'amour que cette religion mérite à tant de titres.

Copie de la lettre écrite au comité de salut public de la Convention nationale.

Citoyens, frères et amis,

Je suis prêtre catholique, profondément affligé des outrages que reçoit journellement ma religion sainte, de la part surtout des prêtres apostats; je croirois partager leur crime que de garder plus longtemps un lâche silence. La mort sera sans doute le prix de mon zèle; mais dans une circonstance

---

1. Archives, AF II 73.

aussi triste la mort est pour le chrétien un bonheur, j'ose dire, un devoir.

Religion aimable et sublime, que nous présentés-vous donc qui puisse révolter? En nous fesant une loi sacrée de nous aimer tous comme des frères, de nous regarder tous comme des égaux, de nous prêter dans nos besoins une main secourable, d'obéir aux lois humaines en tout ce qui ne contrarie pas vos préceptes, ne nous offrés-vous pas tous les caractères d'une religion émanée de Dieu même et faite pour le bonheur du genre humain? Quels sont donc les projets de ceux qui ne tendent à rien moins qu'à vous avilir et à vous détruire? Que peuvent-ils attendre d'un peuple sans religion, le seul frein qui puisse contenir le méchant, la seule consolation qui soit capable d'adoucir l'infortune du misérable? O ma chère patrie, toi que j'aime et que j'aimerai jusqu'à mon dernier soupir, que vas-tu devenir? Ah! mon cœur déchiré se refuse à en accepter l'augure. Tu vas être le théâtre de toutes les horreurs réunies.

Je m'arrête... Je viens de prononcer ma sentence de mort... Mais, citoyens, apprenés que le plus grand malheur que j'aie à redouter n'est pas celui de perdre la vie, c'est celui de survivre à la perte de ma religion et aux maux de ma patrie. Qu'on me traduise donc devant les tribunaux, j'y paroîtrai digne de mon caractère. Qu'on me conduise à l'échaffaud, j'y monterai et j'y mourrai en héros, couronné des mains de Dieu même des lauriers de l'immortalité. Mon dernier soupir sera pour le bonheur du peuple et pour la gloire de ma religion.

Salut et fraternité,

F.-J.-B. Mitré Gonard,

Prêtre religieux minime, actuellement volontaire dans le premier bataillon des Phocéens. (Archives, W 439, n° 35, pièce 12).

II

Aux citoyens président et membres de la Société des antipolitiques républicains, séante à Aix, département des Bouches-du-Rhône.

Cette, le 19[1] mai de l'an de l'incarnation de N. S. J.-C.
dans le sein de la Vierge Marie 1794.

Mes chers concitoyens,

Je dois à ma religion, à ma patrie et à moi-même la déclaration solennelle des sentiments qui n'ont jamais cessé d'être gravés dans mon cœur. Je ne chercherai point à vous appitoyer sur mon sort, en vous rappellant les commencements de cette révolution où le zèle de la religion étoit nommé patriotisme, où n'ayant d'autre désir que celui de servir la chose publique, en servant cette religion sainte, je ne plaignis ni veilles ni travaux pour la faire triompher dans ma patrie. Vous me voyiés alors avec quelque intérêt. Eh bien! je suis le même aujourd'hui que j'étois alors : patriote et chrétien. La lettre que j'adresse au comité de salut public de la Convention et à ceux de surveillance d'Aix et de Marseille dont vous trouverés la copie ci-jointe, vous démontrera le véritable esprit qui m'anime.

(Vient alors la copie de la même lettre au comité de salut public, qu'il fait suivre de ces mots) :

« Si j'ai des vœux à former, mes chers compatriotes, c'est celui de mourir au milieu de vous. Puisse mon exemple vous inspirer le respect et l'amour que mérite la religion que je défends! avec elle la paix et le bonheur; sans elle les guerres et tous les maux! » (*Ibid.*, pièce 7.)

---

[1]. Le premier chiffre est mal formé : mais les deux lettres paraissent du même jour, et sont tenues pour telles dans l'interrogatoire.

TABLE DES MATIÈRES

CONTENUES DANS LE CINQUIÈME VOLUME.

CHAPITRE XLVI

MESSIDOR (TROISIÈME DÉCADE).

I
Pages

Robespierre aux Jacobins le 21 messidor.................. 1

II

21 (9 juillet). Cris de misère, défi public : Charles Voillemier.—22 (10 juillet). Cultivateurs, officiers, hommes de loi.................. 6

III

23 (11 juillet). Accusés divers : Gohier, Lagarde, Royère, Dumolard. — 24 (12 juillet). La baronne Bourret-Grimaldi; Macdonald; Ét. de Montarly; J. Rapin-Thoyras.................. 10

IV

Même jour (12 juillet) : Roch Marcandier et sa femme.................. 15

V

25 (13 juillet). La famille de Faudoas.................. 17

VI

Même jour (13 juillet) : Le curé Bricogne; un officier municipal qui abdique ses fonctions pour confesser sa foi : René-Joseph Nicolais.................. 20

VII

Même jour 13 juillet) : Le curé Suzanne; les deux Belges patriotes; le curé Benant; les deux frères Lentaigne.................. 23

VIII

Même jour (13 juillet) : Le curé Grandjean, l'architecte Pelchet, la veuve Saint-Hilaire et la veuve Tricard.................................... 27

IX

26 (14 juillet). Anniversaire de la prise de la Bastille, relâche. — Le lendemain 27 (15 juillet), trente-deux victimes : Yves Rollat; Huet d'Ambrun et son domestique ; Millet, noble et chanoine; la femme Chadoteau ; Jacques Lambriquet....... 31

X

28 (16 juillet). Le curé Audigier; les deux dames Duplessis ; le curé Gellé ; le ménage Poirier. — 29 (17 juillet). P. Prunaire ; orpheline acquittée ; plusieurs accusés de Strasbourg, etc.; un fou par ambition : Audibert-Roubaud... 35

XI

Les Carmélites de Compiègne................. 40

CHAPITRE XLVII

CONSPIRATION DES PRISONS : LES CARMES. — PREMIÈRE DÉCADE DE THERMIDOR.

I

1er thermidor (19 juillet 1794). Un fils sciemment condamné pour son père : le jeune Saint-Pern; un patriote méconnu; un agent d'émigré, commis greffier du tribunal révolutionnaire : Legris........... 53

II

Même jour (19 juillet) : une singulière excuse : Laurent Aubry; un étrange confident de la reine Marie-Antoinette; une pauvre fileuse aristocrate.. 61

III

2 (20 juillet). Le jeune démagogue Rousselin et ses compagnons, acquittés; nombreux prévenus de province : quatorze condamnés, treize acquittés; un prêtre, omis dans la condamnation et compris dans l'exécution.. 64

IV

Nouvelles mesures pour augmenter les prisons et les vider plus vite : arrêté du 4 thermidor. — 1re section : quatrième fournée du Luxembourg, la famille de Noailles, etc.; nouvelle confusion de personnes ;

TABLE DES MATIÈRES.

Page

Talaru, Boutin et Laborde, fermier général ; — 2⁰ section : vingt-six accusés, vingt et un condamnés..................... 70

V

Extension de la *conspiration des prisons* : Port-Libre, le Plessis, les Carmes ; brillante société des Carmes : le général Hoche............. 78

VI

La conspiration des Carmes ; l'enquête faite à la prison ; la liste signée par le comité de salut public.......................... 84

VII

Les deux jugements du 5 thermidor (23 juillet) : 1° Les quarante-neuf des Carmes ; 2° Les vingt et un de province. — Irrégularité des pièces officielles................................... 92

CHAPITRE XLVIII

CONSPIRATION DES PRISONS : SAINT-LAZARE.

I

La prison de Saint-Lazare ; l'enquête de Faro ; les *moutons* ou espions et délateurs.. 100

II

1ʳᵉ fournée (6 thermidor = 24 juillet 1794). Le jeune de Maillé. MM. de Vergennes père et fils, Mme de Meursin et l'abbesse de Montmartre ; les déclarations de grossesse........................... 108

III

2ᵉ fournée (7 thermidor = 25 juillet). Roucher et André Chénier.... 116

IV

3ᵉ fournée (8 thermidor = 26 juillet 1794). Les frères Trudaine ; l'ermite Dorival ; Loizerolles père se sacrifiant pour son fils................ 134

CHAPITRE XLIX

CONSPIRATION DES PRISONS : LES OISEAUX, PORT-LIBRE, LE PLESSIS. PREMIÈRE DÉCADE DE THERMIDOR

I

Listes dressées en dehors des prisons.—Fournées correspondantes à celles de Saint-Lazare : 6 thermidor (24 juillet) : l'affaire de la Muette..... 142

II

Fournées correspondantes à celles Saint-Lazare : 7 thermidor (25 juillet) : grand amalgame, L. de Guibert, le jeune Vérine................... 148

III

Fournées correspondantes à celles de Saint-Lazare : 8 thermidor (26 juillet). Comment Fouquier-Tinville mettait en jugement : la maison des Oiseaux ; la princesse de Chimay ; les comtesses de Narbonne-Pelet et Raymond Narbonne ; la princesse de Monaco, etc................ 153

IV

9 thermidor, 1re section : Puy de Vérine ; les époux Loison, *ex-nobles*, montreurs de marionnettes ; — 2e section : Aucane, Béchon d'Arquian, Courlet-Beaulop ; Mme de Maillé ; Dumas arrêté sur son siège au milieu de l'audience ; accomplissement du sacrifice......... 167

CHAPITRE L

PRÉLIMINAIRES DU 9 THERMIDOR.

I

Robespierre... 179

II

Les partis en présence..................................... 188

III

Attaques indirectes contre Robespierre ; affaire de Catherine Théot ; rapport de Vadier ; lettre de Payan............................... 192

IV

La 1re décade de thermidor ; 1 (19 juillet 1794). Robespierre aux Jaco-

TABLE DES MATIÈRES. 457

bins. — 3 (21 juillet). Querelle au Comité. — 4 (22 juillet). Rapprochement. — 5 (23 juillet). Barère à la Convention. — 6 (24 juillet). Arrêté sur les quatre commissions populaires pour étendre l'action du tribunal; Couthon aux Jacobins. — 7 (25 juillet). Les Jacobins à la Convention; rupture secrète dans le Comité; discours de Barère...... 199

V

8 thermidor (26 juillet). Discours de Robespierre à la Convention........ 206

VI

Débats à la Convention sur le discours de Robespierre................. 213

VII

Soirée du 8 thermidor. Robespierre aux Jacobins. — Nuit du 8 au : le comité de salut public; préparatifs de la lutte.................... 215

CHAPITRE LI

LA RÉVOLUTION DU 9 THERMIDOR.

I

La Convention, séance du matin : Saint-Just, Tallien, Vadier, Billaud-Varennes; arrestation des deux Robespierre, de Couthon, de Saint-Just et de Lebas.. 220

II

La Commune : mesures énergiques pour soutenir son insurrection. Arrestation et délivrance d'Hanriot. Robespierre et ses collègues, tirés de prison, à la Commune...................................... 229

III

Séance du soir à la Convention : mesures prises pour la défense et pour l'attaque. Dispositions des sections de Paris. Invasion soudaine de l'hôtel de ville. Arrestation des insurgés........................... 237

IV

Robespierre et ses complices amenés aux Tuileries, à la Conciergerie. Procédure sommaire. Exécution de vingt-deux des mis hors la loi..... 245

CHAPITRE LII

LES SUITES DU 9 THERMIDOR : SUSPENSION DU TRIBUNAL RÉVOLUTIONNAIRE.

I

Les prisons de Paris dans la journée du 9 et dans la nuit du 9 au 10 thermidor. Les condamnés des 11 et 12 thermidor.................................. 256

II

Discussion sur le tribunal révolutionnaire (10 thermidor=28 juillet 1794). La suspension décrétée, puis ajournée. Rapport de Barère (11 thermidor). Renouvellement des deux grands comités : David. Liste épurée des membres du tribunal : Fouquier-Tinville (14 messidor = 1ᵉʳ août 1794). 260

III

Fouquier-Tinville devant la Convention (21 thermidor = 8 août 1794).... 265

IV

Le tribunal révolutionnaire suspendu. Coffinhal devant le tribunal criminel de Paris : son exécution. — État des condamnations du tribunal révolutionnaire de Paris depuis son installation (3 avril 1793) jusqu'au 12 thermidor (30 juillet 1794)................................. 268

V

Débats sur la réorganisation du tribunal révolutionnaire. Rapport de Merlin (de Douai). Décret rendu sur les propositions de Duhem, d'Élie Lacoste et de Bourdon de l'Oise (23 thermidor = 10 août 1794)...... 270

CHAPITRE LIII

LE TRIBUNAL RÉVOLUTIONNAIRE DU 23 THERMIDOR (10 AOUT 1794).

I

Composition du tribunal du 23 thermidor. Son installation par Aumont... 273

II

Première audience : un juré exclu comme indigne. Premières condamnations : 1ᵉʳ fructidor (18 août 1794) : Saumont et A. Lavaux. — 5 (22 août) : Mitre Gonard. — 6 (23 août) : Baillemont. — 11 (28 août) : Servin.. 275

III

Accusés du 9 thermidor : 5 fructidor (22 août) : Fr. Deschamps. — 12 et

13 (29 et 30 août) : les sept membres des anciens comités attaqués à la Convention par Lecointre (de Versailles).................... 284

IV

15 fructidor (1ᵉʳ septembre) : les adhérents de la Commune au 9 thermidor : Lemonnier, les frères Sanson, fils du bourreau, et autres sectionnaires de Paris.. 292

V

Condamnations analogues à celles de l'ancien tribunal : intelligences, propos, etc.. 294

VI

Encore une victime du 20 juin : papa Bousquet. Fin de l'an II.......... 299

VII

Vendémiaire an III : prisonnier des Vendéens, chanoines, fédéralistes, royalistes. Victime expiatoire de l'occupation de Dun par l'ennemi........ 306

VIII

12 vendémiaire (3 octobre) : un prêtre qui a rempli les fonctions du sacerdoce : Jacques Raux. Fournisseur révolutionnaire, mais infidèle : Ponce Davesne. Complices des brigands de la Vendée................... 310

IX

Un ancien ami de la royauté et un prêtre fidèle : le juge Marguet, le curé Beaufils, confesseur de la foi. Quelques autres condamnations plus rares en brumaire... 313

X

Quelques exemples d'arrêts de non-lieu............................ 318

CHAPITRE LIV

LE COMITÉ RÉVOLUTIONNAIRE DE NANTES ET CARRIER.

I

La ville de Nantes au commencement de la République. Organisation du comité révolutionnaire et arrivée de Carrier. Les cent trente-deux Nantais envoyés au tribunal révolutionnaire de Paris................. 320

II

Les deux noyades de prêtres : 26 brumaire an II (16 novembre 1793) et 20 frimaire (10 décembre)...................................... 330

III

La conspiration des prisons à Nantes : la noyade du Bouffay............ 333

IV

Les grandes noyades : mariages républicains, enfants noyés............ 337

V

Rappel de Carrier. Condamnation de Fouquet et de Lamberty. Renvoi au tribunal révolutionnaire de Phelippes-Tronjolly et des membres du comité révolutionnaire... 341

CHAPITRE LV

LES QUATRE-VINGT-QUATORZE NANTAIS ET LE COMITÉ RÉVOLUTIONNAIRE DE NANTES AU TRIBUNAL RÉVOLUTIONNAIRE DE PARIS.

I

Le procès des quatre-vingt-quatorze Nantais (22 fructidor an II, 8 septembre 1794)... 345

II

Procès du comité révolutionnaire de Nantes (25 vendémiaire an III, 16 octobre 1794)... 361
JOURNAL.. 383
APPENDICES... 429

FIN DE LA TABLE.

Errata.

Tome I p. 66 note 1 et p. 463 l. 25 : 13 et 15 mai *lisez* 13 et 15 mars.
— p. 428 note, l. 9. : Pétion et Salle, *lisez* Pétion et Buzot.
Tome IV p. 434, l. 7 : Louis XV, *lisez* Louis XIII.
Tome V p. 15 titre : 11 juillet, *lisez* 12 juillet.
— p. 20 23 et 27 titre : 11 juillet, *lisez* 13 juillet.
— p. 61 titre : 11 juillet, *lisez* 19 juillet.

---

949. — Typographie A. Lahure, rue de Fleurus, 9, à Paris.

www.ingramcontent.com/pod-product-compliance
Lightning Source LLC
Chambersburg PA
CBHW070215240426
43671CB00007B/661